ビルマの民族表象

文化人類学の視座から

髙谷紀夫
Takatani Michio

法藏館

シュエダゴン・パゴダでの入仏門式（1991年3月）

南部シャン州インレー湖の水上マーケット（1991年3月）

北部シャン州シャン村落でのビルマ暦1359年新年節（1997年4月）

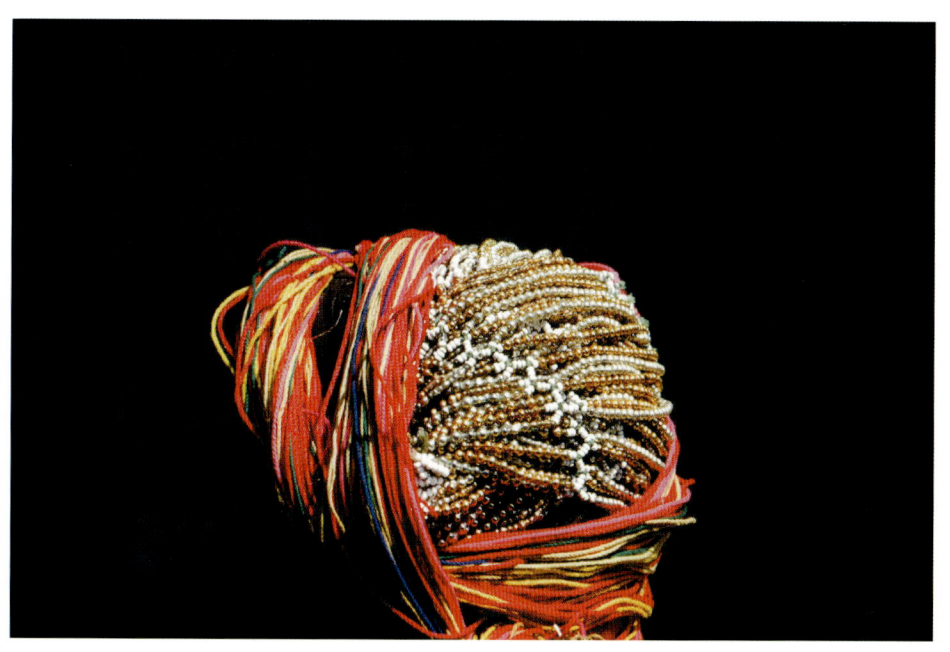

南部シャン州パラウン族の髪飾り（1995年3月）

北部シャン州最大のボージョウ・パヤー・タバウン・ブエ（2000年3月）

北部シャン州のコーミョウシン，パレーイン係累の偶像（1997年4月）

タイ王国とビルマ（ミャンマー）連邦の国境メーサイ
（1995年2月）

カチン州の日記念式典でのマノー（Mano）祭礼（1997年1月）

東部シャン州タイ・クゥン族の入仏門式（1995年3月）

カチン州の日のマノー祭礼でのカチン系民族集団代表（1997年1月）

北部シャン州チョクメーでのポイ・クーモー・タイ（カンボーザ寺院，1999年1月）

北部シャン州シポーでのシャン語教室（1997年4月）

ビルマの民族表象
――文化人類学の視座から――

*

目　次

凡　例　2

序章　フィールドのすべての人々へ……………………………………………3

第Ⅰ部　儀礼論からみたビルマ文化とその周辺

　第1章　プエの世界………………………………………………………………17
　　1　はじめに……………………………………………………………………17
　　2　儀礼のエスニック・ターム………………………………………………18
　　3　儀礼の分類とその構図……………………………………………………21
　　4　プエ儀礼のカタログⅠ——アニュアル・サイクル……………………24
　　5　プエ儀礼のカタログⅡ——ライフ・サイクル…………………………27
　　6　プエ儀礼の体系……………………………………………………………30

　第2章　ビルマ儀礼論の展開……………………………………………………36
　　1　マンダレーの祭祀空間……………………………………………………38
　　2　上ビルマのパゴダ祭り……………………………………………………44
　　3　プエの意味領域をめぐって………………………………………………52
　　4　祭祀空間としてのパゴダ…………………………………………………60
　　5　パゴダ空間の構図…………………………………………………………64

　第3章　シャンとビルマの間（はざま）で……………………………………67
　　1　インダー族——さまざまに語られる来歴とその生活様式……………67
　　2　外部へと開かれた経済圏…………………………………………………70
　　3　手首に巻かれる糸輪………………………………………………………72
　　4　精霊信仰とナガー崇拝……………………………………………………75
　　5　湖上巡行するパヤー………………………………………………………76
　　6　シャン州のパヤー・プエ…………………………………………………82

第Ⅱ部　ビルマとシャンの民族間関係

第4章　民族の座標　　88
1. シャンをめぐる「よそ者」意識　　88
2. シャンとは誰か　　92
3. ビルマ世界の伝統的中心と周縁　　95
4. 民族間関係と民族の座標　　97
5. 上からの「我々」, 下からの「我々」　　100
6. 対立の論理を超えて　　103

　　付記：文化省民族調査項目　　105

第5章　「シャン」をめぐるポエティクス　　106
1. 歴史叙述の中の「シャン」　　106
2. 人類学的記述の中の「シャン」　　113
3. メーホンソーン県の「シャン」の表象の多様性　　117
4. 「シャン」を類別する複数の見方　　120
5. 「シャン文化圏」の意味するもの　　123

第6章　シャンの行方——そのビルマ化とシャン化　　125
1. はじめに　　125
2. 人類学者リーチの記述再考　　128
3. 国家による「民族」政策,「民族」分類　　131
4. 「民族」の法律的根拠　　135
5. コー・シャン・ピィ（Ko Shan Pyi）　　137
6. カチン州のシャン　　142
7. シャン化とシャン・エスニシティ　　147

第Ⅲ部　ビルマによる「シャン」の表象

第7章　精霊伝説と民族表象 — 157
1. コーミョウシン（KMS）とその背景 — 157
2. KMS精霊伝説 — 160
3. KMS口頭伝承 — 162
4. KMSとビルマ王権 — 166
5. KMSの祠 — 168
6. 「シャン」のイメージ — 174
7. KMS精霊伝説の分析から — 176
8. おわりに — 180

第8章　コーミョウシン精霊伝説の形成 — 182
1. ビルマの精霊伝説 — 183
2. 語りの形成 — 190
3. シャンのビルマ化、ビルマのビルマ化の表象として — 191

第9章　北部シャン州の精霊信仰 — 195
1. ラショウ（ラシウ）のシャン・九十九のソーボワ — 195
2. チャウメー（チョクメー）の精霊信仰 — 198
3. ティボー（シポー）の精霊信仰 — 202
4. 北部シャン州におけるビルマ化の表象 — 207

第Ⅳ部　多民族国家の行方——国家のまなざし

第10章　多民族国家ビルマと市民権法 — 214
1. はじめに — 214
2. 多民族国家ビルマの概観 — 215
3. 外国人登録者 — 218
4. 1982年市民権法 — 223

5	1982年市民権法の考察	235
6	1982年市民権法その後	242

第11章　ビルマの信仰体系と政治権力　250
　1　ビルマ文化の探究　250
　2　政治権力による仏教の「清浄化」　254
　3　仏教王の役割とその支配装置　259
　4　独立後の政治権力と仏教　263
　5　政治的環境の変遷　267
　6　仏教の統一化の動向と非ビルマ族　269

第Ⅴ部　シャンによる「シャン」の表象

第12章　シャンの文字文化とそのアイデンティティ　275
　1　はじめに　275
　2　シャンの行方再考——民族・仏教・文字文化　275
　3　シャン仏教　279
　4　シャン文字　282
　5　新シャン字体の開発と普及への試み　285
　6　新シャン字体普及への苦難　294
　7　ポイ・クーモー・タイ（*pöy khu mö tay*）　298

第13章　「シャン」の表象をめぐる知の位相　302
　1　シャン族文化の保存活動の現在　303
　2　1970年代以降の動向　307
　3　中央委員会設立以前から以後へ　316
　4　チョクメーの夏季学級　317
　5　シャンによる「シャン」の表象　323

最終章　結論　329

初出一覧　339

参考文献　343

あとがき──────────────────359
索　引──────────────────361

エーヤワディー川の夕陽

ビルマの民族表象

——文化人類学の視座から——

凡　例

　本書のビルマ語とシャン語の用語は，基本的にカタカナ表記とし，原則として各章の初出のみローマ字表記を併記している。ただし，言語体系の違いからカタカナ表記には限界があり，ローマ字表記も，引用を考慮してあくまで参考程度に掲げるものである。

　ビルマ語のローマ字表記は，1987年に東京外国語大学アジアアフリカ言語文化研究所で作成された表記一覧に一部修正を加えた方式を，シャン語のローマ字表記は，2000年に同研究所新谷忠彦教授によって作成された方式を，それぞれ原則的に採用している。シャン語のローマ字化は，斜体で区別している。ただし，一部は利便から慣用に従い，音調については省略した。また，著者名については，本人のローマ字表記に従っており，必ずしも上記の表記法には従っていない。地名および役職名（ツァオパー，ソーボワなど）については，一部，民族間関係および民族表象に関して重要と思われる場合には，ビルマ語名とシャン語名を併記している。

序章　フィールドのすべての人々へ

　フィールドの二十年来のシャン族の知人から，一通の案内を受け取った。2002年初頭のことである。シャン伝統文化保存運動への協力を呼びかける内容だった。案内は，ビルマ語とシャン語で併記されている。また，自分と，自分たちの土地と文化を，ビルマ語では「シャン（Shan）」，シャン語では「タイ（Tai, *Tay*）」と，差異化されている。この併記様式は，シャン文化を取り巻く状況を的確に表現している。多民族国家ビルマ（現ミャンマー）連邦の共通語で，公式の場および学校教育で使用されている言語は，この国で，人口のみならず，政治的にも文化的にも優越するマジョリティである人々の母語であるビルマ語であり，このような活動をチェックする立場にある行政側の人々は，ビルマ語でその役割を履行している。シャン語は，言語学的にはタイ＝カダイ語系に分類され，周辺国家に同系の言語を話す人々が居住しているが，この国では，マイノリティの言語のひとつである。
　シャン（Shan）は，国家認定がなされた構成民族集団（現地語でタインインダー，tainyindha）の名称のひとつであり，領土内東部に位置する行政州（ピィーネ，pyine）の冠称でもある。しかしながら，この国で民族的にシャンである人々が，シャン語を母語として，シャン州においてのみシャン文化を伝統としているとは限らない。やはりこの国の構成民族集団名を冠したカチン州に多くのシャン族出自を主張する人々が住むが，その大半は，現在，シャン語をほとんど話すことができない状況にあるといわれ，ビルマ語の使用頻度が高く，ほぼ母語化している。民族帰属と，母語の如何と，行政単位の境界は，必ずしも重なってはいないのである。マジョリティとマイノリティとの民族間関係としての相克は，文化動態の随所にも観察しうる状況にある。

一方，ビルマ文化は，その母体の政治的マジョリティであるという位置づけを後ろ盾に，現政権において国家による国民文化保護政策の対象化の中心として保存されようとしている。たとえば，1993年9月11日に第一回ミャンマー伝統文化コンテストが実施され，以降，毎年の公式行事となっているが，その内容のすべては，それまでビルマ人の伝統として広く認知されてきたものである。他方，非ビルマ族である少数民族の諸文化は，博物館展示や，アトラクションのひとつとして各種イベントの場で活用されることはあっても，現政権下，国家によってその保護が組織的にはなされていない。自他共にマイノリティ文化保存の担い手と認める人々は，政治的マジョリティであるビルマ人に配慮しながら，自文化の保護活動を試行している。冒頭の案内でのシャン語とビルマ語の二種の文字による併記には，その配慮が透けて見える。

「文化」ということばの用例とその背景に関しても，民族間関係を抜きには語ることができない。ビルマ語で文化をインチェーフム(yinkyei-hmu)と呼ぶ。シャン語ではフィンゲーあるいはピンゲー(*fingngë, phingngë*)であり，ビルマ語源による外来語であることは明らかである。また民族単位でその伝統文化を守る組織委員会は，必ず「文芸文化（英語では literature and culture）」がセットで冠称される。文芸文化は，ビルマ語でサーペー・インチェーフム (sapei yinkyei-hmu)，シャン語でリックラーイ・フィンゲー (*liklaay-fingngë*)であり，「文字化されたもの」を意味するサーペーあるいはリックラーイのそれぞれの文化全体における重要性が明示されているとともに，シャン文化の保存をめぐる動態において，ビルマ文化の保存をめぐる動向との同質化が暗示されているのである。

人類学的な理解によれば，このようなビルマ文化とシャン文化の有り様の差は，国家と民族の関係，そしてその関係を背景とした文化的マジョリティとマイノリティの力関係の表象でもある。また言語使用に関して，学校教育の場で，共通語のみが採用され，マイノリティ側の言語が，組織的に教育される機会が奪われているとしたなら，ビルマ文化に馴染みのある人々が漸増していく将来は容易に類推することができよう。そのような危

機感が，マイノリティ側の文化保存運動の動機づけのひとつに確実に結びついているように思われる。同質化と差異化の相反するモーメントが，この多民族国家をめぐる民族間関係と文化動態の両方に作用しているのである。すなわち，多民族国家における民族間関係のポリティクスにおけるマイノリティは，マジョリティ側からの言説によって表象化され，マイノリティ側は，自文化を自民族意識の基盤として構築する過程において，そのポリティクスを認識しながら，その民族表象の同質化と差異化を図ってきたのである。

多民族国家を国是とする政治体制下では，民族表象は政治性を有さざるをえない，あるいは，民族的なマジョリティとマイノリティとの間の力関係による政治性があるからこそ，民族表象は，仮に「部分的真実」[Clifford & Marcus 1986: Chap. 1, クリフォード／マーカス 1996: 1章] であっても，創造されたフィクションであっても，実体化しうる，あるいは実体的なものとして解釈されうるのである。本書は，そのある意味で必然的な民族表象の政治性に関して，人類学的に問いかけてきた考察の結実なのである。

民族誌に現出する表象の権力作用に関する議論は，1980年代以降の人類学的自己批判の脈絡の中で問題化し現在にいたっている。本書で扱う民族表象の事象の構図もある意味で相似形にある。だが人類学的脈絡においては，民族誌を「書く側」のポエティクスによって再生産される「書く側」と「書かれる側」とのポリティクスの無意識的かつ一方的な力関係の構造が，その批判の対象となったが，多民族国家におけるその事象は，マジョリティとマイノリティ「それぞれの」表象化された言説が，ポリティクスの関係における力の優劣を背景にしている点で様相が異なる。マイノリティは，「書かれる側」であると同時に，「書く側」でもある。ただし，マイノリティ側は，国民国家全体における「書く側」としてのマジョリティの存在とそのポエティクスを意識せざるをえない。すなわち，マイノリティ側は，一方で，マジョリティ側の言説が優越する脈絡において周縁的に表象化され，他方で，その制約の中で独自のポエティクスを構築しようとしてきたのである。本書第Ⅱ部において，前者を"シャンのビルマ化"，後

者を"シャンのシャン化"とそれぞれ呼んでいる。"シャンのビルマ化"とは，シャン族がビルマ人に完全に同化することではなく，マイノリティとしての位置づけを受容したままでの同化なのである。また"シャンのシャン化"とは，付与されたマイノリティとしての位置づけを，肯定的なものに転換させる営みを意味する。いずれの事象も，マイノリティとしてのアイデンティティをめぐるポエティクスとポリティクスの相克なのであり，多民族国家の脈絡において，マイノリティ側が一方的に「書かれる側」としての表象を回避するための活動は，この表裏一体の文化動態の間に展開すると考えられるのである。

　ビルマの民族表象に関して，特にシャン族とビルマ人の民族間関係とそれをめぐる文化動態を中心に，人類学的方法論に立脚して過去二十余年にわたって考察してきた成果が本書である。シャンは国家を構成する一民族名であるが，ビルマは，最大民族ビルマ（現地語ではバマー，Bamar）であると同時に，現国家名ミャンマーの語源でもある。したがって「民族間関係」といっても，必ずしも対等であるとは限らない。憲法上で法の前でのすべての国民の平等が規定されていても，場合によっては，その優劣関係が顕在化することもありうる。民族言語教育がその典型的な事例であろう。ビルマ語は，一民族の言語であると同時に，国家語としての性格も有しており，ナショナリズムと密接に関係しているのである。少数民族言語の教育は，1948年の独立以降，一時的に学校教育の中に取り入れられてきた時代もあったが，家庭での文化化の過程以外は，課外活動としてなされてきたに留まる。それらの言語の習得は，出世や昇進に利益とならないのが現実である。また文化動態の諸相に関しても，先述した「国民文化」認定の動向からも明らかなように，ビルマ文化とシャン文化のそれぞれを取り巻く環境は異なる。そして，それぞれの文化を表象するものと解釈された結果は，自然発生的なものというよりも，文化の全体から，文化の特定の部分的真実が，当該文化全体を表象するものとして，いつ，どこで，誰に，どのようにして，なぜ選択されるかによって規定され，言説として表

象化されたものであり,それぞれの問いに,マジョリティとマイノリティとの力関係が影響しているのである。

　ビルマ人とシャン族の民族間関係の歴史は,資料的に12世紀のビルマ語碑文にシャンが syam と記述された時代まで遡ることができる。しかしながら,碑文やその他の史料で記述されたシャンあるいはその類語が,現代におけるシャン族と系譜的につながったとしても,そのまま単純に同一視することはできないだろう。かつては「シャンと呼ばれた人々がいた」という状況で,その政治形態や環境については不明な点が少なくないし,現代においては「多民族国家を構成する一民族としてシャンが居住している」というのが実像である。換言すれば,「シャン」は,前者の時点では他称としてのラベルであり,後者においては,歴史と伝説を背負いつつ,自称としての性格をも併せ持つにいたった集団表象なのである。

　その両者を含め,諸民族は孤立して生活してきたわけではない。広く諸民族間で文化的な交流がなされてきたのである。「ひとつの民族,ひとつの文化」という理解の枠組みを高地ビルマの事例から批判したのは,リーチ(E. R. Leach) [Leach 1977(1954)] であった。彼自身が参与した第二次世界大戦の終了後,ビルマの地に英国支配が回復した折に,独立達成に向けての手続きとして少数民族側の代表への辺境地域調査委員会 (Frontier Areas Committee of Enquiry ⟨FACE⟩) によるインタビューが,1947年4月にシャン州のメーミョウ(現ピィンウールウィン)で行なわれた。その内容には,ビルマとシャンの関係について次のように記されている。「シャン族は,自分たちの言語を保存しているけれども,多くのシャンの人々はビルマ語を習得し,実際二つの民族は共通の文化を共有し,ほとんど文字資料についても共有している。ビルマの最後の王であるティボーの片方の親はシャン出身だった」[FACE 1947: PART I; 8] と。

　ビルマ文化とシャン文化をめぐる状況は,民族間の脈絡における政治的力関係への配慮の重要性を研究者に認識させる。そのことを考察上で明記するために,本書では,民族的脈絡で帰属を問題にする場合,同じ「族」ではなく,相対的に大規模社会を構成する支配的な「ビルマ人」と,小規

模社会を構成する従属的な「シャン族」とに使い分けることにしたい。

1989年6月，国家名の外交上の英語の名称が，Union of Burma から Union of Myanmar に変更された。変更した政権の正当性をめぐって，どちらを使うかについて，海外の報道機関による表現は分かれている。日本政府は，現政権の変更宣言に呼応して，日本語名をビルマからミャンマーに変更した。本書では，一民族の呼称として，また歴史的な記述をする場合や民族間関係および文化動態を論じる場合には，従来の「ビルマ」を用い，1989年以降の国体あるいは国民文化形成の脈絡においては，「ミャンマー」と使い分ける。

本書で扱う事象は，19世紀後半の英領ビルマの成立期から，植民地当局の施策を経て，今日のビルマ（現ミャンマー）連邦政府による文化政策・民族政策の実施にいたるまで，持続的に進行してきた国民統合と国民形成の過程の中で生成する「民族」のマジョリティとマイノリティ双方の自己意識の形成過程ないしその現象に深く関わる。基本的にそれ以前の歴史に踏み込むことを意図しない。だが，現代における民族間関係とそれを基盤とする文化動態の実像は，口頭伝承や年代記そして伝説などを引用しながら構築されていることを考慮すれば，人類学的視点から把握可能な歴史観として，それらの引用についても言及することも重要な学問的手続きであろう。「シャン」は，現代におけるひとつの民族集団の位置づけを表象するラベルであるが，シャン文化の「シャン」には，当事者にとって遡及的な文化的意識も含まれているからである。シャンの伝統の中心として重要だと当事者が考えているシャン文字について，系統論的にビルマ起源であることが明らかでも，そうではなくてシャン起源として語られるという言説は，そのことを示す典型的な事例である。カチン州で会ったあるシャンの長老はこう語った。「自分たちはビルマ人のような『くに』がない民なのだ」と。ビルマ語でシャン・ピィ（Shan Pyi）と表現される「シャンのくに」は，本書が扱う時代において独立した政治単位ではなかった。とするならば，現在伝聞できるシャン族自身による「シャンのくに」について

の語りは，過去の記憶，あるいは周辺の人々との交渉の中で形成してきたある世界観からのイメージの産物ということになる。彼らが，タイ（Tai）を自称とし，自分たちの「くに」をムアン・タイ（mäng-tay）と呼ぶ場合は，文化圏的な広がりのイメージが源泉にある。これらの事例は，シャンとしてのアイデンティティ形成の構図の一端をなしているのである。また，本書で報告するインダー族の文化的状況は，二つの文化の間で形成されたひとつの事例を示している。インダー族は，王朝時代より伝統的首長であるツァオパー（cawphaa，英語では saopha，ビルマ化でソーボワ，sawbwa）が統治し，初代ビルマ連邦大統領は，そのツァオパーであった。

他方，東南アジア大陸部から中国雲南省に至る地域における近現代の政治力学は，ビルマ（ミャンマー）国家内のシャンの人々にとってそのアイデンティティ構築に影響しうる別の政治単位を生み出した。タイ王国（1939年にシャムから改名）の存在である。言語学的にはシャン族と同系の人々が，近現代において西洋列強および清国の圧力により，領土は縮小を余儀なくされたものの，国家としての形態を維持してきたのである。ビルマに住むシャン族は，タイ系の人々を類別する際に，タイ・ロン（Tai-Long，大きいタイ）と自称し，タイ王国を築いた人々を，タイ・ノイ（Tai-Noi，小さいタイ）あるいはタイ・タイ（Tai-Thai）と他称する。自分たちの国を築き上げてきたタイ王国の人々，伝説上の中心でその直系と自負しながら国家を構成する一民族であるビルマのシャン族，その間には言語的そして文化的共通性を超えた差異化のモーメントが働いているといえるかもしれない。タイ王国西北部のメーホンソーン県に住むシャン系の人々は，タイ・ヤイ（Tai-Yai）と他称されているが，その移入の歴史は，さかのぼっても二百年前後に留まり，国内ではタイ文化のバリエーションのひとつとして認知されているにすぎない。本書では，メーホンソーンでのフィールドワークによるデータも参照しながら，民族間関係と文化動態の行方について考察を深化させるつもりである。

広域的には，タイ（Tai）文化に含まれても，ビルマのシャン族のその担い手としての位置づけは，呼称の意味するところとは反対に，文化的マ

イノリティとなっていることは否定できない。そのことがシャン族の人々のアイデンティティを逆説的により強化していると思われる。彼らの間から，自称タイ（Tai）であることをふまえて，民族名をシャンからタイへ，州名をシャン州からタイ州へ，言語名をシャン語からタイ語へ変更しようという動きはまったく認められない。タイ王国との差異化，シャンのビルマ文化の脈絡における自称化とビルマ人との差異化の両方の要素が，多義的なマイノリティとしての意識を構築してきたからかもしれない。本書では，その見解をふまえて，タイではなく，シャンを用いている。

先述した独立前夜の辺境地域調査委員会報告には，タイ王国と接するケントゥン（ビルマ語ではチャイントゥン）州代表へのインタビューに次の件りがある。

- （問い）あなたの州は，シャムと密接に連帯しているのではありませんか？
- （答え）はい，すべてにおいて。
- （問い）実際，ビルマに編入するよりもシャムに編入した方がもっと容易ではありませんか？
- （答え）はい。
- （問い）それでも，あなたはシャン諸州連合（Shan States Federation）に留まることを望みますか？
- （答え）はい，現在のところ。　　　　　[FACE 1947: PART II; 22]

タイ王国は，戦時中に日本政府より，ビルマからケントゥン州，ムアン・パン州の編入を認められたが，日本のポツダム宣言受諾直後，自ら還付する用意があることを宣言している［荻原他 1983: 248-256］。そのことが上記のインタビューの伏線にある。ビルマ国内のシャン族は，隣国タイ王国と文化的近縁性を認めながら，連邦に留まって現在にいたっているのである。

ビルマ文化とシャン文化の実像をその現場で参与観察すればするほど，

人類学者は，その見方の再考のみならず，その記述においても重要な民族誌記述上の課題と対峙する。「ビルマ」「シャン」と言語化し，ビルマ文化に対して，シャン文化＝（代表的）非ビルマ文化と規定すれば，その共通性よりも相異性が強調されて認識される傾向はある意味避けられない。実際には文化的共通性が認められるにしてもである。研究者の記述する民族誌の読者のみならず，当事者のマイノリティであるシャンの人々にとっても，そのような相異性を意識することがアイデンティティの形成に貢献していることは事実であろう。換言すれば，この多民族国家における文化動態の事象は，ビルマ文化を基準として現出する蓋然性があり，マイノリティのビルマ化が浸透する一方で，マイノリティ側の求心化が進行してきたと考えられるのである。

本書では，ビルマによる「シャン」の表象と，シャンによる「シャン」の表象を別に扱うこととしたい。

前者（第Ⅲ部）では，ビルマ側によって「シャン」と結びつくと考えられている精霊信仰の実践と伝説を研究対象とする。そこで明らかになるのは，「シャン」への「他者性」の表象としての言説と，「ビルマ（バマー）」に対する「中心性」としての自己認識である。それらの構築は，英領植民地化以来のビルマ人とシャン族との不均衡な民族間関係と，特に独立以降のビルマ文化中心主義の脈絡における政治力学的な「マイノリティ」としての位置づけが強く反映されていたのである。その文化動態は，"シャンのビルマ化"ともいえよう。精霊信仰は，仏教徒の宗教的世界観において「周縁性」「他者性」が付与されており，民族間関係の表象と構造的に整合するのである。

後者（第Ⅴ部）については，本章の冒頭で紹介した案内と結びつくシャンによる「シャン」文化保存の動向を探究する。その動向は，独立以降顕著になる"シャンのビルマ化"と表裏一体となる"シャンのシャン化"とも呼ぶべき動きである。シャン族の人々は，ビルマ文化中心主義の強いポリティクスと矛盾しない範囲内において，「中心性」としての自己認識をその民族表象として構築しようとしているのである。英領時代までのシャ

ン化は，非タイ系民族をシャン文化圏の中に取り込む「求心性」を帯びていたが，諸民族の関係は，西欧人（後述するスコット〈J. G. Scott〉に代表される知識人）による当時の（そして現代でも人口に膾炙している）「科学的」な平準化によって横並びとなり，近代的な国民国家形成を達成してこなかったシャンの人々によるシャン化は，かつてのようなシャン化ではなく，「科学的」に調査され横並びとされた後の時代的背景において，タイ系民族だけが主体となるシャン化に留まらざるをえなかったのである。

前者と後者の考察の間に，市民権法（国籍法）と信仰体系をテーマに，マジョリティとマイノリティの関係に照射される「国家のまなざし」に注目したい。それが第Ⅳ部である。前者は，国民国家における「人＝国民」と国民形成の過程に関わり，後者は，仏教における専門家という「人＝出家者」と，信仰体系における「中心性」と「周縁性＝非仏教的要素」に関わっている。いずれにおいても政府側のポリティクスが，言説として表象化されているのである。ビルマ（現ミャンマー）連邦の場合，その政府側の行動が，1980年代に具体化しているという歴史的事実があり，仏教国における，二つの「人」をめぐる懸案が密接に結びついていることを暗示しているのである。

筆者の人類学的研究の出発点はビルマ社会とその文化が主対象であり，その作業は現在も継続中である。第Ⅰ部はその成果の一部であり，文化動態研究の方法論を儀礼論に求めている。出発点での研究計画立案の背景には，軍事政権下で非ビルマ文化に関する一次資料を収集する機会がほとんど認められなかったというきわめて現実的な問題が関係している。その後，1990年代に入って，軍事政権側は，経済開放政策に転換し，研究者に対する門戸も次第に緩和され，シャン文化をめぐる事象を直接観察できるようになってきたが，多くの少数民族が恒常的な政情不安を抱える辺境地帯に居住している現状では，まだ制限が多い。その意味では，本書で扱うシャン文化は，部分的なものに留まっているかもしれない。しかし，シャン文化の今後を見通すうえで重要な全国規模のシャン伝統文化保存委員会から

の一次資料の提供と活用が，その論拠を補完し支えていることは付記しておきたい。したがって，本書の内容は，マジョリティとしてのビルマと，多義的マイノリティとしてのシャンの両方による「シャン」の表象の合わせ鏡であり，文化動態研究として論理的に整合する一定の水準に達しているものと信じたい。第Ⅰ部で，ビルマ語で「プエ」，シャン語で「ポイ」という儀礼祭祀に関する論考を展開しているのは，その両方にまたがる文化動態を念頭においているからである。

　第Ⅱ部では，民族表象としての「シャン」を多角的に追究し，「シャン」が語られる脈絡とその言説に関して分析を加えており，シャンの行方を求めた研究成果である。そこで明らかになる筆者の視点は，ビルマ側からシャン側にシフトするとともに，表象としての「シャン」から，主体としての"シャン"へとその対象をシフトしており，第Ⅲ部から第Ⅴ部への展開のための橋渡しとなる研究成果として位置づける。

　また筆者は，本書のような研究成果を，ビルマ人やシャン族へ直接還元する努力の重要性を日々痛感し，現地での国際会議あるいは保存運動の場などに積極的に参画している。本書の民族誌としてのポエティクスを一方的なポリティクスに従属させないためにも，そのような作業こそが，微力ながら，長期的にみればビルマ人とシャン族のより深い相互理解に間接的に寄与し，異文化理解の相乗的発展に貢献することを期待している。以上のような文化動態に関する考察の試みである本書は，清水昭俊のいう「世界の構造的中心から周辺民族の現状を観察すると同時に，その周辺民族を周辺化することによって成り立っている世界の構造を明らかにする途」［清水 1998:9］の延長線上にある。「シャン」で表象される周辺文化を研究するためには，「ビルマ」で表象されるビルマ世界の支配的な文化の見聞との連携が必須だと考えられるのである。

　シャン文化保存に主体的に関与する人，さらに関与させたい人は，シャン語を読めるとは限らない。シャン語を話せるとも限らない。またシャン族出身とも限らない。筆者のような外国人もいる。本書は，国家としてのビルマ（現ミャンマー）の民族誌を，マイノリティへの視点と連携しなが

ら記述し，民族と文化の行方について解釈を加える人類学的な営みであり，また臨地研究の現場で出逢ったすべての人々から受けてきた本書の成果に対する期待と協力への返礼でもあるのである。

　　フィールドで出逢ったすべての人々へ……

第Ⅰ部　儀礼論からみたビルマ文化とその周辺

第1章　プエの世界
第2章　ビルマ儀礼論の展開
第3章　シャンとビルマの間（はざま）で

　ビルマ文化の脈絡で儀礼論を展開するなら，プエ（pwe）ということばは避けて通れない。
　後述するように，プエに起源をもつ用語が，ビルマ人と文化交流を歴史的に展開してきた非ビルマ系民族の間に存在する。いわばプエはビルマ文化の外延を考える行動様式の指標のひとつともいえる。代表的なものが，シャン族のポイ（pöy）であり，中緬国境のタイ系民族のパイ（pai）であり，モン・クメール系の言語を話すパラウン族のブロイ（broi）である。いずれも仏教信仰という宗教的基盤が共通する一方で，精霊信仰との関係において明瞭な差異も認められる。プエは，ビルマ文化の中心と周縁に，儀礼表象として接合し，民族表象の同質化と差異化とも結びついている。
　また仏教徒の信仰実践であるパヤー・ブエ（phaya bwe）も注目に値する。パヤーの意味は多様で，仏陀，パゴダそして僧侶への呼びかけなど，仏教的脈絡で頻出する。ビルマ語では，パヤー・ブエというとほとんどがパゴダ祭りの意味である。中緬国境に住むタイ系民族の間では，ポイ・パラ（pöy phraa）は仏陀像の招請が重要な儀礼である。パヤーとパラは同起源である。
　仏教とプエそしてパヤーとの関係を考察することを軸に，本章ではビルマ文化とその周辺を生きる人々の行動様式の民族誌的資料の提示とその考察から，民族間関係そして文化動態をたどるための儀礼論を展開しようと

思う。地理的には，ヤンゴン，マンダレー，北部タイ・メーホンソーン県，中国雲南省西双版納タイ族自治州，南部シャン州インレー湖を廻る。

最大の聖地シュエダゴンパゴダ

第1章　プエの世界

1　はじめに

　儀礼を儀礼たらしめているものは何か。

　儀礼を論じる場合のひとつの方法は，儀礼の内容に関する民族誌的観察をふまえた儀礼性の文化的脈絡における分析であり，その儀礼性と対照的に位置する日常性との可変的状況として儀礼を考察することであろう。いままで，空間的にまた時間的に，あるいは社会的人間関係のうえで象徴的変換が認められるとされ，多くの儀礼論が展開されてきた。儀礼を日常性の中へ一旦投影することによって，儀礼を儀礼たらしめているものがより鮮明になるというわけである。そしてその作業の過程において，儀礼論の着実な展開のためには文化の全体像への慎重な思慮の反復を欠くことができないのである。

　ビルマ文化の脈絡の中でこの議論を展開しようとするなら，通らなければならない特徴的なフィルターがある。それは，「仏教と精霊信仰の関係」という視点である。これは，儀礼論に限らずビルマの宗教世界を論じる場合，終始問題とされてきた。具体的な文化事象について仏教的か，非仏教的かの分類がなされ，あるいは併記という形で評価がなされてきたのである。宗教文化全体を見通してシンクレティズムという呼称も使われた。だが，重要なのは，シンクレティックか否かではなく，どのようにシンクレティックかそうではないかという視点である。儀礼についても同様である。本章では，ビルマにおける儀礼の全体的評価についてはあえて問わない。「どのように」という儀礼表象に注目する。

　ビルマの文化的脈絡において儀礼を儀礼として成立させているものは何か。また儀礼はビルマ文化全体の中でどのように位置づけられるか。ビルマ文化における儀礼の内的構図とその分析を問おうとするのが本章の目的

である。従来，ビルマの儀礼についての考察がなされなかったわけではない。だが，その大半が上記のテーマに従属されてきた。そこでは，規範的レベル，実践的レベル，認識的レベルなどの区別は意識されながらも，その「規範」「実践」の相関性があいまいで，また行動様式を支配する「認識」領域についても一様ではなかった。たとえば，功徳観念を例にしてみよう。確かに功徳観念は，仏教の根本理念のひとつであり，人々の行動様式を規定している。だが，仏教の考え方にそった宗教的悟りを目標とする規範的利益と，現世的利益の間に明確にそのレベル上の一線を画せるかというとはなはだ疑問だといわなければならない。「イデオロギー」「リアリティ」の二分を前提としたら，その間で揺れる認識のレベルが見えてこないのである。ビルマの文化的脈絡においては，これに仏教的か非仏教的かどうかの二分論が重なってより迷路化している。本章は，以上の反省のうえにたち，ビルマ文化の儀礼的行為の場とその構図を描く作業を通じて，各儀礼を一貫する基本構造をたどりながら，ビルマ儀礼論の体系化への展開を意図している。

2　儀礼のエスニック・ターム

　ビルマはタイなどと並んで，東南アジア大陸部の代表的な上座（テラワーダ）仏教国である。1983年のセンサス（これ以降の全国的規模のセンサスは行なわれていない）によれば，仏教徒の占める割合は89.4%とされている。このような状況から，儀礼論を「仏教儀礼」という視点から取り上げることは有効かもしれない。たとえば，タイについては，青木保が「タイ仏教儀礼の分類」(1975)において儀礼の体系論を指向している。それによれば，「仏教儀礼」の条件として，①僧が主体であること，② Sasana（仏教の教え）があること，③功徳を積むことになることの三件が挙がっている。仏教信仰の根幹を，功徳蓄積行為と得られる功徳を変数として，最終的にそのバランス・シートが問われる業の観念とするならば，③が，仏教信仰が支配的ないずれの地域においても優先されてしかるべきであろう。だが，僧が主体的であるかどうか，仏教の教えがあるかどうかについては，

難点がある。ビルマにおいて僧が主体的となる儀礼は，入仏門式，新築儀礼，葬式の三場面に限られるのがほとんどである。結婚式，誕生，命名式などにおいて僧が招請される場合もあるが，それは周囲および当人の信心の度合いと経済的事情に多くの場合依存し，僧の立ち会いは規範的というよりも任意的なものといえる。さらにまた，青木が提示するような王宮関係や政府関係の公的な場面に僧が主体的に登場することはない。内務省・宗教省など行政当局主催の儀礼はあるが，政府のポリシーにそって，僧がタイほど前面に出てこない印象を受ける。仏教の最高の守護者たる王室は，19世紀の末に途絶えてからビルマには現存しない。とするなら，タイの「仏教儀礼」という定義をビルマの文化的脈絡の中にそのまま持ち込むことは，ビルマ宗教世界の様相を見誤ることになりかねない。本論は，まず「儀礼」そのものをそのエスニック・タームよりたどることから始めたい。

　ビルマ語において使われる公的私的を問わずセレモニー，儀礼にあたる単語は以下の三例である。そしてそのあとに，ビルマ語の公的管理を司る国語委員会編集の『簡明ビルマ語辞典』（*Myanma Abeidan Akyin Gyout*, 5 vols）（1978-1980）による説明を併記する。

①プエ（pwe）
　聴衆が集まったダビン（dhabin）／娯楽を見せること／売買所／集合／供え物／物資
②アカン・アナー（akhan ana）
　聴衆に対して行なわれる式典／身分・位階を表わす装飾物
③ダビン（dhabin）
　大きな式典／集まり

　①プエには，「何かの集まり」を指示する意味がある。たとえば，「功徳を共有する供養儀礼」はプーゾー・ブエ（puzaw bwe）と呼ばれる。プエは言語環境に応じてブエに有声化する。政府機関の各種会議，試験，催し物などにも用いられる。机が「食べるプエ」とされることも「何かの集

まり」としての机の機能を想像させる。注目すべきことは，ガドー・プーゾー（gadaw-puzaw，功徳の獲得・共有を目的として供養する）のように，いわば儀礼の内容を表現する接頭辞のひとつガドー（拝む，許しを乞うなどの意味）にプエがついたガドー・ブエ（gadaw bwe）が，儀礼そのものだけではなく，供え物を意味することである。②アカン・アナーは，儀礼セレモニーや式次第を表わすことが多い。これはカンナー（khanna）という「華美な」を意味する形容詞の名詞化である。③ダビンには，プエの大きなものとの認識がある。ブエニン・ダビン（bwehnin-dhabin）として大学の学位授与式にあてられる。また「祭礼」としての用法もある。たとえば，ザッ・ダビン（zat-dhabin）は伝統的な舞台芸能を表わす。その興行は，乾季になると各地のパゴダ祭りなどの行事において，パゴダの境内あるいはその周辺で仮小屋を建てて見世物となる。

　上記の三つの単語は，組み合わせて使われることもあり，その意味領域は重なっている。だが，この中で最も頻度が高く一般的なのがプエであり，その前にパヤー（phaya，仏陀・仏像・パゴダなど），あるいはナッ（nat，精霊）という信仰の対象が明示されて，パヤー・ブエ，あるいはナッ・プエとして使われる。

　このプエの一般性は，年中行事の伝統的祝祭がすべてそう呼ばれることからも明らかである。その他，上記のように，各種行事などの場において展開される儀礼のほとんどすべてがやはりプエと呼ばれるのである。歴史的には，仏教関係儀礼（パヤー・ブエ），精霊儀礼（ナッ・プエ）は共に王家と関係が深かった（第Ⅳ部の「ビルマの信仰体系と政治権力」参照）。仏教にその起源が求められる年中行事は，すべて王朝時代からの伝統的なものである。仏教は歴史的に一貫して王家の庇護を受けてきたし，王は世俗の支配者としてのヒンドゥー的王権の最高位者にして，仏教の最高のスポンサーであり，擁護者としての立場にあった。その一方で精霊儀礼もまた王家と無関係ではなかった。多くの精霊信仰の由来に王家の存在は欠かせない。年中儀礼についても同様である。たとえば，太陽暦11月の満月の日に行なわれるダザウンダイン（dazaungdaing）は，仏教に由来する宗

教行事ではなく，俗的享楽に重きをおく精霊儀礼で，伝統的に古代の王が代々毎年開催してきたことが伝えられている［Aye Naing 1980: 272］。また後でたどるように，太陽暦10月の月行事であるダディンジュ灯明祭は，仏教徒の精進明けとして，功徳蓄積行為の代表たる喜捨行為，あるいはパゴダ祭りの季節の再開を祝う契機として宗教的世界観では位置づけられているが，その中の一日にともされる灯明は，家の中の品物に宿る精霊への捧げ物と説明されている。このようにプエは仏教的，精霊信仰的という分類を超えて通用している。王朝時代の伝統的儀礼の要素も現代のプエの中にたどることができる。以上のような文化的脈絡において描かれる儀礼の構図は，プエの世界の描写といってさしつかえないだろう。プエをまず問題にすることで，「仏教と精霊信仰の関係」というフィルターをより解釈可能なものに再構築することができると思われる。本章では，このプエの代表的なものを取り上げ，その儀礼を儀礼として成立させているものについて考えてみたい。

3 儀礼の分類とその構図

　パヤー・プエや仏教起源が語られる年中行事にはすべて僧が介在する。一方，ナッ・プエではナッカドー（natkadaw）と呼ばれるシャーマン的存在を従えるナッ・サヤー（nat hsaya）あるいはアテッラン・サヤー（ahtet lan hsaya）が司祭的役割を果たす。というと「仏教儀礼」「精霊儀礼」と二分できるようにみえるが，そうは単純ではない。なぜなら，精霊儀礼的行為パフォーマンスが「仏教儀礼」の一部として組み込まれている場合があるからである。この言い方は適切ではないかもしれない。「組み込まれている」ように思うのはあくまで観察者の評価である可能性があるからである。ただしいずれにしても，ここに「仏教と精霊信仰の関係」の複合性の一端が暗示されているといえるだろう。

　儀礼を分類する立脚点として，ここではまずナッ儀礼の側からその認識レベルをたどることにしたい。というのは，仏教信仰の脈絡においては，仏教儀礼は僧が僧自身のために行なう儀礼的行為であり，その形態は，黄

衣剃髪独身禁欲生活を堅持する僧院のスケジュールの中に完結しているからである。そこでは，僧侶の世界において戒律を遵守することで外界から隔離されており，精霊儀礼的要素が僧侶自身の個人的認識を除いて関与する余地はない。また上記の精霊儀礼的パフォーマンスが「仏教儀礼」の一部として相伴する場合がある。したがって，精霊信仰の側からビルマにおける儀礼全体の構図を考えることが「仏教と精霊信仰の関係」にとらわれないもうひとつの視点を提供しうると思われる。

ナッ儀礼についてビルマの人々は概ね次のように類別する傾向が認められる。ひとつは世襲されるナッの儀礼であり，もうひとつは都市部で顕著に見られる現世利益的な儀礼である。

前者は，父方母方から「世襲されるナッ」で，ビルマで最もポピュラーな三十七柱の神々（トゥンゼコナ・ミン・ナッ, thounzekhuhna-min nat）として括られるものに含まれるものが多い。できれば毎年儀礼を行なうことが望ましいと説明されるが，多くは，何か不幸があった場合に行なわれるようである。いわば「儀礼を怠ったからたたられた。だから儀礼を行なう」というように，不幸な出来事の説明のチャンネルとして精霊信仰による解釈が機能しているといえよう。また儀礼の施行においては，現世利益というよりは親族全体もしくは地域全体に関わるものとして認識されている傾向がある。換言すれば，現状解釈を契機とする状況打開型の傾向があり，一方では出自規定的といえる。そしてそのいくつかは，他の儀礼的行為とともに現出するのである。たとえば，各人が先祖より伝えられる精霊の名前を知り土地を支配する精霊と接触する機会は，多くの場合，入仏門式や結婚式の場である。入仏門式においては，後述のように土地を支配する精霊の祠へのデモンストレーションが欠かせないし，結婚式においても同様の場面が知られている [Spiro 1974(1967): 97]。だが，その一方で入仏門式は僧侶の世界への入口であるという意味で「仏教儀礼」の一部とみなしても無理はないし，結婚式についても，僧侶を内輪だけの結婚式の場に招待して将来の加護を願う儀礼を行なう例もある。またビルマにおいて僧が主体的役割を果たすとされる新築儀礼の場合についても，新し

い建物が立つ土地との関係を考えれば，精霊信仰との関係が暗示されていることに気がつく。というのは，この儀礼の性格を考えてみれば，新しい建築物の安全を祈願するいわば厄払いであり，その場に登場する僧侶は，パヤー・プエの際の功徳蓄積に立ち会う宗教実践者としての立場というよりも，守護を与える超自然的存在との媒介者としての性格が強調されているのである。プエのカテゴリーに含まれる儀礼においては，場合によっては僧の介在が特徴的であるが，その立場を主体的といえるかどうかは評価する人の宗教観によると思われ，かなり微妙であるといわざるをえない。したがって，タイ仏教儀礼の基準をそのままビルマの文化的脈絡に適用することにはやはり問題が認められる。

　後者のカテゴリーに含まれるナッ儀礼は，商売繁盛を祈願する，現世利益を祈願する，ご利益があったらプエをする，というような内容の行動様式を含むように，その目的意識は明瞭である。したがって，後者のカテゴリーは，単独で成立しうる点で，ナッ儀礼の前者のカテゴリーとは様相を異にする。その性格は，総じて現世利益的であり非出自規定的である。

　以上のように，ナッ儀礼の類別をもとにプエ儀礼の分類を考えてみた場合に，一方に僧侶の世界のいわゆる規範的な「仏教儀礼」がある。また言説として仏教と主に関連していると語られる儀礼群がある。入仏門式などの仏教関係儀礼がその例であるが，それらに伴う関連地域を霊的に支配すると信じられている精霊への儀礼的行為などがその複合的特徴を表わしている。そして他方に，単独で成立する精霊儀礼がある。

　したがって儀礼の分類としては次の三項が考えられる。

　　(a)僧侶の世界の戒律規定的仏教儀礼／僧侶が上位の僧侶に対して行なう
　　(b)祝祭的行為を介在する儀礼／儀礼パフォーマー，僧侶が介在する
　　(c)精霊儀礼に代表される非仏教的儀礼／儀礼司祭，儀礼パフォーマー

　それぞれ右に儀礼の場に登場する人々を併記した。(a)(c)については，「仏教」「非仏教」のそれぞれの世界の中で体系として完結性を帯びており，

その性格，行動様式の背景は明瞭である。僧侶は上位の僧侶に対して（その延長上に仏陀がいる）戒律を遵守する儀礼的行為の中にその身を置く。そして，その対極に現世利益的性格の濃厚な精霊信仰管轄の儀礼群が置かれる。問題は(b)である。(b)に含まれる儀礼は，アニュアル・サイクルのすべてと，ライフ・サイクルの代表的な儀礼が含まれており，(c)とともにプエと呼ばれるものである。集団の儀礼の場における存在，聴衆を前にしてのパフォーマンス性を必ずしも要しないという点で，(a)はその性格からいって独自性を帯びており，その意味からプエとは呼びえないし，実際呼ばれない。したがってプエの世界を考察する本論の目的にそうなら，(b)の儀礼群を論説の中心的対象とすべきだし，この儀礼群を考察することが，総体的なビルマ儀礼論の展開へと導くものと考えられる。さてその構図はどのようなものであろうか。以下具体的にその内容をたどって分析を試みることにしたい。

4　プエ儀礼のカタログⅠ——アニュアル・サイクル

ビルマ文化のアニュアル・サイクルにおいてその節をなすのは，ほぼ太陽暦4月中旬にあたる新年節（ティンジャン・ブエ，Thingyan bwe）と，10月の満月の日にあたる灯明祭（ダディンジュ・ミートゥン・ブエ，Thadingyut mihtun bwe）である。首都ヤンゴンでは，さらにもうひとつの灯明祭（ダザウンダイン・ミートゥン・ブエ，Dazaungdaing mihtun bwe）が11月の満月の日に，前月のそれにもまして盛大に祝われる。本節では，観察する機会を得た1983，1984年の下ビルマのヤンゴン周辺を中心としたこれらの三つの祭礼についてその内容をカタログ的にたどることにする。

◇新年節

新年節は，ダジャン（Thagyan）とも呼ばれ，インド神話のインドラ神に起源のあるダジャー・ミン（Thagya Min）の天よりの来訪，仮寓，帰還がティンジャンの期間をさす。1983年の場合，文化省の新聞告知によれば，4月14日9時47分47秒から，同16日13時52分27秒までとなっていた。

その直後より新年となるが，暦の上では元旦は同17日とされていた。この三日間はそれぞれアチャ（akya），アチャッ（ahkyat），アテッ（atet）とも呼ばれ，天上と地上の間のダジャー・ミンの神話的往復に対応する。

①4月に入ると本祭のための特設ステージが公的機関や家々の前に建てられる。
②パヤー・ブエ，タヤー・ブエ（taya bwe，仏教法話の会）などの仏教関係集会が多くなる。
③ティンジャン・オー（thingyan ou）と呼ばれるタビェー（thabye，フトモモ）などの葉を生けた素焼きの壺が準備される。
④水掛けが始まり，三日間続く。
⑤水掛けは昼間のみで夜間はステージ・ショウやタンジャ（thangyat，囃子唄）のコンテストなどのアトラクションが各地で行なわれる。
⑥冗談でナベの底のススを顔に塗る。
⑦家内の年長者に対してプーゾー（puzaw，崇拝）がなされ，その洗髪が行なわれる。
⑧魚を川や池に解き放つ儀式であるンガー・フルッ・プエ（nga hlwut pwe）が行なわれる。
⑨喜捨が僧侶に対して行なわれる。
⑩シンビュー（shinbyu，入仏門式）が行なわれる。この際儀式の前半のモチーフとして土地の守護神に対してのデモンストレーションがなされる。ヤンゴンではシュエダゴン・パゴダが主にその対象となる。仏門への志願者であるシンラウン（shinlaun）は，体が地面につかないように，付き添いの男性の肩に担がれてパゴダの周りを時計回りに三周する。
⑪新年元旦，潔斎が行なわれ，地区の角ごとで清めの儀礼が僧侶を招いて行なわれる。

◇ダディンジュ・ミートゥン・ブエ

　ビルマ暦7月ダディンジュ月の満月の日は，仏教徒にとって三カ月の安居期（ワー，精進期）の明けを意味する。安居期の間，慎まれていた結婚

式などの華美な行為が行なえるようになる。仏教の伝承によれば，天上で三カ月間講説をなさっていた仏陀が地上にご帰還になるのを祝賀して，その道筋を照らすためにたくさんの灯明がともされるのだという。その道筋は金，銀，ルビーの三筋といわれ，その仏陀事跡のモチーフは，古くは『三道宝階下州』として，12世紀建立の，バガン・ミンカバー村のチャウクージー寺院の壁画に見える［大野・井上 1978: 35］。

①安居期間に灯明祭のための寄付，寄進が集められる。
②ダディンジュ月白分14日，満月の日（abhidhamma，アビダンマの日），黒分1日の三日間灯明がともされる。
③ただし最終日だけは，仏陀のためではなく，かまどの神，家の守護神，机，瓶塩，油，米などのために灯明がともされる。
④夜間，パゴダ周辺は灯明をともす人々，参拝する人々で賑う。
⑤夜が明けると僧侶を招いて喜捨を行なう。僧院への喜捨の行列がみられる。これらの供え物は，パデータ・ビン（padeitha bin，奇跡の木）と呼ばれる樹をかたどった木製の台につるして捧げられる。

③の家の中の神々，品物への灯明が元来の形で，それが後に仏教信仰との関係で仏陀におきかわったとティンアウン（Htin Aung）は説明している［Htin Aung 1962: 80-81］。上ビルマを調査したスパイロ（M. E. Spiro）によると，三日間は，一日目が年長者，両親へのプレゼント，二日目が籤で選ばれた人が招待した僧侶に喜捨，三日目がマンダレーのパゴダ祭りへの巡礼にそれぞれ当てられている［Spiro 1970: 255-256］。

◇ダザウンダイン・ミートゥン・ブエ

　ダザウンダイン灯明祭は起源的には仏教とは関係がない。ティンアウンによれば，かつては，この時期，神話を再現する動物の踊り，灯明，ばかしあいの三通りの祝い方があったが，その後灯明がともされなくなったという［Htin Aung 1962: 80］。ところが下ビルマでは，この祭礼においても灯明がともされる。またこの日は，僧侶に僧衣を寄進するカティン・ブエ（kathein bwe）の期間の最後とされる。ダディンジュ満月の日よりこのダザウンモン月満月の日の喜捨は，特に重要な功徳蓄積行為なのである。そ

の最たるものが，ダザウンダイン灯明祭の際に一晩かけて競争で織られる僧衣である。この織物競争については，仏教信仰からの説明がなされている。それによれば，釈迦の母堂が出家する息子のために一晩で僧衣を織りあげた故事によるのだといわれている。

①観覧車，パビリオンなどの見学遊興設備が有名なパゴダの敷地内に建てられる。
②学校，地区などを単位として合同の僧衣贈呈が行なわれる。
③夕方6時頃，織物競争開始（ヤンゴンのシュエダゴン・パゴダの場合，かつては各方向にある過去四仏と寝釈迦のための五衣だけだった。1983年当時は，ビルマの行政区分にそって七州七管区の対抗で行なわれていた。1985年以降については，第Ⅳ部参照）。
④午前3時頃，贈呈の行列開始。
⑤有名なパゴダの境内は，参拝の人々，遊興設備利用の人々で混雑を極める。
⑥この祭礼の期間中，市街地の有名建物で夜間イルミネーションがともされる。
⑦ばかしあい，いたずら（チーマノウ・ブエ，kyimanou bwe）が夜明け前に行なわれる。多くは，建物の看板や品物を取り替えたり，置き場所を替えたりする。

5 プエ儀礼のカタログⅡ——ライフ・サイクル

ライフ・サイクルにおける節目は，入仏門式と葬式である。前者はビルマの男性にとってライフ・サイクルに組み込まれた僧院生活の開始を象徴する儀式であり，それによって獲得される功徳が，その女性親族にとっても価値が高いということで，女性のライフ・サイクルにとっても重要である。後者の葬式は，誰もが避けることができない通過儀礼であることはいうまでもないが，故人の生涯における功徳蓄積行為の総決算と遺族の追加的信心行為の結合であり，それぞれ仏教徒としてのアイデンティティに関わっている。ただし厳密にいえば，葬式はその用例上プエと呼ばれるとい

う伝聞を知らない。このことは，プエが基本的に吉事に関わるもので，儀礼群の中で凶事に関わるものには適用されないことを意味するのかもしれない。

　葬式それ自体はアトゥバ・アカン・アナー（athuba akhan ana）と呼ばれる。アトゥバとは，死体・遺骸が第一義で，それを中心とした儀礼が第二義である葬儀なのである。だが葬式はライフ・サイクルにおける重要な儀礼であり，その社会性から考えて，プエとの関係が深いと思われる。以下この二つの人生儀礼のそれぞれの展開をたどることにする。

◇入仏門式
　①村落の中心で，供え物（ガドー・ブエ，gadaw bwe）を地面に置き，シンラウン（志願者）と彼らが乗る馬を村の主（イワ・シン，ywa shin）に見せる。志願者は王子を模したとされる衣装をまとう。
　②行列が村内を練り歩く。志願者たちは，傘をさしかけられながら馬上にある。行列は主催者，壺を頭に載せた男たち，志願者，僧衣を抱えた女たち，楽団と続く。
　③村のパゴダ，村の外れの精霊の祠へデモンストレーション。この際，志願者は地面に体をつけることなく祠の前に担いで連れていかれる。司祭者は，タビェーの葉を水にひたして志願者にふりかける。
　④入仏門式の会場に向かう。
　⑤行列から小銭が混ざった煎り米の花（パウ・パウ・パン，pauk pauk pan）がまかれる。
　⑥志願者の髪が剃られる。その際，両親が髪の毛が地面に落ちないように布の両端を持って受ける。
　⑦戒壇において立ち会いの僧侶に対して僧衣の授与を請う。
　⑧志願者は，僧衣をまとい，僧侶から戒律を授けられ，出家の誓願をする。

以上は，ヤンゴン周辺で観察する機会を得た入仏門式のプロセスである。前半の華やかな部分については仏教と直接関係ないと批判的な意見もある。上記のように新年節の時期に入仏門式が多いのは，まとめて休暇を取りや

すいからだと説明されている。デモンストレーションの対象である精霊の所在は，ヤンゴン市街部では，上記のようにシュエダゴン・パゴダである。

　ナッシュ（J. C. Nash）の1960年代の報告によると，上ビルマの村落では，関心を払われる対象は「世襲されるナッ」であるという [Nash 1966: 121]。シュエダゴン・パゴダもパゴダを守護する精霊が対象であると説明されている。実際に観察したある儀礼式次第においては，⑦に該当する段階で，シャンの兄弟（マウンナマ，maung-hnama）の精霊とされる一群がトランス状態で会場を襲い，立ち会いの主僧侶が彼らに対処し，結局屈服させるという件りがあった。精霊信仰と仏教との，宗教的世界観における上下関係は明示的である。

◇**葬式**

　ビルマでは，事故死，変死などの異常な死に方（アセイン・テェ，asein thei）と，それ以外の通常の死に方を区別する世界観があり，前者の場合は，葬式がなされず，すぐ埋葬されてしまうといわれる。また，信仰する宗教によってそのプロセスも異なる。以下は，やはりヤンゴン周辺で遭遇した仏教徒の葬式前後の報告だが，ヤンゴン市内では，多くの場合，1983-1984年当時はチャンドー（Kyandaw）の火葬場に送るのが通例であった。2004年現在は，ヤンゴン市内にある火葬場は，フライン・ターヤー（Hlaing Tharyar），タケーター（Thaketa），北オッカラッパ（North Okkalapa）の三カ所となり，市郊外に移動している。フライン・ターヤーは，フライン河の西側に位置し，西部の死亡者に対応する。市内および東部での死亡の場合は，他の二カ所を利用する。

　①死の発生。
　②遺体が安置されるが，死亡した場所から遺体は動かさない。
　③死亡の連絡が使者を介して親類になされる。新聞に告知が出る場合もある。
　④仮小屋が建てられ，訪れる弔問客にタバコ，ラペッ（laphet，食べるお茶）などがふるまわれる。
　⑤夜ごと，カードやゲームなどがなされる（死後七日目の初七日の儀礼

に該当するイェ・レッ・スン〈yei-let-hswun〉まで続く）。
⑥窓や扉は開け放たれたままにされる（死後七日目のイェ・レッ・スンまで）。
⑦葬式当日，棺が運び出される。
⑧その瞬間，故人が生前使用していた器などが壊され，ベッドがひっくりかえされる。
⑨火葬場へ送る。故人の名前，死後七日目のイェ・レッ・スンの日程を記載したうちわが配られる。
⑩七日目の朝，僧侶を招いて読経と灌水供養（イェ・ゼッチャー，yei zekkhya）。
⑪訪問客に，モーヒンガー（mounhinnga，米麺）などがふるまわれる。
⑫窓と扉が閉じられる。

6　プエ儀礼の体系
6-1　プエ儀礼の構図
　アニュアル・サイクル，ライフ・サイクルの代表的儀礼を概観して気がつくことは，いずれにおいても祝祭的要素がその展開において先行しているという構図がみえることである。新年節における水掛け，灯明祭における織物競争と享楽，入仏門式における土地の精霊へのデモンストレーション，そして一連の葬式儀礼は，起源的には非仏教的でありながら，認識レベルでは「仏教儀礼」として仏教信仰との関連性を付与されている。いわば説明としての「仏教」がそこに分析できる。そのことを明示するのは，祝祭的要素のあとに続く儀礼的行為である。そのすべてに僧侶および僧院が主体性を帯びる。そのことを要素的にまとめてみると次頁の表になる。この祝祭的要素の先行は何を意味するのだろうか。またこの構図は，灯明祭と葬式において「夜」が祝祭と結びついていることとも併せて考えてみる必要がある。従来，月習俗は，「満月の日の行事」とされてきた。いままでの民族誌においてもそのように表記されてきた。ところが，ビルマの人々が参集し祝祭的パフォーマンスに興じるのはその前夜なのである。そ

プエ儀礼の要素分析表

	プエの祝祭的要素	「仏教儀礼」的要素
新年節	水掛け祝祭	新年節最後日の潔斎／地区の角での清めの儀礼
ダディンジュ灯明祭	釈迦帰還灯明祝祭 家内の品物への灯明	僧院および僧侶への喜捨行為
ダザウンダイン灯明祭	織物競争祝祭	僧院および僧侶への喜捨行為
入仏門儀礼	土地の精霊へのデモンストレーション	出家儀礼
葬式	毎夜のゲームなどの慣習	七日目儀礼／喪明け

して満月になる当日は，午前中に僧院および僧侶に対して喜捨がなされる。いわば前夜の享楽的部分を浄め，在家仏教徒の人々は僧侶のもとへ出掛けるのである。これについて，第一に推論できるのは，「もともと十五夜がクライマックスだったのが仏教伝来以来一日ずれた」という歴史的経緯である。このことについてはビルマ人の研究者に尋ねると，その可能性大という。そしてこの構図は入仏門式，葬式についても適合する。つまり元来存在した伝統的で前仏教的な成人式並びに葬式そして月習俗儀礼に，仏教的要素が加わったと考えられるのである。第二に推測できることは，ビルマのフォーク・レベルにおいて一日の始まりが夕方だったのかもしれないことである。午後，あるいは夕方を表現する単語ニャネ (nyanei) に，「夜」すなわちニャ (nya) が含まれていることも関係があるのかもしれない。「夜」とは明示的には結合しないが，構造的には，新年節，入仏門式も同様である。いわば，祝祭的要素の先行は，プエ世界の構図の規定的筋書といえよう。

　祝祭的要素の先行は，「仏教儀礼」的要素の後置でもある。これは，ビルマの宗教世界における「仏教の優越性」と構造的に結合し，認識レベルにおける仏教関係儀礼としての解釈の背景になっているともいえよう。この二つの要素は，リーチ (E. R. Leach) の儀礼分析における「形式性」と「乱

痴気騒ぎ」の転換［Leach 1961: 131-132］のビルマの儀礼の場における構図といえるかもしれない。もっともビルマの場合は，時間的前後性が規定されている点が特異性といえる。その成立の背景として，歴史的には，上記の通り伝統的な各プエに仏教的解釈が加わったと考えられるのである。

6-2　供え物──ガドー・ブエの考察

　供え物は，儀礼の場においてきわめて象徴的である。それは儀礼の場に招請される何か，たとえば超自然的存在に対しての招請者の儀礼を施行するにあたっての意志表示であり，多くの場合それは日常生活において蓄積することが目標とされる「富」の形をとる。ビルマの場合，供え物として形式化しているのはガドー・ブエと呼ばれるものである。プエの世界の重要な構成要素がまたプエと呼ばれるのである。ガドー（gadaw）は，シャン語では，カントー（kantö）であり，文字通りは礼拝する・崇拝するという意味である。また，ポイ・カントー（pöy kantö）は，供え物ではなくガドーの儀礼を意味する。ガドーあるいはカントーは，捧げる人と，捧げられる礼拝の対象との間に明確な社会的宗教的上下関係があることが前提である。ビルマの場合，現代ビルマ語では，ガドー・ブエというと，一般に流布している意味は，「捧げる物の集まり，許しを乞う捧げ物」であり，特徴的である。しかも，この様式は，仏教関係儀礼，精霊関係儀礼を問わず，先の儀礼の分類においては，(b)(c)のカテゴリーに含まれる儀礼の場のすべてにおいて見出すことができるのである。モン語源とされており，ビルマ人へのテラワーダ仏教の招請がモン族経由であるという歴史的事実を想起させるが，詳細は不明である。シャン語では，プン（phän）あるいはプン・ポイ（phän pöy）と呼ばれる。プンは辞書的な意味としては捧げるための器を意味する。

　バナナ，ココナッツ，キンマなどを内容とするガドー・ブエは，一ないし三の個数で構成されている。ガドーには「水を渡るための渡し賃」という意味が含まれているという見解を現地ビルマ人研究者から伝聞した。いわば富の異化，別世界との価値交換による取引あるいは契約関係としての供え物の象徴的意味分析への道を開いている。契約を怠れば，その代償と

してたたらされるのである。「水を渡る」という含意も示唆的である。

ところで、ビルマ的世界観の中に「冷たい」を「熱い」に対して好感をもって迎える価値観がある。「熱い」は苦難につながり、「冷たい」は裕福に通じる。心の状態を表現する場合でも、「心が熱い」は「心配」であり、「心が冷たい」は心の平穏をさすフレーズである。また、それと対応するように、「悪人は熱いものを好む」「熱いものを食べる人は地獄から来た」というような言い回しもある。つまりこの二分法は、ビルマの食事の物理的な「熱さ／冷たさ」から象徴的な意味領域にまで及んでいるのである。ところが、象徴的な二分法においては二項対立の優劣がはっきりしているが、そうではなくて優劣が明瞭ではないものに、ビルマでは食物カテゴリーとしての「熱い／冷たい」の民俗分類が知られており、「熱い食べもの」と「冷たい食べもの」が類別されている。それに照らしてみると興味深いことに気がつく。ガドー・ブエという供え物の形式の構成要素であるところの、バナナ、ココナッツ、キンマが、カテゴリーとしての「冷たい食べもの」に属するのである。これらの「熱い／冷たい」をめぐるビルマ人の説明をまとめてみると以下の表になる。

「熱い」と「冷たい」の類別

物理的領域	アプ（apu，熱い）	アエー（aei，冷たい）
イメージ	ドッカ（doukka，苦難）	ターヤー（thaya，裕福）
世界観	ガイェ・ピィ（ngaye-pyi，地獄）	ナッ・ピィ（nat-pyi，神の世界）
心的状況	セィ・プー（seit pu，心配）	セィ・エー（seit ei，穏やか）
食物分類	ナス，ドリアン，バンレイシ，パイナップル，鶏肉，山羊の肉など	ココナッツ，バナナ，ナシ，マンゴスチン，豚肉，あひるの肉など

ビルマの文化的脈絡における「冷たい」と「熱い」の象徴的二項対立については、すでに指摘されている［田村 1980: 130-131］。だが、食べもののカテゴリー区分としての二項対立については言及がない。ビルマの儀礼の

場への「冷たい食べもの」の招請は何を意味するのだろうか。儀礼の他の構成要素から考えてみよう。やはりビルマの儀礼において欠かせないもののひとつにタビェーと呼ばれる植物がある。供え物としての使用だけでなく，入仏門式の例のように，守護を与える植物として機能している。これについて「冷たくするため」という説明が与えられている。ここでは，ビルマ人の世界観である「冷たい状態」への指向が明示されている。ところが，この植物もまた「冷たいもの」に属するのである。

　また仏教関係儀礼の行列や精霊儀礼の場において扇の使用を見ることができる。形状的には，王朝時代王宮で使われていたものと同形で，僧侶が手にしている扇とは異なるものである。この扇もまた，「冷たくするため」に風を送るものとして説明されている。

　したがって「冷たいもの」あるいは「冷たさ」につながるものが招請され，「冷たく」して「冷たい状態」をつくりだそうとするのが，ビルマの文化的脈絡における「儀礼」といえるだろう。とすれば，儀礼の最初の段階において相対的に「熱い状態」が設定されていることを意味することになる。いわば「熱い状態」から「冷たい状態」への変換が儀礼遂行の象徴的意義として期待されているのである。ビルマのプエの儀礼の場についてその特徴を以上のように分析することができよう。ここで改めて先に述べた儀礼分類に立ち返って考えてみることにする。(a)の戒律規定的仏教儀礼には，それがプエのカテゴリーから外れることからいえるように「冷たい状態」生成装置としてのメカニズムは抽出できない。ガドー・プエは，供え物のひとつの様式であり，(a)の儀礼の場には見られず，それがあくまで非僧との接触の場に登場することはその整合性を示しているといえよう。

6-3　ビルマ文化の外延とプエ

　プエということばは，多義的に用いられる。その象徴的背景に言及してその構図について解釈を加えてきた。ビルマの場合は，(b)(c)の両方にプエということばが適用されている。第Ⅴ部で後述するように，シャンの人々は，自文化の伝統保存のために，年中行事の一覧表を編纂し勉強会を実施している。シャンの人々の間におけるポイは，上記(c)の場合には用いられ

ない。その差異は，プエおよびそれを語源とする儀礼を表現することばの用例が，ビルマ文化の外延を示す指標のひとつとなっていることを明示すると同時に，仏教信仰と精霊信仰との相互作用をめぐる構図を暗示してもいるのである。すなわち，ビルマ文化に関しては，学術的にも「仏教と精霊信仰の関係」が研究課題とされ，その宗教的世界観における上下関係が明らかな一方で，精霊信仰は確実に伝承されている。その代表的な精霊群は三十七柱の神々として体系化されてもいるのである。その構図こそが信仰体系の解釈の多様性を広げてきた。他方，ビルマ文化の外延に位置する仏教徒であるシャン族は，プエという儀礼表象を仏教の脈絡のみに適用を限定し，精霊信仰は体系化以前の「固有」の状況にある。したがって，仏教信仰の優越性は，精霊信仰との間で相対的なものではなく，より総体的な評価となっているのである。そのようなビルマ人の宗教的世界観とシャン族の宗教的世界観の同質性と差異性こそが，第Ⅲ部で提示するように，「シャン」の民族表象としての「他者性」を，ビルマの精霊信仰の既存の体系に組み込む形で表象化する重要な基盤となっており，また第Ⅴ部で提示するように，仏教信仰の「中心性」を文化的求心力として活用しようとする背景になっていると考えられるのである。なおシャン族の人々が実践する儀礼的行動の背後にある「熱い」と「冷たい」などの象徴的世界観については今後のシャン研究の深化の過程で問いたいと考えている。

第 2 章　ビルマ儀礼論の展開

　　　上ビルマのパゴダ祭り（パヤー・プエ）こそパゴダ祭りだ。

　1936年に執筆されたティッパン・マウンワ（Teippan Maung Wa）の「上ビルマのパゴダ祭り」と題された随筆はこのように始まる。彼は，英領植民地下のビルマ文学界において，その簡潔な文体と現実の生活を描くという評価で新しい潮流となったキッサン・サーペー（khithsan-sapei, 実験的現代文学）の代表として活躍した人物である。文章はさらに次のように続く。

　　　パゴダ祭りもできて，娯楽もあり，市も立つ，ひとつで三つ分の楽しみがあるのが上ビルマのパゴダ祭りだ。上ビルマのパゴダ祭りに出掛ける人々は，それぞれ自分の売りたい品々を携えてやってくるから，店が多く立つことになる。一人が持ってきた品物を別の一人が買う，また品々をパゴダ祭りの場で交換することも慣わしだ。午前中に商いをすませたのち，午後日が暮れたら見物に回る。パゴダを拝む者は拝み，見て回る者は見て回る。上ビルマのパゴダ祭りは市と切り離すことができない構成になっていて，長い期間賑わうのが通常だ。遠くのあるいは近くの村々から出掛けてくる人は少なくない。……（パゴダの）境内の外で，同伴者と牛車を止めて煮炊きするのは実に楽しいものである。食器類を持参して泊まり込むのである。下ビルマはどうかというと，牛車はパゴダ祭りではもう見られなくなってしまった。牛車の代わりにモーターバイクや自動車が使われるのが見受けられる。いまでは上ビルマのパゴダ祭りほど楽しいものはないように思う。

　　　　　　　　　　　　　　　　　　　　　　　[Teippan 1965: 174-176]

第2章 ビルマ儀礼論の展開　37

　本章の第一の目的は，上ビルマの現在のパゴダ祭りを描写し，ビルマ文化に関する民族誌的蓄積に貢献することである。上記の引用文には，交易の場としてのパヤー・ブエ（phaya bwe）の姿が生き生きと描かれている。プエの形成と交易は何らかの関係があるのだろうか。前章の「プエの世界」という論考の中で，プエのビルマにおける祭祀空間での位相について考察した。パヤー・ブエもそのひとつである。パヤーということばには，尊敬される人物，悟りを開いた仏陀，釈迦，仏陀像，パゴダ，僧侶および王への呼びかけなどの多様な用法がある。いわば，主に仏教に関係する信仰対象への呼称がパヤーなのである。ところがパヤー・ブエといえばパゴダ祭りをさすことがほとんどである。パゴダとプエの結びつきはそれほど深い。本章では，上ビルマの中心マンダレーのプエの実態を探る中でその背景について追究してみたいと考えている。

　プエの現代ビルマ語における用法も多様である。テーブルは食べるプエであり，試験は問題を出すプエ，選挙は選ぶプエである。映画館の上映回数はプエで数えられる。さらにプエには売買所，物資の意味もある。後述でも多様な使い方が明らかになるはずである。

　プエの基本的な意味が集合性にあることは疑いないだろう。ビルマ民主化運動のカリスマ的存在となったアウンサン・スーチー女史（Aung San Suu Kyi）が1988年6月に記念すべき最初の演説を行なったのは，この国最大のパゴダである首都（当時）ヤンゴンのシュエダゴン・パゴダにおいてであった。ビルマ独立の父として尊敬されているアウンサン（Aung San）もまた，この聖地で歴史に残るスピーチを行なっている。女史がこの場所を第一声の場に選んだ理由は，その歴史を意識した演出であるとともに，パゴダが信仰空間であるだけではなく社交の場であったことが背景にある。

　第二の目的は，プエの集合性を手がかりに，仏教文化圏におけるパゴダ祭りの比較研究を通じて，プエのカテゴリーについて考察することである。前章で提示したビルマ文化におけるプエ儀礼の外延についての考察を深化させる作業でもある。

第三の目的は，パゴダと寺院の関係について考察することである。パゴダは空間的にどこに建てられているのだろうか。中国雲南省西双版納では，盆地を囲むようにして建てられているパゴダ群を見た。また寺院の境内にあるパゴダも仰いだ。北部タイ・メーホンソーン県のパゴダが建立された場所はメーホンソーンの町中に限られ，すべてが寺院と隣接していた。ビルマではシュエダゴン・パゴダに代表されるように，独立したパゴダが信仰空間として機能している。

　仏教のイデオロギーにおいては僧侶中心主義が貫かれている。寺院は僧侶の居住空間である。ではパゴダはどうなのだろうか。寺院であれ，パゴダであれ，非僧による寄進によって建てられている。中国雲南省西双版納では大躍進，文化大革命という仏教にとっての冬の時代が過ぎ，破壊された寺院やパゴダが再建されつつある。社会変化にも注目しながら，信仰空間としてのパゴダそしてパゴダ祭りについて，改めて仏教のコスモロジーの脈絡において問い直してみたいと考えている。

　本章のフィールドの中心はビルマ文化であり，その外延での臨地研究の経験を基盤に論考を展開する。中心となるフィールドワークは1983年から1984年にかけての幾度かの断片的な観察と，1991年9月から10月にかけての集約的な，そしてその後の補充調査による。

1　マンダレーの祭祀空間

　マンダレーは，ビルマの旧都である。1885年（正式には翌年）にビルマ全土が英領植民地となるまで最後の王朝の中心として栄えた，人口規模でビルマ第二の都市であり，ビルマ伝統文化の中心として知られている。エーヤワディー川の左岸にあるミンドン王の時代に造営された町並みは，王宮とマンダレー丘を東北に仰いで，そのほぼ南西側に展開している。信仰空間としてのマンダレーの焦点は，そのマンダレー丘と市街地の南西部に位置する通称パヤー・ジー（phaya-gyi，大きなパヤー）と呼ばれるマハー・ミャムニ（Maha Myatmuni）仏を本尊とする巡礼地である。

　マンダレーの人口は1984年のセンサスで市内四つのタウンシップを合計

して532,953人となっている（四つのタウンシップは，1991年当時。その後，市街地の拡大に伴い，行政側は，市内のタウンシップ構成を変更し，また1992年12月に五タウンシップに増やした。市行政は，現政権下，マンダレー市発展委員会（Mandalay City Development Committee〈MCDC〉が管理している）。

　パヤー・ジーの参道には本尊に捧げる花，紙傘はいうまでもなく，僧侶のための黄衣，仏鉢，扇，傘，知性のお守りとしてビルマ全域で崇められているジィグエ（zigwet，ふくろう）の像，仏教関係書の店々などが軒を連ねる。現政権の指導下，パヤー・ジーの改修が行なわれ，公園，記念時計塔，仏陀の生涯を図像化した博物館などが造営されている。このような改修・造営事業はここだけに留まらない。ザガインで最も知られる巡礼パゴダであるカンムードー・パゴダも改修されている。最近設立された国立パリヤティ・タータナ・テッカドゥ（pariyatti thathana tekkadhou，仏教大学）の整備もそのひとつである。

　パゴダの改修事業は，行政的にはマンダレー管区，ザガイン管区だけではなく，全国に広がっている。この事業は，行為としては，仏教信仰の脈絡では疑いなく功徳蓄積行為である。だが個人としての仏教徒ではなく国家がそのスポンサーとなっていることを考えれば，いずれも仏教信仰の実践のためのハードウエアの整備であるとはいえ，その評価は一様ではない。新聞，テレビなどのメディアでは，毎日のように政治指導者の寄進行為の場面が大々的に報道されている。このようなプロパガンダは，現政権の仏教に対する政治的姿勢を示している。寄進行為は基本的にデモンストレーション効果を伴い，威信体系とも関係が深いのである。またこれらの修復・造営プロジェクトは，国民文化形成の方針とも密接に関係している。ビルマ最後の王都であったマンダレーでは，王宮が1989年から再建され，コンバウン時代（1752-1885）のボードーパヤー（Bodawpaya，在位1782-1819）王，ミンドン（Mindon，在位1853-1878）王それぞれに縁のあるマハー・ワイヤンボンター（Maha Wayyan Bontha）寺院，マハー・アトゥラワイヤン（Maha Atula Wayyan）寺院が再建され，いずれも1996年に作業を

マンダレー市街図

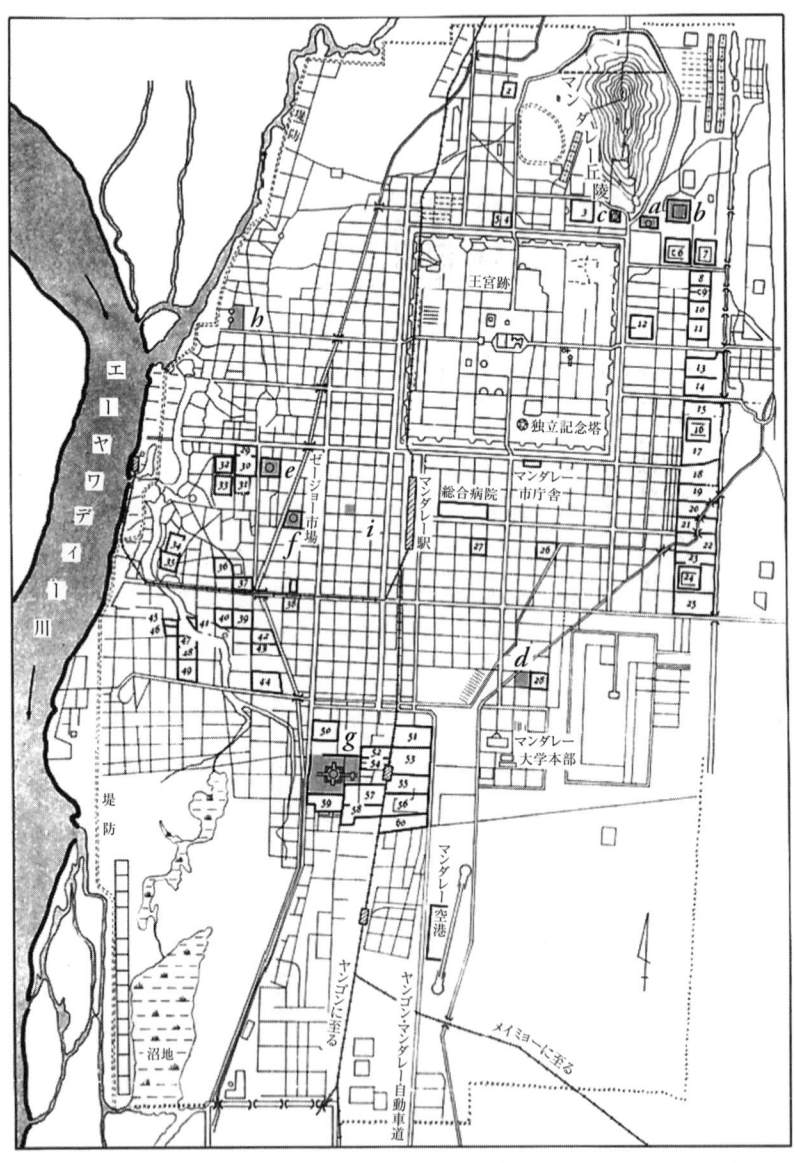

a．サンダムニ　b．クゥドゥードー　c．チャウットージー　d．ボーディゴン
e．エインドーヤ　f．セッチャーティハ　g．パヤー・ジー　h．ヤダナーミィズ
i．パヤー・トンズ　a～iはパゴダの名称，1～60は僧家。（生野 1975を一部改変）

完成させている。

　マンダレー丘には，頂上にある寺院に向けて中途に多くの仏像を安置した祠が配されており，それらを長い階段が結んでいる。その麓には後述するパゴダがいくつか並んでいる。人々がこの丘に向かう目的には，丘全体への巡礼の他にもうひとつある。それは入仏門式の際に，志願者の少年たちとその随行者による，この丘に祀られているマンダレー・ボー・ボー・ジー（Mandalay Bo Bo Gyi）と呼ばれる神像の祠への参詣である。祠は，南側の参道を麓から少し階段を上がった右側にある。敬虔な仏教徒の中には純粋な仏教実践ではないとしてこの慣習に眉をひそめる人がいることも事実であるが，村落部において村の守護神への加護を願っての同様な慣行があること，ヤンゴンではシュエダゴン・パゴダがその役割を果たしていることを考え併せれば，新奇な行為では必ずしもない。日常的にはこの祠の神像は，マンダレーの人々の現世利益の祈願行為の受け口となっている。マンダレーの人々がどのように年中行事を知識として有しているかを概観してみよう（次頁の表参照）。

　太陽暦4月半ばにあたる新年節は，旧年から新年への移行を象徴する水掛けの喧騒で知られる。ビルマ全土のみならず中国雲南省西双版納，タイ，ラオスなども同様で，仏教文化圏が水掛け習俗圏と重なり，伝説のモチーフが類似していることとも併せて，インド起源と思われる習俗の伝播についての興味がそそられる。

　ビルマ暦2月のカソン月の満月の日にあたる釈迦が悟りを開いたとされる聖樹ニャウン（インド菩提樹）への水掛けは，マンダレーではマンダレー大学北側に隣接するボーディゴンが有名である。普段は勉学にいそしむ学生の姿が境内に目立つ。伝聞によれば，1859（ビルマ暦1221）年，ミンドン王の治世に最初のニャウン樹が植えられたのが起源であるといわれている。その後1878年に二十一歳で王位に就いた最後のビルマ王ティボー（Thibaw）にちなんで，同数のニャウン樹がさらに植えられて現在にいたっている。この境内には，マハー・ボーディビン（Maha Bodi-bin）寺院があるが，その他にも四カ寺がここでの儀礼行動に関係している。ナヨン月，

マンダレーの年中行事

月　名 (ビルマ暦月名)	儀　礼　名	場　所
タグー (太陽暦4月半ばより)	ティンジャン・プエ (新年節, 水掛け)	町中のマンダッ (仮設ステージ)
カソン	ニャウン・ヤウン・トゥン・プエ	ボーディゴン他
ナヨン	パタンユッ・プーゾー・プエ	各パゴダ他
ワゾー	安居入り	
ワーガウン	ナッ・プエ (精霊儀礼) 　チュンビン・マウンナマ 　タウンビョン 　ヤダナーグー 　シュエナベー・ナガーマ	 ミングン タウンビョン アマラプラ ミィッゲ
トーダリン	マルンゼー・サンフル (米寄進)	ザガイン・マンダレー周辺
ダディンジュ	ミートゥン・プエ (安居明けの灯明祭) パヤー・プエ (パゴダ祭り)	各地
ダザウンモン	カティン・プエ (僧衣寄進祭)	各地
ナドー	ナップエ・シットゥエ	タウンビョン
ピャドー		
タボードゥエ	タマネー・プエ	パヤー・ジー他
タバウン	ナップエ・シッピィヤン	タウンビョン

　ダディンジュ月の満月の日には, 僧侶が参集して読経が行なわれると同寺院の僧侶は語る。またタボードゥエ, ワゾー月と少なくとも年二回, パタンユッ (pahtan ywut) と呼ばれる病根退散の読経が行なわれる。カソン月の行事はマンダレー市中に知られているが, その他の行事は, 周辺の十四地区が運営する地縁的なものである。

　ワゾー月の満月の日からダディンジュ月の満月の日までの三カ月間の安居が年中行事のサイクルに組み込まれていることは, 他の仏教文化圏と共

通している。安居が明ける月であるダディンジュ月は，後述するようにパヤー・ブエが集中している。

　マンダレーの人々の年中行事観で注目すべきは，タウンビョン（Taung-byon）についての言及である。タウンビョン精霊儀礼（ナッ・プエ，nat pwe）は年三回行なわれる。なかでも有名なのは，ワーガウン月に行なわれるものである，タウンビョンはマンダレーの北方に位置し，ビルマで最も知られた精霊儀礼空間である。ところがワーガウン月に行なわれる精霊儀礼はタウンビョンだけではない。知名度こそ劣るが，マンダレー市の南側に位置する古い都アマラプラで行なわれるヤダナーグー（Yadanagu）は，タウンビョンがその月の満月の日に終了してから一週間後の，同月黒分8日から月末まで続く（1991年では9月8日が最終日にあたっていた）。ヤダナーグーの崇拝対象はポーパ・メードー（Popa Medaw）と呼ばれる精霊で，彼女はポーパ山に住む鬼女として，またタウンビョン兄弟の母として伝説上は系譜的につながっている。

　さらにその一週間後にシュエナベー・ナガーマ（Shwe Nabei Naga-ma, 蛇女）の精霊儀礼がミィッゲ川近くのある村で行なわれる。シュエナベーは，家の守護神として知られるマハーギリ・ナッ（Maha Giri nat）の妻であると伝えられる精霊である。夫である鍛冶屋マハーギリとの間に二人の息子ができ，タウンビョン兄弟と同様に，王との抗争の末，非業の死を遂げ精霊となっている。

　タウンビョン精霊儀礼の一週間前であるワーガウン月白分2日には，マンダレーからはエーヤワディー川の対岸にあたるミングンで，チュンビン兄妹の精霊儀礼が行なわれると伝え聞いた。チュンビン（kywun-bin）とはチークのことで，伝説によれば川上で切られたチーク材がミングンに漂着したのが起源だという。マハーギリ伝説と筋書きが重なっている。

　このように，ワーガウン月は，マンダレーの人々にとっては精霊崇拝の月となっている。ただしタウンビョンとヤダナーグーを除く二つの精霊儀礼は，規模は及ぶべくもなく知る人も必ずしも多いとはいえない。しかしながら伝説上の系譜関係があること，期日が重ならないように調節されて

トーダリン月に行なわれるマルンゼー米寄進祭りは，マンダレーの太陽暦9月の風物詩となってビルマ全土から参加者を集めている。1885（ビルマ暦1247）年に米を寺院に寄進していた王統が途絶えた。その後1896年にマルンゼー地区が中心となって寄進支援組織が形成されて事業を始めたのが起源だという。1991年で九十五回目を数える。寄進対象となる寺院（尼僧院も含む）は，マンダレー周辺のザガイン，ミンワ，ミングンがずっと中心であったが，八十五回目よりマンダレー市内の寺院も含まれるようになった。寄進される米は，パヤー・ルージー（phaya lugyi）と呼ばれる指導者たちが全国を回って募ってくる。マンダレー市内には別の米寄進組織があるが，マルンゼーが最も伝統があり，民間の全国規模の功徳蓄積組織として運営されている。

2　上ビルマのパゴダ祭り

ここでは，ティッパン・マウンワの記述に従い，上ビルマのパゴダ祭りとともに，マンダレー市内を概観する。

2-1　パゴダ祭りの描写

マンダレーのパゴダ祭りは，ほぼ雨季明けにあたるダディンジュ月に集中している。シャン州では，有名な九つのパゴダ祭りが，太陽暦のほぼ3月頃となるタバウン月に集中している。ヤンゴン周辺では雨季明けの行事としては，ダディンジュ月の翌月ダザウンモン月のダザウンダイン灯明祭がより賑やかである。この違いについてマンダレーの人々は，下ビルマよりも雨季が早く明けるためと説明する。

【事例1　エインドーヤ】

エインドーヤは，マンダレー最大の市場ゼージョーの西側にある。伝承によればアマラプラに都があった頃にバガン（Bagan，在位1846-1853）王によって1847年に建てられた。エインドーヤの名称の由来は，エインドーつまり王の館があった場所であることによる。祭日はダディンジュ月の白分11日から12日である。12日が最も賑やかで翌13日朝に僧侶を招待する。

マンダレーは行政的には，四つのタウンシップに分かれている。エインドーヤは西南タウンシップにある十九すべての寺院が関係し，寄進物を入れたダベイッ（thabeit，仏鉢）が，僧侶の数だけ用意され，僧侶一人ずつに寄進される。どれがどの僧侶に贈られるかは決まってはおらず，籤も行なわない。パゴダ祭りの準備の会合は，ワーガウン月に始まる。1981年に組織替えがあり，パゴダ関係者のみで勝手に実施することはできなくなった。ゴーバカ・アプエ（gawbaka aphwe，管理委員会）は九人で構成され，三人が一組を作り，三組が交代で一カ月ごとに中心的に世話をする。その一人が亡くなったが後任は未定である（1991年現在）。パゴダ祭りはバガン王の時代より続く。戦時中の中断はあったがいまの管理委員会になってからは，休みは一度もない。場所柄ゼージョー市場との関係は深く，同市場のカティン・ブエ（kathein bwe，僧衣寄進祭）実行委員会に対して寄進の連帯を頼むのである。

　年中行事の中心であるパゴダ祭り以外には，境内にあるニャウン樹に捧げられるカソン月の水掛け，ナヨン月白分7日から満月の日まで行なわれるパタンユッ・プーゾー・ブエ（pahtan ywut puzaw bwe，除祓読経），安居期間中の精進遵守，ダザウンモン月白分14日，15日，黒分1日の三夜の灯明祭，タボードゥエ月白分14日の夜に始まるタマネー・ブエ（htamane bwe，餅寄進）が催されていると聞く。パゴダ祭りが最も盛大ではあるが，かつては一晩中できたのが現政権下ではそれはかなわない。パゴダ祭りの実施には行政機関の許可を必要とする。

　ゴーバカ・アプエとは別にこのパゴダのみに参与するナーヤカ・アプエ（nayaka aphwe，名誉役員会）と呼ばれる組織があり，伝統的に十人で構成され，大寺院からそれぞれ二人あるいは一人が参加している。交代制のゴーバカ・アプエとは違い，選出母体の寺院は固定しており，政府主導の組織改革後も地縁的な組織として残存している。

　1980年に政府が召集したビルマ国内の仏教全宗派合同会議の結果，各パゴダは地方のサンガ総監長老会議という出家者の組織の管理下に置かれることとなった。いわゆる仏教関係行事は，国家の公報で取り締まりの対象

となったのである。マンダレーではエインドーヤの他に，パヤー・ジー，セッチャーティハ，シュエチーミン，クゥドゥードーの，彼らの表現を借りれば，タマイン・ウィン，ダゴー・チー（thamain-win, dagou-kyi, 由緒があり，宗教的価値が高い）パゴダがその対象となっている。これらの有名パゴダにはいわばパゴダ運営の顧問ともいえる僧侶がつき，オーワダ・サリヤ（owada sariya）と呼ばれている。

　僧侶の指導のもと，エインドーヤでは次のように管理委員会が構成されている。西北，西南，東北の各タウンシップから一人ずつで一組，東北，西南，東南から一人ずつ一組，東南，西南，西北から一人ずつ一組で，各組が定期的に交代する。すなわち全体としては，四タウンシップから各二人ずつで，パゴダがある西南タウンシップからもう一人加わり合計九名である。他のパゴダも同様な体制をとっていた。パゴダが寺院と違い，従来在家の管理に任されていたことから考えれば，その存立の法的根拠の転換を意味するこの体制は，仏教の中央集権下の動きの一端である。（1988年から活発化した民主化運動でビルマ全体が混乱するが，マンダレーも例外ではなかった。1990年8月8日にここで発生した青年僧侶，学生が中心となったと報道されている民主化運動の犠牲者追悼のデモが，サンガの軍隊からの寄進の拒否，仏教儀礼の参加拒否という事態を招いた。また1997年にはモスク破壊事件が起きている。マンダレー市内で公権管理の対象となるパゴダや寺院には自動小銃を肩から掛けた兵士が常駐しており，インタビューにおいても常に側についていたことを付記する）。

【事例2　セッチャーティハ】

　パゴダは85番通り，31および32番通りに面している。パゴダ祭りはダディンジュ月白分14日に始まり翌15日にスンラウン（hswun laun, 僧侶への食事寄進）が行なわれる。昔は13日に，ピョー・ブエ，シュイン・ブエ(pyaw bwe, shwin bwe, 娯楽・アトラクションなど）がなされたが，現在は，11日，12日，13日にタヤー・ブエ（taya bwe, 法話会）がなされて，ピョー・ブエ，シュイン・ブエは14日の夜だけである。翌朝のスンラウンのプエにはマンダレー市内の四タウンシップすべてにわたって僧侶が参加する。

1985年で百回を迎えた。

　ここでの年中行事では他に，ナヨン月白分10日から満月の日にかけてパタンユッ・プーゾー・ブエ（除祓読経）が連続して行なわれる。これは一時間に二人の僧侶が途切れることなく読経を行なうもので五日間続く。1991年当時で十三回目であった。管理委員会はパゴダが位置する東北タウンシップのみ三人が出ている。三カ月ごとに交代する。カソン月のニャウン樹水掛り，安居期間の精進，ダザウンモン月の僧衣寄進祭，灯明祭は例年行なわれる。ただし僧衣寄進祭は，1990年は中止だったが，1991年のパゴダ祭りに向けてすでに準備を始めている。実施許可，日程，構成については同意に達している。寄付関係については政府内務宗教省の許可が必要である。1990年はかつてあったプエ（芝居小屋）がなかった。管理委員会が場所を提供しないのである。昔は境内中に店々があふれたものだが，最近は物が少なくなったせいだろうか，かつての賑わいはない。

　パゴダ祭りに欠かせないのは托鉢である。ここではスンラウンで籤が行なわれ，スン（hswun，仏飯）が入れられた鉢が僧侶の数だけ準備される。かつては五百を下ったことはない。この近くには寺院はなく，特に関係の深いオーワダ・サリヤはいない。

　この行事はタウンシップ・サンガ総監長老会議議長の指示と相談で日数，僧侶の数が決まる。組織運営についてはパゴダでそれぞれあたっていたが，1982年以来政府管轄である。

【事例3　ヤダナーミィズ】

　ここのパゴダ祭りは，ダディンジュ月白分14日夜から始まり，翌日に籤が行なわれる。関係するのはこのパゴダを中心とする十七の地区である。それだけではなく三カ月の安居期間中，精進日ごとに二十二僧を招いて籤引きが行なわれる。二十二という数は寄進をする組織単位であり，十七地区のうち大きな五地区が二僧ずつ受け持ち，その他が一僧ずつ招いてティラカン・ブエ（thilakhan bwe，戒律授与会）を催すのである。その場所はパゴダ境内の法堂の場合もあり，それぞれの地区に招く場合もある。各単位はあらかじめ当日の食事の準備を誰が行なうかを取り決めてある。

二十二僧のうち一僧はミャッスワ・パヤー（Myatswa Phaya），つまり仏陀の代わりである。安居期間のうち十三回目にあたるパゴダ祭りでこの僧侶を引きあてた単位は，タボードゥエ月に多数の僧侶を招いての食事寄進を行なう権利を獲得する。このときはゼージョー市場近くの29番通りまで行列が組まれ，多くの仏鉢が用意される。たとえば大きな五地区では六鉢ずつ，他の十二地区では四鉢ずつで計七十八鉢となる。年中，ティラカン・ブエがあり，特に新年節，安居期に行なわれる。ナヨン月に一度だけパタンユッ・ブエを催したことがある。運営にあたっては，パゴダの運営を指導するオーワダ・サリヤが九僧，名誉会員が五人いて，その下に管理委員会が十七人で構成されている。委員長一，副委員長二，書記二，監査三，会計一，その他の会員八である。三年に一度委員は改選される。

　ヤダナーミィズは安居期精進日ごとに籤をすることでマンダレーでは特異的といわれている。しかも安居明けのダディンジュ月の満月の日にミャッスワ・パヤーを引いた地区は，次のタボードゥエ月のスンラウン行事の代表の権利を有することになるというのも，他では聞かれないここだけの式次第である。パゴダは19番通りの西端に面しており，エーヤワディー川もさほど遠くない。十七の地区を基盤とした比較的強固な地縁的結合は，他のパゴダ祭りにはみられない点である。

　マンダレー丘の南麓にマンダレー王家ゆかりの三基のパゴダが並んでいる。マンダレー丘に登る参道近くにあるのがチャウットージーで，1871年に，ミンドン王によって開催された仏典結集の記念碑の経文が刻まれた小パゴダ群を内在するクゥドゥードーとともに，いずれもミンドン王による建立である。クゥドゥードーの西側には，サンダムニがある。ただしサンダムニの運営は他の二基とは異なっている。もともと僧侶が管轄していたが，1991年3月23日をもってクゥドゥードー・パゴダ管理委員会が，サンダムニ・パゴダの管理運営についての責任をも担うこととなったのである。実際ここに通っている年配の管理委員は，1991年当時で就任して一年にも満たない。

【事例4　クゥドゥードー】

　ここのパゴダ祭りは，ダディンジュ月黒分1日に行なわれるが，その約一週間前の白分8日からピョー・ブエ，シュイン・ブエが始まっている。祭日当日は，朝5時から九百僧以上を招いてスン（仏飯）の寄進が行なわれる。8時から僧侶たちの托鉢の行列への配鉢がなされる。1990年が一千二百六僧，1989年が一千五十僧であった。僧侶側での籤はない。またこの数字には尼僧は含んでいない。

　パゴダ祭りを地縁的に支えるのが，周辺の十二の地区である。それぞれの地区のタータナ・アプエ（thathana aphwe，仏教会）から二人を選び管理委員会が組織されている。委員は五年任期で，資格として，三年この地区に居住した者，年齢四十五歳以上，悪行をしていないことなどが要件とされる。実際には全地区のうち歴史的に関係の深い三地区が中心となって組織は運営されている。

【事例5　チャウットージー】

　チャウットージーのパゴダ祭りは，ダディンジュ月に行なわれる。籤引き，灯明祭を伴う。祭りは，同月白分13日から黒分2日まで行なわれる。黒分の1日，2日には僧侶に寄進される品々が運び込まれ，2日には仏飯寄進が籤によって行なわれる。僧侶は西北タウンシップ内にあるすべての寺院から招待される。1991年時点で，このパゴダ祭りでは，他のセッチャーティハ，エインドーヤ，ヤダナーミィズと打ち合わせをして灯明祭を行なっている。パゴダ祭りは，国の法律を順守してなされなければならないが，パゴダ祭り開催のためにチャウットージー側から許可を申請する必要はない。ただしパゴダ祭りにおいて展開される屋台は，パゴダ運営とは直接関係ないが，いくらかの金額を役所へ納めなければならない。

　以上のようにマンダレーの有名なパゴダ祭りは，地縁的紐帯を背景にしながらダディンジュ月の安居明け前後に集中している。マンダレーでもうひとつ有名なパヤー・ブエはパヤー・ジーで，タボードゥエ月に行なわれる。管理委員会の人の話では，この月に催されるのは1991年で二十四回目

である。1960（ビルマ暦1321）年が最初とされている。またパタンユッの読経会は1992年で十四回目である。同月白分1日から満月の日まで百二十人の僧侶によって読経がなされ，10日からはピョー・ブエ，シュイン・ブエが始まる。そして14日の夜に灯明祭，タマネー・ブエがなされる。タマネーとは蒸した餅米にヤシの実，ゴマ，ピーナッツなどを加えて突きつぶした食べもので，参拝客を饗応するためのものであり，その歴史は古いが僧侶の招待とはまったく関係がない。したがってパヤー・ジーのパヤー・ブエがタマネー・ブエであるというマンダレーの多くの人々の語りは誤解であると管理委員会事務所で説明を受けた。カソン月のニャウン樹水掛けはまだ始まって四,五回にしかならない。パヤー・ジーは精進日ごとのマハー・ミャムニ仏の洗顔が知られている。パヤー・ジーのパヤー・ブエ自体，歴史はさほど古くはないことは明らかである。

2-2 パゴダ祭りの構図

マンダレーのパゴダ祭りとしてのパヤー・ブエは，雨安居の終了直前に始まっている。伝聞によれば，82番通りに面した30番通りの角にあるパヤー・トンズ・パゴダが最も早く，ヤダナーミィズが最後だとされている。安居明けを前に出店も多数立つ。パゴダ祭りの構成を概観して挙げられる三要素は，①僧侶あるいは寺院との関係，②地縁的に結ばれた地域社会，③そして籤による仏飯の托鉢行列である。クゥドゥードーには籤の構成はないとの管理委員の話ではあったが，僧侶自体が籤に関与するのではなく，寄進する人たちの間で，功徳の共有の一部として鉢に番号をつけた旗を立てる場合もあるのである。鉢は借りる場合もあらかじめ寺院から運び込んでおく場合もある。サンガは寄進を受けることは拒否できない。サンガにとっては功徳の受け皿としての役割があるのみである。ただしこのパゴダ祭りの時期ほど組織立った寄進行為は他に認められない。

パゴダのビルマ宗教世界での位置を考えるとき，パゴダが最もサンガと接近するのは年一度のパゴダ祭りの折といえよう。これまで言及したパゴダはすべて，僧侶の居住空間と隣接はしていても同一空間ではない。寺院の一角をなしてはいない。いわば安居期に蓄積された富がポトラッチ的に

僧侶に対して一気に発露されるのである。しかもそれは，ピョー・ブエ，シュイン・ブエと，やはりプエの呼び名で表現される娯楽,屋台などを伴って参拝者を招き入れもするのである。安居明けの灯明祭は，起源的には仏教以前の家屋や品物を守る神々への崇拝行為とされている［Htin Aung 1962: 80-81］。パゴダも灯明の対象の一部である。1960年代初期に上ビルマのある村落を調査したスパイロ（M. E. Spiro）によれば，この月の白分14日は，年長者および両親への贈り物をして，満月の日には僧侶への籤仏飯儀礼に参加し，翌日パゴダ祭りへ参拝するのが慣わしだったという［Spiro 1970: 255-256］。

　スンラウンについてはいくつかの行動様式がある。たとえばサンガを家（地区）に招いて寄進をする場合もある。ただしあらかじめどのサンガを招くかについて籤がなされている場合がある。ヤダナーミィズの籤慣行は他にないという意味で例外的であるが，儀礼空間が各地域である点で共通している。調査したパゴダ祭りの大半のスンラウンは，パゴダに仏飯入りの鉢が準備されて，順番あるいは籤で偶然的に寄進者と僧侶が結ばれる構成である。別のやり方では，パゴダへ托鉢修行でサンガが出掛けてくる事例もある。マンダレーで最も早いといわれているパヤー・トンズがそうである。

　パゴダという信仰空間に展開される儀礼的行為はダディンジュ月のそれだけではない。安居期間中の精進遵守，ニャウン樹への水掛け，パタンユッのプエなどである。だが精進遵守はともかく，その他の二つが組織化されたのはさほど古くはない。病根退散を目的とした連続読経は，寺院とパゴダとの関係が組織的にならなければ成立しない。パタンは，二十四の説法に分かれている。それらの名称は僧侶の持つ扇に記されている。病根退散の行事自体は，19世紀から行なわれていた，また，パタンは読まれても一度読み上げらたらそれで終わりだった，というのが，1991年当時マンダレー文化館副館長だった研究者の話であるが詳細は不明である。いわばパゴダが祭祀空間としてパゴダ祭りと日常的参拝以外に活用されるようになってきたこと，そしてそこに僧侶がより参与する形で変容しつつあることは事

実である。このことが，時代的には1980年以来のビルマ仏教改革に重なるものの，はたしてそれが何を意味しているのかについて知るには，社会変化の観点から，より今後の推移を見守る必要があるであろう。

3　プエの意味領域をめぐって

プエの基本的意味については，集合性と深い関係にあるとすでに指摘した。またプエの多様な用法についても言及した。プエはビルマ語における一般的な儀礼に対する用語である。ビルマの人々の間では一年十二カ月の毎月プエは行なわれる，あるいは季節ごとにプエは行なわれるというような言い回しがある。年中行事に加えて人生儀礼についても入仏門式であるシンビュー（shinbyu）も結婚式もプエである。ただし葬式はプエとは呼ばれないが，この点については前章を参照されたい。

3-1　プエの歴史的背景

ビルマ史の泰斗タントゥン（Dr. Than Tun）はプエの史料的な初出については次のように説明している。プエが史料の中にみえてくるのは，彼が知るかぎり17世紀以降に限られる。彼の編纂による王勅集には，1635年の第二次タウングー朝（1597-1752）のタールン（Thalun, 在位1629-1648）王の勅令の中に，税徴収の対象の場の一部として，「セイッ，ティ，キン，プエ，ガド（hseit, ti, kin, pwe, gadou）」の五カ所がみえる。セイッとは舟着き場，ティは駅あるいは売り場，キンは陸路あるいは水路，ガドはフェリー，そしてプエは荷積みのラバの停車場をそれぞれ意味する［Than Tun 1983: 235-236］。ここでいう税とはいうまでもなく通行税である。パヤー・プエはしたがって，パヤーをターミナルとする交易・売買の拠点が語源ということになるのである。パヤーが人々の参集する場であったことはすでに確認している。もともと交易の場をさしていたものが，人々が定期的に集まるパゴダで開かれるようになったために祭りそのものがプエと呼ばれるようになったのではないだろうか，というのが現時点での私見である。上ビルマと北方の中国方面とを結ぶルートについての記録は，漢代まで遡れるといわれている［酒井 1978: 61］。歴史的背景については拙速

に結論を急ぐべきではないが，仏教の伝播を考える際に交易の拠点を考慮に入れる重要性は否定できないだろう。

ビルマ語にはガドー・プエという表現がある。ガドー（gadaw）とは拝むとか許しを乞うとの意味である。ところがガドー・プエとなるとガドー儀礼だけを意味するのではなく，一般に供え物自体を意味する。通常はココナッツ，バナナなどがその内容である。仏像だけではなく精霊の神像に対してもガドー・プエが捧げられる。換言すれば仏教の脈絡では功徳に変換される富がガドー・プエなのである。多量の価値の高いガドー・プエを実現した人が社会的にも評価が高くなる。年少者が年長者に行なう感謝の儀礼もガドーの儀礼である。プエはビルマ社会の威信体系と密接に関わっている。

トレーガー（F. N. Trager）とケーニッヒ（W. J. Koenig）によるビルマ最後の王朝であるコンバウン時代のシッタン（sittan，文書）の解説に次のような件りがある。

> ミョウ・トゥジー（myo tugyi，町の首長）は10月半ばの安居期の終わりに宮廷で催されるガドーの儀礼に参加することが求められた。もし首長が個人的に参加できないなら通常は息子か兄弟を代理として送らなければならなかった。この儀礼は年に三回行なわれていた。新年，安居期入り，そして安居明けである。このうち最も重要なのが安居明けであり，ソーボワ（sawbwa，諸侯）や地方領主たちは支配者に対して忠節と貢ぎ物を捧げなければならなかった。この儀礼に参加しないことは，裏切りと反逆に値した。　　　[Trager & Koenig 1979: 40–41]

現在王家の存在しないビルマでなされるガドー儀礼は，先述した年少者が年長者に対するように，三宝，両親，先生のような敬意を払うべき対象に行なわれる。合掌して跪く礼拝（シッコウ，shikkhou）がなされるのである。ガドー儀礼の実施を通じて序列関係が確認されることは明らかである。ガドー儀礼は，安居入りにはあまり聞かず，現在タボードゥエ月，タ

バウン月がその機会として加えられている。タボードゥエ，タバウンは下ビルマのパヤー・ブエの季節である。上ビルマではパヤー・ブエの季節と，王朝時代最も重要とされたガドー儀礼の時期が重なっている。ソーボワ（シャン語ツァオパー，*cawphaa* のビルマ語化）は，主にシャン系の地方領主たちに対する呼称である。王朝時代の慣行と民族間関係の一端をうかがうことができよう。

3-2 プエ，パイ，ポイ，あるいはポーイ——プエの空間的広がり

プエと明らかに同じ語源と思われる用語を，上座仏教文化圏のいくつかの地域で聞くことができる。ビルマ文化の影響が濃い北部タイのタイ・ヤイ（Tai-Yai）の人々の間ではプエは「ポイ（*pöy*）あるいはポーイ」となり，中国雲南省徳宏地区のタイ・ヌー（Tai-Nüa）族の間では「パイ（pai）あるいはポイ」に転化している。さらにビルマの少数民族で，モン・クメール系の言語を話すパラウン族では「ブロイ（broi）」と呼ばれている。文字も似通っている。それぞれの用法を詳細にみていくことにしたい。

中国でパイ・イ（Pai-i）族とかつて呼ばれた中国雲南省徳宏地区のタイ族の間では，人々の仏陀への信仰を表現する一連の宗教的活動につけられた意味の広い名称としてパイが用いられている。重要とされる大パイ儀礼をはじめ六種のパイ儀礼については，田汝康（ティン・ジュ・カン，T'ien Ju-K'ang），さらにそのデータをもとに考察した加治明によって報告と分析がなされている［T'ien 1986, 加治 1980］。また長谷川清もフィールドワークから当地の儀礼実践に関して報告をしている［長谷川 1992］。さらに徳宏地区により長く滞在した長谷千代子は，葬送習俗としてのポイ（パイ）・パラ（*pöy phraa*/paui phala）に注目して分析を重ねている［長谷 2000, 2002］。

それらにおいて共通している儀礼に関しての民俗概念については，仏教に関する信仰の集団的な活動がパイあるいはポイと称されていることを確認することができる。芒布地区からの報告では，パイ・パラと呼ばれる仏像を迎える儀礼，パイ・タラと称される経典を寺院へ贈る儀礼，子どもを見習い僧にするパイ・サンハの三種類が指摘されている［長谷川 1992］。パ

イ・パラは，田汝康のいう大パイに該当し，ビルマへ出掛けて仏像を購入することが儀礼の出発点とされている。また彼は安居明けのパイ・カントーを公的パイ儀礼のひとつとして紹介している。長谷は，仏像と大量の品物を寺院に寄進する祭りであること，文化大革命によって禁止されていたが，1982年頃から復活してきた様子などを報告している［長谷 2000: 7-10］。

雲南省徳宏地区は，上ビルマとの交易ルートが古くから発達していた。儀礼に関する用語から考えるかぎり，パラはビルマ語の仏陀像の意味を含むパヤーであることは明らかである。さらにまた，経典寄進儀礼であるパイ・タラのタラはビルマ語のやはり経典を意味するタヤー（taya）と語源は同じである。またカントー（kantö）はビルマ語のガドーと同語源である。このカントーの対象がパゴダの場合も認められる。しかも安居明けに行なわれることに注目したい。このようにビルマ文化との仏教を媒介にした共通要素は少なくないのである。

北部タイのタイ・ヤイの人々の間で用いられるポイあるいはポーイも，パイと同様に，仏教に契機する集団的な儀礼にのみ用法がある。次頁に北部タイ・メーホンソーン県のある村落でのタイ・ヤイの年中儀礼サイクルについて紹介する。

ちなみに，ドゥアンは月にあたる。なお，本書の別章の北部シャン州の年中行事表（201頁）では，ルゥン（län）としているが，同一語であり，方言差であろうと思われる。

新年節であるソンクランの時期は，メーホンソーンの場所によってはカントーとして年長者への感謝儀礼を行なう時でもある。また村の守護神儀礼が旧暦6月に行なわれる村もある。メーホンソーンで1970年代末から1980年代にかけてフィールドワークを実施したターネンバーム（N. Tannenbaum）が指摘しているように，村の守護神は，チャオあるいはツァオ・ムアン（caw mäng）と呼ばれており，その霊的領域は村（ワーン，waan）ではなく，ムアンで称されることが特異的である［Tannenbaum 1990: 33］。表のファンは，村を意味するワーンと同一語である。

またメー・ワーンあるいはメー・ファン（më waan, më phan）という

北部タイ　タイ・ヤイ（シャン）の年中行事

旧　暦	儀　礼　名	内　容
ドゥアン（ルゥン）1	カオ・カム	僧侶一時休養
ドゥアン2		
ドゥアン3	カオ・ヤクー	初穂儀礼，寺院への寄進
ドゥアン4	ポイ・モイ・トー・タート	パゴダ祭り，寺院境内の市
ドゥアン5 （太陽暦4月）	ポイ・カントー ポイ・サン・ロン ソンクラン	年長者への敬意表現 入仏門式 新年節（タイ王国全土）
ドゥアン6	ポイ・チェディー	砂パゴダ祭り （寺院境内あるいは川辺）
ドゥアン7	リエン・チャオ・ムアン メー・ワーン（メー・ファン）	村の守護神儀礼 僧侶による祓い儀礼
ドゥアン8	カオ・ワー	安居入り
ドゥアン9		
ドゥアン10	ターン・チョーム・トー	米飯寄進儀礼
ドゥアン11	オック・ワー ターン・ハー・コン・ワー マハー・トゥク	安居明け 故人供養 籠仏飯供養儀礼
ドゥアン12	ポイ・サン・カーン	僧衣寄進祭

行事は，病気などの悪根が村内に蔓延したときなどに，村の中心にあるツァイ・ワーンあるいはツァイ・ファン（caü waan, caü phan）と呼ばれる柱の隣に建てられた，普段はしごが外されている小屋の二階で，病根退散の目的で僧侶が読経を行なう儀礼である。メーは，シャン語では修復するあるいは正すという動作の意味であり，ツァイは，心あるいは生命などを意味する。ターネンバームは，シャン（タイ・ヤイ）族の間では，その柱が，

心を意味するツァイと呼ばれ，他のタイ系民族と異なり，通常の柱を意味するラック（lak）あるいは主のツァオ（caw）ではないことも指摘している［Tannenbaum 1990: 35］。北部シャン州でも，この行事はメー・ワーンあるいはメー・ムアンと呼ばれている。小屋は，キエン・ツァオ・ワーン（kheng caw waan）と称され，文字通り「村の主の祠」で，ビルマ人の村落にあるユワザウン・ナッシン（ywa hsaun nat sin）と同義だが，前者は僧侶が関与し，後者はビルマの精霊信仰の枠内に位置づけられている点が異なる。北部シャン州・チャウメーでは，メー・ワーンあるいはメー・ムアンの行事が村あるいはムアンを継続的に結びつけると説明を受けた。

　調査して回ったかぎり，メーホンソーンではパゴダは寺院との空間的結合性が強い。寺院の境内でしかパゴダは見られない。パゴダ祭りもその境内で行なわれる。しかもメーホンソーンの町中に限られ，村落部で出会うことはない。この点がビルマの信仰空間としてのパゴダの位置づけと決定的に異なる。ビルマの寺院の境内にパゴダがそびえ立つ風景も珍しくはないが，先に紹介したように，ビルマのパゴダは独立性の高い信仰空間である。ビルマにおける信仰実践としてのパゴダ建築文化の宗教的背景が重要なのである。

　タイ・ヤイにおいても安居明けからの時期が年中行事の中で儀礼の季節であることは，容易に想像できる。安居の期間が一年の明瞭なサイクルを形づくっていることに加えて，安居明けに故人供養と籤による仏飯供養が村々で行なわれる。上ビルマの場合これがパゴダ祭りと連動している。

　タイ・ヤイの年中行事の表現で注目すべきは，リエン（leng）である。リエン（あるいはリン）は，シャン語の意味では，精霊などの超自然的力の慰撫のため，あるいは現世利益のためのもてなす供物行為をさす。なお，北部シャン州では，他にルー（lu）が宗教的行為としての供物献上を意味する。このことばはクッシング（J. N. Cushing）の *A Shan and English Dictionary*（1914）によれば，ビルマ語のフル（hlu，贈る，供える）が語源だという。プエ以外のシャンのビルマ化の一端がうかがえる。

　いままで記述してきた中国雲南省徳宏，北部タイ・メーホンソーンは，

いずれも上ビルマと歴史的に関係が深い地域である。パラウンも大部分はビルマ・シャン州に居住しており，文化的共通性は歴史的に認められる。これらの現地語で仏教に関係した儀礼的集団行動に対してそれぞれパイ，ポイ，ブロイというビルマ語のプエと共通する用語が用いられていることは何を意味するのだろうか。

　プエの元来の用法は，仏教信仰の実践にのみ関係していたと考えた方がよいのだろうか。ところが現在のビルマ語の用法で，上記の地域と決定的に違うことは，プエがナッ・プエとして精霊儀礼に対しても用いられていることである。

　エーナイン（Aye Naing）の研究によれば，資料の上で知られる最も古い精霊信仰はマハーギリ・ナッと呼ばれる家の守護神である。バラモンであるポンナ（ponna）が信仰していたとされるマハー・ペインネ（Maha Peinne）よりも古く，バガン王国（1044-1287）の時代にまで遡れるとされている［Aye Naing 1980: 318-319］。これはナッを崇拝する月が語源とされているビルマ暦9月ナドーの慣行であった。だが彼の引用する資料を見るかぎりプエという表現はない。ビルマの精霊信仰は，その伝説において特定の地域，特定の時代に属する語りを伴っている。基本的に信仰の基盤は閉じられた地縁的な崇拝にある。プエの基本的な意味である集合性と交易との歴史的な結びつきは，開かれた信仰である仏教に適合し，閉じられた信仰である精霊信仰には，論理的にはそぐわないものと考えられる。また土着の研究者の中には，上ビルマのタウンビョン，ヤダナーグーなどの全国から参拝者を集める一般に精霊儀礼と考えられているものは，発生的にはパヤー・プエだという人もいる。なぜならその精霊は本源的にはパゴダを守護する存在であり，その人気が肥大化したのが現状だからだという。「開かれた」精霊儀礼と，ナッ・プエという現代ビルマ語の表現は，タントゥンの指摘と，近隣地域のプエについての用法から考えて，ある程度新しい時代になってからのものと考えた方が妥当のようである。詳細な歴史的検討は，仏教伝来ルートの探究を含めた今後の考察を待ちたい。

　ここで1990年代初頭に中国雲南省で観察する機会を得た西双版納地区の

パゴダ祭りを参照することにしたい。タイ系民族が仏教信仰の中心をなすこの地域において，パゴダが祭祀空間となるのはターン・タートの時期である。ターンは功徳蓄積行為を意味し，タートは塔に安置される仏教ゆかりのものをさしている。ここではプエという言い方は聞かない。ターンという接頭辞が功徳行為を示すキーワードである。その用例の脈絡は，上述のビルマ語のフル，シャン語のルーに相当する。中国では1958年の大躍進，1966年から1976年の文化大革命の間，仏教のハードウエアである寺院やパゴダが破壊され，僧籍にある者は強制的に還俗させられ，それを潔しとしない者は国外へと逃亡した。今回調査の対象としたのは，ムアン・ハムという地域である。西双版納の中心地景洪（チンホン）から瀾滄江を下った左岸に展開したムアンあるいはムン（mäng）である。この地域では，1961年から1984年にかけて二十歳以上の僧侶であるトゥ（tu）がおらず，二十歳未満の見習い僧であるパ（pha）もいなくて，ターンもなされない期間が続いた。1982年に国家の宗教政策が変更され，仏教信仰の復活が認められた。その結果1984年に二十代の一人の男性が正式僧として得度し，1985年にはターン・タートが復活して今日にいたる。

　西双版納の年中行事については，仏教の政治的背景の変化を考慮すれば，その分，留意が必要であることはいうまでもない。しかしながら復活後の状況で，三カ月間の安居入りから安居明けまでの精進期は守られているし，その安居期間中にターン・タムと呼ばれる読経を捧げる行事があり，出家活動の基本的枠組みは他の仏教文化圏と共通している。僧侶の活動が寺院内に限られている中で，寺院外で行なう行為がターン・タートである。

　ムアン・ハムの一村落のターン・タートではパゴダの四隅にテワダーと呼ばれる神々への祠が作られる。その祠に捧げられた供え物は，終了後，人々が家へ持って帰る。この行為には故人となった近親者への思いが込められていると説明される。パゴダに捧げられたその他の供え物は僧侶へ寄進される。西双版納のパゴダは現時点で観察するかぎり，日常の信仰空間としては機能していないように思われる。伝聞によるかぎりではパゴダが参拝客を招くのはターン・タートのときだけである。僧侶がパゴダに登場

するのもターン・タートのときだけである。かつてがどうだったかは想像するしかないが，そのパゴダ祭りで印象的だったのは，パゴダが建立された山の麓に市が立つことである。ピーナッツ，イモ，バナナ，紫米，塩漬け魚などを売る女たちの店が所狭しと並んでターン・タートに参拝する人々を相手に賑わっている。若者たちが，田植えを翌月に控えた水をまだ入れていない田の中で踊りだす。復活まもない西双版納のパゴダ祭りは，僧侶と故人への喜捨と市と楽しみがすべてである。

4 祭祀空間としてのパゴダ

　ビルマ，北部タイのメーホンソーン県，中国雲南省西双版納のいずれの地域においても，パゴダが在家仏教徒の信仰空間であり，安居明けの時期にパゴダ祭りの祭祀空間としての姿を現出することをみてきた。そのパゴダ祭りには，また僧侶の登場が欠かせない。パゴダは蓄積された富を功徳へと変換する媒介として機能している。本章の第三の目的であるパゴダと寺院との関係にふれ，祭祀空間としてのパゴダの構造に迫ろうと思う。両者の関係については，空間的な配置，信仰実践の場としての類別，人々の両建築物への信仰姿勢の相違など，さまざまな視点から論じることは可能であろう。またテラワーダ仏教世界を貫く原理のひとつが僧侶中心主義であるとするなら，僧侶つまりエリートの宗教の現場とポピュラーな宗教の現場というように，大伝統と小伝統の仏教文化圏における位相という視点から考察を試みることも可能であろう。さらにまた寺院およびパゴダ建築が，社会的威信体系と密接に関係しているとするなら，ビルマの場合でいえば，王朝時代と現政権での通時的連続性の如何を問うこともできる。

　ここではビルマにおける寺院とパゴダの関係について，その多様な展開に焦点をあてて考えてみることにする。寺院とパゴダが仏教文化圏の風景の中に信仰の場として組み込まれていることに異論はないだろう。寺院はビルマ語でチャウン（kyaung）と呼ばれる。ビルマの寺院の類型については，スパイロは，①単一の建物からなり，住職とそれ以外の複数の僧侶で構成される村落寺院（ユワ・チャウン，ywa kyaung），②多数の僧宿坊

および瞑想センター，講堂を境内に設けた都市型寺院（チャウン・タイッ，kyaung taik）に大別し，さらに森林隠遁僧の寺院を第三のタイプとして考えている［Spiro 1970: 312-313］。生野善應は，機能的に，①研修寺院，②瞑想寺院，③普通寺院に類別している［生野 1975: 172-174］。生野のいう普通寺院は，スパイロの村落寺院とほぼ重なっている。また都市型寺院は研修および瞑想の場を集まってくる僧侶へ提供しており，生野は瞑想に専念する寺院を考えている。ビルマの実際の僧侶の側では，①若い僧侶がパーリ語や仏教知識を学習するための寺院（サーティン・チャウン，sathin kyaung）と，②経典を唱えることで法を体得しようとする瞑想寺院（タヤー・タイン・チャウン，taya htain kyaung）に大別している。学習はパーリ語検定国家試験が大きな目標になっている。ただし都市部にある大寺院は，両方を兼ねていることも珍しくはない。チャウンの基本的性格は僧侶の居住空間であり，寺院というよりもむしろ僧院と呼んだ方が適切かもしれない。1991年時点で現在国家試験の最高峰である三蔵護持試験をクリアーした僧侶は五名しかいない。ヤンゴン，パコック，ピィー（プローム），ヨーとミングンに各一人ずついる。

その一人，ミングン・サヤドー・パヤー（Mingun Sayadaw Phaya）僧正は，マンダレーからはエーヤワディー川の対岸にあたるミングンのティピタカ・ニカーヤ寺院の長である。この寺院は僧侶資格試験研修の場として知られ，歴史自体は当時十一年しかなかったが，1991年10月現在で全国から集まった百四十九人の僧侶が研修に精進していた。開院は第一回全宗派合同会議の年にあたる。ミングンではモメィッ・パヤー・ブエが有名で，ヤンゴンからも巡礼団がやってくる。ここのパゴダ祭りのすぐあとにはマルンゼーの米寄進式が続き，巡礼団の一部はそちらに回る。ここではパゴダは寺院と隣接して建っている。パゴダ祭りは年一回で，四日間僧侶に対して仏飯寄進が行なわれる。かつてはパゴダ祭りにピョー・ブエ，シュイン・ブエも見られたが，現院長の指示で中止されたと聞いた。パゴダへのサンガ側からの介入の一事例といえよう。

パゴダの正式名称として，ビルマの人々はゼーディ（zedi）ということ

ばを使う。だが一般にはパヤーと呼称されている。パゴダには，①仏歯・仏髪を祀るもの，②八種の仏の聖典を納めたもの，③仏陀を安置したもの，④聖典を包蔵する施設のものの四種があるといわれている［生野 1975: 48-49］。本来はこのように仏教ゆかりのものを安置するための記念碑的建築物であったが，仏教の浸透とともに功徳を積んだことの威信を表わす形として定着した。時の政治権力者がパゴダ建築に励んだ理由はここにある。ビルマではバガンの地に11世紀から13世紀にかけて建立されたパゴダ群を例にするまでもなく，パゴダ建立という信仰の実践は他の仏教文化圏にもまして重要なものとして考えられてきた。

ヤンゴン郊外にある寺の空間構成を報告したサドラー（A. W. Sadler）は次のように描写している。

> パゴダ・コンプレックスは，僧侶の住居であるチャウン・タイッと離れており，小高い丘の上に建っている。コンプレックスは，パゴダとタザウン（tazaung）と呼ばれる仏像を安置した建物と，ここで仏日を過ごす在家のための休憩所であるザヤッ（zayat）で構成されている（このザヤッにも仏像は安置されている）。入口には，見張りとして神話上の獅子であるチンデェ（khindhei）が立っている。パゴダ・コンプレックスは，丘の下にあるチャウン・タイッとは階段で結ばれている。……パゴダと通常訳されているパヤーはチャウン・タイッの境内にあるかもしれない，あるいは，その周りをチャウンが囲むように位置していることもあるかもしれない。しかし，パヤーとチャウン・タイッには明らかな空間的分離がある。　　［Sadler 1970: 284-285, 288］

サドラーの報告による隣接したパゴダと寺院は必ずしも典型ではないが，隣接しているにもかかわらず，空間的に分離しているだけではなく，機能的にも分離しているという彼の論説に注目したい。彼のことばを借りれば，パゴダはダータナ（dathana/dassana，見ること）のための俗的宗教の場であり，寺院はビナヤ（vinaya，律）のための僧院仏教の場である。対照

的に，空間的に寺院とパゴダが隣接している北部タイ，そして現在の西双版納の場合は，パゴダは機能的に寺院領域の一部を構成するにすぎない傾向がある。

信仰空間としてのパゴダの発達は，ビルマ仏教世界の特異性である。ビルマでなぜパゴダの造形が発達したのだろうか。パゴダは，その形態から，梵鐘あるいはふせた鉢，さらに母胎，稲積みの表象とも考えられている。さらに仏陀の身体

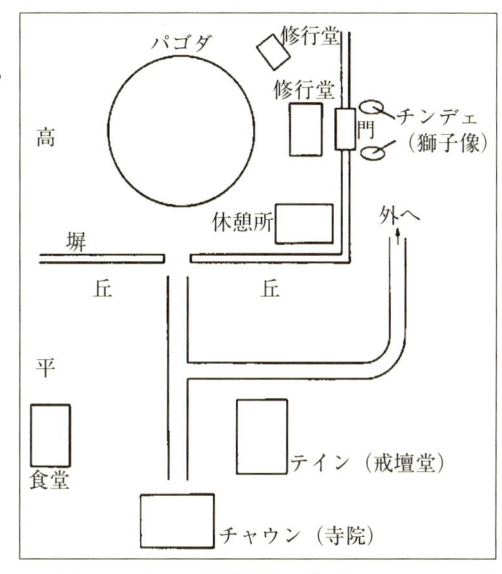

パゴダとチャウンの位置関係モデル（Sadler 1970: 285）

の一部を内包することで，仏陀自身を象徴しているともいえる。パゴダは，仏像や僧侶とともに「パヤー」と呼ばれ，仏陀の化身ともいえる聖なる存在として位置づけられている。

パゴダの起源はインドにある。その根本的なイメージは，生命の樹と宇宙山だと考えられている。鉢をふせた形の部分は，母胎あるいは子宮にあたり，生命の樹を宿して，生命力の豊かさと相通じる。パゴダは，仏陀の懐に抱かれて，まさに豊かさを再生する場といえるかもしれない。故人への回向で，故人のより良い転生を願って祈りが捧げられるのも，パゴダが生命の源として，死と再生を結びつけるからなのである。しかもその設計は，宇宙の星体を周囲に配した造形であり，その中央に山のごとくそびえる宇宙山のイメージが背景にある。また空に向かってそびえるパゴダの尖塔は，仏教徒の天への憧れを表わしている。つまり生命の樹として天と地をつないでいるのである。パゴダはその多くが山頂に建立されている。天と地との接点を，パゴダは信仰者に提供するのである。

しかしながらその構造に変化が起きつつある。少なくとも1980年以前のビルマにおいては，パゴダと寺院の区別は空間的にも機能的にも運営する組織の面においても一貫していたといえるだろう。ビルマの信仰風景において顕著に見られる独立したシュエダゴンに代表される巨大なパゴダは，パゴダの自立性を表象していた。ところが上ビルマのパゴダ祭りの事例で明らかにしてきたように，最近ではパゴダの管理委員会さらにはパゴダ祭りの内容にまで，サンガ組織（その背景に国家があることはいうまでもない）が介入している事実はどのように考えたらよいのだろうか。事実，ビルマのパゴダ祭りでここ四,五年で増加しているパタンユッは，僧侶が休みなく読経するというものである。上ビルマにおけるパゴダ祭りを安居期の精進明けを象徴する僧侶と在家との接触の場というようにとらえるならば，僧侶の参与が目立ってきているのが大きな変化である。中国の場合は仏教全体が弾圧を受けた。ビルマの場合は，仏教信仰そのものは否定されなかったが，政府批判の温床としての潜在性は摘み取られようとしているかのように思える。パゴダと寺院の区別は以前ほどではなくなってきている。そのことは僧侶自体の宗教的権威の孤高性の否定につながりかねないことを意味している。サンガを通じてパゴダを統制しようとする国家の動きに対応する在家側からの動きは，ほとんどうかがうことができない。準戒厳令体制が断続的に続く現状では，人々の発言は事実上封じ込められている。管理されたパゴダ，そしてパゴダ祭りがビルマの祭祀空間としてのパゴダの現状である。

5　パゴダ空間の構図

パゴダは祭り以外の時間においては，信仰の場として静寂に包まれており，祈りの言葉と鐘の音が響くだけである。空に向かってそびえるパゴダの尖塔は仏教徒の天への憧れを表わしている。捧げられる祈りは，時には故人への回向であり，時には信仰の確認である。

マンダレーでは，先に提示してきた通り，パゴダ祭りが，太陽暦10月の安居明けに集中する。仏教の伝説では，天上で安居の間に講話をしていた

仏陀が，安居明けに無数の灯明に迎えられて地上に降臨するとされている。パゴダ祭りが安居明けに集中するというのは，この伝説とも関係があろう。いわば，この時期に天と地との接点がパゴダを通じて開かれるのである。パゴダは天と地を現実の信仰風景において結ぶモニュメントなのである。インド菩提樹の下で釈迦は悟りを開き，仏陀になったと伝えられている。その伝説にならい，5月の満月の日の早朝に，全国各地でこの聖なる樹への水掛けが行なわれる。仏教文化圏では，広くインド菩提樹が大切な信仰対象であるが，この国では，年一度の水掛けの行事を除くとあまり盛んではない。生命の樹の模倣として，ビルマでパゴダ建築が発達していることと関係があるのではないだろうか。

　安居明けは，仏教が内包する威信体系の現出する時でもある。パゴダ祭りはとりわけそれが強く現れる。上ビルマのように安居明けのまさにその時期にパゴダ祭りが行なわれる場合，天より下る仏陀，パゴダに来訪する僧侶，在家仏教徒，そして仏陀を迎える灯明で飾られたパゴダと，仏教信仰の重要なキャラクターが祭祀空間に勢揃いする。繰り返し述べたように，安居期間中に蓄積された富が，祭祀空間としてのパゴダを媒介としてサンガに捧げられる。安居明けはまた在家仏教徒にとって享楽再開の時でもある。また忘れてならないのが灯明の意味である。ビルマでは起源的には諸物に宿る神々へ捧げられる慣行と説明される。中国雲南省西双版納では，故人あるいは精霊への慰撫の意味が含まれている。いずれにおいても，パゴダという天と地を結ぶ象徴的な場において仏教と精霊との関係が確認されていることも見逃せない。このようにパゴダ祭りにおいてはさまざまな威信体系の序列が劇的に現出する。

　　パゴダ祭りの象徴的序列
　　　仏陀／サンガ（僧伽）
　　　サンガ／在家仏教徒
　　　寺院（チャウン）／パゴダ
　　　仏教／精霊（故人，悪霊）

これらの序列を，人々を動員して集合性のもとに支えてきたのがビルマ文化の脈絡でいえば，プエの交易との結びつきである。パゴダ祭りに市は欠かせない。プエとは呼ばれない西双版納においても同様である。また歴史的にはかつての王や諸侯が在家仏教徒の代表として君臨していた背景もあるだろう。多数の人々の参拝を受容するパゴダの建立には諸王が関わっている。パゴダ建立は仏教王としての威信の表現である。その祭りへの王権の関与は考慮に値する。マンダレー，メーホンソーン，ムアン・ハム，いずれでも行なわれるパゴダ祭りという信仰の実践については，その歴史性を考慮してしかるべきなのである。パゴダは人々の多様な仏教への姿勢を受容してきた。寺院と違いパゴダへ向かう人々の思いはさまざまである。パゴダ祭りと市との結合は，人々の楽しみの場としての要素を内包しながら，仏教の確かな実践面を支えてきたのである。

第3章　シャンとビルマの間（はざま）で

　1995年3月下旬のある日，ビルマ（現ミャンマー）・シャン州にあるインレー湖上で雨に遭った。季節は，雨とはまったくといっていいほど縁のない乾季である。4月の新年を招く雨だと同乗していたインダー族の知人は語った。かすむ雨の向こうに，インレー湖中に立つ記念柱上の神鳥ヒンダーの像が見えた。その日戻ったシャン州都タウンジーでは，雨など降っていない。

　シャン高原の標高約900メートルに広がる南北15キロ，東西6キロ（乾季）のインレー湖は，周囲に独特の気候をつくりだしている。この湖の周辺に住むインダー族の生活は，湖との共生関係にある。インレー地方は，バガン，マンダレーと並ぶミャンマーの代表的な観光地である。政情不安を主要因に，現在も未開放地域が多いシャン州内で，州都タウンジーとともに，外国人観光客に一週間の査証交付が認められた1970年代前半から，安定的に訪問が認められてきた場所なのである。

1　インダー族──さまざまに語られる来歴とその生活様式

　インダー（Intha）とは，ビルマ語でインが湖，ター（ダーと有声化する）が人で，文字通り「湖の人」という意味である。自分たちはアンサー（ansa）と呼ぶ。インダー語はビルマ語の方言のひとつで，アンサーはインダーと同じ語源に由来する。

　シャン州は，多民族国家ミャンマーでも有数の多種多様な民族集団が住む州である。シャン州のシャンも，またひとつの民族の名前である。1983年のセンサスによると，全国で135の民族（タインインダー，tainyindha）を数える。そのうちの33民族が，主にシャン州に居住するシャン群としてまとめられている。インダー族もそのひとつで，人口は現在約18万人とい

われている。ところが、シャン族は彼らのことをマン・ナウン（maan nön）と呼ぶ。マンがビルマ人、ナウンが湖にあたり「湖のビルマ人」という意味である。彼らが使う言語はビルマ語系であり、そのためにタイ語系の言語を話すシャン族をして「ビルマ人」と呼ばせるのである。他方、言語以外の生活様式と思考様式においては、シャン族と共通している部分が少なくない。彼らの地理的環境と歴史的背景がそのような独特な文化的営みを支えてきたと推測されるのである。彼らの民族的位置づけを考えるには、ビルマ人とシャン族による他称の相違に表象されるように、シャンとビルマの間（はざま）という文化的脈絡の理解が必須であり、他方、彼ら自身に、民族的独自性を構築しアイデンティティを醸成してきたという自負があることが認められ、まさにビルマ文化の外延をたどるにふさわしい存在なのである。

　インダー族の生活は、自分たちも他の民族も共に認めるように、湖と密着している。水浴びをする。顔を洗う。洗濯する。食器を洗う。魚を捕る。畑をつくる。その畑で野菜・果物をつくる。米をつくる。物資を運ぶ。人を運ぶ。僧侶が托鉢に出かける。市場を開く。子どもが遊ぶ。祭りを祝う。風景をつくる。観光資源となる。すべてが湖を場（フィールド）としているのである。
　湖の名前であるインレーの語源については諸説がある。たとえばこの地方には、湖が四つあるからとか、シャン州にあるインレー湖が、カチン州にある湖よりも小さいから、インガレー（小さい湖）と呼ばれたのが縮まってインレーとなったとか、さまざまである。確かにカチン州にある湖は、インドージー（大きな湖）と呼ばれる。レー（lei）に「四」という意味と「小さい」という意味があることにその由縁の語りの背景がある。古い記録文書に、この地方の様子を「湖の四つの村」と記したものがある。このインダー族の古い時代に関わる四つの村が、現在のイワジーバンポン、ナンパン、ナウントー、ヘーヤー・イワマにあたるのだともいわれている。
　インダー族のふるさとがどこでどこからきたかについては、興味深い伝

第3章 シャンとビルマの間（はざま）で　69

説がある。それによれば，彼らは，インレー湖から何百キロも離れたこの国の南東海岸に住むダゥエー（タボイ）と呼ばれる人々の末裔だというのである。彼らもまたビルマ語の方言を話す。その伝説を根拠に，インダーの人々は，自分たちを北タボイ人と呼ぶことがある。湖の北岸にあるナンテー村は，インダー族の間では，南方からダゥエーの人々が移り住んでできた最も歴史の古い村だと考えられている。また別のインダー族の知人は，彼の自宅の仏壇のある部屋で南方の窓を開けながら，次のように話してくれた。「この部屋——仏間が二階の中心で，寝室は必ずその北側にしている。そしてどの家も南北に面している。ほら南の窓を開けるとダゥエーが拝める」と。

　インダー族の家屋は，湖への出入りが便利なように構築されている。湖上や湖岸に位置する二階建ての杭上高床家屋で，舟着き場を地階に備えているのである。乾季と雨季で，約3メートル水かさが上下することを考えた生活の知恵の産物である。入り組んだ水路は，一部ヘチマ棚にもなっている。各家屋の間を橋が結んでいるところもある。その橋は下を舟が通れるように中央部が高くなっている。

　インダー族が語るように，確かにインダー族の家屋の棟は，南北をさしているのが特徴的である。言語学的には，インダー語とダゥエー語は，発音の面でもまた単語の面でも，よく似かよったビルマ語の方言であるといわれている。ダゥエー文化を調査した現地の研究者も，インダー文化と非常に似ていると主張している。しかし移住してきたのかどうか，歴史的な真偽のほどはいまもって定かではない。

　インダー族の男性の伝統的な服装は，シャン・バウンビーと呼ばれるシャン風のズボンで，ビルマ風の筒状の腰巻きであるロンジーではない。もっとも最近はロンジーを着る人ばかりで，祭り以外でシャン・バウンビー姿をあまりみかけなくなってきたようだ。女性の服装には，様式としてのはっきりとした相違が，ビルマ，シャン，インダーの間では認められない。このようにインダー族の伝統文化は，シャン文化とビルマ文化の間にあり，両方の文化に影響されながら，独自のものを築いてきたのである。

2　外部へと開かれた経済圏

　インダー族は移動に舟を活用する。動力船が増えてきたとはいえ、農作業や漁撈に出掛ける際には、独特の片足漕ぎの伝統が現在も生きている。片足漕ぎとは、片足を櫂に巻きつけてバランスを取りながら漕ぐ方法で、他の地方ではまったく見られないここだけの習俗である。漕ぎ手の手は、片方が櫂の柄を握るだけで、片足と櫂が一体となって水をかき、舟が進むのである。

　乾季は湖水の面積が狭くなる。また水深も浅くなる。この時期に湖中から、水中の草や藻、浮き草をすくって「浮き島」の菜園づくりに人々は精をだす。湖岸、湖中に広がる浮き島を片足漕ぎの舟がめぐる。インレー地方の農業については、この浮き島の上に展開される水上菜園が最も知られている。菜園は湖中では水底に固定できないので、竹竿を湖底まで突き通して動かないようにする。浮き島に泥土を積み上げて、トマト、トウガラシ、ヒョウタン、カボチャ、ヘチマ、ナス、ミズイモ、各種マメ類、キャベツ、カリフラワー、カラシナ、花など多くの種類の作物が栽培されている。

　インダー族の人々は、インレー地方の農業を「水上菜園」「湖岸菜園」「水田」の三通りに分けて説明している。湖岸菜園では、野菜や果物が主につくられ、土盛りを越えた向こうの水田では、水牛を使った稲作が行われている。ミャンマーの他の水田地帯では牛が活躍しているが、ここでは水牛による牛耕でシャン族と共通している。稲は3月から4月にかけて植えられ、早くて7月から8月頃に収穫される。米はほとんど自給用である。

　インダー族の農業を営む人々にとって大事な換金作物となっているのはトマトである。トマトは遠く200キロ余り離れた北西のマンダレーまで、毎日送られている。栽培は3月から5月頃にあたる夏季の三カ月を除いて行なわれ、特に7月から10月にかけて大量に市場に出回る。かつては一年に一度の栽培だったが、化学肥料が使われるようになってから、年二回の収穫が可能になったとも聞いた。また9月以降になると、マンダレー周辺では、近郊からのトマトの入荷が少なくなるために、需要がより増える。

その時期を考慮に入れて栽培し，出荷するとも説明を受けた。もっともトマトがインレー湖から遠い地方へと大量に送られるようになったのは，それほど昔のことではなく，二十年ほど前からだといわれている。それ以前はインレー湖周辺で消費されていたのだと推測される。

インレー湖の周囲に住む人々が，すべて農業を営んでいるわけではない。湖の恵を生かした漁撈民も多い。そのため，魚を捕るための知恵も道具も発達している。網，竹製の大きな仕掛けなど，魚の種類と漁の規模と季節に応じてさまざまである。インレー湖でよく見かけるのは，円錐形をした網と，投網を使う漁法である。その他にも，自然にできた浮き島で列を組んで囲み，池を人工的に造り，エサでヤナに魚を誘う追いこみ漁，一人身網漁，舟五艘での共同漁なども時々見かける。捕れる魚は，フナ，ライギョ，コイ，ナマズなどの淡水魚で，インレー湖周辺からタウンジー方面にまで送られて売買される。近年，ナンテー村の近くには魚の養殖場ができ，市場の拡大が期待されているようである。また湖の水利を活かした蘭花栽培なども，中心地ニャウンシュエ（シャン語でヤウンフエ）周辺で近年行なわれている。

紹介してきた農業，漁業の他に，場所によっては，金銀細工を営む村，鍛冶屋の村，機織りの村，舟づくりの村というようにインレー湖周辺では，村落を単位として分業体制が展開されている。物資の移動と流通そして情報を伝える場となってきたのが，湖を囲む各地で五日に一度順番に行なわれる市場である。なかでもイワマ村の水上マーケットが有名で，インレー湖観光の目玉ともなっている。

シャン州各地の五日市は，満月・陰月の精進日，仏教行事の期日などを除いてローテーションが組まれている。その起源は王朝時代に遡ると説明される。そのローテーションの具体例は，下記の通りで，インレー湖周辺に位置するのは，カウンダイン，タウントー，イワマ，マインタウそしてニャウンシュエの村々である。

　一日目：カロー，インタイン，カウンダイン，シュエニャウン

二日目：ピンダヤ，ノンペン，ニャウンシュエ
　三日目：ヘーホー，チョウン，タウントー
　四日目：アウンバン，イワマ，タウンジー，シュエパトー
　五日目：ナンタイン，プエフラ，マインタウ　　［Ma Thanegi 2005: 46］

　かつて大野徹は，インレー地方の人々が，湖を中心に王朝時代から現在にいたるまで，この分業体制の知恵で自給自足経済を維持してきたことに注目して「環インレー湖経済圏」と名づけた［大野 1978］。舟が結ぶ経済のネットワークである。「湖ですべてのものが揃う」とインダー族のある人は胸を張った。そして「ただし塩を除いてはね」，そうつけ加えた。インレーは淡水湖で塩が取れない。はるか海岸方面から運ばれてくる塩は値が張る。周辺に住むパオ族も市場に塩を買いにくるという。また家屋や家具などに使われるチーク材は，シャン州の隣のカヤー州から運ばれてくる。インレー地方の経済圏は，自然環境とそれを巧みに活かす人々の知恵で発達してきた。しかし決して外の世界に対して閉じたものではなく，開かれながら人々は相互に助けあってきたのである。物資だけではなく，信仰も伝説もまたそのルートを通じてインレー地方に伝わってきたであろうことは推測できよう。

3　手首に巻かれる糸輪

　インダー族の人々は，仏教を篤く信奉している。この地方の仏教は，ビルマ人，シャン族と同様にテラワーダ（上座）仏教と呼ばれるものである。あるインダー族の人は，その仏教への篤い帰依について次のように表現した。「我々インダー族は，キリスト教徒，ムスリムなどの異教徒を，昔からいまにいたるまでまったく受け入れてこなかった。しかもこのような純粋さを保ってきたのは，ミャンマーでは，エーヤワディー川中流域のバガンの地とここだけだ」。現在は，少数ながら仏教徒以外の人々がインレー湖周辺に移り住んできている。おそらくは19世紀末から英領時代に入ってからのことと思われる。

インレー湖畔の中心地であるニャウンシュエは，コンバウン時代（1752-1885）にはツァオパー（cawphaa，ビルマ化してソーボワ，sawbwa）と呼ばれる伝統的首長の居所として知られ，1948年にビルマ連邦として独立した時の初代大統領は，この地域を治めたソーボワであった。彼の居所は，博物館として訪問客を受け入れている。その建築様式は明らかにビルマ式であり，中心にある玉座もマンダレー王宮のそれと同様式である。ビルマ文化とのソーボワを介した交流を象徴している建物である。

　かつての実像がどうだったか，インダー族がいつ，どこから仏教信仰を受け入れたかについては，後述の仏像をめぐる伝説に語られてはいるが，詳細は不明である。いずれにせよ，インダー族の語りに，仏教を通じての人々の自負と結束が感じられるのである。インレー地方には，結婚したカップルが，仏像一体を寺院に寄進する習慣がある。それも，熱心な仏教信仰の一端を表象している。

　そしてその仏教への信心に導かれた結束の様子が，最もはっきり表現されるのが，インダー族の男子にとって最大かつ盛大な人生儀礼である入仏門（出家）式である。少年の成長を楽しみにしてきた両親にとっても，晴れがましい人生儀礼の一場面である。またこの際同時に，少女たちの耳に穴を穿つ儀式が行なわれる場合もある。周辺のビルマ人，シャン族もまた少年たちの出家式を習慣としている。そしてインダー族と共通するのは，出家式を受ける志願者の年齢である。テラワーダ仏教の場合，二十歳以上が正式僧であり，それ未満は見習い僧である。インダー族では九歳から十五歳頃までの少年たちが出家する。この正式僧ではなく見習い僧としての出家生活が，男子のライフ・サイクルに組み込まれているのが共通する特徴である。少年たちは剃髪して黄色の衣をまとい，仏門に短期間入る。家族，親類縁者そして村を挙げて仏門に入る少年たちの成長を祝うのである。

　インダー族の出家式は，ビルマ人と同様にシンビュー（shinbyu）と呼ばれる。かつては最低四日間をかけたのに，現在では一，二日間と短縮され，ビルマ人と同じになってしまったと往時を懐かしむ人もいる。出家式は僧侶と相談のうえ吉日を選んで行なわれ，少年たちは華やかなビルマの

王子，あるいはシャンのソーボワの王子の衣装をまとった主人公となる。ここにも周辺民族からの仏教の影響が感じられる。

　出家式当日，豪華な席に座った少年たちの前にごちそうが並ぶ。マメやゴマでつくったジャム，野菜の漬物の類がそれぞれ七種，着色された米飯が朱塗りの一皿に盛られ，串刺しの焼き魚，紅白のお菓子，餅米を煎って丸めたものが別の皿に盛られる。焼き魚の載った皿のごちそうは，インダー族独特の習慣である。

　二つの皿の間には，少年たちが出家している期間に使う托鉢用の鉢と並んで，二房のバナナを台にして銀の鉢が置かれ，お祝いに訪れる親戚，知人，近所の人々の祝福と寄進を受ける。バナナにはあらかじめ環にした糸が何本も巻いてある。訪問者が次々と少年たちの両手首にそれをはめていくのである。この糸は少年を守る印と説明されている。

　出家式で少年の手首に糸の環をはめる習俗は，ビルマ人の間には認められず，シャン族系統のものである。また筆者が参加した出家式では，さらに少年自身が寄進した豊穣の象徴とされる「パデータ・ビン」（padeitha bin，奇跡の木）が置かれていた。木に掛けられるのは，少年自身が使用していた筆記用具，衣類などであり，これらの品々は寺院に運ばれ，出家式が終了した途端，参列した人々が争って奪いあう。お守りとしての霊験があるからと聞いた。このような仏門に入る少年自身がパデータ・ビンをつくる習慣は，シャン州に多く住み，やはりシャン族との交渉が深いとされるパオ族，シャン族の出家式でもみられるという。少なくとも，ビルマ人の出家式からは知るかぎり報告されていない。

　糸の環を巻く儀礼が終わると，参列者たちは行列を組んで，金色の傘を差しかけられた少年たちを寺院に送る。インレー湖ではこの移動が舟で行なわれる。寺院に到着すると，剃髪が僧侶の手で行なわれる。剃られていく髪を少年の両親が白布で受ける。少年と俗世界との別離の瞬間である。両親にとっては子どもの成長を確信する感動的な場面となる。そのあと，本堂で出家の誓願がなされる。その口上において，少年たちが，出家式に向けて励んだ仏教の勉強の成果が問われる。指導する正式僧から出家の許

しが得られ，僧衣に着替えれば，晴れて少住僧の誕生である。このとき，正式僧から，俗人ではなく僧侶としての名前が授けられる。場所によっては，出家式のあと，僧侶，少年僧，両親，参列者などがいっしょになって，インレー湖の周辺にある霊験あらたかなパゴダや仏像を参拝して回る場合もある。出家式は学年末の休暇を利用して行われるため，3月から4月に集中する。出家式のあとの修行の期間は，少なくとも一週間程度だとインダー族の人々は一般的に説明している。

　以上のように，インダー族の出家式は，シャン族ともビルマ人とも同じ点もあり，異なる点もある。テラワーダ仏教を信奉するという大枠は共通するけれども，土着の習慣と周辺民族の影響で彼らなりの伝統をつくりあげてきたことが推測される［Tha U 1972, Sain San Mya 1991, Kyi Kyi Mya 1963］。

4　精霊信仰とナガー崇拝

　インダー族の宗教生活には，仏教の他に精霊崇拝の要素もある。たとえば，出家式の前日に，土地の守護神に少年たちを見せに行く習慣がある。これを「ナッ・ピャ（nat pya，精霊に見せる）」という。インレー湖北岸の中心地ニャウンシュエでは，町の入口に建立されたコーミョウシン（Ko Myo Shin，九の町の主）という名の精霊の祠と，湖に突きだした桟橋から，その右方向にあるナガー（Naga）の祠に向かって少年たちを文字通り見せるのである。ナガーは，水を司ると信じられている伝説上の龍で，ここにも湖と人々との結びつきが示されている。ナンテー村でも，ポーワド・ナッ（Pouwado nat）という名の村の守護神が少年たちの訪問を受ける。僧侶志願の少年たちは，習慣として自ら歩くことなく，随行者の肩に担がれ，まさに王子然として，精霊の祠に頭を垂れることもない。この土地の守護神へ配慮する習慣は，ビルマ風の出家式と同様である。他方，シャン族系の出家式には，この慣習はあまり認められない。

　ニャウンシュエでの出家式で，少年たちが回るコーミョウシンは，第Ⅲ部で詳述するように，兄コーミョウシンと妹パレーイン（Pale Yin）のペ

アの守護神である。シャン州西部では知名度が最も高い精霊で，しかもシャン族と関係が深い精霊として名を馳せている。確かにシャン州西部に多数の祠が分布し，タウンジーにも大きな社があって，ある家系によって代々守られている。このコーミョウシン兄妹の偶像は，必ずシャン式の黒い服を着ている。しかしその起源伝説によれば，彼らは実はシャン族ではなくビルマ人出身なのである。祠がニャウンシュエに建てられたのは，1970年代のことで，そう古いことではない。インダー族の間には，ビルマ人の間で人気のある「三十七柱の神々」への精霊崇拝はないといわれている。だが，ビルマ人との交流のなかで，コーミョウシンのようにビルマ文化と関係の深い精霊への信仰も浸透している。ナンテー村のポーワド・ナッは，インダー語で村の祖父の霊というような意味で，個別の名前ではない。シャン族の村には，村の創建者を守護神として祀る習慣があり，村人はその守護神を祖父という呼び方で語る。ビルマ人のように個別の名前を村の守護神に与える習慣が，シャン文化にはあまり発達していないのである。インダー族の精霊崇拝の原型は，シャン族のそれと類似している。

5　湖上巡行するパヤー

> パヤーを乗せた祭りの舟が，間もなく到着すると思うと，期待で胸がいっぱいになる。ここでは三晩お休みになって次の村へ回られる。見送るときは寂しい思いがする。

ニャウンシュエの町で人生の大半を過ごし，インレー湖最大の祭礼に，伝説の四体の仏像を迎え，そして見送ってきた年配の女性は，このインレー地方最大のお祭りパウンドーウー・パヤー・ブエ（Phaundaw Oo phaya bwe）についての思いをこのように語る。少年たちにとって，そしてその両親にとっての人生儀礼である出家式が，3月から4月にかけての年中行事とするなら，この祭礼であるパヤー・ブエは10月の風物詩である。

パウンドーウーは，インレー湖のほぼ中央部に位置する湖上の村ター

レーのナンフー地区にある寺院である。ターレー村は，インレー地方で織物を生業とする代表的な村のひとつである。舟着き場の階段を上がると，そこはもう寺院の境内で，来訪者は参道を進む。境内の中央には，七重の屋根に覆われ，金色の仏塔を載せた本殿があり，周囲には僧侶たちが住む建物，市場などが位置する。参道の両側には，訪れる祈願者のために花や傘を売る店が並ぶ。階段を上って本殿に入ると，ご本尊である五体の仏像が御座に安置された拝殿の前に進むことができる。このご本尊がパウンドーウーの祭りの主役である。この拝殿には，女性は上ることができない。拝殿は四方からご本尊が拝めるように設計されている。寄進を行なうと仏像に金箔を貼ることができる。参拝者にとってはこの上ない功徳となると信じられている。五体の仏像は，何重にも貼られた金箔でほとんど金の固まりと化して，原形を留めていない。

　パウンドーウー寺院の行事を伝統的に運営してきたのは，ゴーバカ (gawbaka) と呼ばれる俗人組織である。ゴーバカは，五十人あまりの近在の村人で構成され，オーワダ・サリヤ (owada sariya) と呼ばれる僧侶から信仰面での指導を受けながら，寺院の増改築，境内の清掃，財産の管理，来客の接待そして祭礼の実施などを職務としてきた。1988年以降は，オーワダ・サリヤをはじめとする地区の僧侶組織と行政側の所轄組織として郡区法秩序回復評議会（ビルマ語の頭文字をとって通称マ・ワ・タ，1997年11月の平和発展評議会への組織替え以降も，マ・ワ・タという呼び名は引き続き使われている傾向が認められる）が，ゴーバカを統制するようになってきた。パウンドーウー寺院はニャウンシュエ郡区に位置している。この寺院には，変動があるものの十人前後の僧侶が修行している。

　僧侶へのスンラウン・ブエ (hswun laun bwe) と呼ばれる仏飯の喜捨行事は，太陽暦ではほぼ11月にあたるビルマ暦8月ダザウンモン月の黒分8日の精進日が最も盛んで，その他に，ゴーバカの運営によって年間幾度か行なわれる。周辺の村人が喜捨をするために行列を組んで寺院にやってくる。喜捨はパウンドーウーが寺院であるからこその行事であるが，最大の年中行事は，ご本尊の仏像を奉って巡行する祭礼パウンドーウー・パ

ヤー・ブエである。

　仏像と祭りの起源には次のような伝説がある。五体の仏像をインレー地方に寄進したのは、ビルマ人最初の王朝であるバガン王国の四代目の王アラウンシットゥ（Alaungsithu, 在位1112-1167）だといわれている。12世紀のことである。この仏像が、14世紀になって、ニャウンシュエの町をつくったシャン族の首長によって再発見され、仏像礼拝のための祭りがニャウンシュエで行なわれるようになった。ところが17世紀になって、ニャウンシュエは戦火に見舞われ、難を逃れた仏像は、インダー族の手に渡る。いくつかの寺を回ったあと、結局パウンドーウーに仏像は安置されて現在にいたる。そして毎年一度だけ10月に、仏像はかつての伝説の地ニャウンシュエへ帰る渡御の旅をする。パウンドーウーはインレー湖の中央部、ニャウンシュエは湖の北岸に位置し、直線距離で約20キロ離れている。その途中、インレー湖に面したインダー族の村々の寺を回って、人々の歓待と寄進を受ける。これがパウンドーウー・パヤー・ブエと今日呼ばれる祭りになったといわれている。このように伝説には、仏教信仰をモチーフに、ビルマ人、シャン族そしてインダー族が登場し、かつての民族間の文化交流の足跡を暗示する。

　各村落ではあらかじめ決められている日程に従って、寄進のための品々を準備する。仏像は、神鳥をかたどったカラウェイ（karawei）と呼ばれる舟に乗って渡御をする。カラウェイは、王朝時代に王の御座舟として用いられたもので、王朝が滅亡した現在にその面影を伝えている。寺院の名前であるパウンドーウーのパウンドーは、御座舟の意味で、ウーは先頭を意味している。ただし巡行するのは、五体のうち四体で、残る一体は、普段は拝殿御座の北東方向の場所に置かれている仏像である。拝殿の五体の仏像には、僧衣を意味する赤い布が巻かれている。また寺院の境内の端には、カラウェイを修復するための小屋が設けられている。

　かつてこの祭りは、ビルマ暦7月ダディンジュ月の白分4日から黒分3日にかけて行なわれていた。この期間は、太陽暦ではほぼ雨季明けの10月にかかる。伝統的に祭りの日程は、このように月の満ち欠けに従って決め

られている。ところが最近は，ダディンジュ月の白分1日に，パウンドーウー寺院で出発の儀式が行なわれ，仏像の巡行が始まるようになっている。仏像がパウンドーウーに戻ってくる最終日は，従来通り黒分3日である。1994年は10月5日が祭りの初日，10月22日が最終日にあたった。出発が三日早まったのは，巡回する寺の数が増え，一部滞在の時間が延びたためである。しかし伝説の地ニャウンシュエの滞在日数が三日で最長であることに変化はない。

　巡回する村や寺院の増加に関して，周辺の民族間関係をふまえて，フランスの民族学者ロビン（F. Robinne）が考察している。彼が引用する記録によると，1885年のまさに王朝時代から英領時代への移行期の年には，インレー湖南部の六カ所を巡ったという。そしてこの年，二隻が仕立てられて，一隻は仏像を乗せてパウンドーウーから，もう一隻はニャウンシュエからソーボワ一行を乗せて行列が湖上を巡ったとされている。1966年には十七カ所となっている。ロビンの分析によると，ソーボワが存在した時代には，ソーボワが祭礼の特権的役割を果たしていたが，ソーボワが廃位となって，インレー湖周辺の諸民族の人々が，文字通り「インダー」民族の祭礼として進化させ，祭礼を共有することを介しての民族的一体感が形成されていったのではないかという［Robinne 2000: 269-275, 2001］。湖周辺の人口圧や，渡御する村落が新しく加わった具体的な経緯についてのデータが少なく，ロビンの提示する考察を実証的に十分に検討することはかなわない。だが，現在のように，パウンドーウー寺院を中心に，仏像を巡回して崇めるという「パヤー」に対するプエとしての構造を，インレー湖周辺の仏教徒が同一の祭礼に参画することを通じて，象徴的に有するにいたったことは肯定できるように思われる。1994年には，次頁の表の通り，二十一カ所に増加している。

　毎年10月，仏像四体は御座舟カラウェイに乗ってパウンドーウー寺院から，十九人の随行者を従えて出立する。十九人の内訳は，水先案内六人，太鼓叩き四人，仏像に傘をさしかける四人，舵取り五人で，この構成は不動である。彼らは，伝統的に白い衣装をまとう。このカラウェイを引くの

が巨大な丸木舟で,若者数十人によって片足漕ぎされて湖面を進む。マ・ワ・タの指導下,民族衣装を着た漕ぎ手たちは,通過する村ごとに交代する。村によっては,舞姫の舟が並走する。混乱を避けるために,最近は,行政側が先頭に立って,関係者への協力要請をはじめ,安全のための注意の喚起,細部にいたっては,並走する舟の乗員数,エンジンの数などの指定がなされている。

パウンドーウー・パヤー・プエ日程表（1994年）

暦	到着・滞在寺院
ダディンジュ月白分	
1日（10月5日）	（パウンドーウー寺　午前4時から開会式　出発）
	インディン・チェーポー寺
2日	インディン・サン寺
	ヘーヤー・イワマ寺
4日	ンガーペーチャウン寺
5日	チェーサー寺
6日	プエサーコウン寺
	リンキン寺
7日	ニャウンシュエ寺
10日	ナンテー寺
	マインタウ寺
11日	タレーウー寺
12日	ケーラー寺
	ザヤッチー寺
13日	パヤーバウ寺
	ナンパン寺
14日	マジーゼイ寺
	チャインガン寺
15日	マインビョウ寺
ダディンジュ月黒分	
1日	ナウントー寺
2日	インボーコン寺
	イェーター寺
3日（10月22日）	パウンドーウー寺

仏像を乗せたカラウェイの行列は，インディン，ヘーヤー・イワマ，さらにンガーペーチャウン，チェーサーそしてプエサーコウン，リンキンと，湖の西側を主に経て，北岸のニャウンシュエに到着する。ここで三泊する。各村落の寺院では，仏像が安置され，人々の礼拝を受ける。ニャウンシュエからは，ナンテー，東岸のマインタウ，タレーウーを経て南下し，さらに湖中の村ケーラー，ザヤッチー，パヤーバウ，ナンパン，そして南部インレー湖沿岸地方に点在するマジーゼイ，チャインガン，マインビョウ，ナウントー，インボーコン，イェーターと回ってパウンドーウー寺院へ戻ってくる。ニャウンシュエでの三泊，インディン，ヘーヤー・イワマでの二泊を除いて，滞在はすべて一泊あるいは数時間である。

　1965年10月19日のことである。仏像を安置したカラウェイが転覆し，仏像が湖中に落ちた事件があった。場所は西岸に近い場所であった。このときの様子は，写真と絵画によってパウンドーウー寺院の本殿内に掲げられている。また転覆した場所には記念柱が立てられた。柱の上には吉祥と平安を呼ぶ神鳥ヒンダー（hindha）が止まって湖を見渡している。ニャウンシュエからパウンドーウーへ観光舟に乗ると，その側を通過する。インレー湖は，こうして仏像の渡御によって祭りの期間にひとつの祭祀空間と

なる。人々は仏像の来訪を待ちわび，祭りを通じて仏教徒としての自覚を再確認しているともいえよう。またパウンドーウー・パヤー・ブエは，すべての仏教徒が三カ月精進をする安居期が明ける時期を目安に日程が組まれている。人々は雨安居期の間，来るべき盛大な礼拝と寄進の機会に向けて蓄財に努力する。この祭りは，インレー地方最大の行事であると同時に，寄進のシーズンの始まりを告げる合図でもある。

6 シャン州のパヤー・ブエ

パウンドーウー・パヤー・ブエは南部シャン州最大の仏像巡行祭礼である。周辺の仏教徒の崇拝を集めながら，ソーボワが統治した時代から継続して祝われている。時期は前節で示した通り，ダディンジュ月で，マンダレーのパゴダ祭りとしてのパヤー・ブエと同じである。ところがシャン州でのパゴダ祭りは，タバウン月満月の日に集中している。シャン州博物館の元学芸員ナンモーカム（Nang Maw Kham）は代表的なパゴダ祭りとして次の九例を挙げた。

①ナムカム，メードー・ソーモンフラ・ゼーディ・タバウン・ブエ
②ナムサン，マハー・ミャムニ・パヤー・タバウン・ブエ
③テインニー，パラティヒカ・パヤー・タバウン・ブエ
④ティボー，ボージョウ・パヤー・タバウン・ブエ
⑤マインカイン，ムェトー・タバウン・ブエ
⑥チャインレイン，ムェトー・タバウン・ブエ
⑦チャイントゥン（ケントゥン）パヤジー・パヤー・ブエ
⑧ピンダヤ，シュエウーミン・パヤー・タバウン・ブエ
⑨カック，ムェトー・パヤー・タバウン・ブエ

カチン州のモーニィン（Mohnyin）近くのインドージー（Indawgyi）・パヤー・ブエもタバウン月に行なわれる。バガン王国の初代の王アノーヤター（在位1044-1077）と縁があるシャン系出自の女性ソーモンフラ（Saw

Mon Hla）の伝説と関係が深いマンダレー管区のシュエサヤン・パヤー・ブエは，タバウン月満月の日の翌日から始まる。またタバウンの前の月タボードゥエ月満月の日も，仏教徒による巡礼や喜捨儀礼が各地で行なわれるが，南部シャン州のモービェ（Mobye）・パヤー・ブエ，マンダレーのパヤー・ジーであるマハー・ミャムニでパヤー・ブエが行なわれている。

　概観して気がつくことは，伝統的首長であるソーボワと縁が深いパヤー・ブエが多いことである。ナムサン，テインニー（シャン語のセンウィ，以下同様），ティボー（シポー），マインカイン（ムアンクン），チャイントゥン（ケントゥン），ピンダヤ（パンタラ），モーニィン（ムアンヤン），モービェ（ムアンパイ），そして本章で記述したニャウンシュエ（シャン語のヤウンフエ）へ仏像が渡御するパウンドーウーも該当する。ティボーのソーボワが，ボージョウ・パヤー・ブエに象に乗って参拝した様子を，チャイントゥン（ケントゥン）のソーボワの息子ツァオ・サイモン・マンライ（Sao Saimong Mangrai）と結婚したミミカイン（Mi Mi Khaing）がそのエッセイで記述している［Mi Mi Khaing n.d.］。ティボーのソーボワは，歴史的にマンダレーとの関係も親密であり，仏教信仰に関する影響も認められる。それを象徴するのが，シャン州各地にあるパヤー・ジーであるマハー・ミャムニ（Maha Myatmuni）仏像の存在であり，それらはマンダレーのパヤー・ジーをモデルにして建立されたものである。ティボーのそれは，1895（ビルマ暦1257）年の寄進と堂内に刻まれている。その脈絡で考察を深めるならば，現在，多数の参拝者を集めるシャン州のパヤー・ブエは，ビルマの仏教信仰の影響を受けながら発達してきたものと分析することができよう。上記の①のナムカムのパヤー・ブエのソーモンフラについては，第Ⅲ部で詳述するが，彼女は，ビルマの王朝年代記『玻璃王宮大王統史』に登場する。

　南部シャン州のインダー族は，言語学的にはビルマ語の一方言を母語としているが，その他の習俗ではシャン的要素が濃厚な文化的特徴を有している。このようにシャン文化とビルマ文化の間で生きてきた人々であるが，特に信仰面では，仏教に関しても，精霊信仰に関しても，ビルマ化の影響

を受けながら独自の様式を形成してきたのである。そのハイライトがパウンドーウー・パヤー・プエであり，ロビンの表現を借用すれば，その信仰面での結節点が，インダー族のアイデンティティを醸成してきたのである。

　以上のようにビルマ文化の儀礼論から考察を起こし，その周辺へ視野を広げ，仏教信仰およびビルマ文化を俯瞰するための儀礼的行為のキーワードである「プエ」そして「パヤー」の広がりをたどってきた。その作業において確認できるのは，仏教信仰に内在する民族間関係を超えた「開かれた」特徴である。インレー湖畔のパヤー・プエは，そのパヤー伝説においてビルマ人，シャン族，インダー族が登場し，その民族間の差異を貫くのは，仏教信仰，特に仏像および仏塔への信仰実践である。年中行事のハイライトとなる祭礼は，そのパヤーを中心に増殖し，周辺民族との一体的信仰空間を構築している。そしてその祭礼の増殖は，インレー湖を舞台とするネットワークの強化と接合し，インダー族の民族的アイデンティティの構築とも結びついている。仏教信仰の「開かれた」特徴は，民族間関係を超える一方で，一民族としての自負も高揚させてきたのである。換言すれば，仏教信仰を媒介にインダー族の「インダー化」が進行してきたといえるのではないだろうか。そしてその「インダー化」は，「シャン」をめぐる動向とも接合する。

　インダー地方の政治的中心であるニャウンシュエ・ソーボワは，前述のようにビルマ連邦初代大統領となった。そしてその彼は，ビルマ語版パーリ語仏典のシャン語訳を推進した人物でもあった。その業績を彼の息子は仏教の「シャン化（Shan-ized）」と評した［Chao Tzang Yawnghwe 1987: 2］。「インダー化」は，シャンとビルマの間（はざま）という位置づけだからこそ進行したと分析できるかもしれない。なぜなら，独立以降中央集権化を背景とした「ビルマ化」の強いモーメントの動向を受け，英領化以降そして独立以降も，シャン地方の中心が南部シャン州のタウンジーに置かれたという政治的背景による「シャン化」の主体として自負が，仏典のシャン語訳の動機づけのひとつとなったのではないかと推測されるからである。イ

ンダー族は，こうしてその地理的位置を基盤に，その文化的ハイブリッドとしての民族的独自性を醸成してきたのではないだろうか。

　パヤーに関して，一時出家の習慣が普及していないとされる中国雲南省徳宏地区のタイ・ヌー（Tai-Nüa）においても，ポイ・パラ（pöy phraa）のパラすなわちパヤー（仏像）が，仏教徒が功徳を積む結節点となってきたことも象徴的である。さらに現在シャン州で多数の参詣者を集める仏塔としてのパヤーのほとんどが，ビルマ王朝と関係の深いかつてのソーボワの統治地であることから推測するならば，シャン州におけるパゴダ祭りの起源は，信仰空間として独立傾向のあるビルマ文化のパゴダ崇拝を原型としたものであるといえるのではないだろうか。また仏塔であれ仏像であれ，パヤー（パラ）は，仏教徒にとって功徳を積む行為の対象であり，媒介であるが，その行為の成立には，喜捨行為が伴う。しかもパヤー（パラ）が大規模なものになればなるほど，そのポトラッチ的特徴は強化され，当該地域の権力構造との接合がその重要な成立基盤である。ビルマ王そしてソーボワの仏塔建立および仏像制作への参画そして祭礼への関与は，その歴史的権力構造を暗示しているように思われる。

　またビルマ文化の外延において，「シャン」と呼ばれる人々との類縁関係が明らかな北部タイのメーホンソーンや中国雲南省西双版納の事例が示すように，それらの地域では，ビルマ文化のパゴダとは異なり，パゴダは寺院空間の一部をなす傾向があり，それに対する儀礼的行為が，年中行事の中心でなくその一部であるにすぎないことをふまえれば，「シャン」と呼ばれる人々の文化的特徴の行方は，ビルマ文化の外延に位置するというまさにその脈絡と，ビルマ人との民族間関係の粗密の程度による文化交流の状況こそが重要となるのである。次章では，ビルマ文化においてその「シャン」という民族表象がどのように位置づけられてきたかをたどることにする。

第Ⅱ部　ビルマとシャンの民族間関係

　第4章　民族の座標
　第5章　「シャン」をめぐるポエティクス
　第6章　シャンの行方——そのビルマ化とシャン化

　第Ⅱ部は，ビルマ世界における諸民族の文化動態を考察する出発点として，特に「シャン」という民族表象に関して，収集した一次資料，既存の二次資料を整理し，分析の視点を総括することを目的としている。「ビルマ世界」というあいまいな表現にしているのは，「民族」「民族意識」あるいは「民族間関係」と考えられているものが，ひとつのある立場からの「世界」解釈であり，ビルマ文化が浸透するビルマ世界が，民族間の交渉においてどのようにとらえられてきたか，そして現在とらえられているかということを問題としているからである。

シャン暦2092年新年節（1997年11月）

第4章　民族の座標

　ヤンゴンの空にそびえるビルマ（現ミャンマー）最大のパゴダ，シュエダゴンの境内に「シャンの傘」と呼ばれる供え物がある。シャンとはこの国で最多数のビルマ人を除くと最も人口の多い少数民族の名前である（1983年のセンサスで人口約290万人）。また広い境内の中には，インド系の風貌をもつ偶像がかつてあり（現在は別所に保管されている），中国系住民が寄付した講堂もある。このパゴダは民族や人種を超えて崇拝の対象として存在している。

　民族は，人々のグルーピングの基準としてははなはだあいまいな歴史的概念である。人種とは異なり人々の「我々―仲間」意識と深く関係している。いつの時代でも民族の「我々」という「仲間」意識があったわけではない。同類意識の強度も一様ではない。また民族の動態は地域の領有をめぐる他の人々との力関係に左右されてきた。民族は同類意識だけではなく，現実の力関係に影響される「よそ者」意識とセットで考えなければならない。ビルマ世界における民族のこの複合意識の様相を，ビルマとシャンとの民族間関係を軸に歴史的に描いてみようと思う。その目ざすところは意識の変化にあり，民族間関係史ではない。それはまた現国家体制内の民族問題の根源の一端に迫る政治的民族誌の試みでもある。

1　シャンをめぐる「よそ者」意識
1-1　ビルマ人からみたシャン

　もし歴史をもたぬ民族が幸福であるとするならば，ほとんどすべてが架空の長大な歴史をもつ民族についてはどう表現したらいいのか難しい。王室年代記の甘美な空想がビルマ人へ与える影響ははなはだ好ま

しくないものである。……ビルマの年代記は民族性の基礎を築いた。すべての強壮な民族と同様にビルマ人は元来尊大であったが、年代記の素晴らしき物語のために十倍も高慢となったのである。……英国人も悩まされたが、それにもましてビルマ人の周辺およびその中で生活する少数の民族が苦しめられた。ビルマ人が悲しきお山の大将であることは認めなければならない。外来の白人は急速にビルマ人を文明化することはできたであろうが、その他の先住あるいはビルマ人と同様に移住してきた民族では事情が違う。チン族、カレン族そして単純なシャン族の信念の固い人でさえも、その弱い民族性のゆえにビルマ人の狡猾と傲慢に悩まされた。王室年代記には、勇敢な将軍たちの英雄賛美に劣らず野蛮な権謀術数の物語が嬉々として描かれている。……ビルマ人と骨の頑丈な山地民シャン族との間で豊かな稲田の所有権をめぐって争いが起こった。シャン族は力も強く勝てる見込みが十分であった。そこでビルマ人は計画をたてた。年長の隠者に仲裁を頼んだのである。「定められた大きさのパゴダを先に完成させた方が勝ち」ということになった。双方が作業に取りかかった。すぐに頑強な山地民に引き離されてしまったことを知ったビルマ人は、夜の間に策略に訴えた。竹で定められた大きさのパゴダをつくり、布で覆って白色に塗ったのである。夜が明けてシャン族は驚いた。ビルマ人のパゴダが完成して、果物とろうそくが供えられてさえいたのである。シャン族の驚きと落胆はいかばかりか、こんなに早く建立をみたのは超自然の力のせいと、完成が早過ぎるパゴダを確かめようともせず、山へと逃げ帰ってしまった。年代記の編者は同胞の勝利と巧妙さを賛えている。

[Shway Yoe 1910(1882): 442-443]

シュエーヨー（Shway Yoe）とは、英国人スコット（J. G. Scott）のビルマ語のペンネームである。彼が引く王室年代記とは、マハー・ヤーザウィン（Maha Yazawin）と一般に呼ばれる欽定のものであり、描かれる記述が歴史的事実かどうかはその編纂の性格上、疑問符がつく。しかしビルマ

人を中心とする歴史観を基盤とした表現であると同時に，ビルマ側の他の民族への「よそ者」意識を含んでいることに注目したい。紹介されるエピソードは，ビルマ側がシャンをどのようにみていたかを教えてくれる。シャンはビルマと同様に仏教徒であること，シャンがビルマからみて粗野な山側の人間であると考えられていたこと，そして力関係として当時ビルマ側がシャンより優位にあったことなどをうかがい知ることができるのである。

スコットは19世紀後半のビルマとシャンの語り部として最良の人物である。王朝時代最後のビルマをラングーン（現ヤンゴン）にあったセント・ジョージ・カレッジの教師として過ごした。そして英領インドの植民地下のビルマでは，シャン地方の行政官としてこの激動の時代を生き抜いた。ビルマ語のみならず多くの言語に精通し，ビルマとシャンを中心とする諸民族の文化と社会について克明な記録を残している。*The Burman: His Life and Notions*（初版1882）は王朝時代最後のビルマ世界の様子を巧みに描いた著書であり，現在も引用に堪える文献である。また彼が中心となって編纂した地誌である *Gazetteer of Upper Burma and the Shan States* (*GUBSS*) 二部全五巻は，現在広域的調査が実現不可能な状況において，一級品の二次資料である。

ただし，上記のエピソードは，歴史研究者にも問うてみたが，知りうるかぎり，既存の年代記には見つからない。類似したモチーフは，19世紀前半に完成し，モン族やアラカン族の王統史を参照していることで最も標準的な王統史として評価される［大野 1987: 15-17］『玻璃王宮大王統史』（原題 *Hmannan Maha Yazawin Dawgyi* 〈*HMYD*〉，英訳名，*The Glass Palace Chronicle of the Kings of Burma*）にみえ，カンラザジ（Kanrazagyi），カンラザフゲ（Kanrazange）が，王位継承をめぐって布施のための建築物造営で競争したとある［Pyangyayei Wungyi Htana 1993: 1; 154, Tin & Luce 1923: 2］。この場合は兄弟で，異民族同士ではない。他にも，競争者は異なっても，アラカン州やモン州には同様な伝承の存在が認められる。いずれも仏教を信奉する民族が居住する仏教文化圏であり，起源は定かではないが，仏教信仰に関しては「仲間」でも，民族的には「よそ者」である民族間関係と

文化交流の背景を認めることができよう。
1-2　シャンからの「よそ者」意識
ではシャンの方は他の民族をどのようにみていたのであろうか。

1906年にパラウン語の研究のため北部シャン州に入り，雲南との境界に近いナムカムで一年余りを過ごしたミルン（L. Milne）の著書 *Shans at Home*（初版1910）には次のような記述がある。シャン地方はすでに英国の統治下に入っていた時代である。

> 境界を越えた雲南では，カチンは中国系シャンの子どもたちにとって「おばけ」で，彼らの母親は泣く子を黙らせるとき「シッ，カチンが泣き声を聞いてお前を連れていってしまうよ」という。雲南ではこの脅しは時々文字通り本当になる。カチンは時々山から降りてきて平地の村々を襲い，子どもや若者を奪い奴隷にしてしまうのである。いまでは英領になっているが，以前にはシャン諸州でも同様な事件が頻発していたのである。山地民であるカチンはシャンを略奪し，平地民であるシャンはいつも打ち負かされていたのである。
> 　山からかなりの数で降りてくるもうひとつの人々がいる。彼らはとても素直な人々で我々英国人にはパラウンとして知られている。彼らが平地に降りてくるのは，市のためだけではなく，シャンの寺へ参詣するためでもある。彼らの村は河谷平野のシャンと山頂付近に住むカチンとの中間である山の中腹にある。この地方が英領となる前，シャンとカチンが絶えず戦っている間，彼らは凶暴な隣人双方に貢ぎ物を贈って平和に暮らしていたのである。　　［Milne 1970(1910):64, 134-135］

谷間の平地に住むシャンにとってカチンは山地民であり，宗教も違う。ミルンの記述にはシャンとカチンの間の敵対意識しかうかがえないが，その間には抗争だけではなく，市などを場とする山の幸と谷間の幸との経済的な互酬関係があったことが知られている。パラウンはその間で緩衝的な位置にあった。古くより茶の栽培で知られるこの民族は，製茶を市に出し

外の世界と交易の面で交流してきた。仏教信仰だけではなく，シャンと同様にソーボワ（sawbwa）と呼ばれる伝統的首長を代表とする政治組織を構成し，シャン文化への同化を進行させてきた人々である。シャン，カチン，パラウンの間には，生業形態による居住地の棲み分けがあり，それが民族間の「よそ者」意識と文化の変容に影響していたことは想像にかたくない。このように各民族の他民族観は，ビルマ世界の民族間関係の相対性を伝えている。ビルマにとってシャンは山の民であったが，シャンは自分たちをそう思っていなかった。シャンにとって，カチンが山の民であった。

2　シャンとは誰か

2-1　シャンの「仲間」意識の基盤

　現ミャンマー連邦は，行政的に七つの州（ピィーネ，pyinei，英語ではstate）と七つの管区（タイン，tain，英語ではdivision）よりなる。この行政区画は1974年制定の憲法で明記されているが，歴史的には今日の連邦の基礎を築いた1947年2月12日のピンロン（シャン語でパンロン）会議に遡る。この会議によって連邦への参加に同意したのは，シャン州，カチン州，カレンニー（現カヤー）州，チン特別区（現チン州）である。ビルマ側の代表がアウンサン（Aung San）将軍であった。それ以外の州の成立は，さらにその後のビルマ側と各民族との思惑と交渉の過程の末のことである。現在この日は国家最大のイベントである連邦記念日として祝賀されているが，当初保証された連邦離脱権は1962年以降のネーウィン（Ne Win）体制で剝奪され，今日まで続く民族間抗争の決定的引き金ともなっている。シャン州に住んでいるのは，いわゆるシャン族だけではない。1955年の政府の調査では27の民族（タインインダー，tainyindha）を数えているが，1983年のセンサスでは，33民族がシャン群とされている。このことは同類意識の細分化を意味しているようにも思われる。

　シャンの「仲間」意識の文化的背景をたどってみよう。彼らは自分たちをシャンではなくタイ（Tai）と呼ぶ。現タイ王国においてはタイ・ヤイ（Tai-Yai）あるいはニョー（Ngiaw）とも呼ばれている。偉大なタイとい

う意味のタイ・ロン（Tai-Long）と自称することもある。北部タイをフィールドワークした米人類学者モーマン（M. Moerman）は「(タイ) ルーとは誰なのか」(1965) という論文の中で民族の同定の難しさを考察している。その中で彼は民族を固定的に考えることの弊害として，民族の自民族意識が必ずしも恒常的ではないこと，同じ他称が多数の意味を包摂している場合があること，そして自分たちを呼ぶ呼称が変化することの三点を挙げている [Moerman 1965]。

　タイ系の言語を話し，英国人から「シャン」と呼ばれたグループは，東南アジア大陸部から雲南そしてアッサムにかけて塊状に分布している。いずれも中国方面からの移動による分布であると考えられている。彼らは共通して河谷に沿っての水稲耕作を生業としていた。南下してきたタイと称する人々は，13世紀前後に雲南から東南アジア大陸部にかけていくつかの政治統合を形成する。移動の波は複数でしかも幾重にもなっていたと考えられ，彼らの他の民族からの呼称は多様に変化してきたのである。現在北部タイ・メーホンソーン県で，タイ・ヤイと呼ばれ，ビルマ世界のシャンと類縁関係のある人々の村落でインタビューすると，多くの村落が開村して百年前後がたつと人々は語る。長くても二百年以上遡ることはない。フィールドワークの場では，最近越境してきたビルマ側のシャン族に会うことも珍しくなかった。移動は，少数ながら最近まで続いていたことになる。また歴史的に，シャンの人々は，山地民との交換を定期市において行なう交易民としての顔ももっていた。定住，移動による生活圏の変化は，水稲耕作と交易の環境追求が要因となっていたのである。

2-2　民族名と民族学

　民族学の成果は，多くの民族において自称と人間をさすことばが同一であることを紹介している。「シャン」はビルマそして英国人による他称でしかなかった。パラウンは，クアンあるいはダアンが自称であり，カチンでは人間を意味するジンポーがそれである。自称と他称は，民族間関係によって培われる「仲間」意識の強度と自分たちとは違う人間に対する「よそ者」意識を反映しているのである。

シャンと呼ばれる人々は，自称であるタイの意味を自由であると語る。我々ははるか昔から自由な民であったのだと。一方，ビルマ民族の起源は伝説のタガウン王国であると年代記は記述している。ところがタガウンはタイあるいはシャン語系のことばでドラム型の舟を意味するとの説もある。11世紀半ばに歴史の舞台に登場するビルマ民族は，パガン王国の時代 (1044-1287) の碑文によれば，中心，核，傘の柄を意味するカヤイン (khayain) が地域単位となっていたと考えられており，その語源はタイあるいはシャン語系のことばともいわれている。もしこの説を妥当とするなら，ビルマ族がエーヤワディー川流域平原に定着した早い時期からビルマとシャンとの間に何らかの交渉があったことになる。またタイには「原住民」という意味があるとの説もある。彼らによる自由という意味づけには，近代史の中で外的勢力に支配を受け続けてきたという経験がそういわせているのかもしれない。意味づけにも主観的な民族観が反映されているのである。

リーチ (E. R. Leach) は，その著書である *Political Systems of Highland Burma* (初版1954) の中で，「単一の文化」あるいは「単一の部族」という民族誌的慣例が不適当であると主張し，平野部のシャンと山地部のカチン双方をより大きな社会組織の枠の中で構造的にとらえる動態分析を試みた。彼はまた民族間関係を重要視しており，仏教的なシャン文化に同化した山地民の証拠をいくつか提出しながら，シャン社会の属性を成立させている主要な特徴は環境であると述べている [Leach 1977 (1954)，リーチ 1987]。シャンということばにはビルマからみて山間部を漠然とさす空間的なイメージがある。この他称は，モーマンがいうように特定の人々を最初から一貫してさしてきたのではなく，地域あるいは共通する自然環境への適応などが多義的に含まれてきたと考えるべきであろう。シャンの「仲間」意識は，このような彼らを取り巻く民族間関係の中で形成されてきたと推測されるのである。

3 ビルマ世界の伝統的中心と周縁
3-1 シャンの首長

スコットの伝記である Scott of the Shan Hills（1936）や，彼の絶筆となる Burma and Beyond（1932）には，彼の足跡に従って彼が接触したビルマ世界の非ビルマ系の人々の名称が数多く散見される。カチン，ワ，タウンドゥー，タウンヨー，カレンニー，シャン・タヨッ，さらに同行するグルカ兵，シーク教徒の名前もみえる。行政官としての彼の任務は，シャン地方でのビルマ・コンバウン朝滅亡に連動する混乱を鎮静して，伝統的首長ソーボワを統治下に置き，シャン地方を英領に編入することであった。当時この地域はフランス，清朝，シャムの勢力が覇権と領有をめぐって英国と抗争しており，戦略的にも重要な意味を帯びていたのである。彼の交渉相手は，各対外勢力とそしてソーボワたちであった。

王朝時代のシャン地方はソーボワのもとにいくつかの土侯国によって領有されていた。シャンの「仲間」意識の求心力による政治統合である。ソーボワとは本来シャンの統合単位の長であるシャン語のツァオパー（cawphaa，英語では saopha）のビルマ語への音訳で，ビルマ王朝と臣従関係を結んで以降の役職をさしたが，シャン族以外の非ビルマ系民族の首長の意味にも広く使われていた。パラウンもその例である。コンバウン史研究者の渡邊佳成は，王朝時代のソーボワを，①ビルマ王に従属，②ビルマ世界の諸王ないし他の世界の王に従属，③どの王にも属さない，の三つに分類している［渡邊 1987: 146-147］が，共通するのは，ビルマ世界の中心からみた周縁的な「他者性」であり，その呼称がシャン語起源であることは，王朝時代のビルマ人にとっての「他者性」の表象が「シャン」のイメージを介していたことを明示しているのである。本章で扱うシャン地方は主に①のカテゴリーに含まれるが，土侯国とはいっても確定した境界があったわけではない。またその数は一定していたわけではない。概数は約40ともいわれたが，その広さは現シャン州の最東部のケントゥン（ビルマ語でチャイントゥン）の土侯国のように12,000平方マイルにも及ぶ広大なものから，20平方マイルの小規模なものまでさまざまであった。1959年4月の

全ソーボワの自治権譲渡直前の時点では，パラウン系のトゥンペンを含めて34を数えている。シャン地方のソーボワにとって，ビルマ王との従属関係の締結が政治的地位の確定のひとつの道であった。彼らの地位は世襲ではあったが，ビルマ王の承認を必要として，貢納などが義務づけられていたといわれている。また前章で示したように，ソーボワはビルマ宮廷に朝貢し，忠誠を誓うことが義務づけられていた。しかしながらその関係は，ビルマ王権が弱まれば，別の諸王と関係を結びうる性質のものであった。シャンはビルマ王を仰ぎながら，他方，多方位外交をしていたのである。シャンの「よそ者」意識は力関係に左右されていた。

3-2　ビルマ王とシャン

シャンのソーボワはビルマ王からみて「一本の傘さす諸侯」とされ，ビルマ王は「傘さす大国の王すべてを支配する王」であることを理想としていた［渡邊 1987: 136, 146-147］。傘は王権の象徴のひとつであり，ビルマとシャンで共通する権力者の相似形のメタファーであった。王朝時代，諸王の大小多くの傘が開いたり閉じたりした。ビルマ周辺のソーボワは，ビルマ王権の強弱に応じてその大きな傘の下に，入ったり，出たりしながら，首長権の温存を図ってきたといえるのである。つまり彼らは力関係の傾斜に対応しながら権力の中心に絶えず向かっていたことになる。スコットは，シャンが，伝統的に敵対意識が強く，それを培ったのはビルマとの主従関係であると分析している。しかしながらビルマとシャンの間で，シャンがエーヤワディー川流域の平原に進出して以来，多くの人と物資が移動し，生活習慣や価値観の面で広く交流してきたことは疑いない。同じ仏教徒であるという共通基盤は，特にこの交流を支え，ひとつの文化圏を形成してきた。その意味でシャンは，ビルマを「よそ者」意識で区別しながらも，宗教的には「仲間」意識を抱いていた。長い時間で考えれば，文化的にはビルマ化の流れの中にあったとみることができるかもしれない。傘はその共通する社会単位のイメージである。

エーヤワディー・デルタに住むカレン（ビルマ語でカイン）も同様な文化的変化をたどってきた。彼らの大部分は仏教徒であり，ビルマ化が18世

紀前後から徐々に進行していた［Lewis 1924］。しかし，仏教信仰を媒介にビルマ化による「仲間」意識が起こりながら，完全な同化にはいたらず，カレンとして，ビルマへの「よそ者」意識は存続している。

　1885年にビルマ・コンバウン朝が滅亡する。いわば太い柄の傘が永久に閉じたのである。ビルマ王と従属関係にあったシャンのソーボワは転機を迎えることになる。ビルマ王に苦しめられてきた首長にとっては，領地復活の好機でもあり，ビルマ王という中心が消滅したことによる首長間抗争勃発の危機でもあったのである。ビルマに代わって登場したのが英国であった。1889年にはシャン諸州統治法が施行されている。各々の州を統括するのはそれぞれの慣習法であり，他の英領インドの法精神と矛盾しないかぎりにおいて旧体制が認められたのである。もっとも刑事関係は英国側の監督官が掌握し，修正の権限をもっていた。西洋人にはシャン地方における治外法権が認められていた。平野部のビルマ側が直接統治されたのに対し，山間部のソーボワは自治権を完全には剥奪されず，英国の間接統治下に置かれたのである。諸民族の「仲間」意識と「よそ者」意識の歴史的転機であった。

4　民族間関係と民族の座標
4-1　西洋とシャンの接触

　東南アジア大陸部の多民族世界の座標は，一枚の平面的な分布図で表現されるような均質的なものではない。諸民族は，それぞれの生業形態と社会的規模そして政治組織の発達の度合いに応じて，移動生活あるいは定着へと展開してきた。その自称と他称の多重性と多義性にみえる動態は，民族が固定的ではなく，実態として民族間関係の中で伝統的にとらえられてきたことを示唆している。伝統的とは，いうまでもなく西洋世界の政治理念が導入される以前を意味している。ビルマ世界の場合，その理念は英国との交渉の過程において移植されたものである。英国による平野部のビルマと山地部の少数民族への統治法の区別は，ビルマと非ビルマの類別を強調することにつながった。かつては傘に象徴される力関係において交渉の

あったビルマとシャンが，同じ英国という統治者のもとに力関係抜きで併存させられたのである。

　対外勢力による覇権抗争の中で，シャン地方は分割される運命となる。メコン川の東西をめぐっては，ケントゥンは英領へ，ケンチエン（現ラオス領）は仏領へ組み入れられ，北のケンフン（現景洪）は清朝の領有とされた（図参照）。

植民地時代のシャン地方周辺

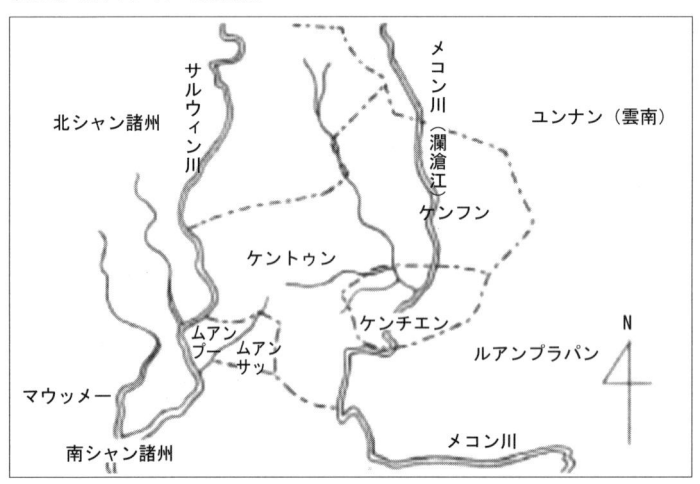

原図：G. E. Mitton (Lady Scott), 1936, *Scott of the Shan Hills*, p. 138.

　いずれもタイ系の言語を話す人々の生活圏であり，ソーボワ間の系譜的つながりもあった。国境の設定は，彼らの交流の分断を意味したのである。またスコットの少数民族の考察に向けられた努力は，結果として非ビルマ人世界を並列的に分類することとなった。その著作の中では，諸民族名が並列的に列挙され，その生活習慣が分類的に描写されている。西洋に知られていない民族の「発見」の報告は，民族の標本的整理ともいえた。そこで導入された基準は，いわば言語においても社会組織においても経済的にも「ひとつの文化単位」として民族集団をとらえることであった。スコットによる民族分類は，現在我々がもちがちな多民族世界への視点に類似し

ているのである。

4-2 民族意識の覚醒

本来，他民族観と民族間関係は常に自己中心的である。民族の自称と人間を意味することばが関係が深いことはすでに述べた。人々のグルーピングは自分たちを中心に置いて展開される。それぞれの民族がもつ他民族の座標は，自分たちの生活圏と対応しながらそれぞれ自己中心的な性格をもち，その勢力は民族間の力関係を反映していた。完全な同化ではなく，完全な孤立でもない。西洋との接触以前の民族の座標は，柔軟でかつ力関係と自然環境を反映する傾斜のある立体的なものであったと考えられる。それが植民地化という政治形態の変動のなかで，平面的なものに変えられていったのである。

ビルマの場合，西洋との直接的な接触は，民族間関係のなかでゆるやかに統合されていたビルマ世界で，独立した傘を自ら有する可能性を少数民族に教えたのである。ソーボワたちは，近代的な教育を与えるために多くの子弟を英国に留学させた。ソーボワ体制は先述のように1959年まで継続しており，彼らがシャンの「仲間」意識とビルマへの「よそ者」意識を増幅させる基盤ともなった。

19世紀末から独立にいたるまでは，ビルマの政治社会構造の骨格をなしていた仏教思想がそのパトロンを失っていた時代である。オリエンタリズム的見方による進化論的な思想を反映して，仏教ではなくアニミズムが，ビルマ世界の信仰の中心と西洋人には考えられた時期でもあった。来訪する西洋人たちは非仏教徒である山地民にキリスト教の布教を行ない，キリスト教／仏教の対立を生み出した。その代表が山地のカレンである。彼らは1947年のピンロン宣言には署名していない。カレンは植民地政府に官吏，軍人，警官として協力したとされ，非ビルマ系ではビルマとの敵対関係が最も濃かったとされている。カレンとしての自覚が英国に代表される西洋との接触のなかで覚醒され，彼らはエーヤワディー・デルタの仏教徒カレンとは別の文化的社会的変容の道を歩んだことになる。

ビルマ多民族世界での民族の座標は別の意味でも均質的ではなかった。

王朝時代，王宮にポンナ（ponna）と呼ばれるバラモン司祭が存在していたことが知られている。また植民地下においては多数のヒンドゥー教徒，ムスリムが労働者として流入してきた歴史がある。20世紀初頭のラングーンでは，インド系住民の数がビルマ人をしのぐ数となっていた。中国系住民もかなり古くから交流があり，あるいは移り住んでいた。彼らはビルマの経済力を次第に掌握していくことになる。現在これらインド系，中国系そして西洋系住民とビルマ人との混血は，カービャ（kabya）と一般的に呼ばれ，一方シャンやカチンとビルマ人との混血は，差異的に「……の血が含まれている」と表現されている。前者の出自の人々に対する「よそ者」意識は，後者の人々への「よそ者」意識とは明らかに違っているのである。ビルマ世界の「よそ者」意識は多層なのである。

5　上からの「我々」，下からの「我々」
5-1　ビルマの「我々」意識

　近代における民族主義運動は，国民国家という政治理念と，「我々」にとってその国家が棲み家として居心地がいいかどうかの間の摩擦に多くは起因するといっていいだろう。居心地が悪いと考える人々は，「民族」の境界と「国家」の境界を重ねて「我々の国家」を建設しようとしてきたのである。国民国家体制以前の人々は，それぞれの棲み家を中心として生活圏を形成してきた。生活圏とはゆるやかな空間的な生活の範囲であり，移動，交易といった人々の交流と生活圏に影響のある周囲の伝統的な政治組織の動態に対応してきたのである。

　「我々」という意識はまた，他の「我々」との関係において増幅される性格をもっている。かつての「我々」は直接交流のある人々との関係で喚起されてきた。ところが国民国家体制の成立はその境界がかつての生活圏と必ずしも重ならないという単純な矛盾に加えて，国家内の接触のない人々との並列，さらに他の国家に帰属したかつての「我々」の同胞を意識させる結果を生み出した。この変化は，いわば人々の意識上の民族の座標の変化を意味したのである。

東南アジア大陸部は，タイを除いて植民地となった経験を共有している。この歴史的経験はまた人々の「我々」観に大きく影響している。国民国家体制は，第二次世界大戦後のこの地域の構成原理となったが，いうまでもなく西洋起源の政治学的思想である。ビルマ（現ミャンマー）は1886年から1948年の連邦成立まで，一時期日本が支配した時代（人々は日本時代と呼ぶ）を除いて，英国を中心とする外国の支配下にあった。その支配が終了したとき，各民族の覚醒はそれぞれの「我々」を中心とする民族主義として解き放たれたのである。カレンが最も過激ではあったが，シャンの一部も武器を手にする。諸民族がそれぞれ独立軍や義勇軍を組織して山間部に勢力を広げ，政府に対抗して今日にいたる。

　現地語でドー（dou）という「我々」を意味することばがある。現在，この国を訪れると軍事政権がかつて立てたスローガンを掲げる立看板を多数目にすることができる。なかでも国内各地の政府関係機関，ホテルなどの前には必ずといっていいほど次のようなスローガン・ボードが掲げられている。

「我々の三つの責務」
1　連邦を解体しないこと——我々の責務
2　民族の団結協力を瓦解しないこと——我々の責務
3　主権を確保すること——我々の責務

　この「我々」がドーである。民族の団結は連邦体制の維持と直結する。狭義のビルマ人（Bamar，バマー族）にとって非ビルマ族の取り込みは，まさに連邦制の国家存亡に関わっており，民族問題は最優先の課題なのである。ここでいう「我々」は明らかに国民を意識して用いられている。だが人々の中から湧き上がる「我々」ではない。上からの国民形成のための呼びかけである。かつてこのドーが植民地下で用いられたことがある。1930年代の初頭に結成されたドー・バマー・アシィアヨン（Dou Bamar Asiayoun，我らビルマ人協会）がそれである。ビルマ・ナショナリズム

の研究者根本敬によれば，この時点でミャンマーは狭義のバマー族をさし，ここでいうバマーつまりビルマ人とは，ビルマ族のみならずすべての少数民族を含んでいたという［根本 1990: 430］。軍事政権が，1989年に主張した国際関係上の英語国名変更の根拠とは逆になっている。この組織に参加した青年たちは，自らをビルマのタキン（thakin，主人）と主張して名前の前にタキンを冠したためにタキン党と呼ばれ，民族主義運動の主流となって独立運動へと人々を引っ張っていった。ここでの「我々」は，支配者側である英国人に対する民族の結集を意図した下からの「我々」だったのである。

5-2 現在の「民族」観

独立達成で上からの支配の重みが消えたとき，今度は非ビルマ系諸民族のそれぞれの自己主張が始まった。彼らの主張とそれに伴う実践行動は，自治権確保と連邦離脱をかけてビルマそしてミャンマー国家の民族の団結のスローガンと衝突する。かつては独立という共通目的のために民族間の溝は一旦埋められたが，達成以降，再び表面化したのである。カレンのように英国との直接交渉を試みた例もあるが，その交渉は実を結ばなかった［池田 2000］。

1989年の国家の英語名変更は，国内地名の現地語発音への変更も伴っていた。その背景には，植民地時代の地名を一掃しようという意図があった。この方針は見方を変えれば，逆に植民地時代を思い出せというメッセージでもある。町中に立てられたスローガンの中に「植民地主義を粉砕せよ」と明示しているものすらある。この国が民族の団結によって連邦体制を維持しているという現実を考えれば，この過去の記憶の逆説的発掘は当然ともいえよう。なぜなら民族の団結がかつて一時的にせよ達成されたのは，その時代だけであったからである。下からの「我々」の意識は現実には民族の間で分かれたままである。

このようにビルマ世界の民族の周辺は，英国によるビルマ王権の崩壊という外的要因によって意識の転換を促された。かつてのようなビルマ王を中心とするゆるやかな傘の統合ではなく，領域と人間を固定化した権益の

確保へと各民族は意識を変えたのである。「仲間」意識は限定され,「よそ者」意識の相手は「我々」以外のすべてを意味することとなった。民族間関係は経済的な関係にもまして権力をめぐる政治的色彩が濃くなっている。そこでの「民族」は伝統的な生活圏を基盤とする「自然な」共同体ではなく,国民国家という統合において政治的に類別されていく性質のカテゴリーなのである。ミャンマーの文化省の担当官によれば,1983年のセンサスにおいて国内には民族(タインインダー)が135民族同定され,調査は継続中で将来その報告書を出版予定というが,2007年時点でそれは公刊されていない。調査項目は本章末の付記の通りである。政治的に類別されたカテゴリーとしての民族(タインインダー)は,このような調査項目を通じて,民族名称の多義性と重層性および民族間の交流と交渉の歴史性を剥奪され,「民族」として実体化されてきたのである。

　民族をとらえる基準では習俗の面で特異的であることのみが強調され,伝統的な民族観とか民族間関係がきれいに抜け落ちている。国家というまさに政治的な統合の枠内でのみ民族がとらえられている。民族州はすべての民族に与えられることはかなわず,また元の居住地とも必ずしも重ならない。ミャンマーという国家が抱えるビルマ世界の民族の座標は,伝統的なゆるやかな統合の立体性ではもはやなく,平面的できわめて政治的なものへと変化してきた。その契機と加速は,明らかに西洋との接触と被支配による歴史的産物による動態であったのである。

6　対立の論理を超えて

　現在ミャンマー連邦は,対内的にも対外的にもデリケートな状態にある。軍部による政権掌握,開発と援助を名目とする外国からの投資をめぐる利害関係,民主化運動,少数民族の独立運動などの動向,それぞれが報道というフィルターを経て我々に届く。その真偽は必ずしも定かではない。さらにまた現政権の公式発言と現地で聞く人々の語りの落差も著しい。しかしいずれにしても残念ながら現状を打開する要素が見当たらない。アウンサン・スーチー(Aung San Suu Kyi)女史の1991年秋のノーベル平和賞

受賞も，予想通りではあるが，逆に軍事政権の対外姿勢を硬直化させた感さえある。この国のいまは国内的にも国際的にも対立の論理から脱け出せないでいる。

　1988年8月26日この国の民主化運動のカリスマ的存在となったアウンサン・スーチー女史が記念すべき最初の政治的アピールを行なった。シュエダゴン・パゴダにおいてである。ビルマ独立闘争の中で彼女の父であるアウンサンもまたこの聖地でやはり歴史に残るスピーチを行なっている。とりわけ植民地政府との対決を明確にした1945年11月からのシュエダゴンでの集会は，彼が指導したものである。スーチー女史が，この国最大のパゴダを第一声の場として選んだことには十分な意味がある。

　パゴダは本来仏陀のからだの一部や経典を安置するための記念碑であったが，その後，功徳を積んだことの威信を表わす建築物として仏教文化圏の中でも特にビルマ世界の文化的脈絡において発展してきた。だがこの信仰空間は仏教徒のための閉鎖的なものではない。民族と宗教を超えて人々の憩いの場として機能してきたのである。この背景には，パゴダは基本的に僧侶の管理ではなく，在家仏教徒の運営に任せられてきたことも関係している。人々の社交の場所，それがパゴダなのである。

　ところが西洋社会が持ち込んだ民族間と宗教間の対立の構図は，現軍事政権の出発点であり，この構図の中から国家としての枠組みを模索しようとしている。その政治姿勢はすべてを包み込んできたパゴダの性格へも影響している。パゴダの管理は，背後に現政権の影がちらつく僧侶組織にゆだねられ，「純粋な」信仰空間として仏教の中に閉じ込められようとしている。集会が禁止され，政治的発言は抑えられ，有名なパゴダにはそれを監視する自動小銃を肩からかけた兵隊が常駐している。比喩的に表現すれば，パゴダもまた立体性を剥奪され，仏教徒だけの排他的な平面的なものに変えられてきているのである。対立を超えて，対話あるいは調和に向かう民族の座標，さらにそれとクロスする国家の座標のあるべき姿はまだみえないのである。

◇付記：文化省民族調査項目

下記は，1970年代から1980年代前半に文化省が指導して実施した連邦を構成する民族集団に対する44調査項目の概要である。同概要は，1964年，マンダレーで連邦記念日諸民族調査委員会が総括したものである。1980年代前半に実施された調査報告の一部は，シャン州博物館・図書館での閲覧で確認している。民族調査の契機となっている連邦記念日は，多民族による連邦制国家としてのまさにその存立を内外に喧伝する政治的意義の強い中心的イベントであり，調査研究および出版に関しても，特にネーウィン時代の1960年代半ばから1970年代半ばにかけて，中央政府の民族政策の方向性を表象する諸活動が盛んになる。民族州七州の民族文化報告書全七巻が，ネーウィン率いるビルマ社会主義計画党（BSLP）によって出版されたのもこの時期である。その活動の中心となったのが文化省文化館局で長く調査研究に従事した民族学者ミンナイン（Min Naing）である。彼の学術的足跡は，独立以降のビルマ（現ミャンマー）の民族学研究の足跡そのものであり，著作物も数多くある。諸民族調査項目については，彼によりさらに細分化されて1,000余りの質問項目が取りまとめられている［Min Naing 1971］。多民族国家ビルマにおいて，調査研究される民族とその表象は，民族別に収集され，以下の項目に従って「科学的」に発見され，記述されてきたのである。

(1)身体的特徴，(2)身体装飾，(3)装身具，(4)居住地域，(5)民族名称，(6)来歴，(7)文芸・言語，(8)信仰，(9)慣習，(10)年中行事，(11)生業，(12)生産物，(13)芸術，(14)道具，(15)技術，(16)行政，(17)階層，(18)親族，(19)伝統知識，(20)伝承・諺・なぞなぞ，(21)遊戯，(22)気性，(23)男女交際，(24)婚姻，(25)発火法，(26)度量衡，(27)祈願，(28)食習慣，(29)価値観，(30)禁止・タブー（禁忌），(31)建村，(32)家屋，(33)産育，(34)葬制，(35)命名，(36)薬法，(37)裁判，(38)選挙，(39)予言，(40)教育，(41)人口，(42)経済，(43)生活水準，(44)税制

第5章 「シャン」をめぐるポエティクス

　シャンの行方を本格的にたどる前に，叙述の中の「シャン」について確認しておきたい。対象とされるのは，他者に記述された「シャン」の人々であり，「シャン」世界である。その脈絡および付与されるイメージに注目しながら，本章では考察を試みる。なお，シャンあるいはタイ・ヤイ (Tai-Yai) に関する研究は，シャン州の政情不安から本格的な現地調査が困難であることを理由にして，同系統の人々が居住する北部タイ・メーホンソーン県に関する人類学的考察の蓄積が先行した。筆者もその一人であり，本章の後半において，同県の人々の宗教的実践行動の多様性について言及する。

1　歴史叙述の中の「シャン」

　サンジェルマーノ (Father V. Sangermano) 神父の紹介から始めよう。イタリア人宣教師である神父は，1783年から1808年までビルマに滞在した人物である。彼の滞在期間は，コンバウン朝 (1752-1885) の前半にあたり，英国によるビルマ植民地化の先鞭となる，1824年の第一次英緬戦争の前でもある。したがって，植民地化以前のビルマを知る一人であり，その意味で，彼がその見聞と伝聞に基づいて書き残した *The Burmese Empire: A Hundred Years Ago*（初版1893）は，資料として引用に値する。

　本章は，ビルマ世界における諸民族の動態を考察する手がかりとして，可能な視点の総括と，既存の資料の整理を目的としているが，ここで考察対象とするのは「シャン」をめぐる表現の用例とその脈絡である。「シャン」という呼称は，自称ではなく他称が起源であり，しかも広範に用いられている。この事実は，「シャン」というタームをめぐる考察が，誰によって，どのような脈絡においてなされたかということを抜きにしては十分に解明

第5章 「シャン」をめぐるポエティクス　107

されないことを示唆している。ビルマ世界の中であるいはその周辺で，「シャン」は，どのような意味を負ってきたのだろうか，あるいは負わされてきたのだろうか。「シャン」を「非シャン」と区別する基準とは何だろうか。また「シャン」の内部に区分の基準はないのだろうか。

　サンジェルマーノは，上記した書物の「ビルマ王国の住人」という項目の中で次のように記述を進めている。

> ビルマ王国を構成する領土は，ひとつの民 (nation) だけが住んでいるのではなく，本質的に言語も生活も慣習も異なる人々が住んでいる。これらの中での中心は，かつてのアヴァ王国と呼ばれた土地を占拠したビルマ族 (Burmese) である。……次に重要なのは，過去においてビルマ族と覇権を競ったペグーの民 (Peguans あるいは Talaings, Mons, Muns) である。彼らはかつて強大な君主制を誇り，長い間アヴァ王国を支配していた。……三番目の民は，アラカン族 (Aracanese) である。……ビルマ族からアラカンとカッセ (Cassè あるいは Manipur) を分ける山間部には，チエンと呼ばれる民 (Chien あるいは Chin, Khyeng) が住んでいて，その一部は独立しており，一部はビルマ王国に服従している。……チエンの山の東にジョーと呼ばれる少数の民 (Jo あるいは Yaw) がいる。彼らは，かつてはチエンだったと思われるが，次第にくずれた形ではあるがビルマ語を話し，ビルマ族の習慣を採用しながらビルマ族になった。彼らは一般に妖術師や邪術師とみなされており，そのためビルマ族に恐れられて，復讐されかねないと粗雑な扱いはされなかった。……ジュナン (Junan あるいは Yunnan) の中国領とシャム (Siam)，さらにアヴァ王国に囲まれた北緯25度から20度に広がるすべての土地は，シャム (Sciam あるいは Shan) と呼ばれる多数の民が住んでいる。彼らはラオ (Lao) と同系統である。彼らの王国は，ソーボワ (Zaboà あるいは Sawbwa) と呼ばれる多数の領主あるいは小王に支配された小さな地域に分割されている。現王の父君であるアラウンパヤー

(Alaungpaya)王の御世から現王の代の最初までは,すべてのソーボワはビルマ族に服従して属国となっていたが,支配者の残酷な独裁,絶えまない苦痛,圧制に耐えかねて反旗を翻した者も多かった。その者たちはすべてシャム(Siamese)と同盟を組んだ。

[Sangermano 1995(1893):42-44]

 記述はさらに,カドゥ(Cadù),パラウン(Palaun),コー(Koe),カチン(Cachien),カリアン(Carian),赤カリアン(Karenni)についても言及している。なお,原本はイタリア語で,今回参照したのは19世紀になって英訳されたものである。したがって人々の呼称の正書法はイタリア語そして英語という順で綴りが使われている。同書の付録に英国側の諸民族理解に基づくデータの追加がある。つまり,同書は神父の「世界」解釈がその当時の英国人によるやはり「世界」解釈によって翻訳されたものということになる。
 サンジェルマーノ神父の民族に関する理解は,滞在中における見聞から得たものと思われるが,ビルマ側からの視点にそってなされ,王国の権力的中心からの距離によって,順に列挙されている。現在の民族呼称を用いるならば,ビルマ,モン,アラカン,チン,次いでヨー,シャンと続いているのである。ヨーは,エーヤワディー川の西岸に住むビルマ語系の方言を話す人々とされている。現在でも,呪術を巧みにする人々が多いと信じられている。1983年のセンサスによる国内135民族の中にも含まれている。
 神父が見聞をした時代は,ボードーパヤー(Bodawpaya,在位1782-1819)という王国の版図を最大にしたビルマ王の御世である。コンバウン朝の成立は,モンからの覇権の奪回を契機としている。モン族への言及がビルマ族に次いでなされていることは,その経緯からもっともと思われる。アラカン地方が征服されたのは1785年であり,神父がビルマへ到着した二年後である。また彼の滞在期間は,王国の拡張政策がアッサム方面へ向けられていた時代でもある。したがってチン側に非服従,服従それぞれのグループがあったことの記述もうなずける。ところがシャンあるいはシャムにつ

いては，ソーボワの支配する土地として描写されている。つまりビルマ側からの「自分たちとは異なる」人々への理解が，シャンに対してだけ異質なのである。政治単位の首長について言及されているのは，シャンだけであり，しかもその認知のなされ方から，神父あるいはその記述の源泉となったビルマ側の「世界」解釈として，シャンの存在の認識が，その首長であるソーボワとセットになっているのである。つまり「世界」解釈のキーワードは，「シャン」というよりも，「ソーボワの治めるシャン」なのである。そして，その土地を，英国人たちはシャン・ステート（Shan State）と呼んだ。ソーボワは，シャン系だけではないことは知られているが，その主力はシャン系である。シャン・ステートは，シャンの民の土地というよりも，シャン・ソーボワの治める土地なのである。したがって「シャン」と「非シャン」を区分する観念的な基準は，ソーボワに代表される首長の存在である。

そのシャン・ステートという呼称が，複数形シャン・ステーツ（Shan States，シャン諸州）として包括的に，知られるかぎりの英国人による記述に登場することからも明らかである。ソーボワ（sawbwa）は，ビルマ語の発音に近い。シャン語のツァオパー（*cawphaa*，英語では saopha）が語源とされる。本章では，ビルマ世界の中心と周縁を考える立場から，ビルマ語の表記，そしてそれを踏襲した英植民地政府の表記に従い，そのままソーボワで通すことにする。ビルマ独立以降は，ツァオパー（saopha）と記され，1959年に同体制の終焉を迎えることになる。

サンジェルマーノの記述でもうひとつ注目すべきは，そのシャンと呼ばれている人々の領域の画定に関してである。「雲南，シャム（Siam）そしてかつてのアヴァ王国で当時のビルマに囲まれた北緯20度から25度のすべての土地」というのは，かなりあいまいといわざるをえない。つまり，それぞれの王権の勢力範囲の間隙のすべてがシャンと呼ばれる人々の居住地なのである。しかもソーボワという多数の首長が治める複数のステートとして解釈されている。換言すれば，ソーボワの政治的な求心力が周囲と比較して不安定なものであり，さらにステートがソーボワの存在する点でしか把握できないことを暗示しているようにも思える。

植民地時代のシャン・ステーツに関して，最もまとまった記録は，現在にいたっても前章で言及したスコット（J. G. Scott）編集による *Gazetteer of Upper Burma and the Shan States*（*GUBSS*）二部全五巻である。その冒頭で次のように該当地域について説明されている。

> 上ビルマの北と北東の境界は，結局画定されていない。概観的にいえば，上ビルマは，北緯20度と27度の平行線と東経92度と100度の平行線の間に位置する。東西間の最長距離は500マイル，南北間は450マイルである。上ビルマの面積は83,478平方マイル，北と南のシャン・ステーツ（Northern and Southern Shan States）は，40,000平方マイルを少し上回るほどである。北方の境界になる地方は，マニプールの属国，ナガーおよびチンポー丘陵・雲南の中国領，チャイニーズ・シャン・ステーツ（Chinese Shan States），インドシナの仏領，サイアミーズ・タイ（あるいはラオ）・ステーツ（Siamese Tai〈or Lao〉States），南方は下ビルマ，西方はアラカンとチッタゴンになる。これらの境界内において，半属国的な扱いで統治されているのは，区別して記述している通り，北と南のシャン・ステーツである……。
> 　　　　　　　　　　　　　　　　　　　　　　　[Scott & Hardiman 1900: 1-1; 1]

英国の植民地になり，複数のソーボワの治める土地が，北部と南部に行政区画として収斂されたのである。ビルマ王国の全土がすべて英領になってから三年後にあたる1889年には，シャン諸州統治法が施行されている。

シャン・ステーツにおけるソーボワの権力は，そのまま英国による間接統治を仰ぐという形式で温存された。スコットやテンプル（R. C. Temple）の表現の中にもあるように，英国人の記述にはシャンの前に接頭辞がついた用語が数多く見られる。たとえば，Chinese Shan, Siamese Shan, Trans-Salween Shan, Cis-Salween Shan, Hkamti Shan, Lao Shan である［Scott & Hardiman 1900: 1-1; 188, Temple 1991(1906): 65］。

トランス・サルウィン・シャンとは，ルー，クゥンをさし，サルウィン

川の向こう側にあたる。また、スコットは、シス・サルウィン・シャンとクゥンは、British Shan と呼べるかもしれないとも記述している。シス・サルウィンとはサルウィン川の手前であり、ビルマ文化の影響を受けてきた地域とされ、ビルマ王朝を引き継いだ英領政府の支配下にあった地域ということでブリティッシュ・シャン（British Shan）と呼びうると考えたことが推測される。クゥンが同様に呼びうるのは、そのソーボワが東部シャンの中心的な伝統的首長であり、南部シャン州行政府の管轄下にあったことが影響しているのだと思われる。上記の他に、他称としてヨーダヤ（Yodaya）という表現もある。ヨーダヤとは、アユタヤに由来する、現在でも用いられているビルマ語でのタイ王国への呼称である。

 だが、ここでは上記の具体的な同定が問題なのではなくて、この地方の当時の専門家であるスコットが、接頭辞をかなり容易にシャンにつけているという事実が問題なのである。シャンという呼称に、その居住地域や地方名、さらに一部民族名ともいえるカムティ、ラオがつけられているということは何を意味するのであろうか（ちなみにサイアミーズ・シャンのひとつとしてテンプルが言及しているのは、ズィンメーつまりチェンマイのシャンである）。

 シャンに関する歴史叙述はまだまだ数多く存在する。ただ少なくとも、本論では引用しなかった文献への概観をもふまえて、歴史叙述の中に認められる「シャン」をめぐる観念に関して、次のような総括が可能であろう。総括の要点は、シャンという存在が、単に他称である以上に、他者との関わりの中でビルマ側そして英国側に認知されてきたという事実の重要性である。シャンと呼ばれている人々の側からの、見方や自己認識が、記述の中にまったく認められないのである。この点は、シャンが政治的弱者であり、歴史的に英国の支配がビルマ世界より東には及ばなかったという時代的背景が関係していることはいうまでもない。

 歴史的脈絡の中で、現在の我々が「シャン」をイメージする際にも、英国側の見方がバイアスとなっている。当時、北方あるいは北東には清国が控え、さらに東方にはフランスの植民地支配が及んでいた。政治的力関係

において，シャンと呼ばれた人々は，被支配と反乱を繰り返す弱い側であった。同盟の相手ともいうべきシャムは，ちょうどサンジェルマーノ神父がビルマを訪れた頃にあたる1782年に，ラーマⅠ世が即位し，ラタナコーシン現王朝が成立したばかりで，シャンが自己認識をする媒介的存在として，タイ系の言語を話す人々を束ねる求心性を帯びていると評価したとはいいがたい状況であったようだ。「シャン」の意味を歴史的に考えるとき，「他者との関わり」という視点は必須なのである。

とするならば，論理的に次の疑問が生じることになる。つまり実態としてのソーボワの治める土地が，自律的だったのかどうかという疑問である。上記の考察は，あくまで，歴史叙述に認められる記述した側の見方によるいわば観念上の「シャン」である。しかしながら，シャンの実像は，その観念上の「シャン」とまったく無関係だったのだろうか。歴史叙述の記述者にそのように記録せしめる実態上の特質が，「シャン」と呼ばれた人々の側にはなかったのだろうか。

スコットの記述にあるように，シャンのタームの前に付く，識別のためと思われる接頭辞が，一見安易に用いられているというのは，ケントゥン（ビルマ語でチャイントゥン）・ソーボワのような一部有力ソーボワを除いて，具体的なソーボワの治める土地が想定されていないということである。とすれば，「シャン」というタームが，個別的ではなく，包括的に英国側に用いられてきたことを意味する。個別性があるとすれば，それは英国側あるいはビルマ側からの一方的な見方による。つまり，ソーボワの存在の認知から，シャン・ステーツ（Shan States）すなわちシャン諸州と複数形で「世界」解釈していながら，その具体的認識は包括的なままなのである。英国がビルマ本州の直接統治とは異なり間接統治を行なってきたという事実は，その対象領域の内的政治単位をその時点で政治的に類別することがさほど意義をもたなかったことを意味している。スコットのブリティッシュ・シャン（British Shan）という呼称はその包括的な類別そのものなのである。スコットの大部な地誌は，上ビルマとシャン諸州であり，そのタイトルの並列が，英国側の政治的姿勢とシャン地方の「世界」解釈

を的確に明示しているように思われるのである。

シャン諸州のソーボワ（ツァオパー）体制は，1922年のシャン連合州の成立を介する英国植民地時代を経て，ビルマ連邦独立後1959年まで継続する。シャンの実態に関して，具体的な「他者との関わり」の中で，次に考察を試みる。

2　人類学的記述の中の「シャン」

スコットによって編まれた上述の膨大な地誌は，そのタイトルにある通り，「ビルマ」と「シャン」の世界が記述の対象となっている。いうまでもなく，英国にとって，これらの世界が統治すべき対象であったことは歴史的事実である。しかし「ビルマ」側と「シャン」と呼ばれた人々の間には，ビルマ王と複数のシャン・ソーボワを当事者とする政治的交渉関係が，植民地化以前から存在したことは，サンジェルマーノ神父の記述から確かである。つまり，当時のビルマ側からの「世界」解釈として，「ビルマ」と「シャン」を包括的にとらえる見方もまた存在したともいえそうである。とするなら，スコットの編集方法との間には，ある連続性が認められることになる。「シャン」は他者との関わりの中で理解されてきた，しかもそれは見方の主体の位置だけによるものではなく，「シャン」世界の特質とも考えうる。その脈絡で参照したい記述は，人類学者によるものである。

人類学的に「シャン」は，重要な学問的意味を帯びている。いうまでもなく，リーチ（E. R. Leach）の *Political Systems of Highland Burma*（初版1954，邦訳1987）の上梓による。この著書は，「シャン」と「カチン」の名前を学界に知らしめると同時に，既存の「民族」論への批判ともなっている。リーチは，冒頭の問題の所在と論旨を明らかにする部分で次のように述べている。

> 彼らのあいだには多くの異なった言語や方言が見いだされ，場所ごとに文化も大きく異なる。にもかかわらず，彼らはふつう，シャンとカチンという二つの名称のいずれかで呼ばれる。……（彼らは）人種的

にも別系統のものとみなされてきたのである。したがって，カチンを論じる時にシャンを無視し，シャンを論ずる時にはカチンを無視するというのはごくふつうのしきたりになっている。ところがカチンとシャンは，ほぼどこでも，となりあう隣人であり，日常の暮らしにおいては区別をつけがたい。　[Leach 1977 (1954): 1-2, リーチ 1987: 2-3] カチンは政治の分野において，二つのまったく対立する生活様式理念をいだいている。その一つはシャン的な政治制度であり，封建的階層制に類似したものである。もう一つは本書の中にグムラオ (gumlao) 型組織として登場する，本質的に無政府主義的，平等主義的なものである。……要するに私が言いたいのは，各カチン地域社会が，政治組織の二つの極型のあいだを振り子のようにゆれうごいているということである。一つの極型はグムラオ「民主主義」，もう一つはシャンの「独裁政治」である。現実のカチン地域社会の大多数はグムラオ型でもシャン型でもなく，本書でグムサ (gumsa) 型と呼ぶ体系に組織されている。グムサ体系は，実際はグムラオ理念とシャン理念のあいだの一種の妥協の産物である。　[Leach 1977 (1954): 8-9, リーチ 1987: 10-11]

　リーチの著書は，カチンからシャンになった男の陳述で始まり，そしてまた同様な経歴をもつ男の陳述で閉じられる。前者の男の家族は，過去カチンでもシャンでもあったとも紹介されている。したがって「民族誌の中で一個の文化，一個の部族なる単位を措定する通例のやり方は，絶望的なまでに不適当である」[Leach 1977 (1954): 281, リーチ 1987: 321] という見方に到達したのである。リーチの論旨を支えているのは，引用する民族誌的事実にあるような「グムラオになる」あるいは「シャンになる」というカチン族の言説である。「シャン」と「カチン」は区別してとらえるべきではないという確信から，それを貫く社会システムの分析を試みたのである。我々が学ぶべきは，リーチによる事実の理念的解釈という方法論，「カチン」の政治体系の解釈もさることながら，「シャン」と「カチン」の包括的社会論の有効性である。リーチも若干言及しているが，「シャン」社会の理

解は，他者との関わりの中で，なされなければならないのである。

「シャン」社会の人類学的研究は，リーチの現地調査以降，第二次世界大戦後の独立運動などの政情不安の過程でほとんど進展しなかった。リーチの調査地は，中国とビルマ連邦の国境周辺であり，外国人の訪問が両国によって認められない未開放地域に位置していた。最近少しずつ門戸が開かれつつあるとの観測もあるが，情勢は流動的である。「シャン」社会の研究を計画する人類学者の対象地域は，タイ王国メーホンソーン県の「シャン」あるいは「タイ・ヤイ」と呼ばれる人々の居住地であった。その研究者のうちの二人であるドゥーレンバーガー（E. P. Durrenberger）とターネンバーム（N. Tannenbaum）の共著による論文を紹介しよう［Durrenberger & Tannenbaum 1989］。

論文のテーマは，タイ王国の山地民と平地民の宗教的構造の連続性が認められるのか，もし認められるとするならば，それはどんなものであろうかというものである。ドゥーレンバーガーは，北部タイのシャン村落だけではなく，山地民であるリスに関する実地調査を行なっている。つまり，ここで資料とされている山地民とはリスであり，平地民はシャンをさしている。また，宗教的構造として念頭におかれているのは，それぞれの世界観とりわけ力観念である。結論として彼らが導いた点は，その連続性であり，その類似性は，山地民の文明世界への同化によるものではない，またシャンの世界観において，リスのそれよりも顕著である仏教的なイデオロギーや文明の影響は，二次的なもので，その世界観の根本は，非仏教的なものであるという二点である。力観念は，それぞれの世界観の中心原理であり，力観念によって，人間とその他の生物の世界観の位階が規定される点で，共通していると分析している。

彼らのいう連続性は，事実の解釈による理念的なものである。シャンとリスの当事者がその連続性を認めているわけでは必ずしもない。彼らは，世界観の理念的連続性を認めたとしても，なぜシャンとリスが類別されるかを語ってはいないのである。もしあるとするなら，山地民と平地民という居住地の高低差が問題とされることになる。前章で，「ビルマ」からみ

た「シャン」が「山の民」であり,「シャン」にとっては「カチン」が「山の民」であるという立体的な民族間関係の相対的認識を提示した〔(前章) 高谷1993〕。リーチも環境による規定の重要性を認識し,「今日シャン社会の属性とされている地理的分布,相対的に洗練度の高い文化,経済組織の主要特徴は,かなりの程度まで環境に規定されている」〔Leach 1977(1954): 40, リーチ 1987: 46〕と指摘している。

　このように,人類学的記述においても,「シャン」は他者との関わりの中で認知される傾向がある。タイ研究において,シャンへの学問的関心は決して高くない。フィールドワークによる一次資料も非常に限られている。上述の論文の他には,民族誌数点を数えるだけである〔Eberhardt 1988, Tannenbaum 1990, 1995〕。この「シャン」をめぐる学問的関心の相対的な低調傾向の理由はいくつか考えられる。ビルマ国内のフィールドワーク制限,タイ王国内における文化の均質化などが挙げられる。だが,そのとらえどころのなさも認められる。ビルマにおいても,タイにおいても,「入れ墨」を巧みにする人々として「シャン」は共通して類別されてはいるが,彼らは,ほとんどすべてが仏教徒であり,水稲耕作を営む。この点は,タイ系の言語を話し,しかも「シャン」とは呼ばれない多数の人々に共通している。したがって「シャン」と「非シャン」を区別する基準とその境界が明瞭ではないのである。

　リーチのいうように,あるひとつの民族についてという民族論が意味をもたない状況で,地域的にあいまいにしか画定されない領域に「シャン」は生活しているとみなされているのである。そして彼らは,周辺の人々との交渉の中で生活してきた。おそらくその実態の理解には,「他者との関わり」の視点が必須なのである。

　リーチは,「今日のシャン文化は,小規模な軍事植民地と土着の山地民との長期にわたる経済的相互作用の結果,この地に固有に育ったものである」〔Leach 1977(1954): 39, リーチ 1987: 45〕とも述べている。したがって「シャン」と「非シャン」を区別する基準が明瞭ではないというのは,解釈としては不十分で,あらゆる「シャン」と呼ばれている人々に共通する基準が

存在するという前提自体が，実態から遠ざかることになるのである。だからこそ，「シャン」をめぐる多様な「環境」こそが，問題にされなければならないのである。人類学的記述の傾向は，シャン世界のもつ特質に確かに影響を受けているのである。

3 メーホンソーン県の「シャン」の表象の多様性

1990年以来，筆者はタイ王国メーホンソーン県のシャン村落を継続的に調査してきた。同県は，タイ王国の北西部に位置し，ビルマと国境を接している。メーホンソーンは，象を働かせる水路という意味に語源があり，チェンマイ王が，狩りのために象を集めた場所として知られている。メーホンソーンでは，その中心地の周辺にシャンの村落があり，それぞれ河谷平野を生かして，水稲耕作を営んでいる。その歴史は，ある村落の古書によれば約二百年といわれているが，調査した村落で伝聞するかぎりでも，それを超える伝承は聞かれない。彼らは，すべて仏教徒であるが，各村落では，村の守護神であるチャオ（あるいはツァオ）・ムアン（caw mäng）の祠が建てられている。ここでいうムアン（mäng）は，シャンでは村落という単位と重なっている。そのチャオ・ムアンを祀るリエン・チャオ・ムアン（leng caw mäng）は，彼らの暦で7月（太陽暦ではだいたい5月〜6月）に行なわれる。地域によっては，ドゥアン5月の新年に行なわれるところもある。ある村落のチャオ・ムアンに直接関与する役目を担うプー・チャオ・ムアン（pu caw mäng）と呼ばれる男性は次のように説明する（年中行事については，第Ⅰ部第2章で紹介している）。

> 儀式の日程は，守護神が鶏を食べる日で，できれば旧暦7月白分3日とする。当日前夜から準備を行ない，儀式はその日の早くから始める。その儀式の間は，誰も村の中に入れない。僧侶を除いて全員参加する。村人は，数多くの鶏と，餅米やサトウキビ，ココナッツを混ぜて団子状にしたものを，一人あたり二つ供える。ろうそく，線香，花なども供えられる。

プー・チャオ・ムアンが鶏の首を切る。鶏が即死なら精霊は満足だが，もがいたり逃げたりすると精霊は怒っているとみなされる。逃げた鶏は銃で撃たれる。儀式では，計四十から五十羽の鶏が殺される。ろうそくが二本立てられる。一本は，鶏の首が切られて湯につけられる前に，もう一本はその後につけられ，そのろうそくが燃えつきたら，精霊が召し上がった証拠として，合図の銃が撃たれる。村の入口で見張っていた人への合図である。見張りの二人が戻ると，宴会となる。妊娠している女性と，男性でも妻が妊娠している場合は参加できない。7時半頃には終わる。

　プー・チャオ・ムアンの役目は，祠とリエン・チャオ・ムアンの管理だけではない。月四回の精進日にも村人からの供え物を託されて祠の世話をするのである。このリエン・チャオ・ムアンの実践が村によって異なる。それを図式化したものを次頁に掲げる。
　村の守護神であるチャオ・ムアンの由来は，村の創建者と結びついている。固有の名称が聞ける場合もあるが，村を建てた父祖の霊（チャオ・ポー，*cawpö*）として一般化されていることも多い。そのチャオ・ムアンを招請して祀るリエン・チャオ・ムアンにバリエーションがみられるのである。鶏の供犠，アルコールの供え物が儀礼の要素として入っている村落と，その要素が抜け落ちている村落があるのである。前者の村では，儀礼の間，村が閉じられ，しかも，それらの村は，メーホンソーン県の中心地からは，比較的遠距離に位置している。それらに対し，後者の村は，中心地である市街地の近在である。一部，年一度の儀礼が行なわれない村もある。さらに注目すべきことは，祠の位置にもある傾向が認められる。寺院と隣接する場所に祠がある村落と，村外れや村中に単独に祠が建てられている村落の区別は，鶏，アルコールの要素の有無の区別と重なっているのである。先に，祠が寺院に隣接するとしたが，村の創建から考えると，祠のそばに寺院が建てられたという解釈をした方が人々の語りにそうものである。
　このバリエーションの理由について考えられるのは，仏教化あるいは「精

進化」の浸透の度合いである。鶏，アルコールの要素は，仏教儀礼と相容れないものである。メーホンソーンのムアンを中心とする仏教化の流れが明らかに認められる。県を代表する寺院は，中心地のいずれかの寺であり，その代表は，タイ王国のサンガ組織と直結している。上述したすべての村落は，車があれば，一日で回れる範囲内にある。メーホンソーン県は，ビルマと国境を接し，越境する人々と出会うことも少なくない。各村落の故地についても，ビルマのシャン州あるいはカヤー州にある複数の地名を伝聞した。ビルマ側の状況は，未確認であるが，彼らの故地である村落においては，リエン・チャオ・ムアンを祝祭性の濃いやり方で行なっていることは類推できる。

ところで，郡が異なる⑩⑪⑫の村では，新年行事の一部として，リエン・

リエン・チャオ・ムアン実践にみられるバリエーション

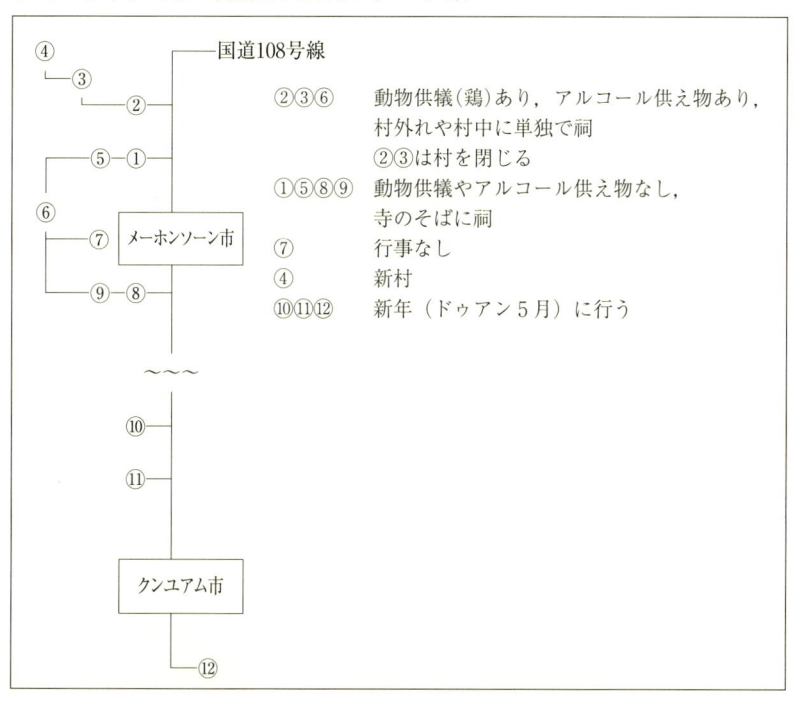

```
④       ──国道108号線
 └─③
     └─②         ②③⑥   動物供犠（鶏）あり，アルコール供え物あり，
                         村外れや村中に単独で祠
     ┌─⑤─①      ②③は村を閉じる
   ⑥              ①⑤⑧⑨  動物供犠やアルコール供え物なし，
     ├─⑦─[メーホンソーン市]    寺のそばに祠
     └─⑨─⑧      ⑦      行事なし
                  ④      新村
     〜〜〜         ⑩⑪⑫   新年（ドゥアン５月）に行う
      ⑩
      ⑪
   [クンユアム市]
      └─⑫
```

チャオ・ムアンが行なわれている。これらの村落にも「精進化」の様子がうかがえる。ただし人々の説明では，二つの郡内に住んでいるシャンの故地は異なっていて，移住の歴史，シャン内の系統の違いをより考慮した方が良いとも聞いた。シャンと呼ばれている人々を相互に区分する境界には，リエン・チャオ・ムアンの祀り方のバリエーションを通して考えられるように，移住の歴史と，国境の存在，さらにそれと連動するそれぞれの国家内における政治と宗教の状況が影響しているのである。

4 「シャン」を類別する複数の見方

1983年のセンサスによると，ビルマ国内には135民族が居住すると報告されている。ただ，確認しなければならないのは，135が，具体的に，何という呼称の民族かということよりも，政府の立場において，どのように「民族」を規定しようとしているかというその脈絡である。ここでいう「民族」は，ビルマ語でタインインダー（tainyindha あるいはタインインダー・ルーミョウ，-lumyo）と呼ばれている。「同胞の民族」とでも訳すべきこのことばは，政府にとっての「民族」が，「類別する」対象というよりも，「統一する」あるいは「統一してひとつの連邦国家を形成する」その構成分子であるという政治理念であることを明示している。なぜなら「民族」ということばの用例の脈絡が，常に連邦制の維持，団結協力の単位としてであるからである。「個別の民族」が問題とされるのでは必ずしもない。実際に，ある指標によりある系統の人々について言及するなら，一般的な民族・種族をさすルーミョウ（lumyo）だけで十分なのである。連邦制の維持を国是とする国家にとって，各民族それぞれの自民族の意識高揚は，「民族」の類別作業の目標とは相容れない状況であることは確かであろう。

リーチの著書には，ビルマ側が「シャン」を類別するカテゴリーとして，次の三つの呼称を紹介している。「シャン・バマー」「シャン・タヨッ」「カムティ・シャン」である［Leach 1977(1954): 34, リーチ 1987: 40］。現地語で言及してあるこれらの呼称は，「シャン」について，ビルマ族，中国（雲南省）との関係が識別にあたって重要であることは，歴史的に明らかであ

る。カムティ・シャンはシャン・バマーの亜型であるとも，付記されている。この三分類は，ルバール（F. M. Lebar）他編の *Ethnic Groups of Mainland Southeast Asia* にそのまま転用されている [Lebar et al. 1964]。

「シャン」と「非シャン」の区別の流動性に加えて，「シャン」を類別する複数の見方が存在する。ひとつは，文化省文化館局による調査報告である。しかしながら，シャン州の担当官の話では，シャン州内に居住する諸民族については未確定であり，未調査の人々も少なくないとされている。下記は，シャン系統に含まれる人々として，担当官がリストアップしている人々の呼称である。「タイ・〜」という呼称が多いことは，「シャン」世界の現実を確実に表現している。ちなみに，ビルマ語表記では，タイはタインとなる。

(1)シャン＝シャン・ジー（タイ・ロン）　(2)モー（マオ）・シャン
(3)タイ・ルワイン　(4)タイ・ライン（タイェー）
(5)ゴゥン　(6)リー
(7)サインシン　(8)リン
(9)サンタウ　(10)タイ・ネー
(11)インチャー　(12)インネッ
(13)ユン　(14)イン
(15)タイ・ワン　(16)タイ・ティン
(17)タイ・サー　(18)タイ・キンマ
(19)タイ・ルゥッ　(20)タイ・クゥン
(21)タイ・コゥン

最初のシャン・ジーは，文字通りでは「大きなシャン」であり，タイ語の「タイ・ロン」にそのまま対応する。しかし，シャン・ジーは，あくまでその他のシャン系統と区別するための表現であり，その呼称の基準が何かということよりも，「大きい」という相対的な接尾辞がついていることに留意しなければならないと思われる。実は，1983年のセンサスの135民

族リストには，シャン・ジーも，タイ・ロンも，シャンとは別に含まれているのである。シャン州東部のケントゥン（チャイントゥン）を中心に居住するゴゥン（クゥン）や，歴史的に重要なモー（マオ）・シャンなど，その自己同定を明確に表現する人々と出会うことは困難ではない。しかしそうではない人々は，それほど容易ではない。その意味で，上記のリストは，他者からの同定の一例として認識しなければならない。その担当官は，シャン・ジーが出自である。自分の出自を中心に，認知の明瞭なものから順に列挙しているのである。

このように「シャン」の研究は，その類別された結果そのものもさることながら，類別する主体，その意味，類別の基準および脈絡を把握することが重要なのである。もうひとつの「シャン」を類別する基準として，民族起源神話が注目される。タイ系統の兄弟というモチーフである。シャン・ジーあるいはタイ・ロンと自称する人々から共通して聞かれるのは次のモチーフである。

起源神話（1）
　　長男はタイ・ロン，次男はリー，三男はサンタウ，四男はタイ・ラオ，五男，六男にあたるのは，サインシン，リン，クゥンのいずれか不明。ただし，末子がタイ・ノイつまりヨーダヤであることは確かである。

また，東部シャンの中心であるケントゥン在住のリーと自称する語り手からは，次のような別の起源神話を収集した。

起源神話（2）
　　父はユンで，母はタヨッである。その長男が西双版納に住む人々で，次男が自分たちリー，三番目のサンクゥンはケントゥン在の人々で，末子は後世ヨーダヤ，つまり現在のタイ王国をつくった人々である。末子は，他の兄弟からポムと呼ばれ，逆に長男，次男をタイ・ヤイと呼ぶ。

語源に不明な呼称もあるが，上記二つの起源神話のモチーフでは，第一に，年長者が，シャン・ジーあるいはタイ・ヤイといずれも「大きなシャン」と呼ばれ，しかも語り部の民族的アイデンティティの基盤であり，他方，末子が現在のタイ王国をつくったことで一致しているのである。第二に，言及される兄弟たちの多くが，伝統的な首長によって治められた地域の人々である点でも共通している。他方，ヨーダヤは，その語源がアユタヤであることからも明らかなように，ある時代以降の呼称であり，現在のタイ王国の存在，つまりその起源というよりも現実のタイ系言語を話す人々の政治状況に関する知識と連結する存在なのである。すなわちタイ王国は，最後に残ったタイ系の人々の政治統合の実例なのである。したがって，民族起源神話の重要な構成要素である兄弟の年序は，歴史的な政治の脈絡で解釈できる記憶の源泉となっているのである。

5　「シャン文化圏」の意味するもの

近年，言語学者である新谷忠彦が「シャン文化圏」という研究対象の構想を示した［新谷 1998］。彼の構想の基盤にあるひとつの要素は，「シャン」というタームの広汎な分布であると思われる。ビルマ北部および東部，北部タイ，中国雲南西双版納および徳宏さらに北部ラオスなどの地域において，共通語としての「シャン」語の位置づけに着目している。現在の言語系統の分類からいけば，「タイ（Tai, Tay）文化圏」という名称がふさわしいのかもしれないが，文化的中心としてのシャン・ソーボワの存在に注目するなら，「シャン文化圏」というくくり方も妥当のように考えられる。

やはり，チベット・ビルマ系言語の研究者である藪司郎は，その著書で，次のように述べる。「シャン高原の社会には民族を越えた地域的な一体感が存在することも事実である」［藪 1994: 85］。彼が念頭においているのは，「ビルマ北部から東部には，先に述べた『カチン文化圏』に加えて『シャン文化圏』と呼んでよい文化共同体が存在し，この二つの文化圏は一部で交錯している」［藪 1994: 86］という現状認識である。

用例としては，ビルマ側によるタイ系の言語を話す人々に対する呼称が

「シャン」であることを改めて確認したい。この他者からの規定という特質が，「シャン文化」そのものの規定をあいまいにしている。「シャン」をひとつの民族集団としてくくるにはさまざまな問題があり，その多義性，多重性こそが「シャン」なのだという論理で，既存の研究の整理を進めてきた。したがって「シャン文化」を「ビルマ文化」と同列に扱うには，「シャン」の規定が不可欠なのである。

　しかしながら，この状況にもかかわらず，上記の言語学者がいうように何らかの共通意識がシャン高原で生きる人々の間に存在するとしたならば，その意識が何で，そしてその意識がどのようにして形成され，さらにその意識がどのように変容してきたのかを考えなければならないのである。その作業が，「シャン文化」の実像に最も近接する道なのである。

　多くの研究者が，上座仏教，水稲耕作の要素を共通のものとして指摘している。リーチはそれらに加えて，環境の要素に注目している。先の二つの要素では，周辺のビルマ文化などとの相違点は不明瞭となる。その意味でシャン高原の生態的特質は，今後検討されてしかるべきであろう。さらに「シャン」と呼ばれる人々の文化的行動についての詳細な調査研究と比較作業が必要なことはいうまでもないが，それに加えて，シャン・ソーボワに象徴されるこの地域の政治状況の分析というのが必須になると思われる。その意味で，リーチのアプローチの対象が政治体系であったことは，再考に値する。たまたま政治体系だったのではなくて，「世界」解釈の理念的分析の有効な方法論として，リーチのアプローチの再評価をしたいのである。その作業は，時系列と密接に関わり，当然のことながら，現在の国家体制までも視野に入れることになるのである。シャンの地域性の本格的な分析はその向こうにある。

第6章　シャンの行方──そのビルマ化とシャン化

1　はじめに

　現ミャンマーのカチン州にモーガウンという町がある。シャンの人々が，彼らの歴史を語るとき，この町の名前が常に登場する。特にかつての伝統的な首長であるツァオパー（*cawphaa*，ビルマ語でソーボワ，sawbwa）の時代を語る場合に，である。行政的にシャン州という民族名がついた地域が別にあるのに，シャンの人々はなぜモーガウンの名を挙げるのだろうか。

　本章は「シャンとは誰？」という民族学的に基本的な課題について，ある妥当な考察の見通しを得ることを目的とする。その主資料で，今後の研究の出発点として提示したいのは，シャンの人々自身の語る「シャンとは誰？」であり，歴史的に彼らと交渉を保ってきたビルマ人側の記録である。時代的には，19世紀後半の王朝時代末期から現代までを視野に収める。つまりさまざまな立場からの語りの位相が本章のテーマである。シャン系諸民族の文化と社会については，未調査の部分がほとんどである。なぜなら1962年以降，政府が事実上の鎖国政策をとったために，シャン州，カチン州など地方への外国人の旅行が制限されてきたからである。現在にいたるまで，まとまった参考資料といえるのは，英領時代にまとめられたもののみである。1990年代に入って地方への通行が少しずつ認められるようになってきた。本格的な調査研究はこれからである。本章はその成果の一部である。

　繰り返しになるが，本書での分析上，扱うフィールドをビルマ世界と呼んでいる。世界というあいまいな表現を用いるのは，現時点での収集データを基礎としつつも，その内容は通時的なある立場からの世界解釈を含むものであり，そしてその歴史の過程において支配的な役割を果たしてきた

のがビルマ人であったからである。カチン州で会ったあるシャンはこう語った。「自分たちはビルマ人のような『くに』がない民なのだ」と。ビルマ語でシャン・ピィ（Shan Pyi）と表現される「シャンのくに」は，本書が扱う時代において独立した政治単位ではなかった。とするならば，現在伝聞できるシャン自身による「シャンのくに」についての語りは，過去の記憶，あるいは周辺の人々との交渉の中で形成してきたある世界観からのイメージの産物ということになる。本章では，歴史と伝承の間を往復しながら，ビルマ世界におけるシャンの行方をたどろうと考えている。

　シャンとは，ビルマ世界で伝統的に使われてきたタイ語系の言語を話す人々に対する呼称である。つまり他称が起源である。ただしシャン（Shan）と綴る名前は，英領植民地時代にタイ語系の言語を話す人々に対して，広く欧州人によって適用されていた。結果的に彼らがシャンという用語を外の世界に広めたと思われる［(前章) 髙谷 1996: 4-5］。彼ら自身は，自称は「タイ（Tai, Tay）」だと語る。タイという自称の説明がいつ頃からなされるようになったか詳らかではないが，「シャン」についての上述の起源と用法の説明は現時点において妥当だと思う。しかしシャンという呼称の初出は，ビルマでは12世紀の碑文にシャム（Syam）として見え［エーチャン 1987: 29-30］，その使用年月は決して短くない。碑文の初出についてはルース（G. H. Luce），エーチャン（Aye Chan）が考察している［Luce 1958: 124, エーチャン 1987: 30, 32］。碑文中のシャン（Syam）と現在のシャン族がタイ系の言語を話すという共通点があるにしろ，系統的にどうつながるかは不明な点が少なくない。

　チット・プーミサック（Cit Phumisak）が指摘するように，「タイ人は，ビルマ人やタイ・ヤイ族（ビルマのシャン族と同系統と考えられているタイ国内の人々〈筆者註〉）の近くに住んでいながら，『シャーン（翻訳のママ）』(Shan) という語を西洋人を通じて知ったために，タイ人一般は，『シャーン』というのはビルマのシャーン州のタイ・ヤイのみを指す語だと理解しており，『シャーン』は，ビルマ語や英語その他の西洋語では，チャオプラヤー川流域とラオス国内を除く地域のすべてのタイ系民族を指すという

ことを知らなかった……」［チット・プーミサック 1992: 21-22］という。

　隣のタイ王国は，1939年までシャム（Siam）が国名であった。これらのことばは語源的に関係が深い。シャンの名称を自称であるタイに代えようという動きは，ビルマではまったく聞かれない。ビルマ人が最大民族を占めるビルマ世界において，シャンの人々は，ビルマ語とシャン語の両方を操る。あるいは操ることを必要とされてきたのである。ビルマ人がまったくといっていいほどシャン語ができないのと比較すれば，その差は歴然としている。シャンは，ビルマ世界において，他称であるだけではなく，ビルマに対する自称としての性格も備えている，あるいは備えてきたといえるかもしれない。

　本章では，このようにシャンがビルマ世界あるいはその政治統合に取り込まれていく過程を，概略的に「ビルマ化」と呼ぶことにしたい。また仮説的に「シャン化」という過程にも着目したい。後者は，ビルマ世界におけるシャンの人々とその歴史についての伝承と言説に見られる民族意識の表出を念頭においており，ビルマ化はシャン化の背景のひとつでもある。後述のように，シャンの人々の民族意識の視野には，周辺民族も取り込まれており，「シャン化」には，これからの検討の余地が残されていることを認識したうえで，本論においては，ビルマ世界におけるシャンという視座から，シャンのビルマ化をひとつの軸に，シャンのシャン化をもうひとつの軸として展開する。

　カチン州のモーガウンという地名はシャン語源である。*Mäng Köng*（ムアンコーン）と綴る。ビルマ人は Mogaung とする。つまりモー（Mo）はタイ語系の人々に共通する生活単位であるムアン（*mäng*）と同一である。その視点にたってビルマ語版のカチン州およびシャン州の地図を眺めると興味深いことに気づく。第一に Mo と綴られる地名と，ムアンに音が近い Maing という綴りで表わされる地名と二通りあること。第二に，Mo と綴られる地名はカチン州およびシャン州の西側に限定されること。そしておそらく最も重要な点は，事実上モーガウン，モーニィン，モーゴックなどのモーで始まる地名は，王朝時代よりビルマ宮廷と関係の深かった場所で

あることである。

　モーガウンとモーニィンは，ビルマ王と交渉のあったシャンの伝統的な首長であるソーボワが治めた場所である。モーゴックは，現在はマンダレー管区に位置する有名な宝石の生産地である。シャンの人々は，モーゴックを元来シャンの領域だと語る。この地は王朝時代より，ビルマ王の直接支配を受けてきた。その経緯は植民地時代を経てそのまま現在の行政区分の根拠となっている。これらの地名は，いずれも明らかにビルマ語化が進んでおり，政治的力関係からして，王朝時代以降ビルマ化の進行したことが十分予想される場所なのである。

　後述するように，現在シャンの人々が，かつての自分たちの支配領域を語る際に必ず言及するのは，九つのムオン（Mäng）あるいはムアン・タイ（Mäng Tay）である。それぞれにかなりの数の町や小規模のムアンが含まれている。ビルマ側の記録では「モー・コー・ピィタウン（Maw Ko Pyihtaun）」「コー・シャン・ピィ（Ko Shan Pyi）」という表現になる。そのまま翻訳すると，「モー（シャン）の九つのくに」「九つのシャンのくに」という意味になる。その中には上述のモーガウン，モーニィンなども含まれる。その他の Mäng 語源の地名もいずれも Maing ではなく Mo と綴られる。シャンの人々が自ら語る「歴史」に，この九つのくにの名前が記載されていることは，記憶しておく必要がある。歴史的事実であろうとなかろうと，シャン化の脈絡での「歴史」叙述として，である。近代的国家体制と区別するために，伝説に関わるピィ（Pyi）あるいはピィタウン（Pyihtaun）をここでは「くに」と呼ぶことにする。

2　人類学者リーチの記述再考

　シャンと呼ばれる人々の生活領域は，現在，主としてシャン州およびカチン州にわたる。この二つの行政区画をにらんだ場合，避けて通れない文献がリーチ（E. R. Leach）の *Political Systems of Highland Burma*（初版1954）である。この著作はいうまでもなく既存の「民族」研究に警鐘を鳴らしたものであるが，彼のフィールドはカチン州とシャン州の境界であり，

さらに中国国境とも近いという場所に位置している。リーチの記述は、そのフィールドの地域的特殊性に影響されていないであろうか。影響されているとするとどの部分なのだろうか。リーチの著作についてはフィールドの文化地理的な位置もさることながら、第二次世界大戦下という時代的背景も考慮に入れる必要がある。現在，我々が訪ねることができる彼のフィールド（フィールドそのものは未開放）周辺は、リーチの時代とは別の政治的社会的環境に置かれている。しかしながら地域性ということに鑑みて次の点で再検討しておきたい。それは彼が紹介するビルマ人によるシャンの分類である。

彼は，シャンはシャン・バマー（Shan B'mah），シャン・タヨッ（Shan Tayok），カムティ・シャン（Hkamti Shan）という三つのグループに区分されると紹介している。最初のビルマ系シャンと呼ぶべき人々は、ビルマ系シャン諸首長国の伝統的首長に治められ、ビルマ王に名目的に従属してきた人々をさす。二番目の中国系シャンは雲南側のシャン諸首長国の人々に該当する。タヨッ（Tayok）は、ビルマ語で中国を表現することばである。また雲南側から移住してきたシャンもそう呼ばれる。最後のカムティ・シャンは、ビルマ系シャンの亜系であり、かつてモーガウンに政治的忠節を保ってきたシャンであるとリーチは解説している [Leach 1977(1954): 32-34, リーチ 1987: 40]。

リーチの記述に従えば，シャン・バマーとは，その程度はともかくビルマ化の影響を受けてきた人々となる。該当する領域はリーチのフィールドのみならず，現シャン州も広く含まれる。ところが，シャンの分類に関して，シャン州においてシャン・バマーという言い方はまったく伝聞できない。現在も聞かれるのはカチン州でのみである。実はリーチ自身、脚注で、この表現はミッチーナー、バモー地域でのみ通用すると述べている [Leach 1977(1954): 32, リーチ 1987: 70]。つまりカチン州での用例ということになる。その点でリーチの時代と現在は共通する。ビルマ人はシャン州のシャンをそのままシャン（Shan）と呼ぶ。もし現在，シャン・バマーと呼ぶことがあるとするならば、ビルマとシャンを両親にもつ子どもに対する一般的

「民族」認識においてである。

　一方、現カチン州には、ビルマとシャンを両親にもつ場合の他に、ビルマ語でシャン・バマーあるいはシャン・ニー（Shan-Ni）と呼ばれる人々が居住している。モーガウン、モーニィン周辺に特に多いといわれている。シャン語でタイ・リエン（Tai-Lieng）と自らを呼ぶ。彼らはビルマ化の影響を認めながらも、同時にシャン系であるという出自を誇る人々である。彼らの語る伝説の中では、モーガウン・ソーボワが祖先とされている。

　シャン・タヨッという表現には、明らかに中国とビルマ世界との政治的文化的境界が反映されている。その自称は、上流のシャンを意味するタイ・ヌー（Tai-Nüa）である。ビルマ語では、タイ・ヌーではなくタイ・レー（Tai-Lei）と表わす。ヌーとレーは、言語学的に近い音である。カムティ・シャンはタイ・カムテイ（Tai-Hkamti）が自称である。

　ビルマ世界において、シャン・タヨッはその政治的文化的出自に引きつけられて理解され、カムティ・シャンは、現在カチン州プタオ周辺、チンドウィン川上流に主に居住するまとまりのある民族集団であるとみなされている。他方、リーチのいうシャン・バマーについては、その空間的広範性からして、また時代は経るが現在の用例からしても、そう呼ばれた人々に文化的共通性はあるものの、少なくとも、他の二分類のような実態としての民族としてのまとまりは認められず、リーチの三分類のそれぞれはその意味する対象が質的に異なっている。シャン・バマーという表現自体が二次的なものだという印象があり、ビルマ化されたシャンという名付けの主体は、あくまで他民族なのである。シャン人自身は用いない。植民地時代を知るバモー出身のあるカチンの古老は、シャン・バマーが自称タイ・リエンという民族と同じであると認める一方で、彼らはビルマ語が主たる言語となって、時にはシャン語も忘れ「シャン・バマーになったのだ」と説明する。またその起源は11世紀のバガン王国のアノーヤター（Anawrahta、在位1044-1077）王の中国遠征に遡り、そのまま残留してシャンと混血した人々の子孫であるとか、英領時代のカチン州の鉄道敷設労働者のビルマ人の子孫だとも語る。バモー付近では、シャン・ニーの他にタ

イ・シャウン（Tai-Shaun）がシャン・バマーだという呼称も聞かれる。タイ・シャウンは「川の側のタイ」という意味で，特定の集団を必ずしも対象としていない。このようにシャン・バマーは，特定の民族の名前というよりも，ビルマ化を差異化の契機とした民族間関係におけるビルマ語のある種の社会的指標としての性格が強いのである。

タイ・リエンと現在自称する人々がいつ頃からシャン・バマーと呼ばれるようになったか，上述のカチン族出自の古老の語りが歴史的事実かどうか，そしていつ頃からどのような経緯で具体的にビルマ化してきたかは詳らかではない。しかしそのタイ・リエンの文化的特徴の形成においては，ビルマ化の過程がひとつの重要な要素となっていることは重ねて確認しておきたい。シャン・バマーという呼称をめぐる民族間関係の位相は，シャン州のシャン，カチン州のシャン・バマーあるいはシャン・ニー，それぞれのシャン系統の人々が歩んできた歴史を背負っているように思われるのである。シャン・バマーについては後でもう一度触れる。

ところでリーチは伝統的首長をサオパ（saopha）と呼んでいる。シャン語のツァオパーである。ビルマ語のソーボワの起源となることばだが，ソーボワとなると，ビルマ王に従属を認知されたいわば称号のような意味をもつ。ソーボワとは，シャンのツァオパーがビルマ王との交渉の中でビルマ化された記号のひとつと考えるのが妥当と思われる。上ビルマが植民地化されたときに，ソーボワの領地はそのまま英国がソーボワ制を温存する形で引き継いだ。ソーボワの認知の主体は，ビルマ王から英国に移行したのである。

3　国家による「民族」政策，「民族」分類

ビルマのセンサスは英領植民地時代から実施されてきた。その最後の本格的な国勢調査は1983年4月に行われ，1980年代後半にその報告書が刊行された。十年後の1993年，二十年後の2003年には実施されていない。ミャンマー政府は，1983年のセンサスを基礎に，自国は135民族で構成されると発表し，その後も「民族」政策に関わる脈絡でこの数字を繰り返してい

る。この国は1948年の独立以来，民族の団結を連邦国家の国是としてきた。1988年9月以来政権の座にある国家法秩序回復評議会（SLORC，ビルマ語の頭文字から通称ナ・ワ・タ，1997年11月に国家平和発展評議会〈SPDC〉に改名）は，少数民族勢力との和平交渉を進め，それと並行して国境地域の開発の目的で辺境地域民族集団進歩発展省を1992年に設置，また国民の底辺からの民族団結精神の具体化のために，1993年には連邦団結発展協会（USDA）を結成し，現在も会員の増大を図っている。政府高官やこれら関係組織の演説などにおいても，全民族数が言及される場合は135である。

しかしそのリストを見ると，不可思議な部分が散見される。独立以降のこの国の民族研究を率いてきたのは文化省である。その文化省が革命評議会時代（1962-1974）に編集した民族文化に関係する出版物には「自国の民族の数は60余りである」と明記されている［Min Naing 1971: 13］。ちなみに現時点においても「民族」研究に関する重要文献は，1960年代後半から1970年代に出版された当時のビルマ社会主義計画党（BSLP）編集による民族名を冠した七つの州ごとの報告書である。ナ・ワ・タ政権下ではそのような出版物は見当たらない。革命評議会時代からビルマ社会主義計画党時代（通称マ・サ・ラ期，1974-1988）にかけては，「民族」と直接対峙する時代であったといえるかもしれない。民族の団結という国家のスローガンは不変でも，研究成果に表われる「民族」政策の政治的脈絡は変化していると思われる。

したがって，135の民族についても，ミャンマー政府の「民族」政策の一局面として理解することが肝要であろう。その135民族はカチン，カヤー，カレン（カイン），チン，ビルマ（バマー），モン，ヤカインおよびシャンに分類されている。ほぼ行政区分にそった分類である。シャン群の33民族には，シャン（Shan），シャン・ジー（Shan-Gyi），タイ・ロン（Tai-Long）の三民族名称が含まれている。このシャン群には，言語学的には非タイ系の民族も含まれている（以下参照）。

<u>シャン（Shan）</u>，ユンあるいはラオ（Yun/Lao），クウイ（Kwi），

ピイン（Phyin），タオ（Thao），サノー（Sanaw），パレー（Palei），イン（In），ソウンあるいはサン（Soun/Hsan），カム（Hkamu），コーあるいはアカ／イコー（Kaw/Ahka/Ikaw），<u>コーカン（Kokang）</u>，<u>カムティ・シャン（Hkamti Shan）</u>，ゴゥンあるいはクゥン（Gon/Khün），タウンヨー（Taunyo），ダヌ（Danu），パラウン（Palaung），ミャウンジー（Myaunzi），インチャー（Yinkya），インネッ（Yinnek），<u>シャン・カレー（Shan-Kalei）</u>，<u>シャン・ジー（Shan-Gyi）</u>，ラフ（Lahu），ルェラ（Lwela），インダー（Intha），アイトゥエ（Aiktwe），パオあるいはタウントゥ（Pao/Taunthu），<u>タイ・ルェ（Tai-Lwe）</u>，<u>タイ・リエン（Tai-Lieng）</u>，<u>タイ・ロン（Tai-Long）</u>，<u>タイ・レー（Tai-Lei）</u>，<u>マインダー（Maing-tha）</u>，<u>モー（マオ）・シャン（Maw Shan）</u>（アンダーラインは本章で言及する民族）

　実は，シャン・ジー（意味は大きなシャン）の自称がタイ・ロンだと彼ら自身また周辺民族の誰もが説明する。シャン・カレー（意味は小さなシャン）はそれと相対的な表現である。シャン・ジーそしてシャン・カレーというビルマ語表現は，ビルマ世界の脈絡でその特異性が表象されているのである。ただし，タイ・ロンは辞書的な意味としてはシャン・ジーと可変的であり，その用例の脈絡には注意を要する。後述するように，シャン語を介して，別の政治力学的色彩を帯びている側面が認められるからである。

　135民族の確定の経緯についての詳細は不明であるが，民族学者ミンナイン（Min Naing）からの伝聞によると，被調査者の自己申請の民族名をそのまま集成したので重複があるのではないか，それにシャン州を行政区分とした政治的な意味を加えてシャンも別個に含まれているのではないかという。いわば，シャンは民族名であると同時に，シャン州に居住する人々の総称カテゴリーという意味も付与されているようである。ただしすべてそうとはいえない部分もある。リーチの紹介するシャンの分類に含まれるカムティ・シャンは，その主勢力がカチン州プタオ周辺に居住しているが，

シャン群の中に含まれている。タイ・リエンもその中心はカチン州である。このように行政区画に基礎をおきつつも，民族系統に若干配慮した折衷的な分類のようにも思える。したがって，政府による「民族」分類には必ずしも一貫性が認められない。まさに135は総数として，しかも連邦制堅持の政治的脈絡においてのみ意味を担うのである。

　現在，多様なはずの「民族」文化の個別的特徴は，その生活する現場からではなく，政治的な脈絡で再構成された形で提示されている。それぞれの州には，民族文化団体が組織され，彼らは来訪する政府高官の接待やヤンゴンでの政府主催の各種イベントに動員されている。国営テレビでもスタジオでしかも限られた時間で紹介される。さらに異なる民族文化団体が同じ場面に同じ振り付けで登場する場合もある。そこに現出する衣装や歌舞音曲は，その文化的脈絡を逸脱し，政府主導で構成された見せるためのものに変化している。

　2002年12月末，ヤンゴン市の郊外に，多民族国家ミャンマーを代表する八民族（カチン，カヤー，カレン〈カイン〉，チン，ビルマ〈バマー〉，モン，ヤカイン，シャン）の各民族文化を紹介するオープン展示のテーマパークが開園した。政府関係者は，民族集団間の相互理解の高揚がその造営の主目的と説明する。施工者は，民族研究の成果を蓄積してきた文化省ではなく，現政権傘下，1992年に設立された辺境地域民族集団進歩発展省であり，その政治的意図は明らかである。1992年に観光省も発足した。同園内では，八民族の伝統家屋の周辺に来訪者向けのアトラクションとして，モン州のチャイティオー仏塔のレプリカ，南部シャン州・インダー族の湖上家屋など，各州の代表的な風景がミニチュアで再現され，それぞれの伝統家屋では，特に外国人観光客の利便のために，八民族それぞれの出身の若者が英語で応対する。必然的に，各伝統家屋のコーナーだけでは「民族」文化の一部にだけスポットがあたることになる。もはや当該の民族集団自身が，多様な生活文化を包含するという脈絡を逸脱し，その一部を標準化し陳列する流れに呑まれているかのようである。「民族」の表象が政治的脈絡でしか公的に表出できない状況にあるからこそ，逆説的に，その状況

を契機としたそれぞれの民族の自民族意識の高揚こそが，個別文化の伝承にあたってこれから問われるかもしれない。シャンを自称する人々自身によるシャン文化への働きかけとその行方については，第Ⅴ部で詳述することにする。

4 「民族」の法律的根拠

　上記で呼んだ「民族」はいずれもビルマ語ではルーミョウ（lumyo）あるいはタインインダー・ルーミョウ（tainyindha-lumyo）と表現される。この用語を含めた政府関係での用例を確認しておきたい。多民族国家においては「国民」「市民」「民族」に関わる用語が問題となる。ビルマの場合，その用語は「アミョウダー（amyodha）」「ナインガンダー（nainngandha）」そして「タインインダー（tainyindha）」の三つである。国立博物館などの場合はアミョウダーが使われることから，国民一般をさす場合に用いられていると考えられる。法律的に重要なのは，後の二つである。現行の市民権法では，次のように規定されている（同法の詳細については第Ⅳ部で考察する）。

> （同三条）本国家の領土内に，ビルマ暦1185年西暦1823年以前より故地として恒常的に居住していたカチン，カヤー，カレン（カイン），チン，ビルマ（バマー），モン，ヤカイン，シャンをはじめとする諸タインインダーおよび同系統の人々は，ナインガンダーである。
> （同四条）どの系統がタインインダーかそうではないかは，国家評議会が決定できる。

　タインインダーの基本的な意味は，原住民である。引用した法律は，独立時の1948年の前法を廃止して，マ・サ・ラ政権の時代に制定された国籍および市民権に関わるものだが，国家評議会が廃止された後も，そのままミャンマーの国家法秩序回復評議会政権に引き継がれている。三条に挙げられているタインインダーの代表の八民族は，1974年発布の憲法で確定し

た七つの州の名前にビルマ（バマー）を加えたものである。先述の135の民族の下位区分の枠とまったく重なる。ビルマ暦1185（西暦1823）年というのは，第一次英緬戦争をさす。この戦争を契機に英国によるビルマ植民地化が領土割譲という形で本格化し，外国人が多数流入してきたという歴史的事実を根拠としている。

ナインガンダーは法律上の資格という点では「国民」という意味に近く，他のナインガンダーという意味のナインガンジャーダー（nainngangyadha）と対比される。後者は一般的にも法律的にも外国人をさす。現在この国の人々は世帯ごとの認定台帳と国民認定カードを保持している。後者はナインガンダー・シーシッイェー・カッビャーという。このカードには，信教と並んで民族（ルーミョウ）を記載する欄が設けられている。交付は1989年8月以降のナ・ワ・タ政権下である。

上記はあくまで法律上の規定である。しかもその認可の裁量を政府が握っていることは見逃せない。歴史的に考えて，タインインダーに関してカチンに始まる八民族を代表とできるのは，あくまで1974年以降の政治的脈絡においてである。また民族学的に考えた場合にも，さまざまな疑問が生じる。たとえば山岳部に住む少数民族には，移動生活を営む人々も数多く含まれ，第一次英緬戦争以前に領土内に定住していたことを証明することは容易ではない。自主的であれ強制的であれ，移住してきた中国系住民，インド系住民の処遇も問題となる。現政権は，シャン群タインインダーのひとつであるコーカン（Kokang）に対しては「民族」として認知している。だがパンテー（Panthei）の認知申請に関しては受け入れていない。いずれも中国語を母語とする人々で，前者は仏教徒，後者はムスリムである。その対応の違いには，政治的意図が感じられる。コーカンは現政権と1989年に和平協定を結んだかつての抗争の相手なのである。

インド系のムスリムの人々に，その国民認定カードのルーミョウ欄に「ミャンマー」と記されているのを見せてもらったことがある。彼らは，第一次英緬戦争後に英領インドから連れてこられた人々の子孫であり，出自もはっきりせず，国民認定にあたっては容易でなかったと述懐する。

上述の「民族」の規定は、ある意味で、ビルマ側による非ビルマ系民族に対する「民族」化であり、シャンに関しては「ビルマ化」の脈絡における「シャン化」のひとつの様相といえるかもしれない。このように、現行のタインインダーの認定の裏面史については、独立前後から現在にいたるビルマ人と非ビルマ人との民族間関係が深く関わっている。

5 コー・シャン・ピィ (Ko Shan Pyi)

コー・シャン・ピィあるいはシャン・コー・ピィタウン (Shan Ko Pyihtaun)、いずれもそのかぎとなる数は九である。元マンダレー大学歴史学教授トーフラ (Toe Hla) は、そのエッセイで次のように述べている。「チャイン九チャイン、ムアン（マイン）九ムアン、ダー九ダーと九ソーボワが治めてきたのがカンボーザの国シャン・ピィといわれる」[Toe Hla 1981: 13]。チャインとは町、ダーは刀を意味する。ムアンとツァオパー（ソーボワ）については、すでに説明した通りである。カンボーザ (Kambawza) は、シャンの土地を表現する際にしばしば用いられることばで、特にサルウィン川の西側をさすと考えられている。スコット (J. G. Scott) の地域区分の表現を借りれば、そこに住む人々は、サルウィン川の手前 (Cis-Salween) のブリティッシュ・シャン (British Shan) なのである。カンボーザはその地域を治めるソーボワの正式称号の一部にもなっていた。このような九を重ねる言い回しは、ビルマ語によるシャンに関する文献でしばしば見ることができる。

ビルマにおいて歴史叙述の重要文献とされるのが王朝年代記である。そのひとつが19世紀のコンバウン時代後半から編集された『玻璃王宮大王統史』(Hmannan Maha Yazawin Dawgyi 〈HMYD〉、英訳名 *The Glass Palace Chronicle of the Kings of Burma*) である。その139章には「モー・コー・ピィタウン」を治めるソーボワの娘であるソーモンフラ (Saw Mon Hla) と、バガンのアノーヤター王との出会いと別れが描写されている [Pyangyayei Wungyi Htana 1993: 254-256]。ここでいわれるモーとはモー（マオ）・シャン (Maw Shan) であり、ビルマ世界へのシャンの登場の先鞭は、

このモー（マオ）・シャンだと内外の歴史研究者は考えている。モーは，一般的にはエーヤワディー川の支流シュエリーのシャン語だと解釈され，彼らの登場の場所は，現在のムセー，ナムカム周辺だといわれている。

上述の王朝年代記の箇所には九つのくにの具体的な名前は見当たらない。シャン州，カチン州での伝聞およびビルマ語およびシャン語の文献のバージョンを紹介しよう。

《バージョン　1》モーガウン，モーニィン，モーメイ，モーネー，バモー，テインニー，ニャウンシュエ，ティボー，モービィエ［Mi Mi Lwin 1992:1］

《バージョン　2》テインニー，ティボー，モーネー，ニャウンシュエ，モーメイ，モーガウン，バモー，モーニィン，カレー

《バージョン　3》モーガウン，モーニィン，モーメイ，カレー，テインニー，ティボー，ニヤウンシュエ，モービィエ，モーネー

《バージョン　4》モーガウン，モーニィン，タウンドゥ，モーメイ，テインニー，ティボー，モーネー，ニャウンシュエ，モービィエ［Khä Sën 1996:250］

《バージョン　5》モーガウン，モーメイ，モーニィン，カレー，ティボー，テインニー，ニャウンシュエ，モーネー，モービィエ［Sao King Tung 1954:9］

（最後の二バージョンはシャン族知識人によるシャン語の文献から）

現在の行政区分からその地理的位置をたどると（141頁図参照），モーメイ，テインニー，ティボーが北部シャン州に，モーネー，ニャウンシュエ，モービィエが南部シャン州に，モーガウン，モーニィンそしてバモーがカチン州に，カレー，タウンドゥがザガイン管区のチンドウィン川沿岸に分けられる。また多くのバージョンにおいてモーガウンが冒頭に挙げられているが，シャン族の歴史研究者によると，モーガウンはコー・ピィタウンの中の最有力のくにで，その建国には複数の伝説があるが，その中で最も知ら

れているのは、シュエリー川沿いに展開したと伝承されるムアン・マオ（モー）王国と系譜的につながっている筋書きである [Pu Loi Hom & Pu Loi Tun 1997]。モーガウンは、現在のシャンの伝承の中では、かつての栄光の王国の中心として意識されている。いわばイメージ化されたくにがそこに表現されている。「シャンの土地には九十九のムアンがある」という言い方もあるが、シャンの語りではその数のムアンを治めるのがモーガウンなのである。19世紀後半の西洋人の文献にもモーガウンの有力性について言及されている [Elias 1876: 39]。

歴史的事実としては、コンバウン時代の末には、モーガウン、モーニィン、バモーの現カチン州の三つの町には、ソーボワも、位階の上ではその下になるミョウザー（myoza, 領主）も置かれず [San Shwe 1992: 4]、シャンの政治的力関係での主力は明らかに現シャン州に位置していたようである。この流れは英領化の後も戻ることはなかった。カチン州はシャン州とは別の行政区画となったのである。首長たちは、シャン諸州（Shan States）のソーボワやミョウザーとして、英国行政府に認知されることになった。その中に含まれるかつての九つのくには、テインニー、ティボー、モーネー、ニャウンシュエ、モービィエ、モーメイの六つである [Authority (Rangoon) 1895: 262]。モーガウン、モーニィンの名前はない。

ただし、当時および現在のカチン州にシャンの人口が少なかったわけでは決してない。1931年に実施された英領時代のセンサスの民族別統計によると、上述のコー・シャン・ピィが位置する行政区画では、シャンの人口は次の通りである。南部シャン州は約41万人で同区域全体の47.0％、北部シャン州が約29万人で全体の46.8％、モーガウン、モーニィンが含まれる現カチン州のミッチーナー県が約6万人で全体の36.5％を占め、それぞれ最も多い。カチン州バモー県が約3万人で全体の28.5％で、38.6％のカチンに続いている。現ザガイン管区の上チンドウィン県には9万人弱が住み、全体の42.2％を占めてビルマ系の47.7％に次ぎ、カータ県でも6万人余りが全体の24.3％でビルマ系の52.9％に次いで最も多いと報告されている [Office of the Supdt. 1933: 243-244]。いずれの地域においても、シャンの勢力

は決して弱くはなかった。1983年のセンサスでも，カチン州総人口約80万人の内訳において，カチンが約30万人，ビルマが約24万人，シャンが約20万人［Ministry of Home & Religious Affairs 1987b］で，シャンの人々は現在でも少なくない。したがってコー・シャン・ピィの中心モーガウン伝説を支えるシャン側の民族的基盤は，過去も現在も認められる。しかしながら伝承がビルマ側からシャン側へ導入された可能性も否定はできない。

先述のように，ビルマ側シャン側双方に「九つのくに」のバージョンが認められる。引用関係などを考慮しながらどちらが初出なのかを考えるには，まだ研究の蓄積が十分とはいえない。コー・シャン・ピィは，ビルマ側の転記ミスだという考え方もある。古代インドの伝説上の町であるコーサンビ（Kawsambi）が語源だという説からである［Scott & Hardiman 1900:1-1；189］。これに対して，ケントゥン（ビルマ語でチャイントゥン）・ソーボワの息子で，ビルマ連邦独立後のシャン州政府の教育局長でもあり，戦前よりシャンの新字体開発を推進したツァオ・サイモン・マンライ（Sao Saimong Mangrai）は，コー・シャン・ピィには地理的な含意があり，コー・ピィタウン（九つのくに）と同義であろうとしたうえで，コーサンピとコー・シャン・ピィは別の存在であると評価する。そしてコー・ピィタウンは，しばしば欧州人に言及されるように，中国側の九つのシャン諸州（nine Chinese Shan States）に該当するとも考えていた［Sao Saimong Mangrai 1965: 42-43］。一方『タイ族の歴史』の著者であるチット・プーミサックは，コー・シャン・ピィについて，「タイ族がビルマ語の『コーシャーンピィー』という語を取り入れて，それを変えて『コーサームピー』にしたのではないかと思う」と述べている［チット・プーミサック 1992:129-130］。

またコー・シャン・ピィの伝承と並行するように，コーミョウシン（Ko Myo Shin）と呼ばれる精霊の祠がシャン州各地，そして少数ではあるがカチン州にも存在する。コーミョウシンとは「九つの町の主」という意味のビルマ語である。一部のシャンの人々の間では，コーミョウシンとコー・シャン・ピィが，認識の上で重なり，その統治者が同一視されている。ところが「九つの町の主」の信仰は，あくまでビルマの精霊信仰体系の中に

第6章 シャンの行方 141

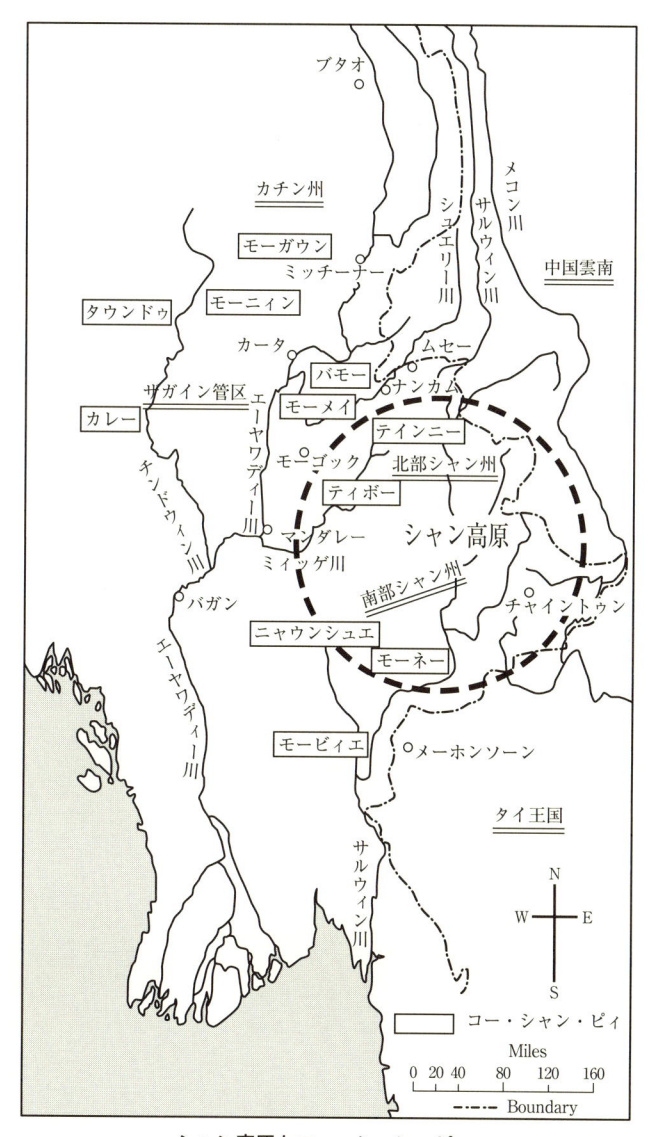

シャン高原とコー・シャン・ピィ

位置づけられると考えられ［(第Ⅲ部参照) 高谷 1995］，いわばビルマ化のひとつの事例だと思われる。したがって，コー・シャン・ピィに関するシャンの語りも，ビルマ化を背景にしたシャン化の産物であるという可能性も十分考えられるのである。

参考までに，シャン族出自の歴史家サイアウントゥン (Sai Aung Tun) によると，タインインダーのひとつであるコーカンは，シャン語で九つの土地という意味で，彼らはかつてテインニー・ソーボワに従属していたと説明している。このように「九」に関するいくつかのことばが，シャン人の分布地域の周辺あるいはビルマ文化の周辺に認められる。本章では，上記の九つのくにの複数バージョンを紹介したが，その作業は九つのくにの同定というよりも，その集合的表象に注目している。その意味で「九」の象徴性は，シャンの歴史およびその伝承と絡み，今後の興味深い課題のひとつなのである。

6　カチン州のシャン

ビルマ語でシッシッ (sitsit) という言い方がある。「民族」名の後に付くと「純粋な」という意味になる。幾人かの人々をビルマ語でシャン・シッシッとして紹介された経験を筆者はもつ。そしてほとんどの場合，シャン州出身のシャン・ジーと自称する人々であった。系譜的には別の系統が含まれていても，である。カチン州バモーでは，シャン・バマーはシャン・カレーだという伝聞もあった。シャン・シッシッとはどんな民族的カテゴリーなのだろう。どの出自の人々や集団が「純粋な」シャンのカテゴリーに含まれるのだろうか。シャン・シッシッはある立場からの「民族」解釈にすぎず，必ずしも系譜的に厳密である必要はないように思われる。むしろ民族意識と関係するシャン化の表現と考えた方がよさそうである。しかもある特定の民族にというよりも，シャン州という空間にシャン・シッシッという表現が依拠している点が注目されるのである。

現在のシャン州の民族分布については，統一された見解はまだ存在しない。革命評議会時代の文献には，1955年のセンサスに基づいて27の民族名

が記載され，さらに土地によってはさらに細区分できる少数民族もいるとして32民族名が挙げられている。その前者には東部シャン州の中心地ケントゥン付近にリー（Li）と呼ばれる人々がいるとある［Myanmar Socialist Lansin Party 1968: 44-50］。リーは，中国雲南省西双版納の主力民族であるタイ・ルー（Tai-Lue）と同一と考えられている。だが1983年のセンサスの全135民族には含まれていない。シャン州の文化省民族調査担当者も未調査未確定の余地を認めている。治安の確保が急務な状況ではそれもやむをえないであろう。歴史的にはシャン州およびカチン州と中国との国境線は，ビルマ独立後，しばらくは，国民党の流入，中共党軍の侵入など国境確定が容易でない状況にあった。バモーなどの南部カチン州とシャン州の治安は現在にいたるまで不安定である。サルウィン川東側の国境線沿いは未開放地区である。

　だが民族学的未調査だけが理由ではなく，シャン系の人々による民族認知自体の複雑さもあるように思われる。長谷川清は，タイ（シャン）系諸民族には，自己の出身ムオンを参照枠とするやり方と，タイ・ヌー，タイ・タウ（Tai-Tau）のような関係論的基準が存在していると指摘している。ふたつの呼称は，それぞれ川の上流と下流のタイを意味し，その川とはサルウィン（中国側では怒江と呼ぶ）をさす。そしてそれらの基準の背後には，中国世界とビルマ世界の政治的文化的境界とその生成の力学が連動しているのではないかと推測している［長谷川 1996: 84-86］。ビルマ世界にもまったく同じ基準の存在が認められ，同様な推測も可能だと思われる。タイ・ヌー，タイ・タウという区分は現在でも伝聞できるし，シャン・タヨッという他称には，明らかに政治的境界が関与している。

　ところがシャン州とは対照的に，カチン州のシャン系民族の下位区分には，ある統一性が認められる。同州に居住するといわれるシャンの主要な人々は次の五民族である。

　　　タイ・ロン（Tai-Long）　　人口　　116,197
　　　タイ・レー（Tai-Lei）　　　　　　　　3,527

タイ・リエン（Tai-Lieng）　　　　　138,176
　　　タイ・カムティ（Tai-Hkamti）　　　　3,679
　　　タイ・サー（Tai-Hsa）　　　　　　　　996

　　　　　　　　　　　　　（カチン州博物館の掲示より）

　タイ・サーは1983年センサスのマインダーと同一である。言語学者藪司郎によると，マインダーは，モンサー（Monghsa）であり，厳密にいうとタイ系ではないが，タイ・ヌーなどとともに，シャン・タヨッの一部を構成するという［藪 2001: 488-489］。上記一覧では，タイ・リエンつまりビルマ側がシャン・ニー（Shan-Ni）と呼ぶ人々とシャン・ジー（Shan-Gyi）と呼ぶ人々が抜きん出て多数派であることは歴然としている。担当官によると，人口は1973年のセンサスによるものだという。他方，数字自体には信頼度は低いという伝聞もあった。しかし注目すべきは，カチン州で同州在住のシャン系民族について尋ねた場合，少数民族名への言及はあるものの，主要民族としてはこの五民族以外の名称がまったくといっていいほど聞かれないということである。相手がシャン系非シャン系を問わずに，である。カチン州のシャンの人々については，筆者の知るかぎり，共通する相互認識が民族間に存在するように思われるのである。

　その共通認識成立の背景について，ビルマ世界におけるシャン系民族の分布と，広くタイ語系の人々の移動の歴史を念頭におきながら考えてみよう。先述のようにビルマ世界におけるシャン系の人々の登場は，シュエリー川周辺のモー・シャンが最初だと推測されている。その推測を前提にシャンの人々の移動経路を考えるならば，シュエリー川から北上すると現カチン州に入る。南下すると現シャン州へ，南西の方向へ進むと，マンダレー，アマラプラ，インワ，バガンなどのかつてのビルマ王朝の中心へつながる。そのまま西へ進むと，現ザガイン管区へ，さらにタイ語系の最西端アッサムへとつながっていくのである。伝説上では，モー（マオ）・シャンはモーガウンと系譜的につながっている。その他のモーニィン，モーメイも同様に結びつくバージョンもある。しかし，対照的に南部シャン州のソーボワ

の出自は，北部シャン州，特にモーメイにあると *Gazetteer of Upper Burma and the Shan States*（*GUBSS*）に紹介されるに留まっているのである [Scott & Hardiman 1900: 1-1; 203, 280-281]。

現カチン州におけるコンバウン朝末期のシャン・ソーボワの不在という歴史的事実と，上記のモーガウンをビルマ世界におけるシャンの王国の中心と考える伝説的真実との間に，ビルマ化が早くから進行したと思われる文化的背景が介在しているように思われる。またその介在が定番化したカチン州のシャンの分類と通底するのではないだろうか。その推測を補強するキー・タームがシャン・バマーなのである。

英領植民地時代のセンサスにシャン・バマーの名前が登場するのは，1921年からだといわれている。ところがその数は，ミッチーナーと隣のカータ県（現ザガイン管区）を併せて，下記の表のように，1921年から1931年の十年の間に6人から23,293人に増えている。

英領時代のミッチーナー県とカータ県の人口推移

民族（Races）集団	1921	1931	増　減
タイ（シャン）系			
シャン	109,325	94,421	-14,904
シャン・タヨッ	6,926	5,537	-1,389
シャン・バマー	6	23,293	23,287
カムティ	4,851	1,121	-3,730
その他	1	0	-1
合計	121,109	124,372	3,263

[Office of the Supdt. 1933: 181]

誰もが類推するように，またセンサスの報告者も解説しているように，1921年のセンサスではシャンと答えた人々のかなりの数が，その十年後のセンサスでは，シャン・バマーと答えたと思われ [Office of the Supdt. 1933: 189]，ビルマ化の一端がうかがえるのである。なお，十年を経たシャン・タヨッとカムティの減少は，シャンへの編入あるいはシャン・バマーへの編入がその背景にあると推測されるが，その文化的背景と十年という

時間から考えれば前者の可能性が高く,「シャン」から「シャン・バマー」という自称の変化に表象されるビルマ化へのモーメントの強さがより印象づけられるのである。

同センサスでもうひとつ興味深いデータは,1931年のセンサスにある母語と補助言語に関する言語別統計である。それによると,シャン語系(統計ではタイ語系群となっている)を母語とする人々のうちの,バモー県では32.2%,ミッチーナー県で61.6%,カタ県で81.6%,そして上チンドウィン県で76.2%がビルマ語系を補助言語とすると記載されている。まったく対照的に同様な人々は,北部シャン州で7.2%,南部シャン州で3.8%にすぎない。逆にビルマ語系を母語として補助的にシャン語系を操る人々は,バモー県で18.9%,ミッチーナー県,カタ県,上チンドウィン県では,該当数の言及がない［Office of the Supdt. 1933: 196, 238-239］。それほど少ないことになる。

1931年のセンサスでシャン系民族群(統計ではタイ系民族となっている)の数値が3%以上なのは,上述の他に,カレンニー(現カヤー州)地区で19.4%,サルウィン県で7.7%,アムハスト(現チャウカミー付近)県で3.3%,メルギー(現ベイ周辺)県で6.4%,タウングー県で3.9%の各行政区である［Office of the Supdt. 1933: 242-243］。このデータで興味深いことは,カレンニー,サルウィン,アムハストと,それぞれシャン諸州からサルウィン川に沿って南下するごとに数値が小さくなっていくことである。もっともアムハストさらにメルギーはタイ王国と近く,同じタイ語系としても別の系統の要素を考慮しなければならないだろう。

これらのデータは,時代的に考えてビルマ世界の全部の人々を網羅しているとはいいがたい。だが,シャン系の勢力が強いザガイン管区の一部およびカチン州というビルマ世界においては,活用言語に関してビルマ語がかなり有用とされてきたことは確実である。つまりシャンに出自のある人々の一部がシャン・バマーと自称するようになるような文化的環境が,カチン州に植民地時代には成立していたことは認めてよいのではないだろうか。

カチン州におけるシャン系の人々の「民族」分類の定式化の事実は，彼らの自「民族」観がいつの時代からかは不明だが，ある時期に共通理解に達していたことを示している。その共通理解がどのような政治的環境を背景にしているかについては，少なくともシャン系住民相互の「民族」間関係の安定化が推測でき，それを可能にしたのは優勢なビルマ化の浸透であったと思われるのである。五民族は，タインインダーとしてそのままシャン群の中に登録されている。ビルマ側の「民族」観とシャン側の「民族」観が共通していることを示すこのことは，広い意味でのビルマ化のひとつの現象といえるかもしれない。

7 シャン化とシャン・エスニシティ

1990年代半ばより，ミャンマー政府は地方の各タインインダーにそれぞれの文芸文化伝統保存委員会の設立を公的に認め始めた。同種の組織は，マ・サ・ラ期にも存在したが，設立と廃止を繰り返していたのである。シャン州在住のシャン族も各地でシャン語教育などの活動を始めている。シャン化のひとつの現象としてとらえうるものである。ここではシャンの側の「民族」観の資料を，シャン化の視点で参照しながら，ビルマ側の「民族」観と対照したい。そして「シャンとは誰?」について構想を練ることにしたい。

「シャンにはどんなルーミョウがいるのか?」という問いを，シャン系を出自と自称する人々に繰り返し尋ねたことがある。シャンの「民族」観を知るためである。予想されたことではあるが，シャン系全体を俯瞰できる人は，自分たち以外の人々あるいはそれに関する知識と接点があるシャン族古老に限られた。その知識によると，シャンは三十のルーミョウがいるという。ところがその中には，ビルマこそ入らないものの，カチン，カレン（カイン），チンなどの山地系民族やダヌさらにはタヨッつまり中国系も含まれていた。筆者の知るかぎり，文献では1966年に出版されたシャン語の雑誌に，「タイ系名30」というエッセイがあり，その中に，タイ・パオ（Tai-Pao），タイ・ヤン（Tai-Yang），タイ・リス（Tai-Lisu），タイ・ラワ

（Tai-Lawa）などの名称が含まれている [SPYS 1966: 46]。あたかもシャンあるいはタイということばが，人々あるいは「民族」という意味を与えられているかのようなのである。レナード（R. D. Renard）も，その考え方を補強し，「タイ（Tai/Tay）」そしてカー（Kha/Khü）を，今日の民族学的および言語学的基準とは異なる方法で自民族観を展開していたことを示す社会的な指標とみなしている [Renard 1997: 175-177]。タイ・ヤンのヤンはカレン（カイン）である。ラワはモン・クメール系の言語を話す人々である。

　サイアウントゥンに，ビルマ語のルーミョウにあたるシャン語は何かと問うたときに，タイ（Tai/Tay）だと答えられた記憶がある。あるいはクン（Hkun/Khun）ではないかともいう。1931年のセンサスによると，シャン族は彼らからみての山地民族を，丁寧な場合，タイ・ロイ（Tai-Loi/Tay-Löy）あるいはクン・ロイ（Hkun-Loi/Khun-Löy）と呼ぶ。意味は「山のシャン」である [Office of the Supdt. 1933: 245]。クンはタイと互換的である。135民族の中にタイ・ルェ（Tai-Lwe）という民族が含まれているが，このルェはロイと同語源で「山のタイ」という意味になる。

　前章で，シャン州でのシャン系の人々の語りによる民族起源神話を紹介した。兄弟が各シャン系民族の祖先であるというモチーフだが，そこで展開される兄弟関係は，「大きなシャン」つまりタイ・ロンあるいはシャン・ジーを長子とし，「末のあるいはもっとも若い，小さなシャン」を末子とするものであった。後者はヨーダヤつまりアユタヤ王国の祖先と考えられる人々を想定している。したがって，タイ・ロンあるいはシャン・ジーが，ひとつの民族集団の呼称であるかのような活用例が，1983年センサスなどのようにしばしば認められるが，むしろタイ王国内のタイ語を母語とする人々であるタイ・ノイ（Tai-Noi，小さなタイ）と明確に差異化された存在として表象されているようにも解釈しうるのではないだろうか。そこに現出するのは，近現代史における国境の存在の影である。だからこそタイ国民の方は，自称としてタイ・ノイは使わない，むしろタイ国民（Tai-National）あるいはタイ・タイ（Tai-Thai）と称する傾向が認められる。かつ彼らは，国境の向こう側のミャンマー国内のシャン族を，タイ・ロン

(Tai-Long) とは呼ばず, タイ・ヤイ (Tai-Yai) と呼び, 移住してきた歴史からミャンマー国内のシャン族と類縁関係が認められる北部タイ・メーホンソーン県のシャン族をタイ・ヤイと主に呼ぶ傾向もある。このような用例の脈絡は, タイ系の人々の下位区分の名称に, 政治力学的なイメージが付与されていることを示している。

総括すれば「タイ・ロン」に関しては, ミャンマー連邦を構成するひとつの民族集団であるという見方がある一方で, タイ王国内ではなく, ミャンマー連邦内在住の代表的なシャン族という集合的イメージとしてとらえる「自己イメージ」もまた存在するのである。特に後者の用例は, ある意味でビルマ化の流れに抵抗するシャン化の指標ともみなすことができるであろう。また第Ⅴ部で詳述するが, これについて興味深い伝聞がある。1940年から新シャン文字開発と教科書作成作業に召集された四名のうちのひとり, ルン・タンケー (Lung Taang Kë) が, その作業過程において, タイ・ロンという呼称を使った記憶がないという。先述の1921年, 1931年の英領時代のセンサスにはタイ・ロンの表現はない。管見によれば, 上述した1966年出版の「タイ系名30」というシャン語のエッセイには, タイ・ロンという表現を見つけることができる。またサイアウントゥンの1967年のエッセイには, タイ・ロンではなく, タイ・ヤイとあり, シャン・ピィ (シャンのくに) に居住しているとだけ付記されている [Sai Aung Tun 1967: Appendix 1-2]。シャン・ピィという表現は, 現シャン州を中心として広がるあいまいなイメージがある。いずれにしても, タイ・ロンという呼称は, 現シャン州との接点が濃く, ルン・タンケーの記憶が正しいとするならば, 新シャン文字開発の段階で創造あるいは定着した可能性が認められるのである。この名称と新シャン文字開発との接点に関しては, 第Ⅴ部で考察を加える。

上記の分析は今後も継続しなければならないが, シャンの側に, 近代的な言語学や民族学の基準ではなく, 生活空間の垂直差あるいは交渉状況などを背景にした立体的あるいは相対的な類別基準が存在してきたように思われる。換言すれば, ビルマ世界においてシャンと呼ばれてきた人々は,

周辺の諸民族との交渉の中で，自民族を基準としながら，周辺民族を取り込んだ形でのシャン化の傾斜をもつ「民族」観を培ってきたのではないだろうか。上述のタイやクンの用例，あるいはリーチの記述にある「カチンがシャンになる」という言説 [Leach 1977(1954)，リーチ 1987] は，そのシャン化のひとつの様相であるように思われるのである。比較対照のために，ビルマ側の「民族」観におけるシャンを類別してみよう。その方法には，共通する部分もあるが，シャンのそれと異なる構造も認められる。

　ビルマ語のシャン系民族に対する呼称の中で，三つだけが常にシャンということばが後に付く。カムティ・シャン，モー（マオ）・シャンそしてゴゥン（クゥン）・シャンである。居住地域もそして集団としてのまとまりもビルマ人にもシャン族自身にも認められている人々である。モー（マオ）・シャンは，地理的に中緬国境に位置し，文化的にシャン・タヨッ，タイ・ヌーと重複する人々である。ゴゥン・シャンはサルウィン川の東方ケントゥン周辺に居住している。一方シャンが前に付く名称では，シャン・ニー，シャン・タヨッは，政府認定のタインインダーの民族名ではない。ただしいずれも頻繁に聞かれる呼称であり，ビルマ側からみて，ビルマ化そして中国化の影響を認めることができる人々をそう呼んでいる。その他の名称は，シャン・ジー（大きなシャン）あるいはシャン・カレー（小さなシャン）などの相対的名称，あるいはムアン（Mäng）名を付する名称となっている。最後のカテゴリーはシャン側の類別基準がそのまま導入されているようである。このようにビルマ側の「民族」観には，明瞭な類別方法が認められる。だが対照的にシャン側の「民族」観では，言語的に非タイ系の人々をも含む名称は，すべてがタイ（Tai/Tay）プラス特徴的で説明的な接尾辞で横並びになっている。つまりシャン系と非シャン系との境界が不明瞭あるいは二次的で，近現代以前の民族間関係におけるシャン化の傾斜を推測することも可能かもしれないのである。

　「シャンとは誰？」というテーマで構想を描く際に，二つの河川が重要と思われる。ひとつはエーヤワディー川で，特にその支流のシュエリー，チンドウィン，ミィッゲの三つの河川。もうひとつはサルウィン川である。

モー（マオ）・シャン，カムティ・シャンさらにシャン・ニーの諸集団は，エーヤワディー川の本支流でつながっている。北部シャン州も，マンダレーの南で分岐するミィッゲ川でつながっているのである。そしてこれらの河川流域はモー・シャンを発祥とする伝説でもつながっているのである。ところが対照的に，先述した通り，南部シャン州はモー・シャンとの系譜関係はあまり明瞭ではない。逆に地理的に注目すべきは，サルウィン川流域である。1931年センサスからも，河口に近くなるにつれ少数にはなっていたが，この河川流域にシャン系の人々が居住していることがうかがわれる。タイ王国内でシャン族が最も多数居住しているメーホンソーン県も，サルウィン川水系に位置する。この二つの河川流域に位置するいわゆるシャン高原が，かつてのシャン・ソーボワの中心地域なのである。上述してきたシャン系内部の相対的基準や，ムアンを出自として自己を参照するやり方が多様なのは，この地域なのである。サルウィン川東側のゴゥン・シャンは，歴史的に中国雲南省西双版納，北部タイと関係が深い。西側の地域が歩んだ文化変容とはその背景が異なる。このサルウィン川の西側の地域は，歴史的にカンボーザと呼ばれてきた。ビルマ世界におけるシャン化はこのカンボーザを中心に進行してきたと思われる。周辺民族を取り込む形で，である。そしてそのシャン化は，カチン州ほどには，ビルマ化の影響を受けてこなかったのではないだろうか。

　カチン州でのビルマ化が，シャン州に比べ，より進んでいたことを示す二つのエピソードがある。1972年の連邦記念日の折，カチン州からタイ・マオの文化使節団が参加したが，男性は踊りの披露の際にビルマ式のロンジー（longyi，筒状の腰巻き）であるパソー（pahsou）を身につけていた。また1974年にシャン族間の友好のため，カチン州ミッチーナーから北部シャン州ティボー（シャン語でシポー）に到着した文化使節団の男性も，シャン式ズボンではなくパソーを身につけていた。前者については記録写真が残っており，後者については，ティボー在住で駅に使節団を迎えた一人であるシャン族の女性が，そのときの驚きを記憶している。これらの事例は，言語だけではなく，文化的な営みにおいても，ビルマ化が進行して

いたことを示している。

　カンボーザにビルマ化の影響が本格的になるのは，独立後あるいは伝統的首長ツァオパーの退位を経ての革命評議会時代開始前後からと考えた方が歴史的には妥当かもしれない。そして，現在にいたるまで，軍事政権下，ビルマ人を最大民族とするビルマ化の強い傾斜の中にシャン州が存在する。シャン化もまたビルマ化の脈絡の中で展開していると考えられる。他方，1990年代に入ってからのミャンマー政府の経済開放政策への転換で，隣のタイ王国と中国との結びつきは，人の移動という点でかつて以上により太くなってきている。特にシャン州から出稼ぎなどさまざまな理由で北部タイへ流出するシャン族の人々は，具体的な数字は不明だが，かなりの数にのぼると推測される。シャン化の動向とシャン州内の文化動態は，今後，国内および国境を越えて，の両面で追跡する必要があるようである。ビルマ化とシャン化の通時的追跡は，未開拓な部分が多い。本章はその構想を示したにすぎない。

　エーヤワディー川，サルウィン両河川が歴史的に文化的動脈であったことは確かである。ビルマ世界におけるシャン文化は，ビルマ文化の影響を受けつつ，その間隙において形成されてきたと思われる。シャンとは，まさにシャン高原に定住化し，そして適応してきた人々なのである。シャン・シッシッという自己意識を培ってきたのは，シャン高原におけるシャン・ジー（大きなシャン）という世界解釈だったのではないだろうか。

　現地の民族学者ミンナインも，シャン・ジーとシャン・カレーの類別する見方をその著作で指摘しているが，その中でシャン・ジーにあたるのは，北部シャン（特にテインニー，シャン語でセンウィ）州に住むシャンと中部シャン州に位置するレーチャーより北部側に住むシャンの人々だと紹介しており［Min Naing 1960（2000）:19(14)］，タイ王国との差異化が表象されるタイ・ロンというシャン語表現の中心性とも重なる。シャン・ジーは，ビルマ世界のビルマ語表現の脈絡において，まさに二つの河川の間隙の河谷平野に住み，そこはシャン化の中心として認識されてきたのである。その領域の北西側には，かつての「くに」の「伝説的」中心があり，サルウィ

ン川を越え，その東側は北部タイに文化的に連なるゴゥン・シャンそして西双版納の土地である。歴史と伝説の間，ビルマ化とシャン化の具体的過程と相互関係，そしてこの二つの河川流域を軸とした本格的な民族史学的研究は端緒についたばかりなのである。

　最後に今後のミャンマー連邦におけるビルマ文化中心主義の強いモーメントの脈絡において，シャン化がどのように推移するかを推論してみたい。近現代史における多民族を擁する国民国家は，多民族の存在を公定化する一方で，平準的な国民形成という政策を基本的に採ってきた。ミャンマー連邦もその一例である。ビルマ語の国家語としての学校教育における採用，そして対照的に非ビルマ語への差別的扱いはその脈絡において理解しうる事象である。民族登録に関しては，一度，公権に認定されたら，その変更は困難を伴うのは通例である。そして民族文化の保存活動も，民族登録による民族間の境界に沿って計画実行されるであろうし，実際にミャンマーの場合もそうである。したがって，今日のシャン文化の行方は，政府の動向に十分配慮して展開されるのは必然としても，いくらかの洗練化は伴うが，シャン系民族のみがその主体としてなることは十分予想される。したがって，リーチの記述にあるような「カチンがシャンになる」という事例はほとんど起こりえないのである。逆に政治的な理由で，ミャンマー（バマー）になる例はありうるかもしれない。上述したムスリムの場合のように。

　ビルマ化とシャン化は，一枚のコインの表裏のように密接に関係している文化動態である。ビルマ化の強いモーメントの影響下にあるビルマ世界において，特に独立以降，ある意味でシャン族の人々は「真正な」文化を保存するように強制されているという状況にあるといえるかもしれない。かつてのような非タイ系言語を母語とする人々も含みうる立体的かつ多種多様な文化的営みを内包したシャン化の傾斜の維持は，近現代の多民族国家においてはほとんど不可能であるからである。したがって，かつての伝承されてきた文化的営みの一部が選択され結晶化され，伝統の創造が行なわれるという過程を，シャン系民族のみを主体としてシャン文化は歩まざ

るをえないのである。今後ともシャン・エスニシティ，シャン文化の構築と再構築の過程を注意深く見守る必要があるのである。

また国際的な動向にも注目する必要があろう。2003年4月，中国側で，第一回「雲南四河川タイ文化比較研究国際会議」，2005年には，雲南大地跨境民族研究交流中心というNGO／NPO団体が主催しての同第二回国際会議が，計画実行されたと聞く。四河川とは，サルウィン（怒江），メコン（瀾滄江），雲南からベトナムへ流れる紅河，金沙江（揚子江の支流）をさす。ビルマ世界におけるシャン研究との連携が期待されているのである。

第II部では，「シャン」という民族表象がどのように記述され語られてきたかについて，その脈絡をふまえながら丹念にたどってきた。その主な主体は，ビルマ人であり，その過程こそが，近現代以前は，スコットに代表される西洋人の視点が一部介在した"シャンのビルマ化"であり，独立以降は，政治的文化的マジョリティによる"シャンのビルマ化"だったのである。第III部では，精霊信仰に関する資料から"シャンのビルマ化"のポエティクスを分析する。他方，シャン族自身もまた「シャン」という民族表象を活用しており，その文化動態こそが"シャンのシャン化"であり，その考察は第V部の課題である。

第Ⅲ部　ビルマによる「シャン」の表象

　第7章　精霊伝説と民族表象
　第8章　コーミョウシン精霊伝説の形成
　第9章　北部シャン州の精霊信仰

　ビルマ世界には，ビルマ語で「シャン」を表象するさまざまな歴史叙述，伝承が存在する。「シャン」は「他者―よそ者」であり，ビルマ世界のマジョリティであるビルマ人にとって，周縁に位置する人々と考えられてきた。いわば「シャン」の表象が，ビルマ世界の外延の一部を形成してきたのである。それらは，ビルマ人にとって他者像の一部であると同時に，自画像の一部でもあった。なぜなら，ビルマ人は，「シャン」の「他者性」を鏡として，自らの世界観を照射してきたからである。その脈絡で表象される「シャン」は，あくまでビルマ文化のフィルターを通したイメージに他ならない。

　第Ⅲ部では，精霊伝説を取り上げる。第Ⅰ部の儀礼論で提示したように，ビルマ世界から報告される精霊信仰は，仏教信仰とシンクレテッィクにビルマ人の宗教世界を構築してきた。そして仏教信仰とその宗教実践が「開かれた」遍在的な特異性を有するのと対照的に，精霊信仰は，土着的かつ偏在的に分布し，崇拝する人々の現世利益的思考に接合しながら伝承されてきたのである。したがって，その来歴を物語化した精霊伝説は，伝説が伝承される地域的背景と歴史観と密接に関係している。

　ビルマ世界において「シャン」を表象する精霊伝説は，コーミョウシンがその主人公である。その偶像は，第Ⅰ部第3章で紹介したシャンとビルマの間（はざま）で生きるインダー族の間（あいだ）にも伝承し，さらに

カチン州，北部シャン州，東部シャン州にも分布している。しかしながら，シャン族の間では，固有の精霊信仰としてコーミョウシンの存在は認められない。偶像の安置にはビルマ人あるいはビルマ文化が確実に介在している。

　ビルマ世界において最もポピュラーな精霊信仰は，三十七柱の神々としてパンテオン化している。コーミョウシンは，後述の各章で考察を加えるように，シャン族とビルマ人の過去の民族間関係を基盤とする歴史観を背景としながら，その文化動態の外延に位置し，ビルマ人による「シャン」のイメージを表象化してきたのである。したがって，その伝説の構造とその脈絡をたどることは，シャン族とその他者性を周縁化してきたビルマ世界に関して，"シャンのビルマ化"，すなわち，ビルマ側の価値づけによる「シャン」の位置づけという視点から分析を加える作業でもあるのである。

ビルマ（ミャンマー）連邦主要8民族の民族村での表象

第7章　精霊伝説と民族表象

　ビルマの精霊信仰のフォークロアとその文化的背景の考察を，民族表象の観点から進めるのが本章の主題である。だが，フォークロアに組み込まれていると解釈され，分析された意味と象徴を，短絡的に伝承の歴史的背景と社会的脈絡に照射することを慎もうと思う。なぜならフォークロアの伝承の状況――たとえば語りの空間的時間的位置，語り部の社会的地位など――を考慮に入れなければ，安易な歴史的再構成の作業に陥る危険性があることを認識しているからである。我々は口頭伝承と文献に基づく複数の資料にまず語らせなければならないのである。本章でフォークロアの資料とするものについては，伝承の状況にできるかぎり配慮しながら，その文化的脈絡における精霊伝説の意味と象徴を，精霊信仰の背景の描写と併せて考察することにしたい。

1　コーミョウシン（KMS）とその背景

　ここで研究対象とする精霊伝説は，コーミョウシン（Ko Myo Shin，以下KMSと簡略化）が登場するさまざまなフォークロアである。KMS――コーミョウシンとは，ビルマ語で九つの町の主という意味である。ビルマでは精霊を一般にナッ（nat）と呼ぶ。ナッの意味領域は多義的である。特定の名前が与えられていないアニミスティックな存在から，霊験ありとされる具体的な名前をもつ精霊，さらには仏教の守護神にもこの用語が適用される。その多義性の幅はいうまでもなくビルマの文化的脈絡における超自然的存在の認識の幅に該当する。またその中のカテゴリーの類別が語りの場においてはなされないことを考慮すれば，それぞれの意味づけの間に重複があることを研究者は確認する必要があろう。

　KMSは具体的な名前をもつ「名づけ」られた精霊である。しかもシャ

ン族の精霊とビルマ側では認知されている。だが実際には，後述のようにビルマ人の出自をもつ。したがって「名づけ」の主体はビルマ側なのであり，KMSの特異性は「ビルマからみたシャン」のイメージが基盤になっていることにある。本論考の主眼もその基盤にある。

「名づけ」られた精霊はビルマではトゥンゼコナ・ミン (thounze-khuhna-min，三十七柱の神々) としてカテゴリー化されている。そのいくつかしか知らない人でも三十七柱の神々という呼称は知っている。またその多くが世襲される個人の守護神となっている。1960年代初頭に上ビルマの村落で調査したスパイロ (M. E. Sprio) は，父方あるいは母方から継承されたナッの名前を紹介していて，その中でタウンビョン (Taungbyon) が最も多いが，次いでコーミョウミン (Koumyoumin，九つの町の王) と呼ばれるKMSと名称が類似した守護神が多いと報告している [Spiro 1974(1967): 100]。

三十七の神々のリストは，ビルマの宗教史研究者であるミャミャ (Mya Mya) によれば歴史的に幾度か編成されており，その具体的な精霊名には変動があるものの [Mya Mya 1978]，三十七という総数は維持されている。植民地時代にそのリストを収集して「真正」バージョンとして提示したのが，テンプル (R. C. Temple) の *The Thirty-Seven Nats* (初版1906) である。彼が重要な典拠としているのは，1891年に出版された *Mahágítà Médanígyàn* である [Temple 1991(1906): 34]。ミャミャの分析による比較対照表によると，そのリストの順序は，ボードーパヤー (Bodawpaya，在位1782-1819) 王の時代に，大臣ミャワディ (Myawaddy) によって編纂されたリストと細かい呼称に差異があるものの同一といっていいという [Mya Mya 1978: Appendix]。ティンアウン (Htin Aung) によれば，ミャワディのリストは，最後の欽定リストだという [Htin Aung 1962: 84]。ティンアウンが提示するリストは，年代別にバガン王国 (1044-1287) 以前と以降に区分されており [Htin Aung 1962: 107-108]，ミャミャのいうミャワディ・リストの順番とは異なる。だがKMSは，後世のビルマ精霊信仰研究に三十七柱の神々のリストのモデルとなって影響を与えたと思われるテンプ

ルのリストには，含まれていない。ただし，別個の存在ではない。ティンアウンは，バガンのシュエジゴン・パゴダの信奉者が伝承してきたとされるリストには，KMS，さらにシャンの九十九のくに（シャンピィ・コーゼコー，Shan Pyi koze-ko）の主など，ミャワディのリスト以外の十二の精霊が含まれていると記している。ここでいうKMSとは，レードウィン・コー・カヤイン（leidwin ko khayain，水田地帯の九つのカヤイン）として知られるチャウセーを守護する精霊であり，今日においても崇拝し続けられているといわれる［Htin Aung 1962: 98, 108-109］。バガンのシュエジゴンは，11世紀にビルマ最初の王朝が成立した時期に建立され，三十七柱の神々が最初に合祀されたと伝えられるパゴダである。そこで伝えられるリストの年代の確定には留意する必要があるが，KMSが三十七の中に含まれてパンテオンが伝承されていることは，KMSに対するビルマ側からの表象とその性格づけとして考慮すべき点を含んでいる。またチャウセーの地と関係が深いことは後述するように注目に値する。

　ビルマの有名な精霊は，霊験に代表される「不思議な出来事」の物語が語られる以外にも共通する要素がある。第一によく知られた伝説があること。第二に単独の祠があること。第三に有名なパゴダに合祀されていること。第四に祭り（ナッ・プエ，nat pwe）が年中行事化していること。第五に三十七柱の神々のリストに関係する（あるいは含まれる）ことである。

　KMSに関しては「KMSが支配する土地では九人で行くな」という言説が語られ，人々は，もし自動車や馬車・牛車に乗車している人数が九人なら，木の人形や路傍から石一個を乗せて進むのである。またKMSの祠は，メーミョウ（現ピィンウールウィン），タウンジーを最大としてマンダレー周辺の道路沿いでも出会う。KMSは上記の条件をほぼ満たしているが，第五については，リストにより異なり，その周縁的性格を暗示している。

　ところでKMSの現代における意味づけを示すものとして，ヤンゴンにそびえるビルマ最大の聖地シュエダゴン・パゴダのそばに建立されたマハー・ウィザヤ・ゼーディという名前の新しいパゴダのことについて付記

したい。1980年代から建設が始まったこのパゴダのスポンサーは，宗教改革を志すビルマ軍事政権であり［(第Ⅳ部参照) 高谷 1990］，計画当時の最高権力者の名からネーウィン (Ne Win)・パゴダとの別称もある。このパゴダのそばに，このパゴダの守護神として精霊の祠が建てられていた（パゴダ完成後，撤去された）。この神像群の中にKMSのものがあった。KMS以外の精霊は，アメー・ポーパとミンニーナウン (Amei-popa, Minnyinaun, ポーパ山の鬼女とタウンビョン兄弟)，ミィンビュウシン (Myin Byu Shin, 白い馬の神)，エインドウィン (Eindwin, 家の守護神)，ウー・シンジー (U Shin Gyi, 下ビルマで船の安全を司る精霊）など，いずれも国内で知名度が高く，人気のある精霊ばかりであり，国内の有名な精霊を総動員したという印象を与える。

　パゴダの建立においてそれを守護する精霊が合祀されるのは，ビルマの伝統的な形式である。その建立が政治的脈絡でその意義が語られる場合ほど，精霊の存在は時の政治権力との関係で重要であり，その合祀は精霊の世界の支配を意味する。なぜなら精霊は，現実の世界においてその霊験に関する語りを媒介にして，人々の注目を集める超人間的存在であり，王朝時代から，精霊の世界の統治が王としての役割のひとつとされてきたからである。またパゴダは仏教信仰の証明であるだけではなく，権力の誇示としても意味づけられている。パゴダの規模が大きいほどその性格は強いのである。このように精霊信仰は霊験という宗教的動機づけの問題だけではなく，王権の問題にまで関わっている。以上のことを前提として，KMSの具体的なフォークロアへ記述を進めることにしたい。

2　KMS精霊伝説

　KMSは，エーヤワディー川流域に建てられたパンダウン（花の丘）小王国の後継者だった。彼は，酒色に溺れ喧嘩っぱやい義理の兄弟ウー・ミンチョウ (U Min Kyaw) とともにシャンの国を攻めた。遠征の帰り，シャンの王子クンソー (Khun Saw, あるいはクンチョ

ウ，Khun Khyou) とクンター (Khun Tha) が勾留され，KMSとその妹パレーイン (Pale Yin) のもとで育てられた。ところがウー・ミンチョウが彼女と王位をねらい，彼女はある素封家である商人のもとに身を隠した。ウー・ミンチョウはクンソー，クンターにKMSを捜して殺すように命じた。二人は育ての父であるKMSを殺すことができず，KMSは自ら首を断った。しかし首を届けたクンソー，クンターは，ウー・ミンチョウに殺されてしまう。KMSは独身の誓いをしたのに保護者と愛しあっていた妹の魂を抜いたので，彼女も精霊となった。ウー・ミンチョウも木の下敷きとなって精霊となった。KMSは九つの門の守護者であり，九つの町の守護神として崇拝されるようになった。

　KMSは，シャンの国を攻めるビルマ側の存在であり，ビルマ出自が暗示される。実際，精霊伝説に詳しい専門家は，そう明言する。
　上記の伝説は，メーミョウのKMSの祠で入手した資料によるもので，テンプルの著作を翻訳し，さらにその他の精霊伝説を加筆したトゥエハン (Htwe Han)，バニュン (Ba Nyunt) 編集によるビルマ語の『ビルマ精霊伝説集』(1981) に掲載されたものと同一である。またロドリゲ (Y. Rodrigue) のKMS紹介文には，KMSが守護する九つの町はチャウセーにあり，旅人の守護者として表現されている [Rodrigue 1992: 42-44]。九人の旅がタブーであることも付記されている。チャウセーは，シャン州に源を発する二つの河川，パラウン，ゾージーの水を利用して早くから灌漑設備が整えられた場所で，先述のように古くからレードウィン・コー・カヤインの名前で呼ばれていた。チャウセー地方には，KMSと名前がよく似ていて，しかも灌漑設備とその伝説の内容が直接関わるコーテインシン (Ko Thein Shin, 九十万の主) の精霊がよく知られており，詳細は次章で言及するが，シャン州ではこの精霊がKMSとなって崇拝されているともいわれている [Htwe Han & Ba Nyunt 1981: 135-140]。またシャン州南部の村落を守護する精霊が，ナッ・メヤ (Nat Meya) と呼ばれているとのシャ

ン研究者サイカムモン（Sai Kham Mong）からの伝聞がある。その伝説では，ナッ・メヤは，シャン州を支配する代表的な守護神であるKMSの七人の娘のうちの末子だという。父親であるKMSは，末娘を非常に慈しみ，シャン州南部の山々の霊的支配者として封土したと信じられているとされる。メヤという呼称は，特定の名前というよりは女性に対する一般名詞であり，ビルマ人の村落が個性ある名称を有する守護神に守られているのとは対照的に，シャン族の村落における守護神が，父祖の霊に代表される非個性的な特性を付与されているのと共通している。また七人の娘というモチーフは，東南アジア大陸部および中国西南部で祝われる新年節の水掛け祭りの由来に登場する七人の娘あるいは王女を連想させる。

　KMSとチャウセーとの関係については，その関係が明記された文献が最近のものに限られることから考えて，コーテインシン伝説をベースにして混交された新しい伝承の展開といえるかもしれない。しかしながらビルマ起源であるKMSとシャン地方との伝承上の接合は明らかであり，九人の旅がタブーという言説の内容自体，人々の移動と関係するところから，言説が伝播しやすいとも考えられ，その混交を受け入れる地域的あるいは歴史的背景があると推測することができよう。地理的には，チャウセーも河川を介してシャン州とつながっているのである。

3　KMS口頭伝承

　KMS伝説は他の有名な伝説とも混交して伝承されている。上記に紹介した伝説でのウー・ミンチョウは，三十七柱の神々の中に含まれており，しかもその伝説自体がバガン時代から始まって後世の同名の精霊と混交しているとされている［Htin Aung 1962: 94-95］。KMS伝説に登場するのもその一例である。ただし，酒好きで粗野であるという性格づけは共通している。このウー・ミンチョウの登場に示されるようにバガン地方ともKMS伝説は混交している。たとえば，バガンの王によってポーパ山に祀られ，家の守護神となったと伝えられるミン・マハーギリ（Min Maha Giri）が登場する伝説でKMSが関係するものに出会った。

三十七柱の神々のリストに含まれるアメー・シュエナベー（Amei Shwenabei）の祭りにおいて，その主役シュエナベーが憑依するナッカドー（nat kadaw）と呼ばれる精霊信仰の専門家による語りがそれである。

　　家の守護神であるウー・ティンテー（U Tin Te）の妻は，アメー・シュエナベーだ。ナガー（Naga，水を司る伝説上の龍）の類だ。彼女は二人の息子を産んだ。マウン・ピュウ（Maung Pyu）とマウン・ニョウ（Maung Nyo）だ。彼らは生まれたときから腕が六本あった。ポンナ（ponna，バラモン）が崇拝している。家の守護神には二人の妹がいた。マ・トゥエチー（Ma Htwe Kyi）とマ・ミャフラ（Ma Mya Hla）だ。ウー・ティンテーは鍛冶屋の親方のもとで鍛冶屋の技術を習い，仕事をするようになって，炭も焼いたり薪を集めて来たりしていた。アメー・シュエナベーの正体は，ナガーマ（Nagama，龍女）だ。ナガーマが身ごもっておなかが大きくなって，夫が仕事で外出したときに生まれそうになった。ウー・ティンテーが帰って行くと，王の使者が来ていた。ウー・ティンテーの上の妹は王国の王妃になっていたのだ。彼がその場でハンマーを使ったところ，王都全体が震えてしまった。刃向かうかもしれないと使者が王宮に戻って王に注進し，王は，甘い言葉で誘ってウー・ティンテーを捕まえて，殺してしまった。夫がいなくなったので，シュエナベーが願をかけて池を覗いてみると血に染まった。夫はもう生きていないと悟ったところおなかも痛くなった。卵を二つ産んだ。
　　彼女は魔女として扱われて精霊になった。このように母が精霊となって息子二人は大きくなり，僧侶に育てられた。僧侶のもとで育てられている頃，シャン地方に英雄が二人いると夢を見たと一人の王が……王の名前はわからないが，シャンのKMSのところで，二人は育てられていて，英雄が二人いるということで捜したところ，二人の子どもが，寺で刀と槍を持って遊んでいた。それを見てこの二人に間違いないということで王宮に連れていかれたのだ。二人は王に呼ばれて

北と南の徴税官となった。税を集めに出かけたところ，この二人は僧衣を落として，子どもというのは遊びに夢中になるものでボクシングに熱中して，それで徴税が遅れてしまった。近臣たちが集まって，相談して二人に命令を与えて殺そうと策略した。免罪をかけて二人にボクシングをして戦わせたのだ。決着がつかず，そのうち二人は疲れてしまった。父も精霊になった，母も精霊になった。遠くからこの二人を眺めて，人間の二人が殺されそうになっているのを見て，魂を抜いてしまった。魂を抜かれて精霊になって腕が六本になった。子ども二人についてのあらすじはこのようなもので，シュエナベーがこの話の中心になっているのだ。

シャンのKMSという件りに注目したい。この呼び方自体がビルマ側からの意味づけであることを物語っている。なぜならこの精霊の「名づけ」はビルマ語である。シャン語では，霊的存在の呼び名も一般には，ナッ（nat）ではなく，ピィー（*phi*）である。またKMS伝説のような語りは，北部タイ・メーホンソーンのシャン族，また言語集団としてのシャン系の人々が多数住むシャン州東部（少なくとも現時点で知るかぎり）からは，類似のものは収集できない。しかもKMSの最大の祠がメーミョウとタウンジーというシャン州の西の端あるいは以西にあるということがKMS信仰の分布のひとつの特徴を示している。では西はどこまでかということを考えると興味深い文献資料がある。場所はエーヤワディー川の支流チンドウィン川流域である。

カニ・タウンシップ（下チンドウィンの区のひとつ）で知られるKMS伝説は，ポーパのマハーギリ・ナッと混交している。タガウンのマウン・ティンテー（Maung Tin Te）は左手に25ビス（viss, 1ビスは約3.65ポンド）の，右手に50ビスのハンマーをそれぞれ持って仕事ができる鍛冶屋であった。王は，彼が王位を奪うのではないかと恐れ，捕えようとした。しかし彼は現在のカータ郡にあるマンレー川のほと

りに避難した。そこで彼は龍女（ナガーマ）と同棲し，彼女は二つの卵を産んだ。

　しかし彼と彼女が川を渡ろうとしたときに，卵を川に流してしまった。二つの卵は岩に引っかかって人間の子どもとしてかえった。彼らは森の中で育った。二人のバラモンがこれらの不思議な物語をドッタンバンの王にすると，子どもたちはタイェーキッタヤ（プローム近くの先住民ピューの遺跡といわれる地）の宮廷に連れていかれた。二人が成長したとき，兄のマウン・ピュウは，シャン族から徴税するために派遣された。弟であるマウン・ニョウも同じ役目を担ってモン族の国へ送られた。彼らは王の寵愛を受け，このような物語にありがちのように王の恐怖心をかった。王はボクシングで互いに戦うように命じ，二人は傷ついて死にいたりナッとなった。マウン・ニョウはタライン（モン）・コーミョウシン・ナッと呼ばれてモンの人々の守護となり，マウン・ピュウは称号から九十ということばは落ちたけれど，九人のシャン・ソーボワの王国で畏怖された。　[Langham-Carter 1934: 108-110]

　シャンには九十九（コーゼコー，koze-ko）のソーボワがいたといわれることを最後の箇所は明らかに反映している。マウン・ピュウとマウン・ニョウは，テンプルのリストの三十七柱の神々に含まれる精霊であり，六本の手に槍二本と一本の剣を持つ偶像として知られる。

　カニ地方で収集された伝説は，1930年代のビルマ研究の学術雑誌に掲載されている。先のナッカドーの口頭伝承が収集されたアメー・シュエナベーの祭りの場所は，マンダレー近くのミィッゲ川近くの村落である。時代を超えて共通するモチーフがあることは明らかである。ただしＫＭＳの登場の仕方が違う。1930年代の伝承では，王から派遣されて徴税官となった二人の兄弟が，それぞれＫＭＳと呼ばれている。ところが口頭伝承の方では二人を育てるシャンの人物がＫＭＳとなっているのである。さらに注目すべき点がある。二人の名前に関してである。三十七柱の神々としての名前は，それぞれタウンマジー・ナッ（Taunmagyi nat），ミャウッ・ミ

ンシンピュウ (Myauk Minshinpyu) である。前者は南という意味が，後者には北という含意があり，それぞれ幼名のマウン・ニョウ，マウン・ピュウすなわち茶色の人，白い人に対応している。モン―南―茶色／シャン―北―白色という並行関係は，ビルマ側からみた「シャン」と「モン」という周縁的な位置のくにのイメージを示していると考えられるのではないだろうか。

次にシャン州ニャウンシュエの霊媒ナッカドーから収集したKMS伝説を紹介する。

> コーミョウシンのアペーとアメーは兄妹である。アメー・パレーインには前世があるのだ。彼女は独身女性ではなかったことをいっているのだ。コーミョンシンと兄妹となり……ミッチーナー近くで死んで，幾世か経てカレン (カイン) の兄妹として生まれ変わった。また生まれ変わってシャンの王となり，シャンの村で守護神となった後，ペグー (バゴー) の兄妹として生まれ変わった。ペグーの村の守護神となった後，シャンのくにで守護をすることになった。アノーヤター王が封土したのである。九つの町，九つのカイン，九つの剣，九つの門を保持する王なのである。

ここに見られるモチーフは，シャンの精霊として知られるKMSに前世があるという生まれ変わりの物語であり，カレン，ペグー時代を経てシャンのくにの守護神となっているのである。先の伝説と合わせて考えてみると，「民族」名が可変的に登場してくることに気がつかなければならない。ビルマの側から「名づけ」られた異民族の名前が言及され，いわばビルマの側からの民族観が反映されていると見るべきなのではないだろうか。

4　KMSとビルマ王権

ビルマが英領だった頃の地誌である *Gazetteer of Upper Burma and the Shan States* (*GUBSS*) にも，KMS伝説が登場する。

第7章 精霊伝説と民族表象　167

　マウッカドー（上チンドウィンの行政単位のひとつ）は，コーミョウ
シン・アウンズワ・マジー・ナッ（Komyo Shin Aungzwa Magyi
nat）に守護されていた。その大きな祠はテラタウン山の近くチンド
ウィン川のほとりにあった。祠の言い伝えは次のようなものである。
ビルマ暦54（西暦692）年にバガンの五十五人の統治者の一人である
ナラパディシットゥが，古くから彼に仕えたマウン・アウンズワ
（Maung Aungzwa）にある罪で死刑を命じた。彼は死んでナッと
なり，主人のところへ現れて無実を訴えた。ナラパディシットゥは，
カンボーザ（Kambawza）・シャンの国々の九人のソーボワに命じ
て素晴らしい祠を建て毎年慰霊することを命じたという。
　ビルマ暦1113（西暦1751）年ヤーマニャのタライン（モン）が蜂起
してアヴァの町を破壊したことがある。シュエボーのマウン・アウン
ザヤ（Maung Aung Zaya）が攻撃して打ち負かし，1118（西暦
1756）年には先頭にたってシャムを攻めた。この遠征にはカンボーザ
の九人のソーボワとともにコーミョウシン・アウンズワ・マジー・
ナッが随伴した。ナッは白い馬に乗って攻撃を指揮し，大勝利へ導い
た。戦後多くの祠が彼に対して建てられ，その中のひとつがマウッカ
ドーの人々によってなされたという。　[Scott & Hardiman 1901: 2-3; 324]

　白い馬の神という伝説は，ミィンビュウシン（Myin Byu Shin）のナッ
を思わせる。やはり上ビルマで人気のある精霊である。ハーヴェイ（G. E.
Harvey）による *History of Burma*（初版1925）の中には，ミィンビュウ
シンがコンバウン朝の開祖アラウンパヤー（Alaungpaya，在位1752-
1760）王を助ける精霊として紹介されている[Harvey 1967(1925): 220, ハーヴェ
イ 1976: 313-314]。一方，ハーヴェイを引用するランガム＝カーター
（Langham-Carter）は，ＫＭＳの記述の中でこのエピソードを紹介してい
る [Langham-Carter 1934: 109]。馬に乗った偶像のイメージが共通するとは
いえ，ミィンビュウシンとコーミョウシン・アウンズワの単純な引用ミス
ともいえるが，ビルマ王を助けて戦うイメージとしての共通性もあったか

もしれない。田村克己もシャン・ナッについての記述の中で，シャン州への戦いの保護者としての精霊をシャンから帰還の際に持ち帰って祠に祀ったエピソードを紹介している [田村 1991: 34]。

引用文中のカンボーザという地名も示唆的である。カンボーザというのはタントゥン (Dr. Than Tun) によれば，シャン州でいえばサルウィン川の西側をさす [Than Tun 1990: 12]。KMS信仰の範囲とカンボーザが，関係が深いことを暗示しているのである。サルウィン川を挟んで西側であるシス・サルウィン (Cis-Salween) は，ケントゥン (ビルマ語でチャイントゥン) に代表される東側であるトランス・サルウィン (Trans-Salween) に比べ，ビルマ文化との接触が頻繁で，その影響が認められる地域である。王朝時代，シャン・ソーボワがビルマ王から与えられた称号にカンボーザがつくのは，サルウィン川の西側なのである [San Aung 1973: 7, Naw Mong 1997: 171]。KMS精霊伝説に出てくるカンボーザがビルマ文化との接点において重要な指標のひとつであり，ビルマ側にとってのシャンの「他者性」の表象ともいえそうである。そのシャンの「他者性」ゆえに，シャンには多義的な意味づけがなされうるのである。後述するようにビルマ語の「シャン」には複数の解釈が可能なのである。

三十七柱の神々の周辺における精霊の「名づけ」はビルマ側からの民族観の問題だけではなく，ビルマ王権による対外進出とも関係しているといえるかもしれない。なぜならKMSはいずれもビルマ側の王を助ける存在として描かれているからである。しかもシャンと結びつけられる存在としてである。KMS信仰の実像は，それを分析する確かな端緒なのである。

5 KMSの祠

KMS信仰のハードウエアの中心として祠が位置するのは，メーミョウとタウンジーである。シャン州東部チャイントゥン近郊の山頂にもKMSの祠が建てられている。しかしその建立は1990年代に入ってからであり，移り住んできたビルマ人が崇拝の対象として建てたとの説明を現地で受けた。いずれにしてもこの二ヵ所の規模には及ばないようである。祠の分布

もカンボーザと関係が深い。

　マンダレーから英領時代以来の避暑地メーミョウ（現ピィンウールィン）までの道路沿いには，いくつかの精霊の祠があり，通行人の崇拝を受けている。道路沿いにあること自体，通行と精霊に付随する語りとの意味的連関を示している。マンダレーからメーミョウに向かい，メーミョウの町がもうすぐという場所に，KMSと看板がある祠が左側に見えてくる。通過する車，とりわけバスが一時停止して，寄付金を祠を守る年配の女性に渡して行く。彼女によればここの精霊は，ミョウウィンナッ（Myo Win nat, 町の入口の精霊）と呼ばれ，交通安全に霊験があるという。祠は1961年に設営され，1990年に改築されたことが，祠内の柱に刻まれている。訪問したすべての祠の守りをしている人々は，自分たちは仏教徒であると語る。メーミョウ入口のKMS祠を守る女性も同様に話す。後述するように，メーミョウ，タウンジーの祠を守る家族の希望は，いずれもパゴダや堂などの仏教的建築物を建立することである。また崇拝者の願いを精霊に伝えることばの終わりはパヤー（phaya）で閉じられる。パヤーは，仏陀，僧侶，パゴダといった仏教を支える基本要素に対する呼びかけのことばである。その一例を紹介しよう。

　　生まれてより感謝すべし，父なる神よ
　　この土地この場所，ビルマ全土に
　　知恵満ち満ちて行く先をお示し下さい。パヤー！

　ここでいう父なる神とはKMSをさす。崇拝者は，出生曜日と名前を尋ねられ，その内容が祈りのことばに加えられる。そして願いが聞き届けられると信じられているのである。

　　a）マンダレーからメーミョウへ
　1990年代前半の調査当時，メーミョウの祠を守るのは三代目の四十歳代の女性である。彼女の夫の祖父が初代で，彼は純粋なシャン族であったが，

シャン州から西へマンダレー方向に移って来ると「ビルマ人になった」と説明する。夫の母はビルマに出自がある。祠に安置された像の由緒は，百年を超えるが，現在の祠の規模になって四十年が過ぎたと語る。守りの継承についてのルールはないという。

KMS伝説には，メーミョウが登場するものがある。ロドリゲが紹介するその伝承によれば，KMSがウー・ミンチョウに追われて移り住んだのが，ここメーミョウとされている[Rodrigue 1992: 42]。このモチーフを知る彼女は，KMSの出自がビルマ人であると明言したうえで，シャン族がこの祠を参拝したことはないと付け加えた。祠の祭壇の中央に位置するKMSの偶像の特徴は，ダー・ヤーザ (da-yaza，剣の王) の名にふさわしく剣を携え黒いシャン風の衣装を着ている。祠内にある他の偶像は，マンダレーの守護神マンダレー・ボーボージー (Mandalay Bo Bo Gyi)，チャウセーで崇拝されるコーテインシン (Ko Thein Shin)，アメー・シュエナベー，ミィンビュウシン，クンソー・クンターのシャン兄弟，ウー・ミンチョウ，アメー・パレーイン (Amei Pale Yin)，エインドウィン・シン (Eindwin Shin，家の守護神)，他にKMS伝説に登場する精霊などおびただしい数である。

メーミョウの祠では，毎日午前6時から午後8時まで祈願を受けつけ，休みはないという。また毎年ビルマ暦5月ワーガウン月の満月の日の頃に約7〜9日間例祭を行なう。この時期は，ビルマ最大規模の精霊祭祀タウンビョンと，ヤダナーグーのちょうど間にあたる。その他，アデイタン (adeihtan，誓願) があれば，プエ (pwe) を催す。またKMSへの供え物は，九の数が大事とされ，バナナ九房，ココナッツ一個に，タバコ九個，キンマ九個というように構成される。おこわ九皿，赤菓子白菓子各九個，魚九尾が加わることもある。

祠を守る彼女は，パゴダを建立するのが夢だ。仏教徒だと自称する彼女には，KMS崇拝の中心を守る行為との間に矛盾はない。彼女は，ここのKMS祠がビルマ最大と誇り，ラショウ，チャウメーにもあることはあるが小さく，シャン州の東部には，ナッ・プエ自体が存在しなくなるという。

彼女が挙げた地名はいずれもサルウィン川の西側であり、ビルマ文化に起源をもつ精霊信仰は、カンボーザの外側では顕著ではないと認識されているのである。ラショウ、チャウメーなどの北部シャン州の事例は、第九章で詳述する。

b）マンダレーからタウンジーへ

マンダレーから国道を南下して、チャウセーを過ぎ、シャン州の州都タウンジーへの玄関口タージーから道路を東方向に取ると、道路沿いにいくつかのKMS祠がある。その最初に出会う祠の守りの女性によれば、そこより西方にはKMS祠はないという。

タウンジー町中のKMS祠は、カンウーという名前の寺院のそばにある。この祠は、現在の守りの女性の先代である1980年代後半に七十五歳でなくなった母、そしてその前はその母が管理していた。代々彼女の家系がこの職務を守り、継承者は娘でなくても構わないが、それ以外の系統の者が継ぐことはできないというルールがある。彼女はタウンジー生まれで、毎朝、毎夕隣接する寺院への参拝を欠かさない。祠は朝6時から夜7時まで祈願者のために開いている。彼女は五～六人の女性の援助者とともに祠を守っていると説明する。

例祭は、ビルマ暦2月カソン月の白分7日～12日に催される。祠は昔ソーボワがいた時代まで遡ることができ、先代の母が二十年余り前に現在の祠を建てたという。彼女はKMSの霊験について次のように語る。

> この精霊はすべての者を守って下さっている。王様がいた時代に、王から任命された統治者だから守らなければならないのである。だから熱が出ないよう、災難に遭わないようにプエをする。いま、子どもたちが来るのは交通事故に遭わないようにだ。あらゆる願いに応えている。KMSはタウンジーの守り神シンピィエター (shinpyei-tha) で死後そうなったのである。王がこのシャンの土地を守るように封土したのだ。どれくらいたつかはいえないが、次の仏陀が悟りを開いたら、成仏（チュウッ、kywut）するだろう。シンビュー (shinbyu,

入仏門式）の際，タウンジーでは，必ず志願者をKMSの祠に見せに来る。もしそうしなかったら志願者が発熱，痛みなどいろいろな災難に遭う。志願者の病根退散のため守っている。

　KMSは九つのカヤイン（khayain）を死後封土された。メーミョウは北部シャン州，タウンジーは南部シャン州。北部シャン州は，北はラショウから始まってチャウセーまでである。供え物はバナナ三房ココナッツ一個もしくはバナナ九房ココナッツ一個のガドー・ブエ（gadaw bwe，供え物）が基本である。来訪するのはあらゆる民族である。インド系，中国系さまざまである。中国系は信仰が篤い。一日中，来訪者が中国系だけということもある。

　精進日（ウーボネ，ubounei）もこの祠は開いている。寺院，パゴダに出掛けた折そのまま立ち寄る者が多い。商人も来訪者の中には多い。商売繁盛の願掛けである。うまくいったら必ず御礼にやって来る。さもないと災難に遭うといわれている。試験に合格するように子どもたちがやって来る。ここにそのための願掛けの石がある。願掛けをして軽くなれと祈ると軽くなる，重くなれと祈ると重くなる。

　願掛けの石は，精霊の祠だけにあるのではなく，ビルマではパゴダの境内でもしばしば見かける祈りの道具のひとつである。彼女の父は中国系で，守り役を継承した祖母も母もビルマ系だと説明された。タウンジーのKMSの祠には他のビルマの精霊信仰の祠と同様に多数の偶像が祀られている。次頁に見取り図を掲げる。

　鏡は精霊像が映り，ろうそくで汚れる心配がないからだという。⑦～⑨は中庭にある。⑩の堂は1990年代前半の調査当時建設中で，中国由来の観音像が安置されていた。2005年再訪時には完成していた。

　「名づけ」られた精霊の偶像の起源はいつ頃なのだろう。中心となる精霊の他は，伝承に登場する精霊群が確実に含まれる。メーミョウ，タウンジーいずれも祠の守りの歴史は三代遡れるのみである。KMSの中心的祠の歴史は，19世紀末に始まる英領時代以前にはたどれない。偶像も同様で

第7章 精霊伝説と民族表象 173

タウンジー，KMS祠見取り図

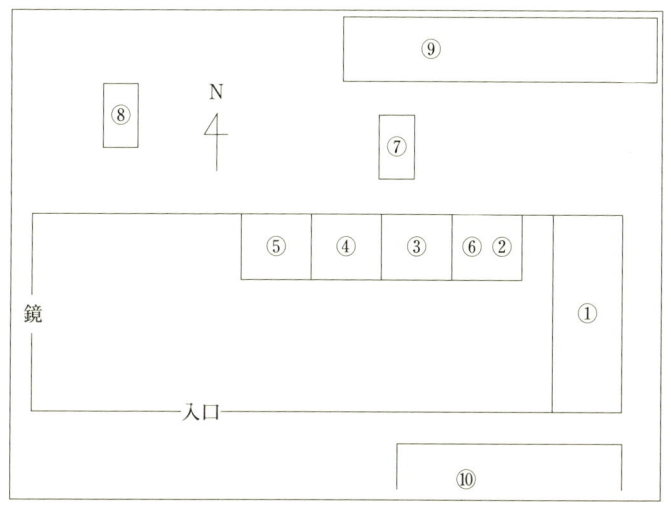

①コーミョウシン，ボーボージー ②ウー・ミンチョウとその部下ボウニョウ（賭博関係に霊験，鶏肉と酒が供え物） ③ヨーミンジーミンガレイ（失敗事があったときに頼む，ダンバウ〈インド風釜飯〉三皿，酒三本，菓子，キンマ，タバコ） ④ポーパ・メードウと二人の息子（ココナッツをカットしたものにバラの花を三〜五本） ⑤アメー・インインと呪術師（米，油一本，鶏二羽を料理して供える。最初は生で見せ，ろうそく十本に灯明をともす。灯明が消えたら鶏を料理して夜供える。それを病人にご飯とともに食べさせる） ⑥レーチュン・マウンマウン（スポーツ，試験関係に霊験，ボール，卵，餅米を供える） ⑦タウンジー・ボウトー（タウンジーの守り神／祭りなし） ⑧ヨッカソー・ボーボージー（子宝を司る） ⑨ナウンタヤイン・メードー，アウンナイン，クンチョウ・クンター，エインドウィン・アページー，アメー・シュエナベー，ミィンビュウシン ⑩堂

ある。結論は急ぐべきではないが，英領時代以前の王朝時代の精霊像の処遇は，パゴダや寺院とセットだったように思われる。つまり仏教的世界観の中に位置づけられた超人間的存在だった蓋然性を指摘したいのである。英領時代は仏教が政治的庇護の存在を失った時期である。精霊信仰の立脚していた宗教的脈絡は明らかに質的変化を余儀なくされたと考えられるのではないだろうか。その変化の一面がKMSの祠のように思われる。その

間接的な参考資料を提示しておきたい。それはシャン文化に関する資料である。

6 「シャン」のイメージ

　繰り返すが，本章はシャンの人々がビルマ文化の中に取り込まれていく歴史的過程を考察することが本意ではない。ビルマが「シャン」を用いてどのように自分を表現しているかの分析である。その問題設定に従って「シャン」の精霊と語られる精霊の伝承とその背景を考察している。しかしながら「シャン」と呼ばれるあるいは呼ばれてきた人々がビルマのどの地域に移り住み土着化してきたかは押さえておく必要があろう。

　シャンあるいはそれに類した名前が出現するのは，1120年の碑文にシャン（syam）と銘記されているものからである。タイ系の人々が奴隷としてミンブーの灌漑地域に出現したという脈絡においてである。ミンブーは，エーヤワディー川西岸のバガンから下ったところにあり，チャウセーとともに，地域単位カヤイン（khayain）を形成したことで知られる，早くから灌漑設備が整った地方である。またチンドウィン川上流のシャン系住民の存在も，歴史家であるルース（G. H. Luce）が指摘している [Luce 1958: 124]。彼によれば，カヤインはチャウセーとミンブーにしか用いられない地域単位を示す用語で，中心，核，木の髄，傘の柄の根元を表現するタイ系語源だと説明する [Luce 1959: 98]。いうまでもなく生活に関する全体像がわからないかぎり，歴史家のいうシャンと現在のシャンと呼ばれている人々とを直接結びつけることはできないが，タイ系の人々についてビルマ側が「シャンの〜」という接頭辞で語る歴史的脈絡が，ＫＭＳ崇拝の地域と重なることは疑いないようである。

　ビルマ・シャン州内の諸民族の研究について文化省内部資料などかぎられたものしかないという現状において，シャン族についての民族誌的資料は，隣国タイ王国北西部に位置するメーホンソーン県に住むシャン（タイ・ヤイ）族に関するものが参考になる。その村落空間において信仰の対象となるのは，寺院とその境内のパゴダという仏教的基盤に建てられた建築物

の他に，精霊信仰のカテゴリーに含めることができる信仰対象がある。ひとつは，ツァオ・ムアン（*caw mäng*）と呼ばれる村の主としての存在である。一部固有名を与えている村落もあるが，その認知のための伝承は希薄な傾向がある。むしろ他の北部タイの地域に見られるような祖父母の霊（ピィー・プーニャ）のように特定の名前をもたない性格が一般に認められ，むしろビルマの守護神の呼称にあるボーボージー（長老の霊）と類似している。

　重要なことは，メーホンソーンでは祠に社があるものの，偶像が安置されているものがほとんど存在しないという事実である。メーホンソーンの町の北の入口近くの集落に，唯一偶像を安置した祠がある。だがこの偶像は中国から来たもので，精霊も中国起源だと祠の祭祀を司る女性は語っていた。ほとんどの精霊の祠においてその存在を印象づけるものは，精霊が休むための枕，蚊帳と供え物だけである。

　またツァイ・ワーン（*caay waan*，村の柱・心）と呼ばれる木製の柱があるが，この存在は他のタイ系諸民族の慣習と共通している。この村落空間の構成要素はビルマ文化にはない。また寺院にあるツァオ・タン・ハー（*caw tang haa*，寺院の守護神）の場所も，ビルマの村落空間では見られない。逆にビルマ人の家屋に安置されている家の守護神を祀る棚は，シャン族の家屋には未発達といえるほど皆無に近い。したがってビルマの精霊信仰における偶像の発達は，周辺民族と比較して特異的なのである。

　タイ側のシャン族において精霊の「名づけ」は一部認められても，「語り」が希薄であることは先述した。また独立した精霊の祠もほとんど報告されていない。ここでいう独立とは村落空間との関係を意味している。シャン族の村落の場合，あくまでも建村の祖先が祀っていた精霊が崇拝の対象となっているように思われる。ビルマで「シャン」の精霊と「名づけ」られたKMSの場合，村の守護神ではなく領域の守護神であり，「名づけ」の主体はあくまでビルマ側である。したがって「シャン」の精霊とビルマ側がみなしているKMSの文化的背景とシャン族の文化的特徴とが適合しないのは明らかであり，精霊の呼称に関して，ナッ（*nat*）とピィー（*phi*）では違う，という単純な相違点以上に，精霊信仰の構造自体が異なってい

るのである。KMSのフォークロアの解釈は，あくまでビルマ文化の中でのみ可能なのである。

以上のビルマ側からみたビルマとシャンを取り巻く脈絡をふまえたうえで，KMSの伝承にみられる意味と象徴について分析することにしたい。

7 KMS精霊伝説の分析から

KMS伝説を構成する基本要素を列挙してみることにしたい。

① 「非業の死」をKMSとその係累の人々は遂げ，ナッとなる。
② 「シャンの〜」のアイデンティティが付随する。
③ 「二人の兄弟」のモチーフと関係が深い。
　　（シャン族出自兄弟の養父／アメー・シュエナベーの卵生出自の兄弟の養父／徴税官兄弟の諡名）
④ 「KMSとその妹」は王族の出自である。
⑤ 「三十七柱の神々」と結びつく伝承が認められる。

①はビルマのナッに共通する要素である。
②の「シャンの〜」というアイデンティティに関して，複数の意味づけを指摘したい。ビルマ語で「シャン・コーミョウシン」と表現した場合，「シャン」の意味は「シャン族出自の」なのか，「シャン地方の」なのか，「シャン諸州を支配した」なのか，あるいは「シャン地方に関係の深い（たとえば遠征に出掛けたなど）」のいずれかを意味する。伝承を語る人々は，そのいずれかの意味を与えて解説を展開する。民族なのか，土地なのか，政治単位なのか，方向なのかという少なくとも四通りの性格づけが，KMSに与えられることになる。その区別は，伝承をどのように受けとめているかに依存しているといえるかもしれない。伝承のさまざまな様式は「シャンの〜」の意味づけの重層性に由来するといえるかもしれない。四通りのKMSへの意味づけの中でシャン世界への投影が最も濃いのは，KMSがシャン族の出身というものである。

KMSの祠で紹介される伝承では，KMSが実はビルマ出自であることが明らかにされている。だが偶像の認知がシャン風の衣装と携える剣で成立することは，「シャン族出自の」というイメージを崇拝する人に生ぜしめるのである。

　KMSのフォークロアに影響を与えている三十七柱の神々についてテンプルが編集した伝承群の中で「シャン系出自の」ナッということが明らかなのは，ユン・バイン（Yun Bayin，ユアンの王）と呼ばれるズィンメーの主と，ンガズィシン（Ngazishin，頭が五つある白象に乗る主）の二柱である。ズィンメーはおそらくチェンマイだと考えられており，ンガズィシンは13世紀にバガン王国が滅んだ後に，中部ビルマの覇権を握ったシャンの三兄弟の係累とされている［Temple 1991(1906): 65, 55-59］。ユンあるいはユアンは，テンプルによれば，16世紀半ばのシャム族のシャンのくに（Siamese Shan State）の王家であるとされているが，その同定は明確ではない。少なくとも出自に関していえば，この二柱はKMSと明らかに異なっているし，伝承上の接点も見当たらない。

　KMSとシャンを結びつける重要な基盤は，偶像の格好だけではない。ビルマ側がシャンあるいはタイ系の人々のくにを，攻撃あるいは支配するために派遣される存在としてKMSが伝承されていることである。時代を下ってナッとしてビルマ軍の士気を鼓舞する存在として描写されているものもある。また徴税官として派遣されている伝承も紹介した通りである。だがビルマ側を支持する立場でありながら，結局非業の死を遂げ，ナッになってしまう。遠征に加わりその後，王の機嫌を損ねて殺されてナッになるというモチーフはタウンビョン兄弟と同様である。タウンビョン兄弟の養父であるインド系（カラー，kulaとビルマ語では表現）のマンダレー・ボードー（Mandalay Bodaw）がやはり妹とともに殺され，三十七柱の神々に加わっているモチーフもKMSの兄妹の関係と類似している。

　KMSは，生まれ変わりで，カレン，モン出自という伝承も紹介した。またモンのくにに派遣された徴税官がKMSと諡された伝承も先に引用した。ビルマ側から見たシャン，モン，カレンは具体的な民族ではなく，ビ

ルマ王権の中心から見て周縁の意味づけがなされているように思われる。したがってその性格づけは共通しており，シャンか，モンか，カレンかというのは可変的な表現で，ビルマ世界における「他者性」の明示的表象として，同時にビルマ人の「中心性」の暗示的表象として，相互に強化する構図として解釈できそうである。

ところで，ロドリゲは，その伝承の内容から判断して，KMSが三十七柱の神々のリストに含まれてしかるべきなのに含まれていないのは，今日のシャンとビルマとの間の出来事を彷彿させるという政治的理由が関係したのかもしれないと示唆している［Rodrigue 1992:44］が，その考察は不十分といわざるをえない。なぜならシャン出自あるいはタイ系出自のナッが他にリストに含まれていることに加えて，リストにはシャンのKMS以外の人気のあるナッが含まれていないことに気がつかなければならない。一柱は「モンの〜」として同定される傾向のあるウー・シンジー，そしてもう一柱は上ビルマでポピュラーなミィンビュウシンである。この二柱のナッは，KMSとともに，先に紹介したティンアウンが記述するバガンのシュエジゴン・パゴダの信奉者のリストには含まれているのである［Htin Aung 1962:108-109］。

ビルマ側の精霊伝説の伝承者は，シャン，モン，カレンを被支配の領域の表現として活用している。KMSの伝説の場合，主人公はいずれも非業の死をビルマの王によって与えられるが，死後怨霊ではなくビルマ側を守護するナッにその性格を変化させている。いわば「シャン」は，ビルマ王権あるいはビルマ文化の中心からみた外の世界との媒介を示す観念の表現であり，周縁の方向を示す記号でもあるといえるのである。

KMSの特異性のひとつに九のタブーという語りがある。この語りが伝承されている領域こそKMSの支配する土地と崇拝する人々は説明する。したがってKMSは，村落の守護神としての役割より，むしろ交通の神としての領域を広く支配する性格が強い。この点は下ビルマで船の安全を司るウー・シンジーと類似している。

KMSに関して，チャウセーで崇拝されていると報告されているコーテ

インシンに連なるような，灌漑や水路の守護神としての伝説上の関連を指摘する向きもある［Rodrigue 1992: 43-44］。陸路にしろ水路にしろ，単一の村落空間では収まらない信仰の領域が認められるのである。その交通の守護としての霊験の語りは，KMS信仰を上ビルマ各地に伝播させたことと関係があると考えられる。そう仮定するなら，なぜ「シャンの〜」というアイデンティティが知識として付加されたのだろうか。

④でKMSが王家の出自であることを指摘した。しかもビルマ側を支持する立場にある。一方，王朝時代のシャン地方は，ビルマ王が，シャン語で首長を意味するツァオパー（*cawphaa*）をビルマ化したソーボワ（sawbwa）と呼ばれる伝統的な首長のもとに，いくつかの土侯国に領有されていた。シャン族の首長だけではないがそのほとんどがシャン系であった。この統治体制体制は，英領時代になっても存続し，1959年まで継続している。この状況は，歴史的には，ビルマ王権とシャン・ソーボワとの交渉関係を意味しているが，これらシャン・ソーボワの存在がKMSのイメージに投影された可能性はありうる。本章で紹介した伝承でKMSの他にシャンと関係するのは，九十九のシャンのくにの主，九人のソーボワ，九つのシャンのくにといった表現である。九という数は，シャンに関する歴史的事実ではなく，ビルマの文化的脈絡における伝承上の形式化された表現であり，九が象徴的にシャンと意味連関されていることは明らかである。ビルマ側出身の王族が，伝承する過程でシャン地方を支配する精霊として認知されていった背景にも，九のシンボリズムが介在しているといえよう。このシンボリズムの背景についてはさらに考察を重ねなければならない。現在，シャン出自の人々の幾人かに尋ねると，九という数字に，プラスの象徴的意味合いを認めない傾向がある。その意味で，九のシンボリズムに関して，ビルマ文化のフィルターが介在していることは否定できない。第Ⅱ部第6章で考察したコー・シャン・ピィ（Ko Shan Pyi）と同様に，個別の同定が大切なのではなく，その包括的な集合性こそが注目に値するのである。

ソーボワの詳細な分析は歴史家に譲るにしても，ビルマ王権と歴史的事

実として交渉のあったソーボワがナッとなった伝承といえそうなのは，先に紹介したズィンメーの主を除いては見当たらない。なぜなのだろうか。九人のソーボワがKMSの祠を建てて崇拝したと伝承のひとつは語っている。我々は改めてビルマの精霊伝説が，ビルマ世界の中の「語り」であることを確認しなければならない。ソーボワがKMSの祠を建てたというのはあくまでシャンを支配下に置くビルマ側の立場からの説明である。史実として実際に建てたかどうかはわからない。偶像崇拝がまったくといっていいほど未発達な現在のシャン族の精霊信仰から考えるかぎり，むしろその可能性は薄い。シャン・ソーボワは，精霊信仰に関してはあくまでビルマ世界の外延の存在であったといえそうである。だからこそソーボワはナッとして崇拝の対象とならなかった。だがその存在は，「シャン」に関してビルマ側が伝承を組み立てる際のひとつの知識であったのである。

　以上の考察から，精霊伝説で登場する「シャン」は，現実ではなくビルマ側の世界観に組み込まれた観念であることは明らかである。先にKMSの支配領域として現時点で考えられるのは，カンボーザつまり東方はサルウィン川が境界ではないかと推測した。KMSの二大祠とおぼしき祈りの場が位置するメーミョウ，タウンジーというシャン高原の西側の縁は，文化地理的に考えて，ビルマ世界とシャン世界の境界領域と考えることができるかもしれない。KMSもビルマ出自でありながら，シャン族出身の兄弟の養父となり，シャン風の衣装をまとうという中間的存在として伝承されているのである。

　KMS精霊伝説のフォークロアは，このようにビルマ側から見たシャンのナッという意味を与えられ，ビルマの支配体制に関する語りに，精霊信仰の脈絡で寄与しているのである。王朝時代もそして英領時代を経て現在においてもである。

8　おわりに

　フォークロアの分析は語りの脈絡の確定を重要な作業としなければならない。本章で提示することができたのは，KMSという精霊がなぜビルマ

側で「シャン」と結びつけて考えられているのだろうかということに対するひとつの解釈である。「シャン」の民族表象をビルマ側がその伝承文化の中でどのように意味づけてきたか，その背景についての推察である。誰がどんな立場で，どこでいつ伝承しているかで差異化していけば，収集されるフォークロアは量的に無限ともいえるだろう。しかしながら複数の資料の比較によって導き出されるモチーフの共通性とその文化的背景の考察は，フォークロアの分析の確かな結実の可能性を教えてくれるようにも思われる。今後もビルマ各地方におけるKMSの厚いフォークロアの収集を続けたいと考えている。特にチンドウィン川流域など，口頭伝承の資料が少ないエーヤワディー川の西側は重要と思われる。また本章で幾分仮説的に述べたサルウィン川を境界とするシャン州の精霊信仰の過去と現在の実像に関する考察も重ねなければならないのである。

第8章　コーミョウシン精霊伝説の形成

　前章で，考察対象としたコーミョウシン（Ko Myo Shin）精霊伝説の特徴のひとつとして，「三十七柱の神々」と結びつく伝承が認められることを挙げた。またコーミョウシンは，王家の出自をもつが非業の死を遂げて精霊となり，霊的世界における「シャン」と結びつく領域の支配者として信仰されていることを示した。いずれもビルマ王とシャンとの歴史的交渉を脈絡とした言説の表象である。この章では，時代的にその最初となる王であるアノーヤター（Anawrahta，在位1044-1077）とシャン世界との結びつきを資料の中にたどり，精霊伝説の地理的背景を考えてみたい。主要な舞台は，バガン王国（1044-1287）の経済的基盤とみなされている九つのカヤイン（Ko khayain）と古くから呼ばれてきたチャウセーである。カヤインという地域単位は，チャウセーとミンブーにしか用いられず，中心，核，木の髄，傘の柄の根元などを表わすタイ系語源と考えられている[Luce 1959: 98]。この場所は，エーヤワディー川の支流であるミィッゲ川を経由して，北部シャン州へつながっている。ミィッゲ川は，ビルマ語でドゥッタンワディ，シャン語でナムトゥ川と名前を変えて遡る。北部シャン州のかつての代表的なソーボワの居所はこの川の流域に位置した。

　シャンについては，「マオ（Maw/Maaw）の九つのくに」という言い方が多用される。マオあるいはモーについては，一般に，エーヤワディー川のもうひとつの支流であるシュエリー（Shweli，シャン語ではマオ，Maaw）川のことだと考えられている。同川は，中緬国境のナムカム，ムセーの近くに発し，ナムトゥ川とともに河谷平野を肥沃にし，伝説上のシャンの最初の王国の存在した地域とされている。またコー・シャン・ピィ（Ko Shan Pyi）に類した言い方もしばしば聞かれ，現在の中国とビルマ（現ミャンマー）の国境を越えて位置した Chinese Shan States をさしているとの

説もある［Sao Saimong Mangrai 1965: 42］（第Ⅱ部第6章参照）。

マオについて，あるシャンの歴史家は，シュエリー川ではなく「宝庫」の意味であり，ビルマ側が誤解しているとの説を示している。マオは，全体として「シャンのくに」をさし示しているというのである。現時点では別説の紹介に留めるが，マオが伝説上の重要なタームであることは確認しておきたい。

1　ビルマの精霊伝説

ビルマで最もポピュラーな精霊群は，三十七柱の神々であり，その代表格が，ミン・マハーギリ（Min Maha Giri）とタウンビョン（Taungbyon）兄弟である。前者のシンボルであるココナッツは家屋の守護神とされ，後者の祭礼はビルマ最大のもので，全土から多くの人々を集めている。それぞれの伝説のよく知られた筋書きは次の通りである。

ミン・マハーギリ精霊伝説

タガウン（Tagaung）の鍛冶屋は，その力強さで有名だった。王はその強さを恐れ，捕まえようとしたが，彼は深い森に逃げ込んでしまう。それで王は，彼の妹を王妃とし，王妃を通じて兄に戻ってくるように伝えさせる。ところが戻ってきた王妃の兄を捕まえてサガの木に縛りつけて火あぶりにしてしまう。妹の王妃も火に飛びこんでしまう。この兄妹はナッになり，木陰に近づくあらゆる動物を殺した。王は，命じてこのサガの木を引っこ抜かせ，エーヤワディー川に流す。それは下流のバガンに流れ着く。そしてこの兄妹は，バガンの王によってポーパ（Popa）山に祀られることとなった。

タウンビョン兄弟伝説

タトン（Thaton）の海岸にインド（もしくはアラブ）人の兄弟が流れ着く。彼らは，僧侶によって育てられる。あるとき呪術師の死体を食べて超自然的力を獲得する。そのために王に追われ，兄は捕えられ

て処刑され，タトンの町の守護神となる。弟の方はバガンのアノーヤター王に仕え，タトン攻略に際し兄の精霊の助けもあって功績を上げる。その後，弟は，ポーパ山から花を届ける役目を与えられる。彼はポーパ山に住む花を食べる鬼女と恋仲になり二人の息子を得る。そのために花を届ける時刻に遅れ王に殺されてしまう。母親の鬼女も悲しみで死んでしまう。残された兄弟は王に仕え，仏歯を求めての中国への遠征に加わり手柄を立てる。その後，王が仏塔を建てる際に遊びに興じて割り当てられたレンガを提出する役目を怠る。そのために王によって処刑されナッになる。

以上の二つの伝承の詳細にはさまざまなバリエーションが認められるが，基本的な骨格に変化はない。タガウンは，エーヤワディー川上流の左岸に位置し，ビルマ族が最初に定着した場所だと考えられている。『玻璃王宮大王統史』（原題 Hmannan Maha Yazawin Dawgyi 〈HMYD〉）の中でもタガウン建国が重要なモチーフとなっている。考古学的調査が実施されているが，史実か伝承かどうかは現時点でも不明である。ビルマの著名な歴史家であるティンアウン（Htin Aung）は，ミン・マハーギリに三十七柱の神々の二番目の地位を与え，最高位には仏教の守護神としてインド神話のインドラ神にあたるダジャー・ミン（Thagya Min）を配して，その偶像をバガンのシュエジゴン・パゴダに献納したエピソードを紹介している [Htin Aung 1962: 74-75]。換言すれば，アノーヤター王とミン・マハーギリの関係は，仏教王国の統治者としてその正統性を表象しているのである。一方，タウンビョン兄弟の精霊伝説では，軍事遠征の勝利者としてのアノーヤター王が印象づけられる。彼らの貢献が彼の成功を導いたのである。王権の正統性，軍事的勝利そしてもうひとつのイメージが，豊穣性の象徴の主体である。その基盤の地の代表格がチャウセーである。

植民地時代の地誌である Gazetteer of Upper Burma and the Shan States（GUBSS）には次のチャウセー灌漑の歴史が記録されている。話はアノーヤター王が，ビルマ暦454（西暦1092）年中国から仏歯を得て王都

へ帰ってくるときのことである。

　　王がトゥワナ・ポッパダ（Thuwunna Poppada）山，現在はピェ・カッ・ユェ（Pyet-kha-ywe）として知られる山に滞留し，仏歯を安置する社を建立した。王はその願望実現に熱心であったが，社が完成した後，夢に三匹の蛇を見た。一匹は四分し，別の一匹は五つに断ち切ったが，最後の一匹は傷を負わすことができないまま逃してしまった。彼は，この夢の意味をバラモンに問うた。バラモンは次のように夢判断をした……三匹の蛇はこの地区の三つの川，すなわちゾージー，パラウン，サモンを意味する。四つに断ち切られた蛇は，パラウンにあたり，その四つはその川より導かれる四つの水路を意味する。ゾージー川は二番目の蛇。五つは五つの水路。三番目の蛇はサモン川で，その川は川床が低く，治水に適さないと。それでサモン川は治水されないままとなった。　　　　　　[Scott & Hardiman 1901: 2-1; 504]

　この伝承は，チャウセーが「九つのカヤイン」と呼ばれるようになった由来が「九つの水路」にあることを語っている。ハーヴェイ（G. E. Harvey）によると，ゾージー川は三分され，三つの水路となり，最後の一匹の蛇は，北のミィッゲ川を表わすという伝承を紹介している [Harvey 1967(1925): 25, ハーヴェイ 1976: 35-36]。「蛇―ナガー」のモチーフは水との関わりで興味深い。

　またチャウセーには，「九」のタブーの由来を説明するコーテインシン（Ko Thein Shin）の精霊伝説が記録されている。GUBSSでは，アノーヤター王の治水起源のモチーフに続いて次の場面が展開する。

　　王が四つの堰と四つの灌漑水路を，四つのカヤイン（現在のミィッタ，Myittha地区）に完成させたとき，王は五つのカヤイン（現在のチャウセー地区）ヘヌワダッ（Nwa-dat）の堰に適当な場所を見つける目的で視察に出かけた。途中，王はミョウ・ティ（Myo-hti）の町を

通過した。彼は大臣たちになぜ領主が表敬に前もって来ないのかと問うた。誰も答えられなかった。それで王は領主に参上するように命令を送った。しかし領主は誇り高く，抵抗できないと知ると，王の前に額くよりとゾージー川に身を投げた。王はこれを知り，川の堤に出かけ，その呪力のある杖でその水を叩いた。死んだ領主は，生前，臣下の礼をとることを拒絶したが，今度は水面に姿を現すだけではなく手を合わせて臣下の礼をとりながら上がってきた。「偉大なる王よ，あなたの力を前もって知っていたならばその命に背くことはなかったものを」。王は答えた。「今やおまえはナッとなった。私はおまえをより偉大なナッにすることさえできる。私はおまえを九つのカヤイン全部の守護神に任じる」。そして今日にいたるまで，誇り高きミョウ・ティの領主は，テイン・ナッ（Thein Nat）もしくはコーテインシンの名で崇められている。　　　　　　　　［Scott & Hardiman 1901: 2-1; 517］

　ブラウン（R. G. Brown）の報告［Brown 1916: 491-492, 1921: 87］には別の伝承がみえる。彼は，チャウセー地域で発見された木製の像を参照しながらその同定とそれにまつわる物語を綴っている。その木像の中に婦人の像があり，付近ではそれはアノーヤター王の王妃の一人であるとし，ゾージー川をシャン州へ数マイル行った丘陵に位置するミョウ・ジー（Myogyi）を支配するシャン王の妹といわれている。そして彼女は堰の人柱となったとする伝説とともに語られているのである。上記の伝承と同様に，コーテインシンについては，九十万の町の領主を意味する称号を与えられた兄であるミョウ・ジーの王が，「臣下の礼をとることを拒否してゾージー川に身を投げた誇り高き王」として登場する。そして不幸な兄妹の像と伝えられるものが，チャウセーの丘の上の社に置かれているという。王が誇りを傷つけられ恥じて入水した理由は，ゾージー川を下ってバガンに向かおうとした際に，ビルマのくにとシャン諸州の境界を越えて臣下に下ろうとしたことにあるとされている。

　トゥエハン（Htwe Han）とバニュン（Ba Nyunt）編集によるビルマ語

版『ビルマ精霊伝説集』(1981) には，別のコーテインシンについての伝説を紹介している。舞台は九つの領土をもつシャンのマオ (Maw, Maaw) のくにとなっている。中国からの帰りのアノーヤター王を迎えた領主は，その娘と金の敷物を献上した。娘は王の寵愛を受けた。その娘の名前が，ソーモンフラ (Saw Mon Hla) である。彼女の物語について『玻璃王宮大王統史』(HMYD) は次のように記している。『ビルマ精霊伝説集』もおそらくそこから引用している。

　……マオの九つのくに (モー・コー・ピィータウン，Maw Ko Pyihtaun) の娘であるソーモンフラを，王はいつもそばに置いた。そして仏舎利は彼女の耳飾りの中に安置されていて，それが光り輝いているのを，女王と側室が目撃し，超自然的な力を有するウィッチであると王に進言した。王もまた，彼女の耳飾りが光り輝いているのをその眼で見てその進言を信じた。そしてソーモンフラは黄金の宮殿にふさわしくないとして故郷に帰るように命令を下した。王命により，ソーモンフラも，自分の侍従や昔からのお付きの人々たちと，王をはじめとしてくにの守護神，王宮の守護神に崇拝の祈りを捧げて帰路についた。……シュエザヤン (Shwe Zayan)・パゴダの場所まで来ると，耳飾りが緩んで落ちてしまった。水の中で光り輝いているのが見え，潜って探したのだが見つからない。と，空中に小さな雀が群れて，奇跡を表象する耳飾りと仏舎利が見えて，ソーモンフラも礼拝すると，それらは降りてきてもう一度ソーモンフラの左の耳におさまった。ソーモンフラは，その仏舎利を祀ってパゴダを建立しようと思うにいたり，ダジャー・ミンは仏教栄華の五千年を通じて人々に崇拝されるであろうと考えて，積まれた煉瓦を示した。ソーモンフラはそれを発見してそこへ仏舎利を安置し，高さ5タウン (taun, 肘尺で1タウンは約18インチ) のパゴダを建立した。ソーモンフラが，パゴダを建立し，マオの国から持参した金銀で人々と僧侶に喜捨したことを聞いたアノーヤター王は，使者を立て，次の命令を与えた。「もし彼女が洞

宿寺院の入口を東方のマオのくにに向けていたなら，彼女に死を与えよ。もし王の居所であるプガラマに向かって，中央入口のアーチが造られていたら安堵せよ」と。使者は夜近くに到着し命令を伝えようとすると，ソーモンフラは，翌朝になったら承るとして，使者に報償，賄賂，贈り物を与えて十分に歓待し，丁重に遇して命令の内容をうかがい，それを知るにいたった。ソーモンフラは，ダジャー・ミン，四守護神とサンマ・デヴァ（Samma Deva）に礼拝して，誓願を立てて，自分が身につけていたエメラルドがちりばめられたショールを結んで回した。すると，東面で建てられ，入口が西に向かって開いているシュエザヤン・パゴダがそこにあった。翌朝，使者はそれを見て，プガラマに戻っていった。帰還した使者から話を聞いたアノーヤター王は，女王ソーモンフラが建立したパゴダに対して，ビルマ暦416年ダザウンモン月白分10日に，パゴダの隣接する1,000ター（ta，1ターは7肘尺）相当の土地を寄進した。

[Pyangyayei Wungyi Htana 1993: 254-256, Tin & Luce 1923: 84-85]

1890-1891年の上ビルマが英領になった直後の英国人行政官によるチャウセー地区の調査報告書にいくつかの伝承が記載され，その中にソーモンフラ（伝承ではシンモンフラ，Shinmunhla）とアノーヤター王の出会いの場所についての言及があり，彼女は，ティボー（シャン語でシポー）のソーボワの娘とされている。同報告書には，チェンマイ出身者による村，アノーヤター王が九十九のシャンのソーボワを征服した後に建てられた村などが紹介されている [Superintendent, Burma 1892: 29-30]。

現在，シュエザヤン・パゴダの中心の仏塔の周囲の回廊には，1990年代の調査時点で，三十年前にバウー（U Ba U）という画家によって描かれたと聞いたソーモンフラの八枚の絵が掲げられている。その下部の説明文では，ソーモンフラは，マオのくに，カンボーザのテインニー（シャン語でセンウィ）・ソーボワの娘となっている。

シャンのくにに戻るソーモンフラを父が迎えた場所が，現在北部シャン

州で最大規模のパゴダ祭りが行われるボージョウ村であり,そばを流れるドゥッタンワディ川の畔(ほとり)に,建立時期はまったく不明だが,ソーモンフラ・パゴダが建立されている。英領植民地時代,ティボー・ソーボワが,ボージョウ・パゴダ祭りの折に舟で参拝し,このパゴダの場所で上陸したと現地の古老が記憶している。

 ソーモンフラが誰の娘かは重要ではない。彼女がシャン出身であることのみが伝承形成のうえで重要な意味をもっているのである。

 かつて革命評議会議長であったネーウィン(Ne Win)将軍は,1963年の少数民族のリーダーたちとの会合の場で,同評議会の民族集団に関する見解の脈絡において,ビルマとシャンの民族間関係に言及しており,二人のシャン族出自の人物について触れている。一人は,16世紀にアヴァ王であったトーハンボワ(Tho Han Bwa)であり,もう一人が,ソーモンフラである[Myanmar Socialist Lansin Party 1964: 54-56]。彼の言及は,彼の個人的なシャンに関する知識というよりも,ビルマ側が一般にもつシャンに関する知識の一端であるのかもしれない。

 その後のシャンのくにとアノーヤター王の交渉について『ビルマ精霊伝説集』では次のようになっている。王は彼女と離別し,マオのくにを攻める。ソーボワは命運がつきたことを悟り,皇太子ソーナウン(Saw Naung)をソーボワとした。そして,新しいソーボワは父と同様に二人の姉妹ソーアウン(Saw Aung)とソーナン(Saw Nan)を献上した。王はこうしてシャンの恭順を受け,「九つのカヤイン」に到着すると,灌漑事業に着手するのである。

> ……灌漑事業が王によって始まって三年がたった頃,労働者の間に熱病で死ぬ者が多数出て,ゾージー川の工事の完成のめどがたたなかった。ほどなく決壊する所も出た。王の問いにバラモンであるフヤニョウ(Hu Ya Nyo)が答えて曰く,アウン(訳註:成功の意)の名が入った日曜日生まれの娘をザーティ(zatei,人柱)にすれば解決すると。王は王命により,九つのカヤインに住むそれに該当する娘を探させた

が見つからなかった。
　堰が完成すれば，土地が潤い，生産量も増加発展し，王国の利となるとして，自分の命を人柱として捧げようと，王宮で成長していたソーアウンはザーティとなった。ソーアウンに続いて，ソーナンも驚きのあまり狂乱してゾージー川に身を投げて死んでしまった。王の命によって召還されたソーボワの前に，二人の娘がアセイン・ナッ（asein nat，怨霊）となってその姿を現すと，彼は失意のままに，ゾージー川に飛び込んで死にアセイン・ナッとなった。ナッの三兄弟が王の前に姿を現し，居住の場所としてナッの神殿を乞うたところ，マオの九つのくにを支配するソーボワが九つのカヤインで九日に死んでナッになったので，コーテインシンとして九つのカヤインに住む人々に崇めさせるよう封土した。……レードウィン・コー・カヤインの精霊を信仰する人々は深く傾倒して，月の白分9日と黒分9日，そして九人での旅はするべからず，もしそうしたら災難に遭うと信じた。チャウセーは古くよりレードウィン・コー・カヤイン——水田地帯の九つのカヤインとも堰の九つのカヤインとも呼ばれた。……コーテインシンは，ソーボワ・ナッであるので，シャンのくにでは，精霊信仰の人々も，町，村を守護するコーミョウシンとして崇拝した。

[Htwe Han & Ba Nyunt 1981: 135-140]

　このようにチャウセーの地で，コーミョウシンとコーテインシンは，「シャン」との関係の表象を介して混交しているのである。しかもブラウンが記述している伝承のように，民族表象のポエティクスとして，チャウセーが，ビルマ世界とシャンのくにのまさに境界に位置していることが強調されているのである。

2　語りの形成

　三十七柱のナッである精霊の代表格であるミン・マハーギリそしてタウンビョン兄弟はいずれもその出自はビルマ世界の外側にある。そしてコー

ミョウシン,コーテインシンは,その舞台設定がビルマとシャンとの交渉にあり,シャンのくにに出自があるとみなされている。伝説の時代設定が不明で,登場人物のすべてがナッとなり,王権との対立,そして王の最終的な勝利という政治的モチーフが希薄なコーミョウシンのそれを除き,アノーヤター王を重要な登場人物として構成されているこれらの伝承に共通するのは,「他者」に対するビルマ側の優越性を背景とするビルマ世界の中心と周縁である。KMSの場合も,前章で紹介したコーミョウシン・アウンズワ・マジー・ナッ(Komyo Shin Aungzwa Magyi nat)は,ビルマ王に伺候する人物となっている [Scott & Hardiman 1901: 2-3; 324]。

ミン・マハーギリ,タウンビョンそしてKMSに共通しているのは,「不幸な常ならぬ男女」と「不幸な二人の息子」のモチーフの重層である。ミン・マハーギリには,一見「二人の息子」は認められないが,やはり前章で紹介した1930年代の記録に,KMS伝説とミン・マハーギリの混交が示されている [Langham-Carter 1934: 108-110]。

3 シャンのビルマ化,ビルマのビルマ化の表象として

最近,北部シャン州で,かつて像がなかった祠にコーミョウシンの偶像が安置された例を散見する。またシャンの村で,村の守護神であるツァオ・ムアン(caw mäng)の名前を問うと,コーミョウシンという答えが返ってくる例にも遭遇している。東部シャン州の中心地ケントゥン(ビルマ語でチャイントゥン)近郊の山頂にコーミョウシンの祠が建てられている。この建立は1990年代に入ってからであり,移り住んできたビルマ人の崇拝の対象として建てられたと土地の人々は説明している。南部シャン州の州都タウンジーにコーミョウシンの大きな祠があることは先述したし,かつてのニャウンシュエ(シャン語でヤウンフエ)・ソーボワの居所であるインレー湖の畔にもコーミョウシンの偶像を安置した祠がある。このように,コーミョウシンに関する知識は,コーミョウシンの伝説がビルマとシャンの民族間関係の脈絡で成立しているからこそ,シャンのビルマ化を示す指標になっているのである。

その点はカチン州についてもいえそうである。カチン州にモーガウン（シャン語でムアンコーン）という町があり，町のそばを流れるモーガウン川の畔に町の守護神ツァオ・サムロンパー（Sao Sam Long Hpa，別名ツァオ・サムター，Sao Sam Tar）の祠があり，守護神の像は，両脇にコーミョウシンとその妹パレーイン（Pale Yin）の偶像を伴っている。彼はマオ王国が最大の版図を広げ，現在のタイ王国，ラオス，雲南，アッサム，マニプール，アラカン地方まで勢力を延ばした際の英雄であったとされている。彼の偉業に嫉妬した二人の将軍と，その讒言を信じた兄王の命令で毒殺されてしまう［Pu Loi Hom & Pu Loi Tun 1997: 186］。カチン州のシャン族の間では，この守護神とコーミョウシンが同一視される言説も聞かれる。カチン州のシャン族は，第6章で先述したようにビルマ化がシャン州よりもより進行していると考えられる人々である。人物としては別格とされているが，信仰対象としては重なっているのである。
　ビルマ側は，精霊伝説の語りの形成において，「他者―よそ者」を登場させて，世界観の周縁の表象とした。その代表格が非ビルマ族の「シャン」であった。史実上の交渉の経緯に関する伝聞的知識が，語り形成の重要な脈絡になってきたことは疑いない。コーミョウシン精霊伝説は，シャンのビルマ化の表象であると同時に，ビルマ自身のビルマ化のために，領域の境界設定の表象として伝承されてきたのである。少なくとも，ビルマ人のビルマ人によるビルマ人のための歴史叙述が形成されるための政治的権力が確立したコンバウン時代，そしてその時代に編纂された『玻璃王宮大王統史』（HMYD）の脈絡においては，ビルマ中心主義のモーメントの中で，シャンという「他者―よそ者」が認知され知識化されてきたのである。そのモーメントは，コーミョウシン信仰のシャン州各地，カチン州への流出に代表されるように，現在も民族間関係の基盤として機能しているのである。ビルマによって「名づけ」られた精霊が，精霊信仰と伝説の知識化の中で「名乗り」の精霊であるかのように登場してきているのである。このことは，ちょうどシャンという「名づけ」の民族名が，自称がタイであるという「名乗り」の主張と両立していることと通底するように思われる。

伝説上でしか王国の栄華を語れないシャン，西洋人にとってタームとして定着しビルマ語の呼称でもある「シャン」を背負い，ビルマを中心とする政治権力の傾斜の中で自らの位置を認識してきたシャンは，ビルマ世界におけるシャンという表象を内面化・身体化してきたのではないだろうか。

　ミャンマー政府の認知のもと，1990年代から本格的に始動したシャン文化の保存運動は，その内面化の延長上にあるものとして理解しなければならないのである。その内容においては，精霊信仰に関するものは皆無に等しく，仏教的脈絡における知識の発掘と保存が中心となっている。ビルマ人とシャン族，その仏教信仰の宗教的基盤が共通する脈絡において，差異化する手立ては，仏教信仰に関する文献がシャン文字によって伝承されてきたという自負とその保存なのである。

　第Ⅴ部で詳述するように，マ・ハ・トゥ（Mä Haa Tu）の運動はシャン文字の普及が主目的であったし，ポイ・クーモー・タイ（pöy khumö tay）はまさにシャン文字を媒介とするシャン独自の知識の継承に貢献した人物の顕彰が契機となっているのである。シャン族にとってビルマ人との「開かれた」仏教信仰という脈絡における文化的共通性と，独自の文字文化を伝承している自負を基盤とするビルマ文化から差異化するモーメントの併存は，現在のビルマ世界の脈絡におけるシャン族の政治的位置を暗示している。仏教信仰とは対照的に，精霊信仰は，地域性を帯びた「閉じた」構造を有する傾向が認められる。しかしシャン族における精霊信仰が，非個性的な村の守護神崇拝に留まっており，ビルマ文化のような発展は遂げておらず，「固有の」シャン文化の一部として自ら評価するものにはなりえなかった。

　ビルマ人は，シャン族の「他者性」をKMS信仰という形態で表象化し，並行して自画像としての「中心性」を誇示してきた。ビルマ人とシャン族との民族間関係に関する歴史と記憶による知識は，ビルマ中心主義という権力構造を背景に，KMSとシャンとの結びつきを深めてきたのではないだろうか。本書冒頭および第6章で紹介した「自分たちはビルマ人のような『くに』のない民なのだ」というシャン族の評価もその一例である。本

書のプロローグで紹介した「シャン」というビルマ語と「タイ」というシャン語の二種類の文字によるシャン文化保存を訴えるパンフレットにおける併存は，まさにそのことを物語っている。本章で考察してきたように，表象としての「シャン」を活用してきたビルマ人も，そしてビルマ化の強い影響を受けてきたシャン族の人々もまた，ビルマ文化の脈絡における精霊信仰の枠組みを借用して，ＫＭＳがシャン族出自という言説を強化してきたのである。各地におけるＫＭＳの分布は，シャンのビルマ化の表象化の過程であり，その結果の一部であったのである。

第9章　北部シャン州の精霊信仰

　ビルマのポピュラーな精霊ナッ（nat）は，それぞれ，具体名，伝説，偶像，祠そして年中行事を要素として備えている。しかしシャン族が崇拝する精霊は一般的に具体的な名前が不明瞭で，偶像も祠には安置されていない。典型的なシャン族の住む村には，崇拝の対象として，寺院，守護神の祠（ホー・ツァオ・ムアン，*hö caw mäng*）そして村の中心と隣接する小屋（キエン・ツァオ・ワーンあるいはムアン，*kheng caw waan/mäng*）の三カ所が存在する。最後の，村の中心を崇拝対象にすることは，ビルマ人の村落には見られないものである。本章では，1997年以来の北部シャン州各地の精霊信仰の現状を報告し，ビルマ化の脈絡から分析を加えたい。

1　ラショウ（ラシウ）のシャン・九十九のソーボワ

　ラショウ（シャン語でラシウ）は北部シャン州の現在の中心地である。マンダレーから中緬国境まで続く通称「ビルマ・ロード」の交易の拠点で，マンダレーからの距離が175マイル（約280キロメートル）という。英領植民地時代に発達した町である。その意味ではシャン文化の伝統的な中心というよりは，多様な系統の人々が行き交う文化交流の交差点でもある。この町の最も古いコーミョウシン（Ko Myo Shin）の祠は，1997年当時八十七歳の女性が守っていた。彼女はウィンセイン（Win Sein）という名で，チャウメーで生まれ，マンダレーに移り住んでいたが，三十歳のときに運転手だった祖父に連れられてラショウにやってきた。この祠には年中行事はないが，精霊と，牛肉と豚肉を除く供え物で，祈りを捧げる人々との仲介を行なっている。祠には正面に次のように記された大きな幕が掲げられている。

Nei	La Taungbyon	Arahan	Yadanagu
	Hō Caw Mäng	Shan	*weng Laasew*
	Koze-ko Sawbwa		
	Ko Thein Shin-Ko Myo Shin-Hnamadaw Pale Yin		
	Thadaw-gyi Khun Khyou-Khun Tha Ma Thale		
Daw Win Sein			
			Ho Nandaw

　最初の行は「太陽」「月」「タウンビョン（Taungbyon）」「アラハン（Arahan）」「ヤダナーグー（Yadanagu）」，二行目は，シャン文字で「ムアンの主の祠」「シャン」「ラショウ町」と記されている。「九十九のソーボワ（Koze-ko Sawbwa）」の下に，コーテインシン（Ko Thein Shin），コーミョウシン，その妹パレーイン（Pale Yin）さらに「その息子，クンチョウ（Khun Khyou），クンター（Khun Tha），パレーインの娘マ・タレー（Ma Thale）」と続く。「アラハン」はビルマ各地で見られる呪術的文字で記されている。彼女自身，敬虔な仏教徒であり，仏壇を増築して祠を大きくしてきた。タウンビョンもヤダナーグーも，アノーヤター（Anawrahta，在位1044-1077）王ゆかりの精霊である。彼女は次のように，なぜこの祠で九十九のソーボワを祀るようになったかを語った。

　　昔，私が三十歳だった日本占領期，ここには，ニャウン樹があった。精霊に仕えるナッカドー（nat kadaw）ではなかったが，一人の老女が私にボーボージー（Bo Bo Gyi）の像を授け，ここに祠を建て，私をコージージョー（Ko Gyi Kyaw）というナッの配偶者として選んだ。そのときに私はこの祠の法的な権利者となり，功徳を積んで幸福になった。私は，来る日も来る日もみんなのために「健康であれ，裕福であれ」と祈りを捧げてきた。それで私は一度も病気にかかったことはない。日本軍がやってきて火事が発生したときも，私のところにはまったく被害がなかった。それは慈悲なのだ。功徳を積み，みんなのことを思い，祈りを捧げてきた。しかし，九十九のソーボワを祀っ

第9章 北部シャン州の精霊信仰　197

ているのは私一人だ。なぜかって？　それは，私はシャン州に生まれたけれど，シャンではなくバマー（ビルマ人）だ。三十歳になる前に，結婚し，それからラショウに移ってきて，祖父コーミョウシンの守り役になった。私が聞いたことのあるコーミョウシンの物語は次のようなものだ：コーミョウシンとパレーインは兄妹で，テインニー（シャン語でセンウィ）とラショウを含むシャンのすべての土地を統治していた。彼らは私のようなバマーのくにからの戦争避難民にとっては守護神なのだ。彼らは結婚しないと誓ったが，パレーインが子どもを得て，私たちのために土地の支配者となった。彼女はクンチョウ，クンター（クンサー）という名前の二人のシャンの王子を育てた。彼らが若者に成長したとき，彼らの故郷の地で反乱が起こったとの知らせが届き，制圧に出掛けた。そのとき，パレーインが好きで，財産と彼女を奪おうともくろんだコージージョーは，コーミョウシンを放逐しパレーインに迫ろうとした。コーミョウシンは逃れ，パレーインはモーゴックに避難して一人の男と出会った。そして一人の娘をもうけたが，誰もそのことを知らなかった。クンチョウ，クンターが王宮に戻ってくると，コージージョーは王位が空いているので彼らに即位しないかと尋ねた。兄は否と答え，弟は諾と答えた。その後彼らは忠誠の誓いとして聖なる水を飲んだ。その後，彼らは王位に就くためには，コーミョウシンの首を取らねばならず，コージージョーは前世でパレーインの相手であったことを告げられた。彼らは探索の後，コーミョウシンと会った。彼は喜んで殺されると応じた。首を切られた後，ダジャー・ミンが現れて，コーミョウシンをモーゴックだけではなく九十九のシャンのくにすべての主とした。彼はシャンのナッになったのだ。だからこそ，この祠に供え物をする人は誰も危険や事故に遭ったりしないのだ。私は，前も貧しくはなかったけれど，いまもこうして生活していける。みんなのため，日曜生まれ，月曜生まれ，火曜生まれ，水曜生まれ，木曜生まれ，金曜生まれ，土曜生まれ，ヤフー生まれの息子と娘たちのために，私はシャン州を旅するときに快適で邪悪な精霊

と遭ったりしないように祈っている。麻薬と酒のみはいけないよ。

　彼女の語るコーミョウシン伝説は，前章で紹介したものと骨格は類似している。シャンは民族の指標というよりも領域的なそれとして表現されている。彼女は，戦争という時代背景のもと，ビルマのくにからシャンのくにへ移り住んできた。コーミョウシンとパレーインの物語に，自分の人生を重ね合わせているとも解釈できるかもしれない。またタウンビョン，ヤダナーグーなどの知識はビルマのくにで得たものであることが推測される。実際，彼女は毎年ビルマ暦５月ワーガウン月のタウンビョン・ナッ・プエ（nat pwe，精霊儀礼）には出掛けて舞うのだという。北部シャン州の精霊の祠には，白と赤の旗がペアで立てられている。彼女の説明によると，この慣習は，シャンの九十九のソーボワが主となるシャン州でだけ守られているのだという。その理由については不明とのことであった。

　ラショウ市内で，守り役が常住する代表的な精霊の祠はもう一カ所あり，その女性は，ムスリムの父とビルマ人の母から生まれ，鉄道修繕を職業とする夫に随ってラショウに来たのだという。ラショウはマンダレーから北部シャン州を走る鉄道の終点であり，英領時代以来，多数の人々が行き交った町である。行政的にもそして経済的にも北部シャン州の中心地であるが，シャンの文化的な拠点では必ずしもない。表象的には，ビルマ色そして中国色が交差する町なのである。ただし，序章で紹介したシャン伝統文化保存委員会（中央）はラショウに置かれている。政府側との交渉においては重要な場所となっている。

2　チャウメー（チョクメー）の精霊信仰

　チャウメー（シャン語でチョクメー）は，マンダレーからビルマ・ロードを107マイル（約170キロメートル）走った場所に位置する。町中に唯一存在する守り役が常住する精霊の祠は，コーミョウシンを祀ったものである。1997年当時三十二歳の元トマト売りの女性が守り役の中心で，彼女は三代目にあたるという。二代目の女性は，一代目の女性の弟子で，彼女の

母である。市街地を見下ろす丘の頂上近くに位置する祠は，英領時代に建てられ，現在は改築されて三十五，六年ほどたつという。彼女の両親は，ビルマ人と，シャン族とパラウン族の混血で，その二人が祠を増築してきたのだとか。毎年，ビルマ暦の2月カソン月，9月ナドー月には，霊媒者を招いて年中行事を行なうのだという。彼女の語るコーミョウシンは，ラショウの守り役の語りとほぼ同じだが，異なったのは，コーミョウシンが，生前はビルマ出自で，不幸な死の後にシャンのナッになったのではなく，ビルマのナッになったのだという点である。彼女の語りは，「シャン」を領域的というよりも，民族の指標として表象的にとらえているように思われる。

　チャウメーの西南方向の稲田の中にこんもりとした森があり，そこにツァオ・ムアン（caw mäng，ムアンの主）の祠（シャン語でホー，hö）が建てられている。シャン語で，プー・ツァオ・ムアン（pu caw mäng）と呼ばれる男性の守り役は，二十年以上のキャリアをもち，この祠が，その周囲三カ村の守護神であると語った。白と赤の旗が境内に立てられている。彼はツァオ・ムアンの名前が，ナントー，ナンター（Nan Taw, Nan Ta）であることを知るのみで，その伝説については不明であった。年二回，シャンの暦で5月と11月，ビルマ暦で1月タグー月と7月ダディンジュ月に祭礼を実施するという。参列者は，九本のろうそくと，白と赤の米の菓子を供えるのが慣わしとか。彼は自分が敬虔な仏教徒であることを告げ，肉食を遠ざけ，月四回の精進日を守っているともいう。祠は1993年にマンダレーからの寄付で改築され，併せて，前にはなかったコーミョウシンの偶像が加わったとか。ツァオ・ムアンが守護する三カ村には，それぞれキエン・ツァオ・ワーンという村の中心といわれる柱を擁した小屋がある。村人は年二回，たとえばビルマ暦1月のタグー月と4月ワゾー月に供え物をして，僧侶を招いてその階上で病根退散の読経をお願いするのである。別の村では，ホー・ツァオ・ムアンの守り役が，村落寺院で僧侶の補助をして仏事の読経も行なうパンダガー（pandhaka）も兼ねていた。彼によると，キエン・ツァオ・ワーン，ホー・ツァオ・ムアン，寺院の順

で，村人の寄付で村落空間に信仰対象が揃ってきたのだと説明する。

以上紹介してきたのは，前章までと同様に，精霊信仰に関する「シャンのビルマ化」の北部シャン州での事例である。上述した事例では，コーミョウシン伝説が，偶像の導入とともに浸透しつつある様子の一端を示している。他方，そのビルマ化以前のシャン族の精霊信仰あるいはそれに類した超人間的存在に対する信仰の実践として，村の守護神としてのツァオ・ムアン，そして村の中心の柱および隣接の小屋としてのキエン・ツァオ・ワーンの建立があること，そして建村し定着が進行する過程での信仰空間充実の段階についても確認することができるのである。ただし，仏教信仰との関係については，当事者の間では，仏教徒としての自覚との矛盾がないことも留意に値する。

チャウメーの町の上記の村からさらに距離をおいた郊外には，民族的にシャン族だけが居住する村落が点在している。そのひとつであるナンベイン村の年中行事を，ビルマ人のそれと並行して概観しよう（次頁表参照）。

ビルマとシャンの年中行事を外観的に比較するならば，安居，僧衣寄進，入仏門など，仏教信仰に裏づけられた行事は共通している。暦上では，西暦4月，ビルマ暦1月タグー晦日の水祭りは，シャンの暦では，ルゥン（län）5にあたる。この月の間，シャンの村人は，寺院に参集し，水を掛け合って祝う慣わしがある。この寺院に参集して水を掛け合う習慣はビルマ側には認められない。この習慣は，別の村落では，文字通り，水を注ぐの意味でポイ・スン・ナム（pöy sun nam）とも呼ばれている。なおこの村の守護神は，ツァオ・カオ・ムアン（Caw Kaw Mäng）で，直訳すると，「九つのムアンの主」となる。村人は，ビルマ語ではコーミョウシンと呼ぶと説明した。

上記のシャン村落では，ツァオ・ムアンへの礼拝と同じに行なわれているキエン・ツァオ・ワーンでの僧侶による読経が，ルゥン8に行われる村落もある。この行事は，僧侶を招き，キエン・ツァオ・ワーンの上あるいは隣に建てられている小屋に，普段掛けられていない梯子が設置されて僧侶が昇段し，護呪教典パリッタを読むのである。行事自体は，メー・ワー

ビルマ人とシャン族の年中行事

シャン／ビルマ暦	ビルマ人の行事	シャン族の行事
ルゥン1／ナドー	文芸功労者の日	ピーマゥ・タイ（新年）
ルゥン2／ピャドー	独立記念日	ポイ・カントー（三宝, 親, 師への崇拝） ポイ・クーモー・タイ（文芸功労者の日）
ルゥン3／タボードゥエ	タマネー（粥寄進）祭	ポイ・ロー（薪寄進） ポイ・ヤクー（粥寄進）
ルゥン4／タバウン	タバウン祭	ポイ・ルゥン・シー（四月祭／入仏門祭）
ルゥン5／タグー	ティンジャン／水祭	水祭／師への崇拝 ツァオ・カオ・ムアン礼拝（九つのムアン主礼拝）
ルゥン6／カソン	ニャウン樹水掛祭	キエン・ツァオ・ワーンにて読経 ポイ・ホッナム・マイフン（ニャウン樹水掛祭） ポイ・コンムー・サーイ（砂パゴダ建立）
ルゥン7／ナヨン	──	
ルゥン8／ワゾー	安居入り	ポイ・ルー・サン・カーン（僧衣寄進祭） カオ・ワー（安居入り行事） ポイ・ルー・モク・カオ・ワー（供物献上祭）
ルゥン9／ワーガウン	安居 タウンビョン精霊祭礼	ナゥ・ワー（安居）
ルゥン10／トーダリン	安居	ナゥ・ワー（安居）
ルゥン11／ダディンジュ	安居明け 灯明祭	ポイ・オック・ワー（安居明け行事） ナゥ・マー／ヌー・ナゥ（熱気球灯明祭）
ルゥン12／ダザウンモン	僧衣寄進祭	ポイ・カティン ポイ・ルー・サン・カーン（僧衣寄進祭）

ン（më waan），あるいはメー・ムアン（më mäng）と呼ばれている。メーとは，修復するとか矯正するという意味である。タイ王国北西部に位置するメーホンソーン県を調査したターネンバーム（N. Tannenbaum）は，

同県のタイ・ヤイ村落ではムアンが村落レベルに縮小されていると報告している [Tannenbaum 1990: 33]。彼女の解釈がそのまま妥当かどうかは判断できないが，北部シャン州で同様な事例があることと，少なくとも建村史が深く関与していることは確かであろう。

　なお，上記の一覧表で注目すべきなのが，ポイ・ルー・サン・カーン (pöy lu-saang-khaan) あるいはポイ・ルー・モク・カオ・ワー (pöy lu-mök-kaw-waa) の「ルー」である。前者は，僧衣寄進であり，後者は安居入りに際した供物献上である。他にも，ルゥン3のポイ・ロー (pöy lo) を，ルー・コン・ロー (lu-köng-lo) として，薪（ロー）を積み上げ（コン）て寄進すると表現する事例，ポイ・ヤクー (pöy yaakhu) を，同様にルー・カオ・ヤクー (lu kaw yaakku) と呼ぶ事例も認められる。「ヤクー」は粥，「カオ」は米を意味する。このように，北部シャン州では，供物献上を意味するルー (lu) が仏教信仰を実践する象徴的行為の表象であり，ポイと可変的なのである。このことばはクッシング (J. N. Cushing) の A Shan and English Dictionary (1914) によれば，ビルマ語の贈る，供えるを意味するフル (hlu) が語源だという。メーホンソーンではまったく聞かれない表現である。プエ (pwe) あるいはポイ (pöy) 以外のシャンのビルマ化の一端がうかがえるのである。

3　ティボー（シポー）の精霊信仰

　ティボー（シャン語でシポー）は，チャウメーとラショウの間に位置する町である。マンダレーの南で，エーヤワディー川から分岐するミッゲ川の上流で，シャン語でナムトゥ (Namtu)，ビルマ語でドゥッタンワディ (Duttanwady) 川の右岸に市街地が展開している。遅くともコンバウン時代後期から，英領時代を経て1959年の伝統的首長体制廃止にいたるまで，北部シャン州における有力なソーボワ（ツァオパー）が居住した町として知られている。ソーボワは，オウンバウン (Ong Pawng) の主と呼ばれ，オウンバウンは，四つの町——ティボー，ムアン・トゥン，ムアン・ロン，トンゼから構成されていたという。市街地郊外には，最後のソーボワであるツァ

オ・チャ・サイン (Sao Kya Sein) の甥とその妻が守る古い館が残っている。

コーミョウシンとパレーインを祀る祠が，市街地からラショウに向かい，ドゥッタンワディ川を越えた先にある。守り役は，本人は，民族的出自としてシャン・ジー (Shan-Gyi) あるいはタイ・ロン (Tai-Long) だと自称する。この祠は，町の北方にあるトゥン・シン (Toun Hsin) 祠の分祠だと説明された。マンダレーとラショウの間を結ぶ基幹道路に面し，通行人からの供え物を受けている。

市街地を通る同じ道路沿いにもうひとつの精霊の祠がある。入口に掲げられた看板には「ミョウ・レッ・ナッナン，クンチョウ，クンター Myo Let Natnan-Khun Khyou-Khun Tha」と記されている。前半は，町の中にある精霊の館という意味であり，やはりトゥン・シンの分祠だと1997年の調査時六十六歳の守り役の女性は説明した。彼女はそのトゥン・シンで生まれ，三十歳のときに精霊に仕えるナッカドー (nat kadaw) となり，この祠を守るようになって六年間の経験をもつ。彼女は母の後を継ぎ，ナッカドーとしてのイニシエーションは，原因不明の病気のときに，敬虔な仏教徒でありながら，精霊にパラミ (parami，波羅蜜，最高なるものを意味するパーリ語) を感じたのだという。出自は，ビルマ語でシャン・カレー (Shan-Kalei)，シャン語でタイ・ノーン (Täy Nöng) と答えた。彼女はビルマ語とシャン語と両方の言語を，訪問者に合わせて精霊を媒介する際に使い分けている。現在の祠自体は新しいものだが，北面の祠の正面に，クンチョウ，コーミョウシン，パレーイン，クンターの四体の偶像が並び，その左側に仏陀像が安置されている。祠には他に数多くの精霊像が祀られている。

クンチョウ，クンターの伝説について次のように語る。

　　クンチョウ，クンターの二人は，若いときに退位させられて戦争避難者として南部シャン州から北方へやってきたとき，母なるパレーインと父なるコーミョウシンの慈愛に満ちた保護を受けることになった。コーミョウシンは，全シャン諸王国を統治する都の皇太子であった。

ある日、タウングーから都へ王がやってきて、パレーインを一目見て好きになり、結婚を申し込んだ。彼女は拒絶したが王はそれを許さなかった。その結果、王宮は壊され、王家の人々はメーミョウ（現在のピィンウールウィン）近くへ避難し、そこで亡くなってしまった。だから、彼らは、シャンの九つのカヤイン（コー・カヤイン、Ko khayain）と九つの町のソーボワとして霊的支配者となったのである。彼らの霊的庇護のもと、この祠はシャン州に住む人々によって建てられたのだ。年に一回、ダザウンモン月の白分11日から満月の日まで、祭祀を行う。コーミョウシンはビルマ語もシャン語も話すことができる。それでコーミョウシンは、ここではシャン族だが、ビルマのくにへ行くとビルマ人なのだ。コーミョウシンとパレーインは、シャン語で、ツァオ・プー、ツァオ・ナーン（Caw Pu, Caw Naang）と呼ぶ。クンチョウ、クンターは、バガンの支配者コージージョーとの誓いに従い、コーミョウシンの首を持参したときに殺され、アセイン・ナッ（asein nat, 怨霊）になった。

トゥン・シン・ボードージー（Toun Hsin Bo Daw Gyi）は、わたしたちのシャンの精霊だ。ティボーの支配者が死んでトゥン・シン・ボードージーになったのだ。

コンバウン朝時代、ロイ・プゥ（Loi Pwut）という名前の山の上に町があり、ある王がやってきて、その支配者と戦ったことがある。実はディイェッタウン（Diyeitawun）山と中国側との間に穴が通じていて、中国側の人々は戦いの音がうるさくて眠れない日が続いていた。原因を探したがわからなかった。一方、最初の戦いでは、我々の大臣（アマッ・ジー、amat gyi）が勝利を収めたが、二回目三回目の戦いでは負けてしまった。それで支配者は退位し、フライン洞窟へ入ってしまった。中国側の人々がそこにやってきたとき、元支配者は姿を消してディイェッタウン山へ逃げてしまった。7日間まるまる象と馬が咆哮し続けた。それがトゥン・シンの名前の由来である。シン（hsin）とは象であり、トゥン（toun）とは震えるという意味である。

正直いってこの物語の悲しさに泣きたくなる。ペアの支配者の名前は，ツァオ・パウン（Sao Pawng）とナン・ムレー（Nang Mulei）でトゥン・シンの祠に祀られている。彼らはここティボー・ソーボワの系図にある最初の支配者なのだ。

彼女が語る山や洞窟の場所は特定できなかった。シャンの歴史家であるサイアウントゥン（Sai Aung Tun）によるティボー年代記の分析でも，具体的な時代は特定できない [Sai Aung Tun: 2001] が，そのこと自体はこの考察においてあまり重要ではない。重要なのは，語りの中にシャンとビルマの間の交渉関係のモチーフが認められること，そしてさらに中国つまり北東方向とのつながりが認められることである。彼女が守る祠で，彼女の説明によれば，最も古い偶像はミィンビュウシン（Myin Byu Shin, 白い馬の主）で，コーミョウシン像は，ビルマ人の道路修復業の上級監督官と元監督官が寄贈し，パレーイン像はティボーの有志から，祠その他はやはり道路修復に従事した北部シャン州の南東端に位置するナンチョウ（シャン語でナンキヨウ）のビルマ人の寄贈によると聞いた。守り役として毎日奉仕し，ティボーのマハー・ミャムニ（Maha Myatmuni）仏へは頻繁に喜捨をしているのだという。堂内に刻まれた碑文から，ビルマ暦1257（西暦1895）年に，ソーボワによって，マンダレーの同名の仏像に倣って本尊が建立されたことが知られる。

ティボーの市街地の北方の郊外に，上記の祠の守り役たちの説明に言及されるトゥン・シンの村があり，ソーボワがいた時代に遡る祠がある。ソーボワは，ビルマ暦でダザウンモン月にこの祠を参詣していたと現在の守り役は語る。彼はタウンセイン（Thaung Sein）という人物で，1990年以来奉任を続ける六十歳（1997年調査当時）初老のシャン族出自の男性である。彼は，祠の最初の守り役と，その後を継いだ三人を経て，現在，守り役として祠に奉仕している。祠の運営は周囲の十一名のシャン族の村人で構成される組織が行っている。この祠に元来祀られていた精霊は，ビルマ語でボーボージーと呼ばれる存在であり，偶像はない。彼自身はボーボージー

の伝説は伝承されていないという。また同じ堂内にある十五年前に偶像が寄付されたコーミョウシンとパレーインの伝説も知らないという。堂内の仏陀像は三年前の寄贈だと聞いた。彼は，守り役として主にここで参拝者の誓願の仲介をする。参拝者は，コーミョウシンとパレーインの偶像の前で祈りを捧げるが，その両脇に像はなく，蚊帳と枕だけが置かれているベッドがある。ここの祠のかつての主役は，このベッドで休んでいる。堂内の構成は，ツァオ・ムアンであったボーボージーから，コーミョウシン，パレーインに主役の座が交代したことを示している。これは，名前は不明だが土地の父祖としての精霊から，名前は明確でしかもシャンのくにの主としてビルマ人に信じられ，次第にシャン側にもその認識が浸透しつつある精霊への交代を意味する。境内には，町中の祠の守り役がその伝説で語ったビルマ王と戦った大臣の祠がある。像は置かれていない。

トゥン・シンの祠内の構成

[東]

本堂	仏陀像
ベッド　コーミョウシン	パレーイン　ベッド

[西]

大臣の祠		大臣の祠

新祠	ボーボージー，コーミョウシン／パレーイン，クンチョウ，クンター

　ティボーでは，僧侶に共同で喜捨をするスン・ジー・ラウン・ブエ (hswun gyi laun bwe) が年二回行なわれる。特にダディンジュ月の儀礼は盛んである。供え物を携えた行列が，トゥン・シン祠から，南へまっすぐ向かい，終点のマハー・ミャムニ仏まで歩くのである。トゥン・シン祠は，入仏門式に臨む少年の志願者たちを見せる（ピャ，pya）土地の主であり，喜捨の儀礼は，同様に精霊の祠と寺院を結ぶのである。ティボーにおけるビルマ化の流れは，ソーボワがいた頃から底流としてあり，コーミョ

ウシンの像の導入によってまさに視角化されたともいえるのである。

4 北部シャン州におけるビルマ化の表象

　第7章で紹介したように，*Gazetteer of Upper Burma and the Shan States*（*GUBSS*）によると，ビルマ暦54（西暦692）年に，ビルマ王ナラバティシットゥが，カンボーザ・シャンの国々の九人のソーボワに命じて素晴らしい祠を建て毎年慰霊することを命じたとある。ビルマ暦1113（西暦1751）年には，ヤーマニャのタライン（モン）が蜂起してアヴァの町を破壊した折，シュエボーのマウン・アウンザヤが反撃して打ち負かし，ビルマ暦1118（西暦1756）年にもこの二人は先頭にたってシャムを攻め，この遠征に随伴したカンボーザの九人のソーボワとコーミョウシン・アウンズワ・マジー・ナッも手柄を立てて大勝利に導いたことから，戦後多くの祠が建てられたという［Scott & Hardiman 1901: 2-3; 324］。この物語は，現在のコーミョウシンなどの祠の分布から考えて，歴史学的には史実としては否定されるだろうが，伝説としては，シャンのくににおけるシャンのビルマ化の表象として理解すれば重要なものとなる。

　北部シャン州で最大のコーミョウシンの祠はメーミョウにあり，南部シャン州ではタウンジーにある。いずれも祠の創建者の家族によって，代々継承され奉仕されている。だがその守り役としての系譜は，三代以上を遡らない。なぜならこれら二つの町は，英領化以降に行政の中心地として発達した歴史を有し，祠の創建についても，それ以上遡るとは考えにくく，実際にそうなのである。したがって，北部南部シャン州双方における大規模な精霊信仰の祠の登場は，19世紀末の植民地化以降で，ビルマ人とシャン族の民族間関係が，英国人という支配者を仰ぐ横並びになってからのことなのである。そのポエティクスの脈絡の中に，「シャン」の民族表象としてのコーミョウシン崇拝に伴う伝説と偶像が，ビルマ人あるいはビルマ人と接触のあるシャン族によって流入してきたと考えられるのである。東部シャン州の中心地であるケントゥン（ビルマ語でチャイントゥン）郊外にもコーミョウシンの祠と偶像が進出しているが，その契機もビルマ人の

流入以降だと説明されていることを想起すれば，精霊信仰におけるシャンのビルマ化は，現在も進行中であるといえそうである。

　本章で紹介した北部シャン州のコーミョウシンの像はすべてビルマ人からの寄付による。祠自体が民族的にはシャン族出自の人々によって守られていた，としてもである。すなわち，その構図には，コーミョウシンに代表される「シャン」の民族表象が，その民族性を逸脱して，領域支配の表象として変容していることをうかがうことができるのである。伝説を子細に検討すれば，コーミョウシンがビルマ人出自であることは明らかになるが，実際の信仰の現場ではその民族性は問題とはならず，だからこそ，場合によっては，コーミョウシンはビルマ語もシャン語も話せ，シャン地方ではシャン族，ビルマのくにに行けばビルマ人というような説明も成立しうるのである。

　他方，北部シャン州チャウメー郊外の田園地帯におけるツァオ・ムアンの祠は，男性の敬虔な仏教徒によって管理されていた。祠には元来偶像は安置されていなかったが，現在はコーミョウシンの像が寄付されている。またトゥン・シンの祠は現在コーミョウシン，パレーインの像が祀られているが，その歴史は決して長くはない。精霊信仰の全体像における偶像崇拝もまた進出しつつあるのである。北部シャン州における精霊信仰を仮説的に分析すると次頁のようになろう。

　北部シャン州における実際の精霊信仰の展開は，表の左側の「シャンのビルマ化」を表象する精霊信仰と，右側のシャン固有と思われる精霊信仰の両極の間に位置すると考えられる。そして左側に変容すればするほど，ビルマ化の進行が認められるのである。ここでいう「ビルマ」「シャン」は，信仰当事者が，民族的に「ビルマ」か「シャン」かが分岐点なのではなく，より体系的で，視覚的にも偶像を崇め，他の精霊との併存も問題としないビルマの精霊信仰の祭祀や伝説そして知識との近接の度合いが，バリエーションの現実を規定しているのである。ある人は，コーミョウシンは，シャンのツァオ・ムアンと同一であると語る。また別のある人は，ビルマ起源だと語る。コーテインシンとソーモンフラ（Saw Mon Hla）の伝承もま

北部シャン州における精霊信仰の構図

	「シャンのビルマ化」を表象する精霊信仰	シャン固有の精霊信仰
名前	コーミョウシン（個性あり）	ツァオ・ムアン（個性なし）あるいはボーボージーボードージー
性格づけ	シャン地方全体の土地の主	ムアン創始者／守護者
偶像	シャン風の衣装 他の精霊像と併存	元来，存在しない 寝台，カーテン，枕のみ
祠の守り役	女性／常住（ナッカドー） 職業的	男性（プー・ツァオ・ムアン） 慣習的
儀礼	ビルマのプエ様式	依頼に応じて
参加	誰でも	礼拝／慰撫／守護祈願 ムアン関係者のみ
伝説背景	「シャン」霊的世界の統治者 民族間関係	一般にあいまい 移住と定着の歴史
政治的脈絡	ビルマ王権とシャン・ソーボワ関係	一般にあいまい

た文化交流の神話上のものと解釈できそうである。コーミョウシンは，シャンのビルマ化の精霊信仰における表象であり，第Ⅲ部で明らかにしてきたように，歴史と伝説のポエティクスがコーミョウシンをめぐって多様に展開されてきたのである。多民族国家ビルマ（現ミャンマー）連邦内の民族間関係のポリティクスに変化がないかぎり，その展開は今後も進行していくことは十分予想される。

　仏教信仰と精霊信仰の併存に関して，ビルマ語のプエとシャン語のポイは語源的には同じで，後者は精霊祭祀に関しては用いられない。したがって，シャンの場合，仏教と精霊信仰の区別は明瞭である。後者は，村の主であるツァオ・ムアンを中心に構成され，それ以上には体系化されてこなかったのである。それゆえにシャン族自身による"シャンのシャン化"という動向は，ビルマ文化との同質化と差異化の脈絡において，ビルマ化が進行する精霊信仰をめぐるポエティクスではなく，仏教信仰と文字をめぐ

るポエティクスにおいてより具体的に運動化・表象化されていくのである。この動向については第V部で議論を進める。

またさらに議論を進めるならば，シャン固有の精霊信仰が村落，ムアン単位で存立していたかつての段階から，ビルマの精霊信仰のように体系化あるいはパンテオン化するためには，村落，ムアン単位を超えて信仰圏が拡大するある種の権力構造の存在，あるいはそのイメージが基盤とならなければならない。実際には，現シャン州においては，「シャン」という表象が領域的な広がりを有する「シャンのくに」の民族性としてイメージ化されても，歴史学的には，広域的な「シャンのくに」の存在は，必ずしも確定していない。

中緬国境近くに展開したとされるモンマオ（Mong Maw/Mäng Maaw）王国，年代記では英雄のツァオパー（cawphaa）が統治したとされ，配下に九十九のツァオパーを従えたとされる現カチン州のモーガウン（シャン語でムアンコーン）は，いずれも「シャン」の領域的な広がりをイメージさせ，シャンの知識人にとって「歴史学的」な自負の思いの源泉ではあっても，両方の地理的位置は，現シャン州の外延でしかない。少なくとも近現代において，シャン系統の人々にとってアンダーソン（B. Anderson）のいう「想像の共同体」の中心以上の存在としては，いまだに十分位置づけられてはいないのである。英国植民地下のシャン諸州の行政単位機能は，ラショウ，タウンジーに置かれ，その後成立したシャン連合体も地理的には，現シャン州と重なっていた。独立後1962年までのシャン州政府も同様である。シャン文化の行方の主体は，シャン州在住のシャン族にならざるをえない状況が現実化しているのである。

シャンの知識人が紹介するシャンの年代記においては，アッサム地方への遠征を成功させ，兄王ツァオ・ツォーカンパー（Sao Hso Khan Hpa/Caw Sä Khan Phaa）を支援したにもかかわらず，死を賜った悲劇の英雄である弟ツァオ・サムロンパー（Sao Sam Long Hpa/Caw Saam Long Phaa），別名ツァオ・サムター（Sao Sam Tar/Caw Sam Taa），あるいはツァオ・サムロン（Sao Sam Long/Caw Saam Long）の活躍が記載され

ている。弟は，死後，モーガウンの守護神として祀られている［Pu Li Hom & Pu Loi Tun 1997: 184］。実際，その祠は，エーヤワディー川の支流モーガウン川の畔(ほとり)に建立されているが，現在，その偶像は，コーミョウシンとパレーインを両側に従えている。人々の説明でも，ツァオ・サムターが，コーミョウシンと混交する傾向があり，コーミョウシンを媒介としたビルマ化はここでも認められるのである。ただし，北部シャン州のコーミョウシンが，ビルマ人の進出に伴うシャンのビルマ化の表象として位置づけられるが，カチン州モーガウンのコーミョウシンは，広大な領域を支配したかつてのシャン王国の栄光を偲ぶ媒介として表象されている点は若干異なっているといえるかもしれない。

なおその差異についての仮説ではあるが，シャン州においてコーミョウシン崇拝が浸透したのは，ビルマ人との文化交流が介在したこともさることながら，広域的に守護するというその特徴から，人々によるイメージとしてのシャン出自の英雄への羨望があり，しかも悲劇の主人公であるという伝説が現実の民族間関係を想起させて，シャン族側にも固有のある地域内限定の精霊信仰圏を超えた霊的存在を受け入れる受け皿があったからかもしれない。

またカチン州に関しては，シャン王国のかつての中心としての自負の思いが，シャン族の人々の間に認められても，第6章で明らかにしたようにビルマ化がシャン州以上に進行しており，シャン固有のポエティクスを主体的には担えないのが現実なのである。たとえば，シャン族としてのアイデンティティを誇る人々によるかつての王国の遺跡とされる場所の文化遺産としての活用は，現ミャンマー連邦のポリティクスの脈絡においては，その実現は困難が予想されるのである。

実際1997年の訪問時には，モーガウンの旧都（ミョウ・ハウン，Myo-Haun）とされる場所（寺院の境内であったが）に，ツァオ・サムロンパーの像が立てられていたが，訪問客もまったくといっていいほど見当たらなかった。周囲には近年カチン族が移住してきたと伝聞した。また像も当初は刀を握っていたのが杖に変えさせられるなど，行政側からクレームがつ

いたと住職から聞いた。

　歴史的に，ビルマ化の基盤となるビルマとシャンの間で文化交流の複数の波があったことは間違いない。ビルマ史の泰斗タントゥン（Dr. Than Tun）は，チンドウィン川の西岸で造られ，かつてシャン諸州へ運ばれていたマン・パヤー（man phaya）あるいはユン・パヤー（yun phaya）と呼ばれる乾漆仏について言及し，その生産が，ある地域では18世紀後半から20世紀初頭であると記述している［Than Tun 1980］。このこととつながるかどうか不確かではあるが，1940年に中緬国境の現在の徳宏地区を調査した田汝康（ティン・ジュ・カン，T'ien Ju-K'ang）が，別名ポイ・パラ（pöy phraa）という大規模なポイを実施するときに，ビルマ側のナムカムへ仏像を買いに行く慣例を紹介している［T'ien 1949: 46-47，1986: 13-14］。北部シャン州の精霊信仰に偶像が導入されたのがいつからなのか，また仏教の偶像崇拝と精霊信仰の偶像崇拝との間に関連性があるのかないのかに関しても詳らかではないが，宗教的領域における文化交流の一例として付記しておきたい。

　シャン州における"シャンのビルマ化"の流れは，ビルマ人がマジョリティとして政治的権力を掌握し，歴史叙述もマジョリティ優先であることが濃厚であるがゆえに，いまもなお進行中なのである。その流れを意識するしないにかかわらず，シャン文化「再」発見「再」構築の動きは，国家のまなざしのもとにあるのである。

第Ⅳ部　多民族国家の行方——国家のまなざし

　第10章　多民族国家ビルマと市民権法
　第11章　ビルマの信仰体系と政治権力

　第Ⅳ部では，市民権法と信仰体系をテーマに，マジョリティとマイノリティの関係に照射される「国家のまなざし」に注目したい。前者は，国民国家における「人＝国民」と国民形成の過程に関わり，後者は，仏教における専門家という「人＝出家者」と，信仰体系における「中心性」と「周縁性＝非仏教的要素」に関わっている。いずれにおいても政府側のポリティクスが，そのポエティクスによって言語化されているのである。ビルマ（現ミャンマー）連邦の場合，その政府側の行動が，1980年代に具体化しているという歴史的事実があり，仏教国における，二つの「人」をめぐる懸案が密接に結びついていることを暗示している。

　シャン族は，1983年のセンサスで，90.6％が仏教徒と報告されている。バマー（ビルマ），ヤカイン（アラカン），モンと並んで，仏教国ビルマ（ミャンマー）の顔を支えている。中央集権による1980年以降の宗教政策の結果，シャン族仏教徒も国家の統制を受けることになる。第11章最後で示すように，シャン仏教の宗派ツォティも，実際の宗教実践は維持しても，公式には，公定宗派ツーダンマに統合されることになる。シャン族，シャン文化を取り巻く民族表象は，仏教信仰に関しても民族間関係のポリティクスに包摂されていくのである。

第10章　多民族国家ビルマと市民権法

1　はじめに

　1948年1月に独立した多民族国家ビルマ（現ミャンマー）連邦は，その法体系の基本となるべき憲法を二度制定している。1947年と1974年である。現在当地では三番目の憲法を制定すべく国民会議が断続的に行われているが，その見通しは不明である。したがって現時点では，移行期間として1974年憲法とそれ以降の諸法律が人々を律していることになる。

　国民国家体制を標榜する同国において，その基盤となる法律のひとつが市民権法である。現行法（Burma Citizenship Law）は1982年に制定された。市民権を有する者が国民登録者ということになる。したがって，市民権法は，事実上，国籍法でもある。市民権に関する法律も，関連法を除くと，事実上，1948年と1982年の二度制定されている。前者は独立前後の時期に作成されたもので，1947年憲法と整合化が貫かれている。1982年市民権法は，1974年憲法より8年後に制定され，同憲法を順守した形で，当時の政府のスローガンであるビルマ式社会主義のひとつの到達点として位置づけられる。

　本章は，二つの憲法と，国民登録すなわち市民権に関わる関連法を参照しながら，多民族国家ビルマにおける法体系に関して人類学的に考察を加える試みである。いうまでもなく法律と現実との乖離は，同国においても存在する。筆者も人類学的なフィールドの場で，幾度もそのような事例に遭遇してきた。しかしながら本章では，事例をもって全体的な状況を推測させるような印象的記述を回避し，まずは法律的に同国民がどのように認定されてきたかを確認したい。そしてその問題意識の目標は，多民族国家ビルマの政治的経済的状況とその課題すなわち「マジョリティ」と「マイノリティ」の相克の理解にある。詳細は後述するにして，その重要点を二点に総括すれば，第一に政治権力の中枢にあるビルマ（バマー）人と，マ

イノリティである非ビルマ族との融和および民族間の政治的経済的状況の均質化への動向が挙げられる。第二に，経済的マジョリティである中国系住民，インド系住民のビルマ市民化促進を含む国民形成の動向である。その政策は外国系資本の確保につながる。本章は，主に第二の点が課題となる。

この課題に着目するのは，外国人登録と帰化に関する法体系の背後に，市民化による「均質化」の思想が透けて見えると推測されるからである。他方，外国プレスが同国軍事政権を批判する際の常套句である「人権」問題に関して，後述するように市民権法が槍玉に挙がっている。その批判通りならば，同市民権法は「排除」の思想に支えられていることになる。同国の市民権法は，「排除」の思想，「均質化」の思想のいずれに，どの程度傾斜しているのだろうか，実像はどうなのだろうか。本章では，現行法が制定された1982年の時代的背景をふまえ，条文そのものを対象としながら考察を展開することにしたい。

2　多民族国家ビルマの概観

国民国家体制を構成する要素は，隣国との間で境界が了解された領土，多かれ少なかれ同質性を帯びるあるいは帯びることが期待される人々すなわち国民，そしてその国民の代表者となり，政治的権力を有する政治組織すなわち政府の三つであるといえよう[Rothermund 1997: 1]。この視点にそって多民族国家ビルマを概観してみよう。本章の主眼が，その第二の要素である国民形成に該当することはいうまでもない。

ビルマの諸民族をめぐる状況は，上ビルマ全域が英領インドに編入された1886年以降イギリスの植民地経営が決定づけた。インド政庁はエーヤワディー川流域の平地部と，少数民族が多数居住していた山地部を再編し，平地部には弁務長官を配置して直轄領である管区ビルマとする一方で，山地部では，当初一部抵抗があったものの，王朝時代末からの首長制の存続を認めて間接統治とする分割統治が行なわれたのである。英領インドの統治法と矛盾しないかぎりにおいて旧体制が認められていた状況は，独立以降も，法体系とそこで唱われる思想を踏襲する形で継承されている。独立

時の領土も英領ビルマを基盤として認知されている。その歴史的経緯については，大野徹の論考に詳しい［大野 1991］。

現在，国民会議で行政区分の再編が検討されているが，現行では1974年憲法の規定による七管区七州の区分で統治されている。完全に棲み分けているわけではないが，概ね平地部に位置して地域名や中心となる都市名を冠した七管区には，主にビルマ（バマー）人が居住している。カチン，カヤー，カレン（カイン），チン，モン，ヤカイン（アラカン），シャンの主要な民族名のついた七州は，山地部に位置し，ビルマ族以外の諸民族が主に居住している。

1983年のセンサスによると，ビルマ族が全国民の69％で，次いでシャンが8.3％，カレンが6.2％をそれぞれ占めている。全民族数は135と報告されているが，最大多数としての政治的文化的な優位は動かず，ビルマ人およびビルマ文化を中心にした国民統合・国民文化の形成が推進されている。共通語はビルマ語だが，かつて英領だったため，英語も公用語同然の扱いをされている。言語系統は，大多数がチベット・ビルマ系で，ビルマ，ヤカイン，カチン，カレン，チンなどが含まれる。その他にシャンを代表とするタイ系，モン，パラウンなどのモン・クメール系，また少数のマライ系も分布する。さらに一般にカラー（Kula）と呼ばれるインド系住民が定住し，その大半はヒンドゥー教徒あるいはイスラームである。またタヨッ（Tayok）と呼ばれる中国系の人々も定着している。

後にビルマ独立の父として尊称されるアウンサン（Aung San）を中心とするビルマ独立義勇軍は，当初日本軍のビルマ侵攻と歩調を合わせ反英闘争に立ったが，1944年8月の反ファシスト人民自由連盟（AFPFL，パサパラ）の結成で活動方針を抗日に転換する。同総裁に就任したアウンサンは，戦後復帰したイギリス政府と交渉を続け，1947年1月，アウンサン＝アトリー協定を結んで独立へのシナリオを確定する。ビルマに戻ったアウンサンは，同年2月12日，シャン州のパンロン（ビルマ語でピンロン）で，辺境地域の少数民族の代表と会談し，連邦制参加の合意を取りつける。この合意は，1947年制定の独立憲法の基本精神となり，設置されたシャン

州，カチン州，カレンニー（現カヤー）州，チン特別区（現チン州）の少数民族州への限定的自治権と，シャン州，カレンニー州に連邦離脱権が保証された。しかし，植民地政府の官吏・軍人・警官として同体制に協力的だったとみなされたカレンは，パンロン会議でもオブザーバーの立場に留まり，ビルマ族主導の独立交渉でも冷遇されたため，1947年4月に実施された制憲議会選挙ではカレン民族同盟（KNU）のボイコットで対抗した。このカレン不参加のままの連邦制のスタートは，今日まで長期化するビルマとカレンとの民族間の確執となっている。

1947年7月に起こったアウンサン暗殺の悲劇は，翌年1月の独立達成前後のパサパラの分裂，少数民族反乱の契機となった。パサパラから離脱して在野に下ったビルマ共産党，カレン，モンなどの反乱軍が各地でビルマ政府に反旗を翻し，また1949年末から1951年にかけて中共軍に追われた国民党軍残党（KMT）がシャン州東部に侵入して，中緬国境は緊張を強め，国内は混乱を極める。これらの状況を背景にビルマ国軍の政治的発言力が高まることになる。独立直後の混乱を収拾して治安回復を指導したネーウィン（Ne Win）による1962年3月の軍事クーデター以降，少数民族州の自治権は形骸化し，連邦離脱権は剥奪され，中央集権化が強力に推進される。その急激なビルマ化・国有化政策は，経済的にはインド人，中国人からの経済的実権の剥奪を意図しており，多数のインド人，中国人が出国し，経済的停滞を導いた。また少数民族武装集団の資金源が，国際麻薬市場と結びつくケシ栽培や政府の鎖国政策を逆手にとった国境貿易であったことが，民族間関係をさらに混迷化させた。

1988年3月から現実化した民主化運動は，ネーウィンを政治の表舞台から引退させたが，同年9月に成立した国家法秩序回復評議会（SLORC，1997年11月に国家平和発展評議会SPDCに改組）による軍事政権は，鎖国政策を転換する一方で，軍部の政治的発言力維持のために民主化運動を圧迫した。その優勢な軍事力を後ろ盾にした市場開放政策は，少数民族による反政府運動の資金源を脅かすものとなる。国際的なケシ栽培禁止の動きもまたその基盤を衰退化させることになる。軍事政権側は，1998年1月

の第五十回独立記念日時点で，弱体化を余儀なくされたシャン州軍 (SSA)，カチン独立機構 (KIO) など少数民族側の18の武装集団と休戦協定を締結したと喧伝している。麻薬王クンサーも投降し (2007年10月ヤンゴンで死去)，唯一，カレン民族同盟が組織的に抗争を継続している。

1997年7月，ミャンマーは東南アジア諸国連合 (アセアン) 正式加盟を実現し，国際的に政治的経済的両面での新たな展開が期待されている。国内では，新憲法の草案づくりが有識者を集めた国民会議などで断続的に進行中である。1995年時点で，①ナガー，②ダヌ，③パオ，④パラウン，⑤コーカン，⑥ワの各民族への民族自治区 (Self Administered Areas) の新設が内定しているともいわれている。活動的な反政府運動グループを内在していた非ビルマ族に対する配慮との観測が有力である。

ビルマは基本的には，植民地政府の法体系を踏襲してきた。そして独立以降の権力の所在は，「マジョリティ」と「マイノリティ」との相克で絶えず揺れ動いていた。その不安定さが軍部への権力依存の継続的な維持に結果的に寄与していることを繰り返し確認しておきたい。

3 外国人登録者

ビルマにはどれ位の人数の外国人が居住してきたのだろうか。独立以降，特にネーウィンによる1962年の軍事クーデター前後に注目してみたい。

齋藤・リー (Saito Teruko & Lee Kin Kiong) 編集の統計集成 [Saito & Lee 1999: 15] によれば次の通りである。

ビルマにおける外国人居住者数

Year	Indian	Pakistani	Chinese	Others	Total
1960	120,447	28,334	91,715	7,276	247,772
1964/65	80,235	20,577	80,723	11,888	193,423
1968/69	51,632	16,986	80,909	11,117	160,644
1985	38,486	5,132	75,801	13,636	133,055
1990	41,093	5,171	72,413	14,868	133,545
1993	33,760	4,071	58,049	14,717	110,597

出典：Figures are from Statistical Yearbook 1961, 1969, 1989 and 1993

前頁の表に該当するのは,外国人登録をすませた人々である。最後のセンサスが実施された1983年の同報告によれば,同調査時に滞在していた外国人(外交官およびその家族を除く)の数は,1,830,485人と報告されており,登録者は十分の一にも達しない。

外国人登録者の中で圧倒的に多いのは,インド系外国人と中国系外国人である。1960年以降,インド系外国人の減少が目立ち,中国系外国人についても漸次減少してきている。1962年のネーウィンによる軍事クーデターの結果,経済インフラの国有化政策を回避して多数の外国人が流出したことが知られており,そのことを数字が裏づけている。独立前後から1962年までの間にビルマ国内に居住する中国人,インド人などの状況に関して,かつて在ビルマ日本大使館参事官だった熊田徹は,次のように記述している。当時の外国系住民のビルマ市民化が容易に進展しない状況が推察できよう。

> 印僑の多くは戦争の際いったん本国に去ったが,ミャンマーに既得権を有する者達が,戦後,ヤンゴンだけで25万人舞い戻ってきた。彼等は,土地その他の財産の国有化に伴う補償請求権との関連で,インド本国政府の保護を期待してインド国籍に固執し,ミャンマー市民権を申請しない者が多かった。こうして「ミャンマー市民となることなく,市民としての全ての恩典を要求して」戦前どおりの地位や職業に固執していた印僑の数が,ヤンゴンだけで推定8万人に達した。華僑に関しても,市民としての義務を忌避して市民権を申請しない者が,ヤンゴンだけで4万人いた。非市民たるこれらの外僑達は,たとえば営業権をミャンマー市民から買い取る等の便法を通じて,相変わらず経済活動に従事し続け,「経済のミャンマー化」はなかなか進展しなかった。他方,これらの外僑や市民となった旧外僑達は,弱体で買収が容易な政府行政に乗じ,海外同胞等との連絡網を通じて盛んにヤミ交易を行った。　　　　　　　　　　　　　　　　　　［熊田 2001: 3-4］

外国人関係法は，植民地時代（1864年）の The Foreigners Act に遡る。この法律が踏襲され，The Registration of Foreigners Act, 1940, The Registration of Foreigners Rules, 1948となっていく。これらの法律での外国人の意味は，ビルマ国家の市民ではない者とされている。

一方，独立以降の法体系における市民であるかどうかの認定は，The Union Citizenship (Election) Act, 1948と，The Union Citizenship Act, 1948（1948年市民権法）による。後者の法律による市民権（citizenship）の規定は，1947年憲法と前者による。同憲法では次のように規定している。

Citizenship

10. There shall be but one citizenship throughout the Union; that is to say, there shall be no citizenship of the unit as distinct from the citizenship of the Union.

11. (i) Every person, both of whose parents belong or belonged to any of the indigenous races of Burma;
    (ii) every person born in any of the territories included within the Union, at least one of whose grand-parents belong or belonged to any of the indigenous races of Burma;
    (iii) every person born in any of the territories included within the Union, of parents both of whom are, or if they had been alive at the commencement of this Constitution would have been, citizens of the Union;
    (iv) every person who was born in any of the territories which at the time of his birth was included within His Britannic Majesty's dominions and who has resided in any of the territories included within the Union for a period of not less than eight years in the ten years immediately preceding the date of the commencement

of this Constitution or immediately preceding the 1st January 1942 and who intends to reside permanently therein and who signifies his election of citizenship of the Union in the manner and within the time prescribed by law,
shall be a citizen of the Union.

12. Nothing contained in section 11 shall derogate from the power of the Parliament to make such laws as it thinks fit in respect of citizenship and alienage and any such law may provide for the admission of new classes of citizens or for the termination of the citizenship of any existing classes.

同憲法には 'indigenous races of Burma' の規定はない。1948年市民権法には次のように説明されている。

3. (1) For the purposes of section 11 of the Constitution the expression "any of the Indigenous races of Burma" shall mean the Arakanese, Burmese, Chin, Kachin, Karen, Kayah, Mon, or Shan race and such racial group as has settled in any of the territories included within the Union as their permanent home from period anterior to 1823 A.D. (1185 B.E.).

1823年より以前というのは、第一次英緬戦争より前にという意味である。以下、関係法注釈 (*The Law Relating to Foreigners and Citizenship in Burma*, 1961) を参照して、同法における市民権保有資格者を明記する。同注釈の編者ヴェルマ (S. L. Verma) は、当時、高等法院の弁護士である。

(a) any person who is a citizen under sub-section (i), (ii) and (iii) of section 11 of the Constitution.

(b) any person who under sub-section (iv) of section 11 of the Constitution in entitled to elect for citizenship and has been granted under the Union Citizenship (Election) Act 1948 a certificate of citizenship.
(c) any person who has otherwise been granted the status of a citizen under this act.
(d) a person who has been granted a certificate of citizenship.
(e) a person who has been granted a certificate of naturalization.

特に同法規定にそう(c)に関しては，①先祖が，少なくとも二世代の間，連邦内を永住地とし，両親と本人が同領内で出生した者は，連邦市民とみなされる。②両親のどちらかが，市民権証明あるいは帰化証明に名前を記載されている者は，連邦市民になったものとみなされる。③1948年1月4日当日あるいはそれ以降において連邦内で出生し，両親のどちらかが市民である場合で，父親が外国人で，当人が18歳までに市民となり，その後一年他国籍であることを宣言しないで連邦市民であることを保持した者は市民とみなせる。しかしもし母親だけが外国人の場合は，連邦内出生だけで市民であり続ける。④連邦外で父親を市民として出生し，規定の期限内に出生の届をした者は市民である。もし連邦外で憲法発布後に母親だけが市民，父親が外国人で出生した者は，その事実により出生届によって市民とはならない。⑤一人の親が市民で，その親の公務により連邦外で出生し，もう一人の親が外国人である場合で，成年に達して一年以内に他国籍取得資格を放棄しなかった場合，市民であることを失効する。⑥父親が市民で母親が外国人で，母親が市民権を申請すれば，認可の前であっても，その子の記載に関して，両親の共同申請により，市民として修正することができる [Verma 1961(1960): 120-123]。

以上の規定において重要なのは，市民資格には，市民と帰化人の二種類があること，父親優先原理が認められることの二点である。この点を踏まえて，次章で，1982年市民権法（1982年国会承認第4号）について紹介し

たい。

4　1982年市民権法

　同法は1982年10月15日に公布され，76条から構成されている。最終条で規定されている通り，同法の制定により，1948年の前法二法が失効している。この法律には関連する運用上の三つの法律が併せて制定されている。それは，後述するナインガンダー，エーナインガンダー，ナインガンダー・ピュクィンヤドゥという市民の三つのカテゴリーそれぞれの運用に関するものである。

　1997年3月2日に同法の修正が公示されている。その内容は，内務省（Ministry of Home Affairs）を，移民人口省（Ministry of Immigration and Population）に変更することと，67条（後述）の中央機関の構成で，委員長が移民人口大臣となり，書記は委員長の指名によるとされたのみである。ここでは議論にとって重要と思われる関係部分を引用する。また法学者チマウン（Chit Maung）による注釈（1987）も併せて記載する。なお，ビルマ語のものが成文法であるが，政府関係部局での内部資料としての英訳が存在し，汎用性を考慮して本章では英訳のものを引用した。

　国家名の英語表記の変更に伴い，Burma Citizenship Law が，Myanmar Citizenship Law になっているが，ビルマ語表記に変更はない。また，条文中の国家評議会（Council of State）は，1988年9月以降存在せず，SLORC/SPDC が引き継いでいる。

Chapter I　Title and Definition

1．This law shall be called the Burma Citizenship Law.
2．The following expressions contained in this Law shall have the meanings given hereunder:
　　(a) State（ナインガンドー，nainngandaw）
　　(b) Citizen（ナインガンダー，nainngandha）
　　(c) Associate Citizen（エーナインガンダー，enainngandha）

(d) Naturalized Citizen（ナインガンダー・ピュクィンヤドゥ, nainngandha pyukhwinyadhu）

(e) "Foreigner" means a person who is not a citizen, an associate citizen or a naturalized citizen（ナインガンジャーダー, nainngangyadha）

Chapter Ⅱ　Citizenship

3．Nationals such as the Kachin, Kayah, Karen, Chin, Burman, Mon, Rakhine or Shan and ethnic groups as have settled in any of the territories included within the State as their permanent home from a period prior to 1185 B.E., 1823 A.D. are Burma Citizens.

4．The Council of State may decide whether any ethnic group is national or not.

5．Every national and every person born of parents, both of whom are nationals are citizens by birth.

6．A person who is already a citizen on the date this Law comes into force is a citizen.

7．The following persons born in or outside the State are also citizens:

(a) persons born of parents, both of whom are citizens;

(b) persons born of parents, one of whom is a citizen and the other an associate citizen;

(c) persons born of parents, one of whom is a citizen and the other a naturalized citizen;

(d) offsprings born of parents, one of whom is —

(ⅰ) a citizen; or

(ⅱ) an associate citizen; or

(ⅲ) a naturalized citizen;

and the other born of parents, both of whom are associate citizens;

(e) offsprings born of parents, one of whom is
- (i) a citizen; or
- (ii) an associate citizen; or
- (iii) a naturalized citizen;

and the other born of parents, both of whom are naturalized citizens;

(f) offsprings born of parents, one of whom is
- (i) a citizen; or
- (ii) an associate citizen; or
- (iii) a naturalized citizen;

and the other born of parents, one of whom is an associate citizen and the other a naturalized citizen.

8. (a) The Council of State may, in the interest of the State, confer on any person citizenship or associate citizenship or naturalized citizenship.

(b) The Council of State may, in the interest of the State, revoke the citizenship or associate citizenship or naturalized citizenship of any person, except a citizen by birth.

9. In respect of a citizen born in the State, the parent or guardian shall have his birth registered in the prescribed manner, within one year from the date he complete the age of ten years, at the organizations prescribed by the Ministry of Home Affairs.

12. A citizen shall
    (a) respect and abide by the laws of the State;
    (b) discharge the duties prescribed by the laws of the State;
    (c) be entitled to enjoy the rights prescribed by the laws of the State.

13. A citizen shall not acquire dual citizenship.

14. A citizen shall have no right to renounce his citizenship during

any war in which the State is engaged.
15. (a) A citizen shall not lose his citizenship merely by marriage to a foreigner.
    (b) A foreigner shall not acquire citizenship merely marriage to a citizen.
16. A citizen who leaves the State permanently, or who acquires the citizenship of or registers himself as a citizen of another country, or who takes out a passport or a similar certificate of another country ceases to be a citizen.
17. The citizenship of a citizen by birth shall not be revoked, except in the case of cessation of citizenship under section 16.
18. A citizen who has acquired citizenship by making a false representation or by concealment shall have his citizenship revoked, and shall also be liable to imprisonment for a term of ten years and to a fine of kyats fifty thousand.
22. A person whose citizenship has ceased or has been revoked shall have no right to apply again for citizenship or associate citizenship or naturalized citizenship.

現在，同国では，出世後，十八歳までに親の世帯登録に記載される。十二歳時に身分証明書の交付を受けた者は，所定の様式により，十八歳に達したときに，一年以内にその事実を届けなければならない。その時点で国民登録が行なわれ，国民登録証の交付を受ける。三十歳，四十五歳に達したら更新される。十八歳時の登録は，選挙人名簿への記載資格の用件となる。なお，チャッ (kyat) は現地通貨の名称である。

Chapter III Associate Citizenship

23. Applicants for citizenship under the Union Citizenship Act, 1948, conforming to the stipulations and qualifications may be

determined as associate citizens by the Central Body.
24. A person who has been determined as an associate citizen by the Central Body shall appear in person before an organization prescribed by the Ministry of Home Affairs, and shall make an affirmation in writing that he owes allegiance to the State, that he will respect and abide by the laws of the State and that he is aware of the prescribed duties and rights.

エーナインガンダーというカテゴリーは1948年の旧法にはなかったものであるが，旧法のもとで申請者であったことが求められている。したがって婚姻関係成立による場合を除いて新規申請はありえない。エーナインガンダーには，下記30条にあるように，ナインガンダーに対する上記12条に比べ国法に関するより厳しい遵守が義務づけられている。さらにまたチマウン編集による法律注釈書によると，一部，24条に言及があるが，遵守義務要件として次のものが規定されている。

①タウンシップ評議会局長より認可の連絡があれば，タウンシップ評議会に出頭して誓約，②認可受領のため，タウンシップ評議会局長の規定する納付書を添えてタウンシップ経済銀行に入金，入金証明の原本と写本二枚を同局長に提出，③同局長の質問への正確な返答，指紋押捺，④添付する写真の規定（五葉）と，申請時において十八歳に満たない子の名前が記載された書類の同局長への提出，⑤④に該当する子の名前記載の規定，⑥地区関係機関への提示，⑦十八歳以上の子に関する申請，⑧三十歳，四十五歳時の届け出，エーナインガンダー・シーシッイェーカッビャー（身分証明書）交付，⑨十二歳を超していても，十八歳未満の子の場合の申請，⑩指紋押捺，⑪子の申請時の提出物規定，⑫子の申請時の親あるいは保護者の署名，⑬十二歳以上十八歳未満の子で，両親が資格取得から一年以内に未登録の場合，必要とされる費用の支払いと申請。[Chit: Maung 1987: 81-84]

25. The Central Body may include in the certificate of associate citizenship the names of children mentioned in the application. The child whose name is so included is an associate citizen.
26. The child whose name is included under section 25, and who has completed the age of eighteen years shall make an affirmation in accordance with section 24, along with the parents.
30. An associate citizen shall
    (a) respect and abide by the laws of the State;
    (b) discharge the duties prescribed by the laws of the State;
    (c) be entitled to enjoy the rights of a citizen under the laws of the State, with the exception of the rights stipulated from time to time by the Council of State.
31. An associate citizen shall not acquire dual citizenship.
32. An associate citizen shall have no right to renounce his associate citizenship during any war in which the State is engaged.
33. An associate citizen shall not acquire citizenship merely by marriage to a citizen.
34. An associate citizen who leaves the State permanently, or who acquires the citizenship of or registers himself as a citizen of another country, or who takes out a passport or a similar certificate of another country ceases to be an associate citizen.
35. The Central Body may revoke the associate citizenship of a person if he infringes any of the following provisions:
    (a) trading or communicating with enemy countries or with countries assisting the enemy country, or with citizens or organizations of such countries during a war in which the State is engaged, or abetting such an act;

(b) trading of communicating with an organization or with a member of such organization which is hostile to the State or abetting such an act;

(c) committing an act likely to endanger the sovereignty and security of the State or public peace and tranquility or giving rise to the reasonable belief that he is about to commit such an act;

(d) showing disaffection or disloyalty to the State by any act or speech or otherwise;

(e) giving information relating to State secret to any person, or to any organization, or to any other countries, or abetting such an act;

(f) committing an offence involving moral turpitude for which he has been sentenced to imprisonment for a minimum term of one year or to a minimum fine of kyats one thousand.

36. An associate citizen who has acquired such citizenship by making a false representation or by concealment shall have his associate citizenship revoked, and shall also be liable to imprisonment for a term of ten years and to a fine of kyats fifty thousand.

41. A person whose associate citizenship has ceased or has been revoked shall have no right to apply again for associate citizenship or naturalized citizenship.

エーナインガンダーの罰則規則は，ナインガンダーに比べて一段と厳しくなっている。特にナインガンダー関係の条文にはなかった，国内外の反逆組織との連絡，支援，交渉関係をもった場合，そして国家不敬，国家機密漏洩などを犯した場合などが上記35条に規定されている点に，その特徴

が明示されている。

Chapter Ⅳ　Naturalized Citizenship

42. Persons who have entered and resided in the State prior to 4th January, 1948, and their children born within the State may, if they have not yet applied under the Union Citizenship Act, 1948, apply for naturalized citizenship to the Central Body, furnishing conclusive evidence.

ナインガンダー・ピュクィンヤドゥは旧法にもあったカテゴリーである。上記42条にあるように、独立日以前に移住そして定住していた者で、旧法時点で未申請の者が対象となる。その他の申請用件は、43条、44条に規定されている。親子関係を通じて、ナインガンダー、エーナインガンダー、ナインガンダー・ピュクィンヤドゥとの関係が証明できる者、そして年齢十八歳以上、タインインダー（tainyindha）の言語のひとつを流暢に話せること、品行方正、心身が健康であることが資格要件とされている。タインインダーとは、多民族国家ビルマで公式に認定されている「民族」に対する呼称である。次の43条にあたる条文は、エーナインガンダーにはない。

43. The following persons, born in or outside the State, from the date this law comes into force, may also apply for naturalized citizenship:
    (a) persons born of parents, one of whom is a citizen and the other a foreigner;
    (b) persons born of parents, one of whom is an associate citizen and the other a naturalized citizen;
    (c) persons born of parents, one of whom is an associate citizen and the other a foreigner;
    (d) persons born of parents, both of whom are naturalized

citizens;

(e) persons born of parents, one of whom is naturalized citizen and the other a foreigner.

44. An applicant for naturalized citizenship shall have the following qualifications:

(a) be a person who conforms to the provisions of section 42 or section 43;

(b) have completed the age of eighteen years;

(c) be able to speak well one of the national languages;

(d) be of good character

(e) be of sound mind

45. A person married to a citizen or to an associate citizen or to a naturalized citizen, who is holding a Foreigner's Registration Certificate, prior to the date this Law comes into force, shall have the following qualifications to apply for naturalized citizenship:

(a) have completed the age of eighteen years;

(b) be of good character

(c) be of sound mind;

(d) be the only husband or wife;

(e) have resided continuously in the State for at least three years as the lawful wife or husband.

ナインガンダー・ピュクィンヤドゥとして中央機関が認定した者は，内務省の所定の部署に出頭して，国家への忠誠，国家の諸法律の遵守，義務権利の履行を，書面にて誓約しなければならない。またナインガンダー・ピュクィンヤドゥとして中央機関が認定した外国人登録証携帯者は，内務省の所定の部署に出頭して，外国人資格の放棄，国家への忠誠，国家の諸法律の遵守，義務権利の履行を，書面にて誓約しなければならない。三十

歳，四十五歳のときにもそれぞれ届け出を行ない，登録証明書が交付される。

52. If a person married to a citizen or to an associate citizen or to a naturalized citizen, who is holding a Foreigner's Registration Certificate prior to the date this Law comes into force applies for naturalized citizenship and the husband or wife of such a person dies or is divorced from such a person before acquiring naturalized citizenship, the application for naturalized citizenship of such a person shall lapse.
53. A naturalized citizen shall
    (a) respect and abide by the laws of the State;
    (b) discharge the duties prescribed by the laws of the State;
    (c) be entitled to enjoy the rights of a citizen under the laws of the State, with the exception of the rights stipulated from time to time by the Council of State.
54. A naturalized citizen shall not acquire dual citizenship.
55. A naturalized citizen shall have no right to renounce his naturalized citizenship during any war in which the State is engaged.
56. A naturalized citizen shall not acquire citizenship or associate citizenship merely by marriage to a citizen or an associate citizen.
57. A naturalized citizen who leaves the State permanently, or who acquires the citizenship of or registers himself as a citizen of another country, or who takes out a passport or a similar certificate of another country ceases to be a naturalized citizen.
58. The Central Body may revoke the naturalized citizenship of a person if he infringes any of the following provisions:

(a) trading or communicating with enemy countries or with countries assisting the enemy country, or with citizens or organizations of such countries during a war in which the State is engaged, or abetting such an act;

(b) trading of communicating with an organization or with a member of such organization which is hostile to the State or abetting such an act;

(c) committing an act likely to endanger the sovereignty and security of the State or public peace and tranquility or giving rise to the reasonable belief that he is about to commit such an act;

(d) showing disaffection or disloyalty to the State by any act or speech or otherwise;

(e) giving information relating to State secret to any person, or to any organization, or to any other countries, or abetting such an act;

(f) committing an offence involving moral turpitude for which he has been sentenced to imprisonment for a minimum term of one year or to a minimum fine of kyats one thousand.

59. A naturalized citizen who has acquired such citizenship by making a false representation or by concealment shall have his naturalized citizenship revoked, and shall also be liable to imprisonment for a term of ten years and to a fine of kyats fifty thousand.

64. A person whose naturalized citizenship has ceased or has been revoked shall have no right to apply again for naturalized citizenship.

30条と53条，35条36条と58条59条，41条と64条はそれぞれ対応関係にある。したがって，エーナインガンダーとナインガンダー・ピュクィンヤドゥが，旧法で同一カテゴリーに含まれていたことを暗示している。エーナインガンダーがなぜ独立したカテゴリーになったかについては未調査である。1980年6月の市民権法検討記録の段階では，まだこのカテゴリーは認められない。

Chapter V   Decision as to Citizenship, Associate Citizenship or Naturalized Citizenship

65. Any person may also apply to the Central Body when it is necessary for adecision as to his citizenship, associate citizenship or naturalized citizenship.

Chapter VI   Central Body

67. The Council of Ministers shall from the Central Body as follows:

(a) Minister   Chairman
    Minister of Home Affairs
(b) Minister   Member
    Minister of Defence
(c) Minister   Member
    Minister of Foreign Affairs

69. The Central Body shall give the right of defence to a person against whom action is taken.

Chapter VII   Appeals

70. (a) A person dissatisfied with the decision of the Central Body may appeal to the Council of Ministers in accordance with the prescribed procedure.

(b) The decision of the Council of Ministers is final.

71. No reason need be given by organizations invested with authority under this Law in matters carried out under this Law.

Chapter VIII General Provisions

72. No foreigner shall have the right to apply for naturalized citizenship from the date this Law comes into force, except under provisions of this Law.
73. A foreigner who is adopted by a citizen or by an associate citizen or by a naturalized citizen shall not acquire citizenship or associate citizenship or naturalized citizenship.
74. All matters relating to this Law, except penal matters, shall be decided only by the organizations which are invested with authority to do so.
75. The Council of Ministers shall, for the purpose of carrying out the provisions of this Law, prescribe necessary procedures with the approval of the Council of State.
76. The following Acts are repealed by this law.
    (a) The Union Citizenship (Election) Act, 1948.
    (b) The Union Citizenship Act, 1948.

5 1982年市民権法の考察

同法では，市民権を有する国民を，次の三つのカテゴリーに区分している。日本語訳を付記する。

①ナインガンダー……………………………ビルマ市民
②エーナインガンダー………………………準（客）ビルマ市民
③ナインガンダー・ピュクィンヤドゥ………帰化市民

この三つの市民のカテゴリーは外国人（ナインガンジャーダー）と区別

される。この三つのカテゴリーに関して，筆者の知るかぎり『朝日新聞』が，二度批判社説を掲載している。考察に入る前に，その記事を引用して外国プレスの評価の一部として紹介したい。

> 草案によると，国民を血の純血度に応じて①「純粋ビルマ人」②三代前に逆上って外国人との混血が認められる「準ビルマ人」③両親または本人が混血一代目及び外国人の「非ビルマ人」の三段階に分け，①②については政治，経済面で同等の権利を持つが，③は差別されるべきだ，としている。差別の実例としては，被選挙権を持てず，国家公務員の長になれない，といったことなどが挙げられている。この場合，ビルマ人というのは，国民の六割を占めるビルマ族のほかにカレン，シャン，カチン，チン族などの少数民族も含めており，外国人は中国人，インド人も指している。中国人は公式には12-13万人としているが，実際にはその二，三倍はいるといわれ，インド人も数万人とされている。いずれもビルマ人との混血がかなり進んではいるものの，三代以上前から，というケースは少なく，ほとんどが非ビルマ人扱いを受けることになりそうだ。……こうした「差別」措置は，外国人，とりわけ中国人への不信感が根強くあるため，彼らに向けられたものだ，とされている。62年の革命以来，経済面でのビルマ化は着実に達成され，ここ二，三年経済運営も軌道に乗ったことから，ビルマ社会主義の仕上げとして，政治的側面からもビルマ化を図ろうというもののようだ。しかし，市民権法は人種差別の疑いが濃いため，ビルマの有識者の中には「これにより国際機関や外国からの援助停止といった最悪の事態も覚悟しなければならない」と懸念する声も出ている。
>
> （1981年11月26日）

ミャンマーには民主化以前の問題がある。例えば国籍法で国民を三分類している。19世紀に英国の植民地になる前まで先祖をたどれる者は「国民」，第二次大戦後の独立前後までたどれる者は「準国民」，それ

以外の者は「帰化国民」とされる。準国民と帰化国民は土地所有や就職、進学などで不利な扱いを受けている。役人や軍人はそこにつけ込み、金を要求する。汚職の温床にもなっている。軍事政権は「国籍をどう規定するかは内政問題だ」と批判をはねつける。しかし同じ国民を法律で分類し、差別することなど現代の人権感覚では許されない。国籍法を改め、差別の根を絶つべきである。　　　(2001年8月18日)

　前者は1982年市民権法制定前の記事であり、法律の名称や分類方法の日本語訳も後者の記事と異なる。ビルマの場合、国民登録を管理する国籍法と市民権法は事実上同じと考えてもよいであろうことは先に述べた。本論では、法律そのものを参照しながら、上記の批判を検証したいとも考えている。ただし、条文上の規定と現場での判断との間に乖離があることは冒頭に断った通りである。市民権取得に関しては関係部局の承認が必要となっており、現場での解釈によって最終判断がなされている事例を実際に耳にしたし、その方が現実に近似していると思われるからである。

　冒頭で述べたように、1982年市民権法は、1974年憲法の規定にそっている。その条文を含めた関係条文を確認しておきたい。なお、ビルマ語は、同憲法152条で、共通語として規定されている。1947年憲法では、ビルマ語英語両方が公式のものとして認められていたが、1974年憲法はビルマ語が成文法である。ただし、以下に引用する英訳は、ビルマ社会主義計画党（BSLP）による英訳を情報省が出版したものであり、成文法に準じたものとして参照したい。

Chapter XI　FUNDAMENTAL RIGHTS AND DUTIES OF CITIZENS
Article 145

(a) All persons born of parents both of whom are nationals of the Socialist republic of the Union of Burma are citizens of the Union.

(b) Persons who are vested with citizenship according to existing laws on the date this Constitution comes into force are also citizens.

Article 146

Citizenship, naturalization and renovation of citizenship shall be as prescribed by law.

Article 147

All citizens are equal before the laws irrespective of race, status, official position, wealth, culture, birth, religion or sex.

Article 152

(a) Every citizen shall have the right to education.

(b) Burmese is the common language. Languages of the other national races may also be taught.

(c) Every citizen shall be given basic education which the State prescribes by law as compulsory.

憲法147条に従えば，すべての市民は法のもとに平等とされている。ただし，その市民には三つのカテゴリーがあり，その規定がそれぞれ異なっているのである。上記の『朝日新聞』の記事もその点を問題視している。準市民，帰化市民は市民に比して規定が厳しくなっているからである。1982年市民権法の骨格をまとめると次のようになろう。

①国家を構成する民族（タインインダー）かどうかは，政府機関が決定できる。（同4条）
②「市民（ナインガンダー）」には，三つのカテゴリーを含む広義の意味と，準市民，帰化市民とは区別される狭義の意味の二つがある。
③新法では，1948年の旧法の時点で申請者であった「準市民」と，1948年1月4日の独立以前に定住しており旧法で未申請である「帰化市民」とに区別されている。
④市民，準市民，帰化市民，外国人は市民権取得の段階であり，上位

の段階の異性との結婚しただけでは，より上位の段階の市民権を取得できない。(同15条b, 33条, 56条)
⑤二重の市民権取得を認めていない。
⑥準市民，帰化市民は，どういう組み合わせであれ，その子が，市民，準市民，帰化市民と結婚すれば，その次世代の子は市民となる。
⑦市民は，外国人と結婚しただけで市民権を失効しない。(同15条)
⑧「1823年以前に……」という資格要件は，旧法と同様である。
⑨例外的な場合を除き，外国人は市民権法発効後，帰化市民となれない。(同72条)
⑩運用では父親優先主義が認められるが，条文自体では明示的ではない。

　重要と思われるのは，⑥と⑨である。つまり，新たな帰化市民の申請を原則的に認めていないこと，そして準市民と帰化市民は，孫の代に，狭義の市民となれる道を条文上は認めていることである。繰り返しになるが，条文で原則的に認められているからといって，実際の現場で認められるとは限らない。ただし，少なくとも条文によるかぎり，法の前の平等という憲法の理念から考えれば差別的な色彩の濃い市民権であることは確かだが，長いタイムスパンで解釈するならば，国民(市民)形成の思想がうかがえることも否定できない。市民の三つのカテゴリーは固定的なものではなく，新規外国人の参入を排除しながら，準市民，帰化市民を狭義の市民化していこうという段階的な国民形成の思想が認められるのである。その点が『朝日新聞』の批判記事には欠落していると思われる。

　しかしながら，子孫のことではなく，現実的な問題として考慮すべきは，具体的に市民，準市民，帰化市民の扱いがどのように異なるのかという点であろう。知るかぎりの法律を提示しておきたい。
　選挙法に関して，被選挙権は，準市民，帰化市民，外国人にはない。選挙権は，市民，準市民，帰化市民にある。大学入学資格に関して，現行では，国民登録証あるいは身分証明書所持者が対象となる。帰化市民は旧法

下で差別されていたが，制度的には差別は解消されたと現地の法学者は説明している。

1980年6月時点で，市民権法が検討されていた時期の報告書には次のように記録されている。帰化市民に対しては，人民の申請により次の機会等を与えるのは，適当ではないとされている。

　(a)人民の代表として職務を行なうこと。
　(b)国家防衛に基本的な役割を担う国軍へ入隊すること。
　(c)公的機関の中心人物として職務を行なうこと。

また，準市民，帰化市民が国内旅行を計画する場合，事前の許可が必要とされている。なお，市民，準市民，帰化市民いずれもナインガンダー・シーシッイェー・カッビャー（身分証明書）の所持と旅行先での当局への通知が求められている［奥村 2000: 55］。

1982年市民権法で認定される帰化市民は，独立以前から国内に居住し，旧法での未申請者を対象にしている。ということは，1948年の独立を経て1962年の軍事政権成立以降も国外に出なかった中国系住民，インド系住民などを，新法では広義での市民に加えたいという意図がうかがえる。旧法で帰化市民の申請者であった者は，新法では準市民となる資格を得られる。Full-citizenshipの段階を1982年市民権法は，もう一段階設けたことになるのである。中国系住民，インド系住民などの市民化の条件は，1948年市民権法と比較すると幾分緩和され，調整・合理化される内容となっている一方で，「ビルマ市民」と「外国人」の峻別がさらに明瞭になっている。

以上のように，ビルマ史の重要な歴史的出来事である「第一次英緬戦争」と「独立」が市民権法では時代を区切るスケールになっている。それは，上位世代が領土内に継続的に居住してきたという出生地優先主義と，植民地時代を回避する歴史観，そして「純粋な」市民＝ビルマ（ミャンマー）国民を形成しようという思想の表象と考えられるのである。

最後の点に関しては，未確定ではあるが現在断続的に編纂が進められて

いる新憲法の国家元首の資格要件として，二十年以上継続して国内に居住し，本人，配偶者，一親等とその配偶者がすべて外国国民のような特権をもたないことなどを規定した（たとえば，被推薦資格から，外国人と結婚した者と，外国市民権を有する親族をもつ者を排除するなど）とされている［安田 2000: 310, 奥村 2000: 45］。その意図の解釈と具体的な対象が誰かという点は別として，市民権法の思想と通底するものがあるようにも思える。

また1948年市民権法と1982年市民権法は，英語での表現が Act と Law と異なるだけでなく，厳密にいうとビルマ語の表現も異なる。前者は選定法を伴い，「市民である／市民になる」ための法律制定であったのに対し，後者は文字通り「市民」法である。前者の時期は植民地時代を過去のものとしようとした多民族国家ビルマのまさに黎明期だったのである。本章では同様に市民権法とした。

SLORC/SPDC が政権を奪取する前の政治的経済的な鎖国状態において，差別的状況が，中国系，インド系を中心とする準市民，帰化市民にとって障害であったことはある程度推測可能である。また熊田の考察のようにさまざまな便法を講じて非市民＝外国人（登録／未登録両方）のままで経済活動に従事し続けてきたこともおそらく実態であろう。

1990年代に入って，政府が経済開放政策に転じてからは，外国資本導入を歓迎し，外国人と市民とのジョイント形式による経済活動も始まっている。また新天地を求めて，市民権はそのままで外国に出る同国民も増加している。また1993年5月6日の法令第3号およびその申請期間の延長を定めた1995年1月26日の法令第1号で，政府は，出国し外国で国籍を取得した元国民の帰国を認める方針を打ち出した。さらにまた，1994年3月31日に公布されたミャンマー市民投資法（Myanmar Citizens Investment Law, 法令第4号）によれば，この法律でいうところの「市民（Citizen）は，準市民，帰化市民を含む」と1982年市民権法での規定をふまえて明記してある。換言すれば，経済活動に関して，法律的にはかなり開放の度合いが増大しているといえるのである。

最後にビルマ式社会主義の全体像と時代性から考えてもう一点注目すべ

きことを指摘しておきたい。それは，次章で言及する1980年の全宗派合同会議実施に象徴される宗教政策と1982年市民権法制定との関係である。国家統一を目ざしたビルマ式社会主義のもうひとつの側面がここにある。

6　1982年市民権法その後

　国民形成を画策する SLORC/SPDC の現政府が取り組んでいるのが国民文化の構築である。市民権法のその後の状況を考慮するうえに重要だと思われるので，考察しておきたい。

　国民文化（アミョウダー・インチェーフム，amyodha-yinkyei-hmu）あるいは伝統文化（ヨーヤ・インチェーフム，youya-yinkyei-hmu）が，現ミャンマー政府の文化政策の脈絡で頻出する。伝統文化の接頭語は Myanma（ミャンマー）である。

　ビルマの文学言語学界を監督してきたミャンマー国語委員会のメンバーによると「インチェーフム＝culture」ということばは，きわめて近代的なもので，英領時代に英語の civilization の翻訳語として発達したのではないかと説明している。したがってビルマ語では，culture と civilization の区別は不明瞭となる。そして委員会で把握している用例は戦後のものに限られるようである。「ヨーヤ＝伝統」という意味でしかも「ミャンマーの伝統的な」として頻繁に用いられるようになってきたのは，1948年の独立以降ではないかと説明されている。換言すれば「ミャンマーの伝統文化」という慣用句は，独立以降のいわば国威高揚の価値づけを背負ったものであることが推測されるのである。

　「国民文化」は，1962年に発刊された『アミョウダー・インチェーフム・サーザウン（国民文化論集）』という雑誌において，当時ビルマ国文科教授エーマウン（E Maung）が提示し，1970年代の教科書に明記されている。その説明に「ミャンマー・タミョウロン・アミョウダー・インチェーフム・ミャー」とあり，「ミャー，mya」という接尾語がついてインチェーフムは複数形となっている。つまり「国民文化」＝諸民族文化とみなされているのである。その後，1989年6月18日の「Burma」から「Myanmar」

への外交上の国家名変更を介して，単数形の「国民文化」が使われるようになる。

「Myanmar」と「Burma/Bamar」は語源的に同一であり，その脈絡における「Myanmarの伝統文化」とはビルマ人中心のものにイメージされる必然性がある。国名変更の根拠である国民全体をさす意味としての「Myanmar」の文化というのは現実性が薄く，実質的な「国民文化」の形成というのは，いまだ政治的判断の域を出ないのである。

時代を前後するが，独立以降1970年代末までは，諸民族研究が盛んであった。公的には文化省がその役割を担ってきた。連邦内民族文化・慣習に関して文化省から次の13冊の報告書が編集・出版されている［Yinkyei-hmu Wungyi Htana 2000: 73-75］。

①文化省カチン分局（編）1973『カチンの慣習的判例集（Kachin Dalei Phyatoun）』
② Manouttha Kyaw Win 1977『ナウオゥ・ナガー（Nauo Naga）』
③文化省文化館局（編）1975『チン伝統的慣習判例集（Chin Youya Dalei Phyatoun）』
④ U Min Naing 1962『カヤーの伝統的クゥトォーボー（柱立て祭事）（Kayah-dou Youya Kuhtoubou）』
⑤ U Min Naing 1960『我々こ土地で生まれた民族は連邦の子（Dou Tainyin-bwa Pyidaunzu-Tha）』
⑥ U Min Naing 1971『諸民族の諺（Tainyindha Sagaboun）』（初版1965）
⑦ U Min Naing 1971『諸民族文化事始と基礎質問項目（Tainyindha Yinkhei-hmu Nidan hnin Akheisai Meikhun–mya）』
⑧ U Min Naing 1967『我々血統は，この土地で生まれた民族（Dou-thwei Doutha Tainyin-bwa）』
⑨ U Min Naing 1961『マノー（Mano）』（カチン族の伝統祭祀）
⑩ U Min Naing 1962『母なるパラウン（Me-dou Palaung）』
⑪ U Min Naing 1965『ヤカインの物語伝説（Yakhaing Wutthu

Ponpyin)』
⑫ U Min Naing 1965『ヤカインの音曲（Yakhaing Teithan)』
⑬ Thiriuzzana, Wungyi 1958『ローカビョーハチャン（Lolabyouhakyan)』（王朝時代の慣習叙述）

そして1962年の軍事政権成立以降，現在でも貴重な文献となっているシリーズが発行される。後に，ビルマ社会主義計画党（BSLP）編集となる七民族州のシリーズである。同シリーズは，1967年の『カチン』から『カレン』(1967)，『カヤー』(1967)，『チン』(1968)，『シャン』(1968)，『ヤカイン』(1976)，『モン』(1977)と続く。『ヤカイン』と『モン』が1970年代になるのは，1974年の憲法制定により民族州として認知されたことと関係している。このように少なくとも1970年代末までは諸民族研究が盛んであったことは確かである。1962年3月のネーウィンによる軍事クーデターは，1947年憲法の無効を主張し，シャン州，カヤー州の連邦離脱権を剥奪した。これらの動向から非ビルマ族への圧制がこの時期からという見方がなされるかもしれない。しかし1962年時点ですぐに180度方針が転換したとはいえない。たとえば，1965年2月の連邦記念日記念会議で「革命政府は，各民族が自分たちの文化を保存することを了承している」という発言が行なわれている［Sati Aphwe 1966: 48］ように，多民族国家を統治する革命評議会の公式発言においては，諸民族文化への支援が原則であることが謳われていたのである。

そのような状況が1980年代に入ると現象的には認められなくなる。1983年4月のセンサス以降，それまで十年に一度実施されていた国勢調査が1993年には実施されず，1983年のそれに基づくとされる135民族が国内に居住しているという言説が現在にいたるまで流布している。1980年代後半に，パンテー（Panthei，中国系ムスリム）の代表が，コーカンの代表者の推薦書，歴史文書などをそえて，多民族国家を構成する民族（タインインダー）としての認定を政府に対して申請した。しかし今日に至るまで認められてはいない。換言すれば，1980年代に入って，軍事政権は民族政策

に一定の自信を有するにいたったとも解釈しうるかもしれない。そしてその一連の脈絡の中に1982年市民権法の制定がある。そして1988年3月に始まる民主化運動は，民族間関係とは別の背景から生起するのである。

　1988年9月に政権を奪取したSLORC/SPDCは，ビルマ文化中心の伝統文化事業を実施する。一連のイベントを下記に列挙してみよう。

⑴　1989年12月1日〜3日，伝統レガッタ祭典が，ヤンゴン市内のカンドージー湖で行なわれている。正式名は，SLORC Chairman's Bowl Myanma Traditional Cultural Regatta Festivalであり，王朝時代のビルマ王主催のレガッタの再現と喧伝している。

⑵　1993年9月11日からは，年一回ミャンマー伝統文化コンテストが実施されている。このコンテストは，専門家クラス，趣味者クラス，高等教育クラス，基本教育年齢十二歳以上クラス，基本教育年齢十二歳未満クラスにそれぞれ男女別，部門別に競われている。内容として，詩歌，舞踊，文学，楽奏などが含まれているが，すべてビルマ人の間で伝承され「伝統」として差異化されてきたものなのである。コンテスト開催目標は次の六点。

　　⒜国民の老若男女すべての愛国心と誇りの再活性化
　　⒝ミャンマー伝統文化および芸術の再活性化
　　⒞ミャンマーの音楽，ミャンマーの舞踊の威信と威厳の再表現化
　　⒟ミャンマー伝統文化の純粋的芸術性の再活性化
　　⒠若者の関心を高揚させるような光輝さ
　　⒡西洋文化の氾濫の防止

　「再」という表現が多く，「再」ということで意識する伝統文化という言い方が，昔から連綿と続いてきたという物語を形づくるレトリックになっていることがうかがえる。

(3) 1993年10月23日〜25日には，ヤンゴン市内のアウンサン運動場で，伝統騎馬隊祭典が行なわれる。この祭典も(1)と同様に王朝時代の慣行を再現したものである。

(4) 1996年12月20日〜30日には，第一回ミャンマー伝統工芸十部門展覧会および競争会が，マンダレーで行なわれた。伝統工芸十部門とは，漆喰，石工，煉瓦・モルタル，銅・真鍮細工，絵画，彫刻・木工，金・銀細工，漆器，轆轤，鍛冶の十技能である。この際には，最高権力者タンシュエ（Than Shwe）上級大将による下記の国民文化保護の方針が新聞に掲載された。

　　(a)国民の知識を基盤として国民の威信と威厳を保持し，国民文化を連綿と維持し保護する。
　　(b)国民の威信と威厳の高揚は，民族ごとに実施しなければならない責務のひとつである。
　　(c)国家の後継者である若年者が国家を愛する心，国家のことばを愛する心に始まる自愛心を幼少の頃から心に宿していくように慈しみ培っていくようにする。
　　(d)国民の威信と威厳を高揚して文化の伝承を維持することができてはじめてミャンマー国家は，自文化とともに両立することになる。

(5) 1996年は，その他に多くの文化的活動が政府レベルで行なわれた。

　　(a)1993年9月24日創立の文化大学，1996年移転新築（芸術局の強化，音楽，舞台芸術，絵画，彫刻の四部門）（ヤンゴン）
　　(b)国立博物館（アミョウダー・ピャダイッ）の移転新築（ヤンゴン）
　　(c)1989年から作業中……ミャナンサンチョウ王宮再建完成（マンダレー）
　　(d)1993年から作業中……マハー・ワイヤンボンター寺院再建完成（マンダレー）

(e)1995年から作業中……マハー・アトゥラワイヤン寺院再建完成（マンダレー）

　新国立博物館の前庭には，第一次タウングー朝（1486-1599）の英雄バインナウン（Bayinnaung，在位1551-1581）王の像が立っている。マンダレーの王宮だけではなく，そのバインナウン王が都を置いたバゴーの王宮，コンバウン朝（1752-1885）の開祖アラウンパヤー（Alaungpaya，在位1752-1760）王の都であったシュエボーの王宮の再建も行なわれつつある。渡邊佳成の考察のように，国家統一を成し遂げた王朝の栄光を歴史の中に求めるというのはビルマ人中心の歴史解釈を促進し，多民族国家のイデオロギーと矛盾することになる［渡邊 1997］。ミャンマーにとって，自文化とは，非西洋文化として位置づけられ，しかもそれはビルマ文化中心の内容になっている。非ビルマ族への政府の姿勢は，経済的関係が優先される中で，自治区設立の動きのように，コーカン，ワそして中国系などの経済力を有している人々の政治的位置を優遇しているともいえる。非ビルマ族の人々が，自らの歴史や文化を語り，それがビルマ文化中心の国民文化とどのように共存していくか，その行方が，1982年市民権法の行く末を占っているのではないだろうか。

　本章は，設定した課題に関係する法律の条文を平易に読むことを出発点とした。人権問題があるという前提で市民権法などを考察するのではなく，あるいは人権問題があるかないかという単純な図式に陥ることなく，条文から読みとれる思想を追究したかったからである。成文法としての1982年市民権法は，ビルマ語で制定されており，国際的アピールを必ずしも目的にしたものではない。政治的経済的鎖国状態の当時としては，あくまで内政的な問題であった。1970年代後半からの制定作業，1980年の全宗派合同会議など，均質的国民化に向けての中央集権による国民国家体制の確立が目標にあったのである。

　1982年市民権法にあるタインインダーの登録決定を国家評議会ができるという条文は，非ビルマ族との融合，均質化を考察する場合に重要である。

1973年センサスでは「民族」が調査項目ではあったが結果は公表されていない。1983年センサスで初めて全国規模の民族数が公表された。それまでは民族州の一部について，ビルマ社会主義計画党（BSLP）時代の報告書に記載があるものの全国規模ではなかった。その意味で，初めて多民族国家の状況を公表できる状況になったという判断が政府側にあったのではないだろうか。それ以降，先述したパンテーのように新たなタインインダー認定の申請を認めていないことも，注目に値する。その脈絡では1982年市民権法と1983年センサスは関連している。

また1982年市民権法の規定とその運用に関して，いうまでもなく，中国系住民，インド系住民を一枚岩としてみるべきではないだろう。その間でも経済的格差が認められる。実際には「帰化市民」になっていない事例もあり，他方で，子どもに高等教育を与えるために帰化を申請した事例も聞いた。帰化した場合でも旧国籍を放棄していない事例も認められる。彼らはやはりしたたかで必ずしも現政権を信用してはいないと推測することも可能かもしれない。また時代を下って1990年代の経済的現実は「外国人」としての中国人の流入を事実上黙認させ，1982年市民権法の思想＝中国人，インド人の国民化を押し流してしまっている。国有化は事実上失敗し，SLORC/SPDC時代の経済開放政策につながる。中国系住民に対し，一旦国有化した財産が返還された事例もある。返還されていない事例もある。ただしこのままだといつかゆり戻しがある可能性もある。あるべき国家間，民族間の座標軸はまだみえないのである。

1974年憲法第152条では，共通語をビルマ語としながら，多民族国家を構成する少数民族の言語を教えることを許容している。ただし，実際には学校教育の現場で使われるのはほとんど排他的にビルマ語であり，言語教育を介しての文化の継承は，国家の民族政策との共存を考慮せざるをえない政治的状況に今日もある。本章で考察した市民権法の条文に関するかぎりは，理論的には，ビルマ人とビルマ人以外の少数民族との間に法的差別は生じえない。だが，マジョリティであるビルマ人と，マイノリティである少数民族との間には，国民文化形成の過程において，そのポリティクス

における力関係の優劣は明らかであり，法的権利の場では平等ではあるが，自文化保存運動の現場においては，上記の民族言語教育を一例とするように，その差別的状況は十分うかがうことができるのである。前者の脈絡においては，完全な均質化・同質化が意図されるはずではあるが，実際にはタインインダーとしてのアイデンティティがあるかぎり完全な同化はありえない。その意味で「ビルマ化」の事象であり，後者は，少数民族としての自意識覚醒の事象でもある。第V部では，代表的なマイノリティであるシャン族によるシャン文化の伝承について考察を加える。

第11章　ビルマの信仰体系と政治権力

1　ビルマ文化の探究

1-1　仏教国ビルマ（現ミャンマー）

　ビルマにテラワーダ（上座）仏教が定着して久しい。11世紀バガン王国（1044-1287）のアノーヤター（Anawrahta，在位1044-1077）王が招請して以来，この正統派を自認する仏教は常にビルマの人々の宗教的世界観の中心であり続けてきた。人々の信仰の篤さは，今日までなされるパゴダ（仏塔）や僧院の建立，僧侶の身の回りの品々の寄付など，具体的な形となって表象されている。また出家による修行生活が男性にとってイニシエーションとなっている慣行や，毎月めぐってくる精進日や雨安居期に守られる戒律の浸透は，人々の精神的支柱としての仏教の価値を類推させるに足るものである。だが仏教がビルマの宗教的世界観のすべてではない。ビルマを訪れる人が，樹霊や地母神などの超自然的存在の偶像を著名なパゴダの境内で探すことはさほど困難なことではない。村落に出かければ精霊（ナッ，nat）が祀られた祠に出会う。各家にはココナッツをシンボルとする守護神が祀られている。仏教徒としてのアイデンティティをもつ90％近くの国民にとって，これらの超自然的存在とのコミュニケーションの場の存在は，その宗教的世界観が，出家中心主義と戒律至上主義でまとめられる人間の世界だけで完結されているものではないことを示しているのである。

　タンバイア（S. J. Tambiah）は「ことばの呪的力」（1968）と題された論文で仏教のことばを読み解く。それによれば，仏教の三宝――仏法僧は，それぞれ「ことばの源泉」「ことばそのもの」「ことばを唱える人」に対応する［Tambiah 1968: 138］。仏教のことばは経典に結晶し，仏陀と現に修行する人をつなぐものはことばなのである。人々はことばに従い，ことばを

唱えることで仏教徒としてのアイデンティティを確認するとともに、ことばが現実を変える力を信じたのである。東南アジア仏教圏における仏教的脈絡での呪的力は、パリッタ（paritta）と呼ばれる護呪経典の存在に象徴されている。パリッタはビルマではパレッ（parei）と呼ばれる。パレッは新築儀礼で僧侶によって加護を請願する場で唱えられる。あるいは病根退散に誦経される。すなわち現世利益的な目的にこのことばは活用の場を与えられているのである。

　ビルマ宗教史において当然のことながら「ことばの源泉」である仏陀の存在が疑われたことはなかった。それどころか仏陀は仏教の開祖として、よりビルマの地に引きつけた形で伝説化されてきたのである。たとえばビルマに仏陀自身が訪れたという巡錫伝説が聞かれるし、ビルマの伝説上の最初の王国タガウンは、仏陀の系譜であるシャカ族によって建てられたと19世紀成立の『玻璃王宮大王統史』（原題 *Hmannan Maha Yazawin Dawgyi* 〈*HMYD*〉）は語っている [Pyangyayei Wungyi Htana 1993, Tin & Luce 1923]。虚構の伝承や系譜であるにしても、仏陀のイメージは偉大な宗教家としてだけではなく、ビルマゆかりの人物として多様に流伝されているのである。

1-2　流動的な聖と俗の関係

　仏教の「ことばそのもの」はその原典追究と解釈をめぐって論争が繰り返されてきた歴史をもつ。衝突する論争は宗派分立となる場合もあった。その調停役を果たしてきたのが各時代の政治権力者である。僧侶は戒律上政治の前面に出ることを許されていない。また修行生活に専念するために衣食住の確保という生産的活動には一切関係しない。したがって僧侶の世界――サンガ（パーリ語でsaṅgha, 僧伽、ビルマ語でタンガ, thanga）は、生活のための物品からその思想的統一にいたるまで、非僧侶からの貢献によって維持されてきたのである。出家中心主義でありながら出家だけでは存立しない仏教のパラドックスがここにある。その非僧の世界の代表者が王朝時代は王であった。ビルマ最後の王都マンダレーに居城したミンドン（Mindon, 在位1853-1878）王が仏教界に果たした業績のひとつは、1871

年に実施した仏典結集である。そこで確認されたことばは，マンダレー丘の南麓に建立されたクゥドゥードー・パゴダの七百余の小パゴダのひとつひとつに刻まれている。最近ではウー・ヌ（U Nu）政権下に仏暦2500年とあいまって仏典結集が行なわれ，カバーエー・パゴダが記念として建立されている。

　「ことばを唱える人」の中心である僧侶もまたそのオーソドキシィが問われる存在であった。僧侶は以下の四つの点で流動的な存在であり，オーソドキシィが揺らぐ潜在性を帯びている。第一に僧侶は世襲制ではなく，男性にとって人生のひとつの選択肢である点である。つまり「生まれつきの僧侶がいる」のではなく，「僧侶になる」のである。そして僧籍から脱ける還俗も自由であり，実際大部分の男性はこの選択肢を取る。第二点は仏教の根幹的思想に関わっている。仏教徒各個人のあらゆる行動は，その善悪がバランスシートとなり，個人のカンマ（パーリ語でkamma，業，ビルマ語でカン，kan）に還元され，輪廻転生を繰り返すと考えられ，来世志向が濃い。僧侶は輪廻からの離脱に設定されているニッバーナ（パーリ語でnibbāna，涅槃，ビルマ語でネイバン，neibban）に近い存在ではあるが，現世は無限の輪廻転生においては一刹那であり，来世への確証は信仰のブラックボックスの中にある。第三に，僧侶は現世的利益を希求する俗世にさらされている。還俗の自由はあり，僧侶と俗世との境は越えられないものではない。また元僧侶というキャリアは現実の世界では人々を引きつけるパワーとなりうる。1930年の英国植民地下で起こった動乱の主役サヤサン（Hsaya San）は元僧侶で，ビルマを救う王とならんとした。この動乱の背景を読む鍵のひとつがビルマの宗教的世界観である点で研究者は一致している。ウー・ヌは幾度か出家を繰り返した。彼が敬虔な仏教徒としてのイメージを，指導者としての政治的影響の脈絡で意識していたとする見方はあながち誤ってはいないだろう。

　第四にビルマの宗教的世界観の特性が挙げられる。その内在する信仰体系のヒエラルキーでは，仏教の優位に対して劣位とされる超自然的力をもつと信じられるカリスマの崇拝やアニミスティックな信仰が打ち捨てられ

たわけではない。それどころか連綿と受け継がれてきたといった方がよい。僧籍に入っても大部分が還俗する男性にとって，さらにまた正式な僧侶となることが認められていない女性にとって，信仰のリアリティは仏教と非仏教的信仰との間で揺れているといえるだろう。後で述べるように，王朝時代の仏教の最高の擁護者である王も，精霊信仰に代表される非仏教的信仰に何らかの配慮を示しているのである。

　こうした宗教的世界観の変化に対してビルマの政治権力者の果たすべき役割は，仏教改革の主導であり，その柱は二つあった。ひとつは仏典結集に象徴される仏教の「ことばそのもの」——経典の確定である。もうひとつの柱は「ことばを唱える人」——僧侶のオーソドキシィの確定であった。以下に織りなす本章の考察の組み糸のひとつは，ビルマ仏教における「人」である。

　ビルマ文化探究の通時的展開は，大きな課題を与えられている。それは王朝時代とポスト王朝時代の文化的関係である。ビルマは19世紀後半，東南アジアで最も早く王朝治世がついえた。王朝時代のピリオドがその後のビルマ世界にどのような影響を与えたのだろうか。王宮は王族の居城であっただけではなく，多種多様の文化のターミナルであり温室であった。そこで学術，美術，音楽，舞踊，服飾などの宮廷文化が育まれたのである。

　王朝崩壊以降これらの文化は衰退あるいは在野に下ることとなる。したがって文化の時間軸における連続性と非連続性がビルマ世界研究の重要なテーマとなるのである。王朝崩壊以降，英国植民地下の時期を経て，ビルマは1948年に独立する。この政治支配体制の明らかな非連続性にもかかわらず，宗教的世界観においての仏教の位置づけは変わらず，基本的に連続している。歴史的に，ビルマ仏教は11世紀以来政治権力とペアの関係にあり，その関係は今日でも継続している。すなわちビルマ仏教の連続性は，政治権力側からの庇護の連続性なのである。ここでは以上の認識のもとに，ビルマ仏教を取り巻く政治的環境の脈絡から，特に仏教の信仰体系における「人」である僧侶の集団——サンガと政治権力とのペアの関係に注目しながら，ビルマにおける信仰体系のダイナミズムを考えてみたい。

2 政治権力による仏教の「清浄化」

2-1 仏教の「清浄化」が意味するもの

1980年5月,ラングーン(現ヤンゴン)郊外のカバーエー・パゴダでビルマ全宗派合同会議が開催された。この会議のフルネームは「サーサナ(仏法,パーリ語でsāsana)の清浄化,恒久化および発展のための第一回全宗派合同会議」である。四日間にわたったこの会議には全国から約1,200人の僧侶が参集し,三議題が上程され,四決議が出された。三議題とは,①新宗派設立禁止を基本原理とし,宗派間の協調および合体を目標とする全国サンガ組織基本法,②宗教上の紛争を処理するためのサンガ内規律維持および紛争解決のための規定,③一時僧を除く僧侶の僧籍手帳の交付,である。四決議とは,①教法試験の復活,②カレンダーおよび説教カセットテープ・ケースの表紙への仏像使用の禁止,③僧院内居住者の退去,④破戒僧の排除,の内容である [Thathana Usi Htana (Department of Religious Affairs) 1980]。

これらの議題および決議の背景に流れているのは,全宗派合同会議のスローガンにも含まれている「清浄化」への強い指向性である。1985年5月に開催された第二回全宗派合同会議においてもその流れは変わらず,「清浄化」のさらなる促進が決議されている [Sapei Beikman 1986]。第一回会議で指示された過去に例のないそのための画期的な手段が僧籍の確定である。換言すれば仏教理念の自由な追求のための環境の確保ではなく,管理された僧侶集団の形態が制度化されたのである。公定されたのは次の九宗派である。新宗派の設立は,基本原理遵守の方針から以降まったく認められていない。ツーダンマは,事実上は組織的宗派の形体を成していないが,宗派(ビルマ語のガイン,gaing)のひとつとされている。

　　ツーダンマ派
　　シュエジン派
　　マハードワーラ派
　　ムーラドワーラ派

アナウチャウンドワーラ派
ウエルウン派
ゲットウィン派
ガナウィモウックドー派
マハーイン派

　タイおよびビルマの王朝時代の王の仏教界への基本姿勢は，王権の正統性原理の源泉であるサンガの清浄性の護持にあったといわれている［石井 1975: 81-82, 渡邊 1987: 152］。単純にイメージすれば，サンガは王権と相互依存する関係にあったといえるだろう。王権は仏教擁護の最高位としてその地位を認められていたともいえるのである。それに対して最近の傾向は，サンガが国家支配下に位置づけられる関係とみなすことが可能であろう。仏教と政治権力のペアの関係の脈絡において，1980年の仏教界統一が一党（ビルマ社会主義計画党，BSLP）独裁による政治的統一の政権下で行なわれたことは興味深い。アウントゥイン（M. Aung-Thwin）も歴史家の立場から現代の「清浄化」の政治的色彩について言及している［Aung-Thwin: 1979］。ビルマ文化の脈絡においてパーリ語の sāsana を語源とする宗教（ビルマ語でタータナ，thathana）といえば仏教しかありえない。信仰する（コーグェ・ヨンチーフム，kougwe-younkyi-hmu）という用語は非仏教的な精霊信仰にも適用されるが，仏教イデオロギーの信仰体系における優位性は不動である。それにもかかわらず清浄化が行なわれるということは，サーサナの中にサーサナと認めがたい要素が発生している，あるいは流入してきているという認識が前提としてあるからである。その要素とは，仏教の「人」についていえば，偽僧侶や破戒僧の存在である。
　僧侶の正統性を維持するために政治権力側が採用したチェックの方法は，歴史的には二つあった。ひとつは僧侶の系譜を正統化すること，歴史的にはセイロンからの僧侶誕生の正統な戒壇の招請によるオーソドキシィの確立である。もうひとつは僧侶の生活態度のチェックである。具体的には僧侶がサーサナの示す規範に従って，つまり戒律に従って修学に励んでいる

かがチェックされるのである。そのために，戒律では，僧侶の修行生活の細部にわたって規定されている。このチェックによって追放されるのが破戒僧である。先に述べた1980年の合同会議の決議にもこの指向は生きている。過去から現在にいたる政治権力の掌握者にとって，この僧侶の正統性の維持がとりもなおさず仏教の清浄化を意味し，そのことがまた相互依存的に王権の正統性主張の源泉となってきたのである。仏教信仰の実像は，人間行動をきわめて形式化するものとなっている。

2-2　王朝時代の「清浄化」

　王朝時代，サンガの清浄化が王の正統性の主張と深く関わっていたことから，王にとって重要な関心事であったことが類推されるが，後世の記録に残るような実効性のある清浄化によるサーサナ改革をすべての王が行なったわけではない。その代表的なサーサナ改革をたどってみることにしよう。

　ビルマ・テラワーダ仏教の最初の改革者となったのは，いうまでもなく11世紀のバガン時代のアノーヤター王である。彼は，仏教の諸系統さらには非仏教系の信仰が併存していたと想像される当時の宗教的状況にあって，ビルマ南部のモン族の都タトンからテラワーダ仏教を招請し同系統に統一したのである。またアノーヤター王以降のサーサナ改革に僧侶シン・アラハン（Shin Arahan）の果たした役割も多大であったとされている。だが非仏教的信仰への配慮がまったくなされなかったわけではない。土着の精霊信仰に関して，今日最もポピュラーな精霊群である三十七柱の神々であるナッ群（thounzekhuhna-min nat）が，バガンのシュエジゴン・パゴダに合祀されたと伝えられる。12世紀後半から13世紀前半にかけてのナラパティシットゥ（Narapatisithu, 在位1173-1210）王の時代は典籍編纂が盛んだった時代であり，セイロンに渡ったチャパタ長老などが帰国してセイロン正統上座部との連結がなされたのも，この時代である。

　15世紀のインワ朝（1364-1526）のモーニンタドー（Mohnyinthado, 在位1427-1440）王の時代にも，二人の僧侶がセイロンから帰国し，正統上座部を確立したといわれている。一方この王については，四十七歳で王位

に就いたとき彼の勇士たちはこの出来事を祝し,ポーパ丘のマハーギリ(Maha Giri)・ナッに,牛馬をいけにえとして捧げたと伝えられている[Harvey 1967(1925):97-99, ハーヴェイ 1976(1944):142-145]。

 ビルマにとって,テラワーダ仏教のいわば本家であるセイロンに僧侶が出向することによる正統性確立で留意されたのは,具足戒式のあり方である。つまり僧侶を誕生させる場(戒壇)がいかに正統な場であるかが問題とされたのである。15世紀バゴー(ペグー)朝(1287-1539)のダンマゼーディ(Dammazedi,在位1472-1492)王の改革がよい例であろう。彼は1475年に僧侶団をセイロンに派遣し,彼地の大本山であったマハー・ヴィハーラでサンガ授戒儀式を学ばせてセイロンの地名を採ったカールヤニ戒壇(結界)を確立したといわれ,この経緯は,ダンマゼーディ碑文として今日でもたどることができる。ダンマゼーディ王は,サーサナ改革の一方でナッの霊所を建てたともいわれている[Harvey 1967(1925):119-120, ハーヴェイ 1976(1944):175-177]。

 17世紀の第二次タウングー朝(1597-1752)のタールン(Thalun,在位1629-1648)王はザガインのカンムードー・パゴダを建立し,セイロン由来で仏教徒にとって聖なるものとされる仏陀の歯(仏歯)並びに石鉢を奉納したと伝えられている。彼のサーサナ改革について,リーバーマン(V. B. Lieberman)によれば,「ダンマラージャとしてビルマ歴代の王は,宗教的オーソドキシィの名のもとにサンガを清浄化することによってふさわしくない僧侶を排除し,王への経済的ロスを減ずることができた。……タールン王は新しい僧侶の授戒を一時的に禁止し怠慢僧侶の排除を命じた」[Lieberman 1984:110]とされている。ダンマラージャはダンマつまり法を守護する仏教王であり,王の理想型とされたものであった。この称号はバガン王国のチャンジッタ(Kyanzittha,在位1084-1112)王の碑文にすでにみえる。

 このように王朝時代に王のサーサナ改革判断の基準となったのはセイロンからのオーソドキシィであり,それを基準としてビルマ仏教の方向が正されたのである。だがそのオーソドキシィの招請もボードーパヤー

（Bodawpaya，在位1782-1819）王以降行なわれなくなる。彼の時代は仏教の擁護者たる権威が高揚した時代で，1800年，ビルマ僧侶が逆にセイロンの見習僧に具足戒を授け，セイロンにビルマの地名を採ったアマラプーラ部が部派として設立されている［渡邊 1987: 152］。

2-3　ボードーパヤー王のサーサナ改革

18世紀後半から19世紀前半にかけてのボードーパヤー王の治世下，ビルマはコンバウン朝（1752-1885）最大の版図となり，王国として周辺に勢力を広げた時代であった。またサーサナ改革においても重要な時代であった。なぜなら彼の治世下に行なわれた宗教関連事業は，今日のテラワーダ仏教の基礎となっているからである。

王は，まず僧衣の着用慣行について戒律の解釈をめぐって論争のあった偏袒派と通肩派を，1782年6月の詔勅により通肩派に統一し，異端の排除に着手した［Than Tun 1986: 10-12］。また彼の改革のアイデアにより，僧侶で構成される会議が具体化していったのである。1786年6月，タータナドーイェ・タータナフムというサンガの代表位が設置され，ツーダンマ堂での十二人の僧よりなる宗派統一評議会が発足する［Than Tun 1986: 134-135］。この要職名に関連して，メンデルソン（E. M. Mendelson）によれば，タータナバイン（thathanabain）と呼ばれるサンガの要職が14世紀まで遡れるが，王家の顧問僧というのが実態だったようで，タータナつまり宗教界を統べるというまさにその意味する役割を担うのは，ボードーパヤー王以降と説明されている［Mendelson 1975: 53］。これらのサンガの代表位は，以後サンガの実質的リーダーとして機能していくのである。この宗教会議の場の名称であるツーダンマは，統一された宗派の名称となる。ツーダンマ派はその後，宗派としての組織的機能を果たさなくなっていくが，今日のビルマの僧侶および僧院の過半数はこの流れをくむものである。1980年の全宗派合同会議でも最大の宗派として認知されている。

ボードーパヤー王が宗教に果たした役割は，仏教の経典解釈およびサンガに対してだけではない。精霊信仰に対しても配慮を示している。1785年にポーパ丘のマハーギリ像の新しい金の頭部を作らせ，1812年にはそれを

より大きなものと取り替えたといわれている［Scott & Hardiman 1900: 1-2; 20-21］。またミャワディ大臣に命じて，三十七柱の神々の欽定リストを編纂させたことも知られている［Htin Aung 1962: 83-84］。このリストはその後の三十七柱の神々のグルーピングとほとんど相違せず，ボードーパヤー王の時代は，仏教および精霊信仰の双方において，今日の信仰形態の基礎が形づくられた時代だったのである。

3　仏教王の役割とその支配装置
3-1　王権の理念型

　仏教王権を構成する原理は，基本的にはダンマラージャに代表される仏教的脈絡で説明することができ，理念的には領土支配のための装置とみることができる。ダンマラージャのほかに忘れることのできない二つの重要なものは，転輪聖王と，そして救世主（メシア）としての未来仏である。この三理念的支配装置の中で，ダンマラージャはより現実的な理想型であり，仏教を擁護することで正統化される王権の源泉を主張するための基本的な支配装置である。ダンマは世界を秩序立てる規範であり，王にとって現実の世界を支配するための法――ダンマは仏教の三宝を構成し，政教一致の証明ともなる。それに対して仏法を理想とする普遍的究極的至福の世界を統治する転輪聖王（ビルマ語でセッチャー・ミン，Sekkya Min）は，ダンマラージャより理想指向の濃い王権の理念型であった。その過去における具体的なモデルとされたのがインドのアショカ王である。転輪聖王は未来仏（メシア，悟りを開く前は菩薩，ビルマ語でボーディ・タッ，Bodithat）の世俗的な代替者であり，未来仏ではさらに理想的な未来への指向が濃くなる。したがってダンマラージャ，セッチャー・ミン，そしてボーディ・タッと次第に王権は現実の支配装置としての理念型から未来における理念型へと展開していくのである。

　これらの三理念的支配装置をつないでいるのは，カンマの観念である。未来仏はカンマの観念によれば一人の仏教徒としての理想である。未来仏であることを暗示あるいは明示した王は歴史上幾例かを数える。バガン時

代のチャンジッタ，アラウシシットゥ（Alaungsithu，在位1112-1167），18世紀のシンビューシン（Hsinbyushin，在位1763-1776）も未来仏になることを希望したといわれている [Sarkisyanz 1965: 59-67]。ビルマ最後の王朝の創始者の即位後の名前であるアラウンパヤー（Alaungpaya，在位1752-1760）は「未来の仏」という意味である。結局は，サンガに反対されて撤回はしているが，ボードーパヤー王はボーディ・タッとして我こそ「未来の仏陀」と宣言している [Sarkisyanz 1965: 276, Heine-Geldern 1956: 9, ハイネ=ゲルデルン 1972: 281]。

　王権の理念型としてのカンマ観念を基盤とする未来指向は，仏教を擁護することで正統性が認められる王の仏教信仰への傾倒の展開とみることもできるが，ハイネ=ゲルデルン（R. Heine-Geldern）が述べているように，「再生とカルマ（カンマ）の理論は（王位）簒奪者に容易な口実を与えた」 [Heine-Geldern 1956: 10, ハイネ=ゲルデルン 1972: 283] のである。つまり王権を奪取した者は，前世の善行によるものとしてカンマ観念によって自らのアイデンティティを正統化できたのである。カンマ観念は，その意味で過去と現在と未来をつなぐ理念装置であると同時に，政治権力者にとっては諸刃の剣だったといえよう。英国植民地下のビルマにおいてこの観念は，ミン・ラウン（Min laun，未来王・王位予定者）として反英運動指導者の理念型の母体となっていくのである。

3-2　王権と精霊信仰

　ビルマの王権の構成要素は，カンマ観念で連結する仏教的脈絡で解釈できるものだけではない。キャディ（J. F. Cady）がいうように，マヌ法典と結びついた古代インドを源とする王権観念やヒンドゥー・コスモロジーにおける国家の宇宙論的構造 [Cady 1958: 4-11] を見逃すことはできない。ビルマの宮廷儀礼の担い手がバラモンであったことが象徴するように，ビルマ王権とインド文化およびヒンドゥー・コスモロジーとの結びつきは疑いない。さらに王権は超自然的存在ともその権威の証明として結びついている。いくつかの王朝年代記には，バガンの王統が，水と大地のシンボルであるナガー（Naga，水を司る伝説上の龍）が太陽の神と交わって卵か

ら生まれたピューミンティー王に遡るプロットを含んでいる［大野 1987］。ナガーのイメージはパゴダの建築や仏像の造形にもたどることができる。この王位とナガーとの結びつきは，ミンドン王の時代，1873年に王を訪ねてきた一人の男の話にもうかがえる。その男は王族と大臣および外国公使のみが通行を許される門から王宮へ入ろうとした。彼は，自分はビルマ王の敬虔さと権威の大きさを伝え聞き，王に伺候したいというナガー王の命を受けてきたと来意を告げる。ミンドン王はこの男のペテンを疑いながらもナガー王の住居として水槽を造り，臣下の間に神秘的な話が伝わることを許容し，自分が古えの偉大で光輝ある王のようであると信じさせたと記述されている［Scott & Hardiman 1900: 1-1; 71-72］。

　このエピソードが，ミンドン王が実施したサーサナ改革仏典結集の直後であることには，ダンマラージャとしての王権の支配原理をリアリスティックにみせようとする伝承者の意図が感じられる。したがって，伝えられるミンドン王は，男の詐欺を許容する器量と，過去の王権の理念型を踏襲する王としてのイメージを併せもつ存在となる。ビルマにおける超自然的存在と王位との交渉は，ビルマ王の最後まで明瞭に残存し，さらに1930年に自ら王と宣言したサヤサンの反乱の象徴的道具立てが，神鳥ガロン（Galon，神鳥ガルーダ）であったことにも踏襲されているといえるだろう。

　ナガーはインド神話に起源のある龍あるいは水蛇であり，東南アジアの多くの土着的神話にもコスモロジカルな属性を与えられて登場する。インドに系譜の起源がある王統と土地の元来の主人であるナガーの娘との交接のプロットは，古代カンボジアでも知られている。ハイネ＝ゲルデルンは「国王はデヴァラージャ（神王）の化身として，また土地の女神の子孫であると同時に配偶者として，帝国を天と地の神的な諸勢力に結びつける真の呪的中心をなしていたのである」［Heine-Geldern 1956: 10, ハイネ＝ゲルデルン 1972: 281-282, 大林 1985］と分析しており，ビルマにおいても同様な意図が，象徴的には太陽と地水原理の結合を意味する王統の系譜の正統化において働いていたとみることができるだろう。王が国土の気候条件を担い，

王の品行は守護神の活動に深く関係しているというように，王の器量および行為と王国の繁栄が同一視されていたとの分析もある［Thaung 1959: 174］。ナガーは仏教的世界観では出家志願者として登場する超自然的存在である。出家志願者としてのナガーは，現在タイおよびビルマにおいて入門が認められる直前の志願者の名称となっている。

　18世紀および19世紀の宗教史を研究するビルマの歴史家ミャミャ（Mya Mya）が王の役割としてのナッ・オウッ（nat auk, ナッ支配）を指摘している［Mya Mya 1978］ように，ナッ信仰体系自体が王権と深く結びついている。ナッで最もポピュラーでかつ力があるといわれる精霊王である三十七柱の神々は，その多くが非業の死を遂げた王位篡奪者あるいは政敵であるという伝説で語られる人物なのである。伝説のタガウンの王家と関係が深く，三十七柱の神々のパンテオンでは，インド起源のインドラ神に次ぐミン・マハーギリには妻がいて，彼女がナガーの娘とされている。彼女は後に王位を脅かすものとして王の計略によって死にいたった二人の息子とともに三十七柱の神々に加えられているのである。

　起源伝説のある精霊は具体的な地域と関係している。ナッ信仰の構造が王朝時代の伝統的な政治構造と相似形であることは，スパイロ（M. E. Spiro）も指摘している通りであり，彼が結論づける三十七柱のナッ信仰が精巧な崇拝構造を有するにいたるのは，伝統的なビルマの国家体制の確立後，その政治構造を様式化したという点も妥当なものといえよう［Spiro 1974(1967): 131-138］。

　三十七柱の神々が王への呼びかけであるミン（min）と呼ばれ，そのリストを王が作成するという配慮は，王権の構成要素としてナッ・オウッの重要性を際立たせる。ビルマ語では五つの敵（ヤンドゥー・ミョー・ガー・パー，yandhu myou nga pa）という言い方がある。五つの敵とは水，火，ミン，盗人，いやな人である。これに含まれるミンは政治権力者としての王であると同時に，元来悪霊的なナッの意味を含むことは明らかである。実際には，すべての王がナッ・オウッを意図する政策や儀礼を行なったわけではない。だがアノーヤター王以来の，特にサーサナ改革に着手した王

の大部分が精霊信仰やナガー崇拝に配慮しているという歴史的事実は，ビルマの王権が，仏教王としての理想的な支配装置というだけではなく，ナガーやナッの超自然的存在の支配者としての顔も備えていた，あるいは備えることが期待されたことを意味する。換言すれば，表面的には，ダンマを正統性の背景とする仏教王への超自然的存在の服従という図式を仏教的脈絡において描くことができるが，王権の実像としては，支配体制の背後に土着の受け皿の存在を認めることができるのである。

4　独立後の政治権力と仏教
4-1　ビルマ独立以降の「清浄化」の背景

1988年3月から激化したネーウィン（Ne Win）体制成立以来最大の反政府運動に，数多くの僧侶が参加していたことが国外のマスコミに報道された。このサンガ成員の政治的活動で注目すべきことは，報道される僧侶のほとんどが青年僧侶であったことである。過去にも，1965年4月に青年僧侶による反政府運動が起こったことが知られている。

彼らの動きとは対照的に，仏教指導者全国委員会が暴動の鎮静化のために1988年8月10日付けで声明を発表している。この二つの動向は，ビルマ仏教の両極化している内部構造を暗示しているように思える。なぜならサンガ・ヒエラルキーにおける階位上昇のためには，仏教に関する知識，それにも増して年功序列がものをいうからである。年配の僧侶で構成される全国サンガ組織の声明が影響力をもたなかったことは，その後の暴動の激化から明白である。サンガ・ヒエラルキーの両極化は，正式僧にはいたらない二十歳以下の見習僧段階の修行生活が，男性のライフ・サイクルにイニシエーションとして組み込まれていることとも関係していると思われる。

ビルマ仏教の現在の内部構造の両極化は，このように僧侶組織のヒエラルキーにおけるものであり，また信仰体系のヒエラルキーにおいても表出される。ビルマの信仰体系は，仏教と精霊信仰の間にカリスマ崇拝（カルト）が位置してヒエラルキーをなしているとされているが，宗教的影響力をもつカリスマの登場は明示的には必ずしも顕著とはいえない。1960年代

から1970年代にかけて，コマーシャリゼーションやメディアの多様化に伴い仏教内の解釈に分岐が生まれ，精霊信仰が復活し，カリスマを中心とするガイン (gaing, カルト・グループ) が登場してきたといわれる [Tin Maung Maung Than 1988: 35-36] が，その後の政府によるサンガ統合と清浄化への権力行使で抑制される。1980年の全宗派合同会議の決議のひとつであるカレンダーやカセット・テープへの仏像のカバー化禁止もその表れである。

ではその両極化は最近の現象なのだろうか。19世紀に王朝崩壊を経験したビルマ史の特異性を考慮して，現在も王朝が続くタイ王国と比較してみよう。いうまでもなくサンガは非僧である俗人からの喜捨に依存する。すなわち仏教信仰維持のメカニズムは僧俗関係にある。ビルマでもかつては王が喜捨する俗人側の代表にあった。大パゴダの建立はそれを象徴している。ところが現在はその代表がいない。政治権力者とのスポンサー／クライエント関係が認められる僧侶の存在は知られている。しかしその関係はあくまでも二者間の関係に留まりそれ以上には発展していない。かつて王は僧侶と同様にパヤー (phaya) と呼ばれ敬意の対象であった。ところが現在の社会体制では，パヤー・ルージー (phaya lugyi) と呼ばれる仏教知識が豊富な知恵者はいるが，パヤーと呼びかけるべき俗人はいない。この点がタイと対照的である。タイでは俗世界を代表して国王が僧世界を庇護し，国王への敬意と僧侶への敬意が人々にとってパラレルとなっている。ビルマの場合，政治権力の正統性の源泉としてのサンガという図式を，現在は描くことができないのである。すなわちダンマラージャの消滅が，王権とその正統性主張において相互依存関係にあったサンガの権威を在野化し，一方で知識と年齢がものをいう閉じた出家世界と，他方で個別的な現世利益追求の場に機能する精霊信仰という信仰体系の両極化につながったと考えられるのである。

4-2 ウー・ヌとネーウィン

王権が復活しなかったビルマ独立以降のサンガ世界への政治権力側からの働きかけのエポックは，ウー・ヌとネーウィンの二人の指導者による宗教政策である。ウー・ヌは，仏教社会主義を標榜して憲法改正による仏教

の国教化，さらには国教振興法による仏教優遇策を1961年に次々と打ち出している。結局は非仏教徒で占められる少数民族の仏教国教化反対と自治権拡大要求などによる国内混乱で，1962年にネーウィンによる政権掌握を招くこととなる。

ウー・ヌの宗教政策は結局挫折したが，その原因について，スミス（D. E. Smith）は次の四点に要約している。第一に政治的経済的目標を二次的なものとした点，第二に彼はあまりに宗教的で，政治姿勢があいまいであった点を挙げる。第三に仏教思想の合理性を指摘しながら実際には不合理で迷信的な信仰に依拠していた点が示される。彼は病根退散のために六万に及ぶ砂のパゴダをビルマ全土に建てるように命じ，ナッへの供物を欠かさなかったともいわれている。そして第四に政治への僧侶の干渉の増加を招いた点である［Smith 1965: 316-320］。ウー・ヌは，サーサナに対して，総じて自ら篤信なる一人の仏教徒として戒律遵守を生活様式としながら仏典結集などの事業を指導しているが，政治的場面に仏教を持ち込み，それが国内状況において摩擦を起こしたことに彼の挫折の主因があるといえよう。

これに対してネーウィンの政治姿勢は，政治の世俗化が意図され，明瞭に仏教色から抜け出している。仏教は，政府主導で開催された1980年の第一回全宗派合同会議に象徴されるように，明らかに政府の管理下に置かれる。この会議の主眼が破戒僧排除による「清浄化」であったことは，先に述べた通りである。この清浄化の方向性は，サンガ統一と新宗派設立禁止，僧籍手帳によるサンガ成員の確定の法文化で明瞭となる。ネーウィン体制での仏教清浄化の動きは，僧侶の政治介入阻止と，寺院の政治権力の及ばないサンクチュアリとしての機能停止が強い意図であったといえるだろう。この背景にはビルマ独立闘争の初期においてオッタマ（Ottama）僧正やウー・ウィサラ（U Wisara）のように政治的活動に殉死した僧侶の存在や，政治亡命者の文字通り駆け込み寺としての寺院の役割に対する警戒心がみえる。僧侶のもつパワーの潜在性が政治権力者にとって要注意であったことは歴史が証明している。

ウー・ヌ政権の背景にも，仏教国教化をもくろんだ政治的発言力をもつ

サンガの影が濃い。したがって，ネーウィン指導下の清浄化で追求される仏教の正統性とは，仏教の原点というよりも，時の政治権力者が監督できる僧侶と非僧侶の峻別のための方便といえないだろうか。清浄化をサンガ内の自浄化の動きとみることもできるかもしれないが，清浄化のイニシアティブを政治権力側が取っていることは見逃せない。実際1965年に一度，政府はサンガ介入を企てて失敗した過去があり，1980年の全宗派合同会議は突然の出来事ではなく，1978年には国家評議会がサンガ成員を含む功労者への叙勲制度を導入するなど，用意周到を期していることがわかるのである。

　ネーウィンの政治と宗教との分離の方向性は精霊信仰に対しても同様であることが，その後，次第に明らかになっていく。たとえば，ビルマ最大のパゴダであるシュエダゴンの主仏塔の周囲に配置されている各曜日のシンボルの動物像が，仏教のシンボルである法輪に取り替えられたことや，ナッ像が境内の後方の目立たない場所に配置変えされたこと［奥平 1988: 163-165］にもうかがうことができる。以前はヒンドゥー占星術に起源をもつシンボルの動物像を祀った祠は，出生曜日に区分され，仏教徒の礼拝を受けていたのである。先に述べた宗教組織の新設禁止は，カリスマを中心とする新しいガインの登場の芽を摘もうとする動きでもある。またビルマ暦8月ダザウンモン月のダザウンダイン祭礼で行なわれる僧衣の織物競争が，かつては多民族国家である連邦行政区分の七管区七州対抗で行なわれていたものが，1985年以降，管区州対抗ではなく，仏教にちなんだ名前を与えられたグループの対抗とされたことも，その一例と思われる。管区州対抗にこめられた国是である諸民族の連帯が十分達成されたとは必ずしもいえない現状で，むしろ仏教起源儀礼とされているものから余分な要素を排除し，より「純粋な」仏教に近づけようとしているように思えるのである。

　ネーウィン体制の「純粋な」仏教を目ざす宗教政策はそれだけに留まらない。サンガの僧侶だけではなく一般の仏教徒にも向けられ，喜捨行為の清浄化が意図されているのである。1962年のビルマ式社会主義路線の革命

委員会声明で，すでに「思考の改革」として偽善的な喜捨と慈善行為，破戒的行為などの絶滅を提唱している［佐久間 1984: 189］。またネーウィンは，1964年1月4日の独立記念日における放送で，次のように過度な喜捨行為を憂えている。「我々の間で喜捨行為において宗教的な利益や実際に受容者が必要な分を満たすことよりも，見栄に重きをおくことが流行となってしまっている。その結果，そんな人たちは余裕以上の財産をつぎこみ，後には膨大な借金を抱えてみじめな生活を送ることになるのである。だからいまこそ彼らの喜捨行為を正す時なのである」［Maung Maung 1969: 308］。

その後，具体的に，本来僧侶は関係していない俗人の喜捨行為であるパゴダの修復・建立の管理がサンガ総監長老会議のもとに置かれたことも，その表れと解釈できる。しかしこの政策は「上座部仏教僧伽組織がパゴダ（仏塔）信仰，すなわち世俗宗教との接近を深めることを意味し，世俗界との別離を建前とする本来の姿勢に逆行すると思われ」［奥平 1988: 165］ても当然であり，自己修行を基本とするサンガの役割を変革するに等しいものといえるのである。いわばネーウィン体制によるサーサナ改革は，ビルマの信仰体系全体をチェックする動きとして分析できよう。したがって，仏教の清浄化が，通時的には僧侶の清浄性の維持という名のもとに僧侶と俗人を区別することで，仏教の「人」にこだわるモチーフを維持しながらも，ビルマの信仰体系全体に手をつけて仏教そのものの清浄性を目ざす動きへと変容してきているように思えるのである。

5　政治的環境の変遷

ビルマ仏教界の中心に位置する「人」を取り巻く政治的環境の変遷の中には，明らかな非連続性が認められる。王朝時代の政治権力者がサンガに対して採用してきた姿勢は，「清浄性の保持」と「王権の正統化」との理念的結合の上にあった。この姿勢が，政治権力が信仰体系全体のチェックに取り組む動向を阻んできたともいえるだろう。自らを正統化するイデオロギーにメスを入れることが自らの首を締めることになったからである。そして王権のパワーの失墜は，正統化される資格がなかったものと解釈さ

れ，次の政治権力者に王権奪取の道筋を与えていたのである。王朝下で行なわれた王権主導の「清浄化」は，あくまで既存の信仰体系の中での「ことば」と「人」の確定と保持であった。いわば政治権力のダイナミックスは，信仰体系の中に組み込まれていたともいえよう。だからこそ，ビルマの宗教的世界観の中で一翼を担う精霊信仰に対して，相応の配慮をしてきたのである。ところが王朝がついえると，かつての仏教の政治的イデオロギーとしての活用という理念的結合は意味をもたなくなる。ネーウィン体制はその結合を切断しようとしたのである。王朝時代は，王権とサンガがペアで信仰体系の主幹を構成していた。一方ネーウィン体制以降は，サンガとそれを支える在家仏教徒のペア関係を管理する政治権力という図式が展開されているのである。

　この二つの図式の間の非連続性は，ダンマラージャ伝統の断絶でもある。ただしこのことは，政治権力者が，自ら仏教徒であるというアイデンティティを無視した立場で政治を動かしていくことを意味しない。ネーウィンは，サンガ統合記念のマハー・ウィザヤ・ゼーディが別名ネーウィン・パゴダと呼ばれるように，政治権力者として後世に名を残す仏教擁護のための喜捨行為から完全に退いているのではない。仏教徒が90％近くを占める状況で，仏教徒であるということを表象する行為に参画することは，当然のことながら政治権力者のアイデンティティとして重要な構成要素である。

　政治権力者の姿勢の変化と並行して，サンガと俗世界との関係にも変化が認められる。サンガの成員である僧侶は基本的には政治権力の渦巻く世界とは隔離されている。僧侶が政治の前面に出ることは，仏教的規範上でも，社会的規範上でも破戒行為とみなされる。したがって，その境界を越えるためには僧衣を脱いで還俗しなければならなかった。だが歴史的には元僧侶というキャリアが政治権力の世界で意味をもっていたという事例を我々は知っている。15世紀バゴー朝のダンマゼーディ王は，即位前，出家生活を送っていた。19世紀から20世紀前半にかけての英国植民地下での独立闘争で，元僧侶や政治僧が活躍した経過がある。僧侶は知識の伝承者であり，その知識は仏教に限らず広く呪術的な領域にもまたがっていた。こ

の知識が彼らを政治の前面に押し出したのである。仏教的知識に代表される教養の活用の伝統は，ウー・ヌまでは引き継がれていたといっていいだろう。ウー・ヌの思想的背景は，仏教的イデオロギーだけではなかったが，彼はあくまで既存の仏教と政治の関係の枠組みの中で国家運営を模索したのである。だがネーウィンが断行した改革は，元僧侶というキャリアの威力をそいだのである。元僧侶というキャリアが動員力として威力を発揮する社会的背景というのは，サンガ世界と俗世界が「人」の評価のスケールを共有していることを意味する。ところがネーウィン体制以降，「仏教の清浄化」の名のもとに，サンガ・ヒエラルキーを律するスケールが別のものと規定されたのである。英国植民地下の元僧侶や政治僧が活躍した時代は，信仰体系と政治権力の関係が揺れた時代であり，仏教の中心的存在である「人」についてのスケールが変容する過渡期でもあったのである。

　ネーウィン体制による信仰体系の孤立化(名目上は純粋化および自立化)は，僧侶および元僧侶がそのキャリアを活用して政治の主舞台に登場する可能性の芽を摘もうとする試みであった。ビルマの「人」に関する政教分離の流れは今後も変わることはないだろう。1988年の民主化要求デモで登場した青年僧侶の黄衣は，宗教的脈絡を逸脱していたのである。

6　仏教の統一化の動向と非ビルマ族

　1980年の全宗派合同会議の結果，九宗派が公式とされ，新たな宗派の創立は認められなくなったことは先述した通りである。いままでの議論では少数民族仏教徒の議論が欠けている。仏教の統一化の脈絡で，その現場からの報告を加えておきたい。

　ここで特に言及したいのは，シャン州およびその周辺に住む仏教徒に関してである。長谷川清が，1940-1950年代以降の統計資料をもとに中国雲南省のタイ系の言語を話す人々の間で信じられている宗派について報告している。それによれば，中国雲南省徳宏では，ポイツォン（擺總，擺奘，擺庄，poi tsaung），ユンあるいはヨン（潤，耿潤，jon），トーリエ（多列，擺多，tole），ツォティ（左底，左抵，tso ti）の四つの宗派に大別される

という［長谷川 1996: 86-93］。1960年代にビルマ社会主義計画党により報告されたシャン州に関する報告では，概観的に，シャン州北部コーカン地域，シャン州東部ケントゥン（ビルマ語でチャイントゥン），ターチレィ，マイポン地域に大乗系宗派の存在が認められるが，シャン州全体の仏教宗派については，①ツーダンマ派，②シュエジン派，③ポイツォン（ポイチョン）派，④ミャインチョー派，⑤ユン派，⑥ツォティ（ゾーティ）派，⑦ヨーネ派の七派が報告されている［Myanmar Socialist Lansin Party 1968: 280-282］。当時，中緬国境近くで生まれ育ったシャン族のある知識人は，①ポイツォン派，②ツォティ派，そして③一般的なテラワーダ系宗派と大別する。ただし現在では彼が育ったビルマ側のムセー，ナムカム周辺ではポイツォン派の退潮著しく，ほとんど残っていないという。

サンガの系統は師資相承に根幹がある。したがって，何らかの組織立てがなされないかぎり，指導的な僧院長（ビルマ語でサヤドー，sayadaw）を中心に連綿と継承されるのであり，シュエジン派，ツォティ派などは現在にいたるまで法統が明確な宗派なのである。他方，そうでない場合は，宗派の多様な名称が記録に残ることが十分推測される。シャン州およびその周辺の仏教宗派の同定は今後の課題のひとつだが，現時点では，言及に留め，中国雲南省徳宏地区が，北部シャン州との交流が盛んな地域であることを考えると，1980年以降，中国側で言及されてきた宗派がどのように対応したのかという点に関して考察を進めたい。

今日，北部シャン州で，シャンの仏教宗派に関して問いかけても公式には存在しないという答えが返ってくる。しかしながら，実際には，僧侶あるいは知識人から，ポイツォン，ユンそしてツォティについての情報をある程度得ることは可能である。

ポイツォン派は，ビルマ起源で最も戒律が厳しくない宗派として知られている。本書第Ⅱ部で詳述したように，ポイ（pöy）がビルマ語のプエ（pwe）を語源とする祭祀や儀礼を表現する一般名詞であり，徳宏では寺院のことをツォンファン（奘房）と呼び，そのツォンがビルマ語で寺院を表現するチャウン（kyaung）と同起源であることを考えると，在家仏教徒との交

渉が頻繁な村落寺院を中心とする仏教宗派であるという実像が推測される。長谷千代子によれば，村ごとに宗派意識があるとされており［長谷 2000: 91］，関連性が認められる。ユン派は，ビルマ人仏教徒にとっては，シャン州東部より以東の仏教宗派をさす場合に用いられることが多く，長谷川の説明でも北タイのランナー王国に伝わったものが徳宏地区に入ったとされている［長谷川 1996: 90］。

　以上の二つの宗派に比べ，組織的により強固であるのがツォティ派である。トーリエ派については，ツォティ派からの分派という報告もある［長谷川 1996: 91］が，18世紀半ばにマンダレーで修学した僧侶が徳宏へ布教したのが起源で，ツーダンマ派に該当する［長谷 2005: 65］との指摘もある。なお，長谷によれば，1982年に徳宏の仏教教会がポイツォン，ツォティ，ユン，トーリエ（ドーリェ）の四宗派をツーダンマ派に統一するとの申し合わせがなされたが，統一化の規範は必ずしも浸透していない［長谷 2005: 65］とのことである。ビルマ側の全宗派合同会議開催に呼応した結果であることは明らかであるが，本章で明らかにしてきたように，ビルマ史において，政治権力が仏教信仰の出家者という「人」の「清浄化」，さらには宗派に関する「統一化」のイニシアティブを取ってきたことを勘案すれば，徳宏の状況には，国民国家体制の辺境地域であるという地理的条件，そして中国・ビルマ両政府の仏教信仰に対する政治手法の異同が明らかに影響していると思われるのである。

　ツォティ派に関して特筆すべき点がある。同派は，戒律に厳格であることと，サンガの在所が移動することが特異的であるが，ビルマでは非公式であったこの宗派は，第二次総監長老会議が，1984年7月24日付けで，サンガ組織基本法に従い，統合する決定を下している。その結果，ツォティ派僧侶は，還俗僧から正式僧として登録され，宗派はツーダンマ派に統合されることとなったのである。しかしながら，現実には一信仰集団としての組織を保持している。サンガは，現在カチン州のムアンヤン（ビルマ語でモーニィン）にあり，開祖から数えて二十一代目で，政府から仏教教義に精通して国家試験に合格した僧侶に与えられるダンマサリヤ（Dhammasariya）

の称号をもつアシン・ピンニャ・タラ（Ashin Pinnya Thara）僧正が1930年から1997年まで率い，その死後二十二代目が継いでいると聞く[Kyaw Thein 1990: 142-145, Gawbaka Aphwe, Mohnyin 1990: 122-126]。信仰者はシャン族に限定されないがほとんどがシャン族である。三年に一度の合同入仏門式には各地から信仰者が参集する。公式にはツーダンマ派とはいえ，独立性が高く，他の宗派の僧侶と合同で功徳儀礼を実践することはない。

1980年全宗派合同会議開催そしてそれ以降の構図は，明らかに政治権力による仏教組織への介入である。しかし，公式の九宗派以外で，公式には非合法的ではないが，独自の組織立てを堅持する事実上の非合法宗派は存続しているのである。この事実は，現政権の政治権力における信仰体系への介入がいまだ完全なものではないことを明示しているとともに，第Ⅰ部第2章で言及した政治権力者による喜捨行為のプロパガンダに象徴されるように，仏教徒への政治権力者の配慮がいまだ重要視されていることを暗示している。したがって「非合法」宗派は，反政府的な活動と連携しないかぎり，つまりそのような活動家のサンクチュアリとならないかぎり，今後も安堵されるのではないかと推測されるのである。

シャン州およびその周辺の仏教信仰をどのように評価するかは難しい。上述のように，1980年以降，政治権力が既存の信仰に影響を及ぼし始めて一定の成果を上げている，との解釈も可能だし，その一方で，国家のまなざしとは別の脈絡で信仰が展開していることもまた事実であるからである。しかしながら，総じて，ネーウィンが構築した政治権力下における信仰体系の展開という図式は，有名な僧侶やサンガ総監長老会議メンバーの僧侶への喜捨，そしてパゴダ建立に励む政治権力者のメディア上の姿とは逆に，強固になりつつあるのかもしれない。現政権の宗教政策は，基本的に「純粋な」仏教の表出を企画実行している。シュエダゴン・パゴダを代表とする宗教施設の修理改築や仏教的建築物の新規建設では，ヒンドゥー色や精霊信仰との併存はほとんど認められない。あらゆる信仰を受容してきた上座仏教は，国家のまなざしの中でその「純粋な」体制を構造化しつつあるのである。

第V部　シャンによる「シャン」の表象

第12章　シャンの文字文化とそのアイデンティティ
第13章　「シャン」の表象をめぐる知の位相

　第Ⅲ部では，ビルマ側によって「シャン」と結びつくと考えられている精霊信仰の実践と伝説を研究対象としてきた。そこで明らかになったのは，「シャン」を「他者性」の表象とし，それと連動する自らを「中心性」とする認識の構図である。その認識の構築には，英領植民地化以来のビルマ人とシャン族との不均衡な民族間関係と，特に独立以降のビルマ文化中心主義の脈絡における政治力学的な「シャン」に対する「マイノリティ」としての位置づけが強く反映していたのである。その文化動態の行方は，「マジョリティ」による"シャンのビルマ化"と呼びうる事象である。その動向は，シャン族の人々にとっては，内発的なものでは必ずしもないが，国民国家形成の脈絡において，受け入れざるをえない部分も含んでいる。
　第V部については，序章の冒頭で紹介した案内と結びつくシャン族による「シャン」文化保存の動向を探究する。その動向は，独立以降顕著になる"シャンのビルマ化"と表裏一体となる"シャンのシャン化"とも呼ぶべき動きである。シャン族の人々は，ビルマ文化中心主義の強いモーメントと矛盾しない範囲内において，「中心性」としての自己認識を構築しようとしてきたのである。英領時代までのシャン化は，非タイ系民族をシャン文化圏の中に取り込む「中心性」を帯びていたが，諸民族の関係は，西欧人（後述するスコットに代表される知識人）による「学術的」な平準化によって横並びとなり，近代的な国民国家形成を達成してこなかったシャンの人々によるシャン化は，かつてのようなシャン化ではなく，横並びと

なった後におけるタイ系民族としてのみのシャン化に留まらざるをえなかったのである。またそこでシャン文化として価値づけられるものは，自画像の民族誌として「部分的真実」［Clifford & Marcus 1986: Chap.1, クリフォード／マーカス 1996: 1章］，あるいは構築されたフィクションとしての性格を完全に払拭できるものではない。

　"シャンのシャン化"と呼ぶ事象に関して，その軸をなす文化的行為としては，以下に詳述する仏教信仰とシャン文字への執着とその実践および普及への努力が挙げられる。特に後者に関して，文字の統一化が図られたが，その過程では多様なシャン文字の「真実」が対立したのである。またその文字は，現在にいたるまで必ずしも普及したとはいえない。その主要な要因は，政府主導のビルマ文化中心主義を基盤とした"シャンのビルマ化"による阻害であり，それゆえに常に自制を余儀なくされる"シャンのシャン化"が接合する構図なのである。以上のように，民族表象の動態に関して，第V部では，特に文字というポエティクスの媒介をめぐる"シャンのシャン化"を中心に考察を加えるが，第12章では，1960年代末までのシャン文字の新旧字体の相克の時代を主にたどり，第13章では，1974年憲法の発布を間に挟んで，1970年代末からの新字体普及への動向について分析を加えることにする。

第12章 シャンの文字文化とそのアイデンティティ

1 はじめに

1999年1月，北部シャン州のマンダレーと中緬国境を結ぶ幹線道路に面したチョクメー（ビルマ語でチャウメー）という町で，シャンの文化遺産に関わる祭礼が催された。この祭礼は，シャン語で，ポイ・クーモー・タイ（*pöy khu mö tay*），ビルマ語では，シャン・サソードー・ネ・プエ（Shan sahsoudo nei pwe）と呼ばれる。シャンの文芸功労者の偉業を顕彰するイベントである。場所は，市街地の南西に位置するカンボーザ（Kambawza）・シャン寺院とその境内である。十日間にわたったこの年の祭礼は，この年，二十四回目を数えた。その開会式のテープカットは，県行政の長よりも同国の政治力学では権力のある，通称サ・カ・カ（軍統合幕僚）の長が行なっていた。祭儀における軍関係機関への配慮が暗示される。

シャンの人々は，独自の表記体系によるシャン語文芸の伝統を有し，そのことが彼ら自身のアイデンティティの形成と維持の重要な源泉となっている。シャン文字で記述された文芸，その発展に貢献した先人たちの顕彰の祭礼が年中行事化している（第Ⅲ部第9章年中行事一覧表参照）事実は，文字体系を有することの重要性を我々に再認識させる。

2 シャンの行方再考——民族・仏教・文字文化

シャンに関する現時点での重要資料は，20世紀初頭に植民地政府行政官スコット（J. G. Scott）を中心に編纂された *Gazetteer of Upper Burma and the Shan States*（*GUBSS*）の五巻本である。百年以上経過した現在においてもいまだに引用されているのは，厚い内容と，それ以降，質量ともに凌駕するに十分な一次資料の蓄積が皆無に等しいからに他ならない。しかしながら，レナード（R. D. Renard）の表現を借用すれば，これらの地

域の人々は，欧州系の植民地政府エリートによって「人種的」にあるいは「民族的」に創造されたのである [Renard 1987: 257]。シャンに関しても，「科学的」に，伝統的首長であるツァオパー (*cawphaa*，ビルマ化してソーボワ，sawbwa) が統治する領域において，現実的に外延をもつ社会集団が，シャンのサブ・グループとして「発見」され，そのサブ・グループを束ねるものとして「シャン」が表象化されたのである。スコットは，タイ (Tai) 系言語を話す人々が，かつて一度も「大きな国家，Great Nation」を形成したことがなく，全体として，「民族的，racial」ではなく，「部族的，tribal」なルールを保持する傾向があり，仮に連帯するにしても，抵抗や侵略行為を処罰する目的に限られ，その連帯も成就したことがなかったと評価している [Scott 1911: 918]。植民地政府は，サブ・グループの首長をビルマ語表記に従って，ソーボワ (sawbwa) と呼んだ。有力なソーボワが登場した時期もあったが，そのソーボワが継続的に強力な政治的中心となることはなかったのである。1922年に，シャン連合州の組織化が植民地政府に認知され，独立後のシャン州の母体となったが，30余りの求心力のない政治単位を内包する状況はそのままだった。スコットによる調査研究は，未調査地域の研究ということで今日においても画期的であったと評価できるが，批判すべき点も認められる。彼の表現を借りれば，実態性の希薄な「民族，race」を「部族，tribe」の上位概念として設定し，植民地化以前の遡及的な「民族」に関して，推測の域を出ない根拠を提示したことになるのである。

　伝統的な首長制度は，植民地時代を経て，1959年，ネーウィン (Ne Win) の指導により廃止されるまで継続する。このような政治状況は，当時まだひとつの文化単位として十分な均質性を帯びていなかったシャン出自の人々にとって，集団的な知識の保存と構築という作業の黎明期であったといえるかもしれない。その種の作業の象徴的なものが，後述するシャン新文字の編纂であった。その展開のひとつが，シャン文芸功労者顕彰の年中行事化であった。換言すれば，シャンの文化遺産保存の動きは，シャンが，外来文化との接触を背景に実体化してきたいわば，ビルマ世界の近

代化の産物のひとつといえよう。

　上記の1959年の権限委譲に関するシャン州政府と伝統的首長との合意書には，ビルマ語式のソーボワ（sawbaw）ではなく，シャン語の発音に近いツァオパー（表記は，英語式のsaopha）となっている。ツァオパーという用語は1947年の憲法でも明記されており，多民族国家設立に参加した伝統的首長のシャン語式の名称は，これ以降，歴史文書の中に留まることになるのである。

　タイ系の言語を話す人々は，東南アジア大陸部から中国雲南省にかけて塊状に分布している。言語学者新谷忠彦は，この点に注目して「シャン文化圏」とこの地域を呼んだ［新谷・Caw Caay Hän Maü 2000］。ただし，シャン文化の圏（エリア）なのか，シャン族の人々の享受する文化圏なのか，それとも「シャン」の表象が代表的な文化圏なのかは，議論が分かれるだろう。

　ここでは，最後の立場を採用したい。その理由は少なくとも二つある。第一に「シャン文化」という概念が創出されてくるのが，外来の「文化」概念の接触以降だと考えられることである。現代シャン語で「文化」は，ピンゲーあるいはフィンゲー（phingngë, fingngë）という。このことばは，ビルマ語のインチェーフム（yinkyei-hmu）のインチェーと語源は同じと思われる。後者は，ビルマ国語委員会の説明だと，植民地時代にcivilizationの翻訳語としてつくられた近代的なものではないかという。「文化」概念について関本照夫の「近代世界の文化概念というものが，『われわれ』を他の人々と区別して独自な良き価値を主張するためにもちいられてきたという点で，根底においては政治的な概念だ」［関本 1994: 11］という説明を敷衍すれば，本来の意味はともかく，その「文化」概念としての運用は，近代におけるおそらく「ビルマ文化」の概念を媒介とした操作的なものといえる。シャン伝統文化保存運動というのは，「シャン文化」というものが意識され，まさに「我々」というアイデンティティと結びついた表象に他ならないのである。リーチ（E. R. Leach）は，カチンにとってシャンの政治体系が，階層化されたひとつの表現型であることを指摘し

たうえで，さらにそのシャンの首長の理想型が，ビルマ王によって達成されていたことを指摘している [Leach 1977(1954): 215-216, リーチ 1987: 245]。「シャン文化」の動態的理解のためには，西欧文明の影響のみならず，ビルマ化という視点を欠くことができないのである。第二に，この地域に居住する人々にシャン族以外の人々もかなり含まれていることである。シャン州に住む人々で，シャン族の割合は，1983年のセンサスで76.4%である [Ministry of Home & Religious Affairs 1987a]。ただし，ビルマ社会主義計画党（BSLP）が編集したシャン州に関する報告で引用されている1955年のセンサスでは，主要27民族（タインインダー，tainyindha）の推定総数の48.7%に留まっている。他に少数の32民族が居住しているとも報告されている [Myanmar Socialist Lansin Party 1968: 46-50]。1983年のセンサスでシャン群とカテゴリーで括られているのは33民族とされている。数字にどれほどの説得力があるかの判断は困難だが，シャン諸州のツァオパーにシャン族以外の系譜を背負う事例があること，またその一人ムアンルン・ソーボワ（Manglun sawbwa）について，1947年の辺境地域調査委員会（FACE）でインタビューされた同州代表が，ソーボワは，実際はワ族だが，通婚などで「ほとんどシャンになってしまっている」と評価していること [FACE 1947: part 2; 35] などを考慮すると，「シャン族出自の文化がシャン族によって伝承されている」文化圏というよりも，この地域で「シャン」の表象が代表的に浸透していると解釈した方が実像に近いと思われる。シャン文化圏は，英語ではShan (Tai) Cultural Areaであり，本章で記述するシャンによる「シャン」の表象は，ビルマ世界における「シャン」を意識したShan Culture Areaへの発展を期待した動向といえるかもしれない。その中心に，シャン文字で表記されたシャン文芸があり，その主たる内容は仏典であった。したがって，シャン文字は，シャン族にとって，仏教信仰にアクセスする媒介であり，その宗教的アイデンティティの拠り所となってきたのである。

3 シャン仏教

　シャン族の祖先が，いつ頃から仏教を信仰するようになったかは詳らかではない。シャン族がインドから直接仏教信仰を受け入れたという伝説もあり [Sai Kham Mong 2001: 28]，その初伝は，歴史と伝説の混淆の中にある。

　シャンと仏教との結びつきに関して，ビルマ側の資料で必ず引用されるのが，16世紀のバインナウン（Bayinnaung，在位1551-1581）王によるシャン地方への布教についての記述である。『玻璃王宮大王統史』（原題 Hmannan Maha Yazawin Dawgyi 〈HMYD〉）では次のようになっている。同年代記の和訳に貢献した故荻原弘明のものをそのまま転記する。

>　オウンバウン，モメイッを始めとする，シャン国を通じて，誤れる異端の信仰で，ソーブアー等が死んだ時，ソーブアーが乗った象，ソーブアーが乗った馬，愛した奴隷等を殺して穴に共に入れた。「この様な良くない信仰で，絶えず用いる慣習を行うな」と禁止された。更に「仏典の研鑽を支持し確立せよ」とて，モメイッに一基，オウンバウンに一基，セティー〈Zedi 仏塔〉を造営されて，寺領を献納された。僧院についても敷地一〇〔ペー〕ある三層のゼタウン僧院を，モメイッに一カ所，オウンバウンに一カ所造営されて，巴里語経典の義疏，復註に通ずる聖僧達に懇請されて，住まわせた。ソーブアーから始まって〈～及び〉，高宮大臣酋長等にも，月の四勤行日，五戒・八戒を受けて法を聴聞させた。三蔵をもオウンバウンに半分，モメイッに半分置かれた。城民村民達にスィッケートー〈Sitkedaw〉が勧めて，月の四勤行日に法を聴聞させた。
>
>　　　　　　　　　　　　[荻原 1976: 1-2，Pitakat 1957: 2; 316-317]

　オウンバウンは，現在の北部シャン州のシポー（ビルマ語でティボー）にあたる。モメイッも北部シャン州に位置し，ツァオパー（ソーボワ）がかつて治めていた。スィッケートーとは，遠隔地のツァオパーなどを統括する役人に該当しそうだと荻原は注記している [荻原 1976: 18]。バインナ

ウン王は，ビルマ史でビルマ第二帝国と呼ばれる第一次タウングー朝の英雄で，上ビルマ，北部山地さらにチェンマイ，アユタヤ，ヴィエンチャン等，タイ系言語を話す人々の生活圏を征服するにいたる。現在，ヤンゴンの国立博物館の前庭に大きな彼の像が立ち，彼が建設したバゴー（旧ペグー）の王宮が現政権によって復元されつつある。年代記の記述では，彼がシャンのソーボワの「誤った」慣習を矯正し，仏教を布教したといわれているのである。ハーヴェイ（G. E. Harvey）も上記の箇所を引用し，王の仏教伝道について言及している [Harvey 1967(1925): 166-167, ハーヴェイ 1976: 236-237]。

　一方，シャン族へは，その前にすでに仏教が伝わっていたとする研究者は，次のように分析している。スコットは，ビルマ史の叙述は誤りで，バインナウン王の行為は，仏教の革新であって，初めての布教ではないと考えている [Scott 1911: 920]。ツァオ・サイモン・マンライ（Sao Saimong Mangrai）もビルマ側の評価を批判し，ユン派仏教の信仰分布を根拠にして，シャン諸州は，バインナウン以前に，チェンマイとケントゥン（ビルマ語でチャイントゥン）から仏教を受容していたと主張している [Sao Saimong Mangrai 1980: 74-76]。その見方をさらに押し進めたのが，サイカムモン（Sai Kham Mong）である。彼は，北部タイ・ランナー王国で隆盛したユン派仏教のケントゥンへの初伝を13世紀，ビルマ北部のセンウィ（ビルマ語でティンニー）への到着を15世紀と比定した。このユン派仏教は，僧侶の布教活動によりビルマ北部のシャン族を改宗させ，ビルマの影響が顕著になる以前のコンバウン時代前期まで隆盛し，その宗教的文化的影響により，仏教的な事柄にはユン文字が用いられるようになった。しかし，バインナウン治世以降，覆ることのなかったビルマ王の影響下というシャン仏教の位置づけは，次第にユン派を退潮させ，ユン文字の使用も見捨てられていく。そしてビルマ仏教，特に現在まで続くツーダンマ派の浸透により，ツーダンマ形式のパーリ文字と読経法が活用されるようになり，仏教的要素に関して，ビルマ世界のシャン族を，他のタイ系諸民族から分岐させていったのだと解釈している [Sai Kham Mong 2001]。また彼は，ソーボワとその

縁者に対するビルマ化教育にも注目している。そのことを表象する事例として，英領時代にシポーのソーボワであるツァオ・トゥン・チャ（Sao Htun Kya）が，仏教のビルマ化への刷新に着手し，その後継者であるツァオ・チェー（Sao Che）が，ツーダンマ派，シュエジン派の僧侶を招いて，その方針を押し進めたことを指摘している［Sai Kham Mong 2004: 70］。

　ユン派仏教は，中緬国境のタイ・ヌー（Tai-Nüa）の人々の間では現在も信奉されている。サイカムモンによるタイ系の人々の間におけるシャン族の位置づけについての解釈は，仏教徒の「他者」観を考える場合に非常に興味深い。というのは，自分たちの仏教文化がユン派にその起源をたどれると考えている人々は，ビルマ人とシャン族の仏教を一括りでとらえる傾向があり，"仏教文化のビルマ化"を強調する。逆に，ツーダンマ派の人々は，ユン派仏教とシャン仏教をひとまとめにみなす傾向があるからである。シャン仏教の評価は，その発話者の仏教的知識と仏教観で，その位置づけが相対的に変化する。英領時代に，1914年，1924年，1934年の三度にわたって，シポーのソーボワが，大仏教儀礼を開催し，分裂傾向のツーダンマ，シュエジン，ユン，ツォティ（ゾーティ）各派の再統合を試みた。ビルマ王ボードーパヤー（Bodawpaya，在位1782-1819）の治世に起源のあるツーダンマ派と，ランナー・タイ王国に由来するユン派が，同席したとその記録は伝えている［Thant Sin 1935: 1-3］。このような宗教学・宗教史学的な事実は，前者の立場の根拠のひとつとなり，民族的そして言語的要素を重要視する立場は後者になると思われる。

　こうしたビルマ仏教の周辺における両義的で二通りの評価が可能な文化的事象は，ケントゥンを中心として居住し，北部タイとの交渉が歴史的に深いタイ・クゥン（Tai-Khün）の人々に関しても同様である。新谷忠彦が，タイ・クゥンの文字が北部タイ系と同系で，文字以外の側面においては，タイ・ロン（Tai-Long）の方により近縁であるが，当事者の文化的アイデンティティは，北部タイ系により近い，と述べている［新谷 1998: 3-4］こととも符合する。タイ・クゥンの人々にとって，民族表象としての文字文化がいかに重要であるかを再確認できるだけではなく，序章で紹介した

辺境地域調査委員会報告での回答のように，彼らの自画像が北部タイとビルマ側のタイ・ロンの境界に位置する文化的両義性を帯びていることを確認することができるのである。独立以降のシャン仏教の変遷については，第IV部第11章ですでに詳述している。

4 シャン文字

　ビルマ（現ミャンマー）連邦を構成する主要民族で，独自の表記体系を有しているのは，ビルマ（バマー）以外では，シャン，カレン（カイン），ヤカインそしてモンの各言語である。

　現時点で，シャン州およびその周辺で流通が認められるシャンの文字に関連して，言語学者藪司郎は，伝承された文字の生成の系統から，二つの文字群を設定している。ひとつは，シャン文字，カムティ文字，雲南徳宏のタイ・ヌー文字，タイ・ポン文字，もうひとつは，雲南西双版納のタイ・ルー文字，ランナー文字，クゥン文字，百夷文字，アッサムのアホム文字などである。いずれもモン系のビルマ文字ないしその強い影響を受けた記録のための文字である。前者は，モン＝ビルマ文字の文字組織の基本を引き継いだもので，後者は，モン＝ビルマ文字とクメール＝シャム文字組織の特徴が部分的に組み合わさったものだという［藪 2001: 488-489］。今後の調査研究でさらに別の字体が発見される可能性もあるが，後述のように，シャン系統の文字の多様性は，換言すれば，共通字体が普及していないことを意味し，シャンによる「シャン」の表象としての文字文化は，多様な言語を書き記す手段とその歴史を有しているという言説の段階に留まってきたのである。

　シャン州を廻って出会う文字は主に三種類である。その三種類とは，タイ・ヌー（タイ・マオ），タイ・ロンそしてタイ・クゥンの文字である。最後のものは，タイ・ルー，タイ・ユンと同じ系統の文字で，ダンマ（Dhamma, 現地語でタム, tham）文字と呼ばれているものである。シャン文字の起源の年代については，仏教受容の年代に関係して定かではない。村上忠良は，さらにタイ・カムティ文字を加えて四種類として記述して

いる［村上 2002: 85-87］。

　新谷忠彦によれば「伝統的な pap sa と呼ばれる梶の木の皮の繊維で作られた紙に書かれた本はあまり古いものは残っておらず，またそうした本には書かれた年代あるいはそれを推定させるような記録はほとんどない。またシャンは伝統的には碑文を作らなかったようで，シャンの碑文が現れるのは19世紀以後のことである。シャンの文字法はもともとの有声／無声の対立を残しておらず，この点からすると，有声音の無声化現象が起ったと推定される15世紀以前に文字があったとは考えにくい」。またそれに加えて，声調も基本的に表記されていない。文字の形態はビルマ文字と非常に類似し，借用だと考えられている［新谷・Caw Caay Hän Maü 2000: 4-5］。したがって，文字として非常に扱いにくく，読み書きができる人は，シャン語に精通した知識人に限られたことは十分予想される。その代表格が僧侶あるいは元僧侶であったと思われる。それらの文字資料のほとんどが仏教信仰と関係が深いからである。仏教信仰の根幹は，三宝への帰依であり，そのひとつである法，すなわち仏のことばは，仏典結集を経て確認されてきた。文字で表記された仏のことばは，信仰の証であると同時に信仰の対象ともなってきたのである。シャン族の間には，家族が亡くなったときに，寺院に経文を写して喜捨する習慣が広く認められるのもその一例であろう。文字が存在したことと，文字が非僧の世界まで普及していたこととは同じではないのである。文字で書かれたものに対する崇拝の姿勢は，コミュニケーションの手段というよりも，文字そのものの宗教的象徴性に対する行動様式として解釈できよう。

　シャン語の初めての辞書は，1881年に，クッシング（J. N. Cushing）によって，*A Shan and English Dictionary* としてヤンゴンで出版された［Maung Tin Hla 1967: 133］。その初版の序に，彼は辞書編纂の目的が「シャン（Shan）あるいはバーマン・シャン（Burman Shan）として知られるタイ系の人々の口語を学生たちに提供することである」［Cushing 1914 (1881): 3］と述べている。「口語」と特に言及しているのは，逆に，当時，既存の文字文化が「口語」活用状況を前提としたものではないことを暗示

している。上述のように文字そのものへの宗教的象徴性の認識の状況を類推することが可能であろう。

　語彙数を増やし，定義づけをいくらか変更した第二版は，1914年に出版された。1995年には，その辞書の現代版が，アメリカ合衆国在住のツァオ・タンモン（Sao Tern Moeng）によって編纂され，2000年には，その音声学バージョンが，アリゾナ州立大学の東南アジア研究プロジェクトにより発刊されている。1995年版には，新シャン文字の字体が採用されている。同字体は，1958年（55年との説もある）に南部シャン州タウンジーのシャン文字協会によって導入されたものであり，出版の目的は，シャン語の読み書きを習う学生，特にシャン族出身でない人を対象にしたのだと序で説明されている〔Sao Tern Moeng 1995: i〕。

　この新シャン文字綴字法開発プロジェクトは，1940年に始まった。第二次世界大戦期の中断を経て，公的な採用決定はシャン州政府によってなされた。それを指導した協会の人物が，当時シャン政府教育官だった ツァオ・サイモン・マンライ（Sao Saimong Mangrai）である。1958年に教科書編纂委員会が組織され，1960年から1964年にかけて，新シャン文字による初等中等教育の読本が六冊出版された〔Cushing 1914, Sao Tern Moeng 1995, 新谷・Caw Caay Hän Maü 2000, Hudak 2000〕。時代が前後するが，1958年には五年の歳月を費やしたビルマ語版パーリ三蔵経典のシャン語訳が完成したといわれている〔村上 2002:94〕。村上忠良も注目している通り，ヤウンフエ（ビルマ語でニャウンシュエ）のツァオパーの息子であるツァオ・ツァン・ヤウンフエ（Sao/Chao Tzang Yawnghwe）のいう「シャン化（Shan-ized）」した仏教の登場が期待されたのである〔Chao Tzang Yawnghwe 1987: 7〕。

　なお，上記のように，統一的な新シャン文字プロジェクトは1940年から始まったとされているが，当時はシャン連合州の時代であり，シャン諸州からシャン連合州という政治的統合の動きの中で発案されたものであることは十分推測できよう。実際に，1935年には，シャン文字の読み方教本が，連合州評議会教育常任委員会の指示により出版されている。

　村上忠良は，シャン語では，言語をクワーム（*kwaam*，話しことば）

とリック（lik，書きことば）の二つに分けて理解し，その両方を統合した言語，「〜語」に相当する語彙はないと指摘している［村上 2002: 85］。書きことばつまり文字の普及には，いうまでもなく何らかの威信体系が関係する。シャン文字の場合，特に近代以前において，それは仏教信仰を基盤とする政治的中心であった。それが「シャン族であること」というアイデンティティと結びついていたことは十分考えられるのである。ただし，近代以前，少なくともビルマ王の傘下に組み込まれた時期以降は，政治的中心である一人のツァオパー（ソーボワ）の支配地域を超える政治単位が歴史的に出現しなかったように，当該文字文化の境界はあいまいであった。換言すれば「シャン族でない人々」との相違による否定的同一性は必ずしも形成されていなかったと類推されるのである。したがって，「統一的」な書きことばによる文字文化は，新シャン文字が登場する以前には成立しえなかったのである。

　新シャン文字の開発と普及は，上記のように「シャン語の読み書きを習う学生，特にシャン族出身でない人を対象にした」とされているが，実際には，シャン語の話しことばを母語としている人々に対して，シャン文字を媒介としたシャン文化への帰属意識の覚醒と高揚，そして「シャン族でない人々」との差異化，特にビルマ人との差異化に寄与することが期待されたではないかと考えられるのである。そのような意図と目標は，文字文化を中心に据えた"シャンのシャン化"に他ならないのである。

5　新シャン字体の開発と普及への試み

　新シャン文字綴字法の開発については，上記の三種類の文字での中では，タイ・ロン文字が基礎となったといわれている。その詳細については後述する。クッシング編纂の辞書は，その序文によると，南部シャン州に位置するライカー（Laihka）とムアンナーイ（Möngnai/Mängnaay）の発音を標準にしているという［Cushing 1914: 3］。文字についてはその多様性を指摘しながらも，その標準は，頻出を基盤としたというだけで明記されていない。

ところが，この「タイ・ロン」というカテゴリーについては，この表現の初出がいつかということを考えると留意を要する。1921年，1931年の英領時代のセンサスにはタイ・ロンの表現はない。これについて興味深い伝聞がある。1940年から新シャン文字開発と教科書作成作業に召集された後述する四名のうちの一人，ルン・タンケー（Lung Taang Kë）が，その時点では使っていないと記憶していることである。タイ・ロンという言い方は，新シャン文字開発の段階で創造あるいは定着した可能性があるのである。

ところで，さらに興味深いことに，クッシングの辞書の"Shan, Tai"

シャン文字：旧字体（上）と新字体（下）

တႆ', 4c, n. *တႆ, 4c, a Shan or Tai.
—ငႆ, 4c, 2o, n. a Shan belonging to the districts of China bordering on the Shan States.
—မိူင်းမၢဝ်း, 4c, 4o, 4o, n. a Shan belonging to Möng Mow; used also as an equivalent of တႆ'ငႆ, 4c, 2o.
—လၢဝ်, 4c, 4o, n. a Laos man.
—တႆ, 4c, 1o, n. a term used to denote a Shan of pure race.
—လၢႆ, 4c, 1o, n. the same as တႆ'ငႆ, 4c, 2o.

တႆး n. Shan, Tai
—ၶႄႇ n. Chinese Shan (Shan from the districts of China bordering on the Shan State)
—မၢဝ်း n. Shan from Möng Mao (in the northeastern most part of the Shan State; also used as an equivalent of တႆး ၶႄႇ in olden days)
—လၢဝ်ယူၼ်း n. Lao, Yon (certain Shan group found in Kentung province and the regions Shan-Lao-Thai border)
—တႆး n. term used to denote a Shan of pure race
—လၢႆ n. Chinese Shan, တႆး ၶႄႇ

の項目には，"term used to denote a Shan of pure race"という英訳が付記された派生語の掲載がある[Cushing 1914: 306, Sao Tern Moeng 1995: 154-155]。1995年版の新シャン文字では，その接尾辞の部分は，-lëngであり，旧シャン文字とはスペリングが異なる(前頁図参照)。lëngそれだけの意味は，「red」であり，Tay-lëngは，第Ⅱ部第6章で示した現在カチン州に居住するビルマ化の影響の濃いシャン・ニー（Shan-Ni）と同じになる。文字にもバリエーションがあり，クッシングがどこからこの語を採集したかが不明な段階で論議するのは不適切で今後の精査が必要であるが，並ぶ他の語——Chinese Shan, Lao, Yun, Möng Maoへの言及を考慮すると，それらが現シャン州の北東および東側の国境線に沿っていることに気がつく。すなわち「他者」へのまなざしの先が，それらの境界の方向に向かっているのである。論理的にはその境界の内側，つまり英領ビルマ側そして現在のシャン州に「純粋な」シャンが存在することになる。しかも，英訳で「純粋な，pure」とされていることも興味深い。何かタイ・ロンの起源と通底する価値観が介在しているのかもしれない。あるシャン研究者によれば，カチン州に居住しているシャン族は，シャンに帰属しているという意識を有してはいるが，ビルマ語が母語化しており，ビルマ族ではなくて「純粋な，pure」シャンであることを主張するためにそのように記載したのではないかという新解釈を提示していた。もしもそうだとすると，カチン州における"シャンのシャン化"の言説ということになる。辞書をめぐる今後の課題として付記しておきたい。

　シャン州政府教育局長ツァオ・サイモン・マンライに召集され，新シャン自体開発プロジェクトに参加した四名は，次の通り。

　　ルン・タンケー（Lung Taang Kë）ナムカム出身
　　ルン・キュン（Lung Khyung）ムアンクン（マインカイン）出身
　　ルン・ソイ（Lung Söy）チョクメー（チャウメー）出身
　　ルン・スツィンナ（Lung Sucin Na）ラーンクー（リィンケー）出身

しかしながら，新シャン文字の綴字法が，統一され政治的に認可された正書法（正字法）として何の障害もなく普及していったわけではない。ルン・タンケーからの伝聞では，シポー出身のチョーゾー（Kyaw Zaw）とナムサン出身のトゥンエー（Htun Aye）が反対したという。この点は，以下のように記録上も確認される［STSYMC n.d. 他］。

1964年6月22日，シャン州指導部（シャン・ピィーネ・ウーシーアプエ，Shan Pyine Usi Aphwe）会議場でシャン・アミョウダー（シャン民族）文芸文化保存関連委員会の会合が開催され，旧字体復活を内容とする動議が出される。提出者は，チョーゾーである。彼を除いた参加者は，新シャン字体堅持の主張であった。翌月6日の同会議で継続して審議がなされたが，その日の午後，旧字体のみ使用と決定したとの報が会議外へ流れたという。彼の新シャン文字採用反対の主張の根拠は，シャン族の起源に関わる年代記や文献が数百年にわたって旧字体で記されてきたからというものであった。会議の大勢は新シャン字体派であったが，旧字体固執派が存在し，新字体旧字体が併存状態となったのである。その後，新シャン字体に対しては政府や行政機関から認可が下りず，学校教育の場では十分活用されなかった。このような公的な面の新字体の不採用の経緯には，民族集団としてのアイデンティティの「真実」の所在をどこに置くかについての考え方の違いが影響していたのである。チョーゾーは，旧字体こそが所在として重要と考えていた。他方，新字体推進派は，シャン文字の識字率の向上こそがシャン族としてのアイデンティティの高揚に寄与すると考えたのである。このようにして，独立以降，学校教育がビルマ語中心に展開する中で，新シャン文字が開発された直後の時期は，シャン族内の意見の対立という内的要因から，シャン文字をめぐるマイノリティとして"シャンのシャン化"は，不協和音で揺れていたのである。

ところで，長谷川清からの伝聞によれば，中国雲南の西双版納のタイ・ルーでも，新字体は，1953年から準備され1955年に実施となった。しかし文化大革命後，文化伝統の消滅を危惧した年長世代から，旧字体の復活運動が起きた。新字体が学校教育の現場で認められるようになったのは1990

年代だという。また同様にタイ系言語を話すタイ・ヌーが住む徳宏での新字体の導入は，数回の議論を経た1954年のことだといわれている。新字体導入と旧字体復活をめぐる文字文化の伝統と，文字文化を媒介としたアイデンティティとの相克が，中緬国境の両側で同時期に並行して生起したことは，偶然というよりは共通の背景があると考える方が妥当で，シャン文化圏の共通性を考える意味で興味深い。

　上記のような公的な動きがある一方で，シャン族の人々が新シャン字体の普及に努力した足跡もたどることができる。それはヤンゴンとマンダレーの大学生を中心とするボランティアの普及活動である。この活動は初期には，パーンスン・リック・タイ（*pang sön lik tay*）シャン語教室と呼ばれ，1968年からは，マ・ハ・トゥ（*Mä Haa Tu*）というスローガンのもとに活動が活発化した。1978年に，マ・ハ・トゥ活動は十周年を迎えた。マ・ハ・トゥは「五つのマ」という意味で，「マ」はシャン文化を享受する者が備えるべき基本的技能（モー，*mö*）をさしている。具体的には，書く（モー・テェム，*mö-tëm*），読む（モー・アーン，*mö-aan*），数える（モー・ナップ，*mö-nap*），学ぶ（モー・ソン *mö-sön*），マネージメントする（モー・プゥン，*mö-püng*）を内容とする。ビルマ側には，同様に「三つのアー」があり，読む，書く，話すという基本的三技能をさしている。文字の普及運動のスローガンとされたのは，ビルマ文化に起源のあるアイデアからの借用だったのである。

　大学生たちは，大学の休暇を利用して地方，特に出身地へ出掛けて新シャン字体の識字教育に貢献する。各大学の当時の様子をその当事者へのインタビューからたどってみたい。1945年生まれのサイサンアイ（Dr. Sai San Aik）は，ムセー出身のシャン族で，小学校4年生まではシャン旧字体を学んだ。ヤンゴン大学でシャン語識字教育に参加し，ムセー，ナムカムに戻って活動を行なった。彼の記憶では，タイ・ロンとタイ・マオの二種類を教えたという。当時，ヤンゴン大学には，四つのマ・ハ・トゥのグループがあり，サイアウントゥン（Sai Aung Tun），サイサイシン（Sai Sai Sin），サイフラペー（Sai Hla Pe）と彼がそれぞれのグループを率いていた。

彼の知人がまとめたマ・ハ・トゥ記録によると，下ビルマ・ピュー近郊で，1967年に15日間のシャン語教室を開催し，1968年の2月7日のシャン族の日記念には3日間出掛けて普及に努力したとある。その後，村人自身による組織が形成され，新シャン文字の普及活動が継続された。1978年には，仏教サンガからの接触があり，シャン語だけではなく，仏教文化の学習会が夏季になされるようになり，1981年には，シャン新年を祝賀するにいたる。これらの伝聞からうかがい知れるのは，新シャン文字の普及が，地域単位の年中行事化とつながっているという事実である。その一事例に，ポイ・クーモー・タイがある。余談であるが，マ・ハ・トゥ活動の足跡を記録化しようと考えたのは，筆者のシャン研究が契機だと聞いた。「他者」のまなざしが影響したといえるかもしれない。なお，シャン民族の日（シャン・アミョウダー・ネ）は，1962年以降の段階で，次第にシャン州の日（シャン・ピィ・ネ）に名称変更がなされていく。ネーウィンによるクーデターでシャン州政府が廃止され，中央集権化の動きが加速する国内政治の動きと呼応する変更である。

　ヤンゴン大学出身で2003年の調査時点でラシウ（ビルマ語でラショウ）在住のサイトゥンアウン（Sai Htun Aung）とナムカムセイン（Nam Kham Sein）のシャン族夫妻は，1979年にメーミョウでのマ・ハ・トゥの現場で知り合ったという。1980年には，チョクメーで40人程度の子どもたちに新シャン文字を教えた経験があると語る。メーミョウでも，チャウメーでも，夏季休暇の約一カ月間に実施され，マンダレー大学，ヤンゴン大学そしてタウンジーとラシウの当時のディグリー・カレッジの学生が参加していたと記憶していた。国内のシャン系大学生が連絡を取り合っていたことがうかがえる。彼らの記憶では，マ・ハ・トゥは1987年頃まで続いていたのではないかという。

　ヤンゴン大学には戦前まで遡るとされる学生団体があった。名前をThe Shan Literary Society——シャン文芸協会という。その会則にある同協会設立の目的には次の九点が列挙されている。

①活力を失ったシャン文芸，文化と言語の復興と再活性化
②時と場所を問わず実行および助言可能な反文盲キャンペーンの促進あるいは支援
③シャン文芸・文化と言語の奨励，促進と調査実施
④シャン語で話すこと，書くことの奨励
⑤会員とすべてのシャンの人々の社会的水準の向上
⑥他のシャン文芸に関わる協会，団体，個人への連帯あるいは支援
⑦シャン文学・文化と言語保存に寄与する考古学的遺産，論説，記述，雑誌あるいは諸文献の収集と保存
⑧我々が，我々の知的環境を刺激し，鋭利化すると信じる古典あるいは近代文芸のシャン語への翻訳
⑨良き市民としての行動と，会員とシャン州市民の文化および道徳的かつ知的能力の進歩　　　　　（Executive Committee 1958-1959）

　序文では，消滅の危機に瀕しているシャン文芸と文化の復興を訴えている。会則草案が編纂された1958-1959年は，新シャン字体による学校教育の読本編纂開始の時期であると同時に，独立から十年が経ち，憲法に規定されたシャン州政府の連邦離脱権行使が可能になる直前であり，軍政権（ネーウィン選挙管理内閣）が，それを阻止するためにシャン州政府を指導してきた伝統的首長の自治権を放棄させ，世襲的特権を喪失させた時期でもある。シャン文化形成の黎明期は，新シャン文字の普及が契機となったが，政治的環境はむしろそれを阻害する方向で動いていたことになるのである。ただし，ネーウィンが軍事クーデターを起こし長期政権を開始した1962年をもって，少数民族文化の「再」活性化運動が弾圧されたと考えるのは早計であろう。なぜなら，マ・ハ・トゥの活動は，当事者の記憶はさまざまだが，軍事政権下で継続していたことは確かだし，そのことは，政府がこれらの活動を黙認していたともいえるからである。一方，シャン文字学級の存在は，共通語教育推進と多民族連帯を国是とする政府の「内政」問題に抵触せざるをえず，受講者を送り出すシャン族家族の方で通わ

せない傾向もあったようである。

　ヤンゴン大学と並ぶもうひとつの高等教育機関マンダレー大学の様子を，1960年代に在籍し，1965-1966年にシャン文芸文化委員会書記長，1968-1969年同議長だった1946年北部シャン州生まれのシャン族，クゥンミィン（Khun Myint）とのインタビューからたどってみることにする。彼もサイサンアイのように小学校4年生までは学校でシャン語の授業があったと記憶している。彼は，チョクメーの官立学校に通学していた。メーミョウのミッション・スクールを経て1964年にマンダレー大学に進む。1965-1966年に，学長バトゥ（Ba Tu，数学専攻）が，学内の各民族グループに呼びかけて，諸民族文芸文化委員会連合の設立を指示し，マンダレー医科大学および同農業大学も加わって，チン族の農業大学教授サライン・トゥンタン（Salaing Htun Than，農業経済学専攻）を議長に，マンダレー大学のルニ（Lu Ni，化学専攻）を書記長に任命して発足したという。そのもとでシャン文芸文化委員会が活動を開始し，クゥンミィンは，サイグエータウン（Sai Gwe Taung）議長（農業大学），サイタンマウン（Sai Than Maung）（医科大学）副議長と並び，書記長として，マ・ハ・トゥを含む諸活動を実践するにいたるのである。新入生歓迎会，懸賞論文の募集などその内容は多岐にわたったという。諸民族連帯の発起人は誰かという問いには，当時の教育大臣フラハン（Dr. Hla Han）ではなかったかと推測している。マンダレー大学では，ヤンゴン大学に若干遅れるものの，1962年以降も，実態は別として，少数民族活動が公的にある程度は認容されていたといえそうである。

　一方，学生たちなどのシャン文化意識に目覚めた人々を，現場の人々はどのように受け止めていたのだろうか。北部シャン州シポーでのインタビューから確認してみたい。インフォーマントは，ナン・ミャハン（Nang Mya Han），ナン・フラピィ（Nang Hla Pyi）のシャン族の姉妹で，姉は1943年生まれである。彼女たちは，現在もシポーのシャン文化伝承の中心人物であり，行事の際の衣装の世話，特にシャン舞踊などの教授を行なっている。

1969年10月に，マンダレー大学からマ・ハ・トゥの学生がシャン語教室開設で来訪した。教室の前にシャンの歌を憶えさせていた。当時は，祭事のときを除いてシャンの衣装を着られなかった。祭事というのは，ティンジャン（ビルマ新年），ピーマゥ・タイ（シャン新年）あるいはカウティッサ・プエ（新穂祭），ポイ・クーモー・タイ，シャン民族の日，リック・タイ・フ・クー・クー（Lik Tay Hu Khü Khü〈内容は後述〉）など。1970年には，チョクメーのティンジャンに出掛けた。毎年出掛けていたのだが，この年の写真が残っている。1971年2月7日のシャン民族の日には，各町から二人ずつ舞手として選ばれてシポー駅前で踊った。このことでシポーに踊りのグループが存在することが知られ，北部シャン州全体の祝賀会に招かれたこともある。1972年の連邦記念日には，カチン州からタイ・マオの人々がやってきて交流会を行なった。翌1973年には，タウンジーと交流会があったが，その後は北部シャン州からは行かなくなる。シャン族以外の民族が招かれていったようだ。1974年は，マンダレー大学で行なわれた第二十七回シャン・ピィーネ・アミョウダーミャー・ネ（シャン州諸民族の日）に参加して踊ったことがある。この交流は前々から行なわれており，1976年で十回目になっていた。1974年のティンジャンには，ミッチーナーから十一人のシャン族が一カ月シャンの踊りを学ぶために，当時ミッチーナー・カレッジ学長のサイアウントゥンが送ったのだろう，滞在したことがある。彼らがシポー駅に降りたときに，全員パソー（ビルマ風ロンジー〈筒状の腰巻き〉）を穿いていたので迎えに出たがわからなかったことを憶えている。その中に，カムティ・シャンのソーボワの息子もいたようだ。年長者はこわくて受け入れがたかったが。この交流は一度だけ。

彼女たちの説明では，1970年代前半には2月7日はまだ「シャン民族の日」と表現されている。意図的に「シャン州の日」という表現を避けたのかもしれないが，シャン州で他州・管区との交流はある程度認められてお

り，1962年のネーウィンの政権奪取後，すぐに少数民族側の文化的活動が抑圧されたわけではないことがうかがわれる。

　1945年ナムカム生まれ，現在シポー在住で，シャン語特にシャン文字の教室を夏季に開催している自称タイ・ヌーのサイトゥンイン（Sai Htun Yin，シャン名ツァイ・ゴムクゥン，*Saay Ngom Kōn*）は，1958年に官立小学校でシャン語の授業があり，1960年から1965年に官立学校5年生6年生で週二回旧シャン字体の授業があったと回顧している。また新シャン文字普及を目標とするマ・ハ・トゥ活動がシポーで行なわれたのは一回だけではないかともいう。新旧シャン字体の併存状態がうかがえる。彼自身が主催する現在の形式のシポーのシャン語教室は，1997年に始めたという。その前にもあったが，2000年にはできなかった。役所に直接申請したのではなく，シャンの長老の許可のみで始めたとその経緯を説明する。昨年まで三年間ほどはセンウィ（ビルマ語でテインニー）近郊で行なわれていた北部シャン州合同のシャン新年を，今年はシポーで12月1日～3日と祝賀した。以前はこのような行事を開催する場合は，カ・ワ・タ（県法秩序回復評議会）の許可が必要だったが，2000年は必要なかったという。この背景には次章で紹介するように，現政権と休戦状態にある元反政府軍の支援がひとつの要素として関与していると思われる。

6　新シャン字体普及への苦難

　シャン州では，旧字体の復活以降も，新シャン文字の普及を推進しようとする動きが認められる。そのひとつがシャン・ニーラカン（Shan Nyilakhan）と称される合同会議である。インフォーマントによって回数などに記憶の相違があるが，確実なのは，1969年のタウンジー，そして1974年のシポーでの開催である。先述のルン・タンケーの説明だと，そのテーマは一貫してシャン統一の綴字法の普及にあったという。後者が，ナン・フラピィがいうリック・タイ・フ・クー・クーであった。ルン・タンケーの記憶では，この会議を招集したのは，センウィ・ツァオパーの親戚のツァオ・イェファー（*Caw Yep Faa*）で，タウンジーからは，新シャ

ン字体の推進者でケントゥン・ツァオパーの係累であるツァオ・サイモン・マンライ（Sao Saimong Mangrai，シャン語で Caw Saay Mäng Mang Raay），ルン・クンパンラー（Lung Khn Paan La）そしてルン・タンケーが出席したという。結局は反対意見もあり，字体の統一は合意にはいたらなかったとのことである。

　下記に，シャン語，シャン文字をめぐる第二次世界大戦前後からの歴史的出来事を年表として掲げる。参照した資料は，シャン族（タインインダー，tainyindha）文芸文化協会編集の記録で，新旧シャン字体をめぐる顛末記 [STSYMC n.d.] などである。同協会の記録では，ネーウィンによる革命評議会傘下のシャン指導部で，1964年7月に新シャン字体を承認しないことを決議し，後年，決議の周知徹底のために公示している。

新シャン字体承認への経緯（1940-1960年代）

1940年〜	新シャン文字綴字法（新シャン字体）開発プロジェクト開始
1945年〜	新シャン字体，小学校教員向け研修開始（毎年夏季平均50人受講）（シャン州全体には普及せず）
1955年あるいは1958年	シャン州政府でシャン新字体正式決定
1958年	シャン語読本編纂委員会組織，編纂開始（1960-1964年，全六冊出版）
1959年	シャン州でツァオパー（ソーボワ）制廃止
1962年	革命評議会政権奪取（シャン政府はシャン州指導部管轄となる）
1964年6-7月	シャン民族（アミョウダー）文芸文化保存関連委員会会合（チョーゾーが学校教育での旧シャン字体復活動議提出）（以降，新旧シャン字体併存状況が続く）
1966年4月	シャン州指導部より公示 (1)新シャン字体と旧シャン字体の対立を制止する (2)学校および役所では新シャン字体を使わず旧シャン字体のみ引き続き使用する
1968年	マ・ハ・トゥ活動開始，ポイ・クーモー・タイ祝賀開始
1969年10月	『シャン綴字法委員会報告書』提出（代表チョーゾー）

上記顛末記の1966年7月のインタビュー記録でも，上記1964年，1966年の事情と一貫して，旧シャン字体の位置づけと，新シャン字体を使っても罪にはならないことが原則的には回答されている。その際に，「新シャン字体が，反政府軍が使用している字体といわれているが，そうであるか？」という問いかけに対して，「正確にはわからない，各自が得意の字体を使っている」と回答しているのが興味深い。

このシャン州指導部の姿勢に対して，その公示を知ったシャン族（タインインダー）文芸文化委員会（大学連合ヤンゴン）は新旧字体を精査してそれぞれの採用の利害を検討した結果，利点がより多いということで新シャン字体を活用する方針と見解を示した。その根拠としては，革命評議会の社会主義路線に従い，国家を構成する諸民族間の親睦，相互扶助，団結が重要とする国是として，旅行に出掛けても汎用性のある新シャン字体の方がより適当であるというものである。1966年7月のことである。同委員会は，シャン州指導部へ新旧字体の件で討論を申請するが，新シャン字体がシャン州政府の費用で開発されたものであり，再検討の結果不採用としたことを理由に，その申請を拒否されている。

新シャン字体普及への別の動きもあった。1966年9月，ビルマ社会主義計画党第八部（タウンジー）宛に，シャン文芸研究者が六項目の願い出をするのである。六項目とは，①新シャン字体を習いたい者に自由に教授することを認めてほしい，②新シャン字体で学校の読本を印刷することを認めてほしい，③以前，学校で使用していた読本を再度使用することを認めてほしい，④シャン州ビルマ社会主義計画党主催で新シャン字体研修を開設してほしい，⑤ビルマ社会主義計画党の綱領に関する文献を新シャン字体でシャン語に翻訳してほしい，⑥シャン文芸執筆に従事している人およびシャン文芸研究者に対して，シャン文芸，シャン語，シャン文化習慣を発掘できるように討論することを認めてほしい，であった。研究者八名の連名となっており，その中には1960年代前半のシャン読本の編纂に参画した四名も全員含まれている。以上のような旧字体復活の政治的脈絡で，新シャン字体を印刷する印刷機の使用差し止めがされる事件が起こり，また

新旧シャン字体どちらでも参加できるとしたコンテストを主催したタウンジー市シャン文芸協会代表キンマウンロン (Khin Maung Long) が，文化局の公職停止を命じられるという事件も起こった。いずれも新シャン字体普及を阻害する政治的社会的状況を暗示させる。

　当時，シャン州指導部メンバーとして，またシャン民族（アミョウダー）文芸文化保存関連委員会の場で旧字体に固執したのは，同委員会議長チョーゾーなどであったことは上述した。1968年5月，新シャン字体の研修を開始するヤンゴン，マンダレー両大学そしてタウンジー・カレッジのシャン族文芸文化委員会のメンバーが，シャン州指導部を訪問してチョーゾーに面会したが，了解を得るにはいたらなかった。マ・ハ・トゥの活動も，この脈絡にあることは明らかである。

　トゥンエーを議長とするシャン州指導部は，シャン文芸に関する集会（ニーラカン）招集を指示し，その前提条件としてシャン綴字法委員会（シャン・サーイェートゥン・コミッション〈SSC〉）を組織した。上記年表の最後に記載したその綴字法委員会の報告書は，チョーゾーが代表となってまとめられている。報告書の最後に「委員会の憂い」という付記があり，「勝手に修正した文法で，古来シャンの賢者がまとめてきた正書法を逸脱させて，いつかその起源を探索できないように消滅してしまうことを憂う」と述べている [SSC 1969: 31]。報告書提出は，1969年10月のことである。このように1960年代は，旧字体派がシャン州指導部の中枢にいて，新シャン字体の普及を阻害していたことは明らかである。タウンジーで上記の集会が開催されたことは伝聞で確認できるが詳細は不明である。またリック・タイ・フ・クー・クーが1974年9月にシポーで開催されたことについては先に言及した。いずれにしても共通のシャン字体を希求する人々の努力はなされたのであるが，結実するにはいたらず，1970年代にかけてもシャン文化の行方は，新旧シャン字体の併存状態の中，その「真実」をめぐって対立が続いていたのである。そして1970年代も後半になって，新字体を中心とする文字文化が動き始めることになるのである。その後の動向については，次章でたどることにしたい。

7 ポイ・クーモー・タイ (pöy khu mö tay)

　モーは，マ・ハ・トゥのマと同じである。クーモーで知識が豊かな人を意味する。つまりこの祭礼は，シャンの文芸に功労のあった先達を顕彰し，その伝統を継承する運動を啓蒙することを目的とするシャン文化復興の営みなのである。最初の開催は，1968年3月シャン州都タウンジーでの文芸協会の会合で計画され，同年12月に実施に移された。その起源は，ビルマ人の年中行事であるサソードー・ネ（文芸功労者の日）にある。この伝統は，コンバウン時代の後半に，偉大な文芸家として伝えられるウー・ポンニャ（U Ponnya）を顕彰して，ウー・ポンニャの日を祝賀したことに遡る [Aye Naing 1980: 37]。近代になってサソードー・ネとして開催されたのが1944年1月のこととされ，古今の文芸功労者が顕彰された。その後，1980年に文芸家協会が組織され，小説，詩などジャンル別に国家文芸各賞の授賞式が行なわれている。

　シャン族は，その伝統を採用し，独自のものを実施したのが1968年であった。その後，チョクメー，シポーなどの北部シャン州で，最初の開催地南部シャン州のタウンジーよりも盛んに行なわれて現在にいたる。シャン語によるシャン文芸功労者の伝記である *Pan Khu Mö Lik Tay Hok Kaaw*（シャンの六人の文芸功労者）によると，次の六人がリスト・アップされている [Lung Khun Mahaa 1996: 21]。右側は生没年である

　　①ツァオ・タンマティンナ（*Caw Thammatinna*）
　　　　　　　　　　　　1541（Shan 12th Month）-1640
　　②ツァオ・カーンスー（*Caw Kaansu*）
　　　　　　　　　　　　1787（Shan 12th Month）-1881
　　③ツァオ・コーリー（*Caw Koli*）　1847（Shan 12th Month）-1910
　　④ナン・カムクー（*Naang Khamku*）
　　　　　　　　　　　　1853（Shan 12th Month）-1918
　　⑤ツァオ・アマートロン・ムンノーン（*Caw Amaatlong Mungnong*）
　　　　　　　　　　　　1854（Shan 12th Month）-1905

⑥ツァオ・ノーカム（Caw Nokham）
1856（Shan 11th Month）-1895

　六人の中で五人がシャン暦12月に出生している。またこの時期は季節的にも乾季の初めで快適であり，稲の収穫後にあたる。またシャン新年の前でもあり，時期的に適していることが行事開催にこの月を選んだ理由だと説明されている [Sai Sai Sin 1973]。最初の五人はいずれも仏教経典のシャン語訳や編集に貢献した人物である。ツァオ・アマートロン・ムンノーンは，センウィ・ツァオパー（ソーボワ）の支援でシャン字出版に努力した人物として知られる。ツァオ・ノーカムは，有名な詩人であり歴史家でもあった [Zani Hein 1998: 86-88]。ただし，いずれも旧字体での文字文化の発展に貢献したとされる人々である。
　シポーでは他に四人が功労者に加えられていた。ユン派サヤドー（Yungaing Hsayadaw），マンヨック・サヤドー（Mangyok Hsayadaw），ナンチュー・サヤジー（Nankhyu Hsayagyi）とツァオ・ウォーラケー（Sao Wolakhe）[Zani Hein 1998: 86-90] の四名である。シポーで最初に開催されたのは1970年12月だと聞いた。チョクメーはその翌年からである。チョクメーでは1970年代に，ツァオ・ウォーラケー，ツァオ・パンヤポーカ（Caw Panya Poka），ルン・クカンマハー（Lun Khukan Mahaa）の三名が功労者として加わっている。1970年代，1980年代は，シャン暦1月（ビルマ暦ナドー月，西暦で12月から1月）1日に実施していたが，シポーでの祝賀会と近接する新年と重ならないように，シャン暦2月（ビルマ暦ピャドー月，西暦で1月から2月）に開催されている。1999年は1月初旬にあたっていた（年中行事一覧については，第Ⅲ部第9章を参照されたい）。
　シャン文芸功労者の日には，その顕彰だけではなくさまざまな伝統文化保存活動の披露も行なわれる。1999年1月開催の際，シャンの伝統文化としてプログラムに加わっていたのは，仏教経典の吟唱，シャン太鼓，マーシャル・アーツ（武術），各種舞踊，歌謡，文芸作品・絵画・弁論コンテスト，綱引き，そしてシャンの伝統衣装ファッション・ショーなどである。

仏教経典の吟唱は，この祝賀会の沿革と主旨から考えて最も根幹的な内容であり，1999年の吟唱会には，十二の会が参加していた。

　1971年のチョクメー最初のポイ・クーモー・タイは，町の北部にあるシュエジン派の寺院で行なわれた。その祝祭ぶりが厳格なシュエジン派では受容されず，翌年からカンボーザ寺院で行なわれるようになったと説明されている。資料としてたどれる1978年のプログラムでは，クーモーの墓の修復・装飾と顕彰，僧侶とクーモーへの食事の喜捨，古典文学の講義とコンテストおよび享楽となっている。1999年にいたるまでに，祝祭性，特に文化的パフォーマンスの色彩が濃くなってきたのは明らかであろう。チョクメーの郊外には，クーモーの一人であるツァオ・アマートロン・ムンソーンの墓があり，墓前で顕彰の祝賀会が一日目の午後行なわれている。またチョクメー町内には，シャン仏教の一派とされるツォティ派（ビルマ語でゾーティ派）の人々が住む地区がある。仏教的な行事には，宗派を超えて参加することはないが，ポイ・クーモー・タイのようなシャンの人々すべてに開放された行事には参加しているのが注目される。

　北部タイにおける同類の行事の実践については村上忠良の研究が詳しい［村上 2000, 2002］。それによれば，シャン州での実践に影響され，1976年にチェンマイ県バーンマイ・モークチャム村で行なわれ，以後，この村を中心に展開している。当初は，タイ王国各地のシャン系の人々が一堂に集まって「シャン民族の日」を祝う行事を計画したが，政治的な色彩に協力を得られず「シャン文芸功労者の日」に変更されたと説明されている［村上 2000: 173-175］。北部タイでビルマに居住するシャン系の人々との類縁関係にある人々が多く住むのはメーホンソーン県である。近年，ここでは，ポイ・サン・ロン（*pöy saang long*）と呼ばれる少年の入仏門式が観光資源として活用されている。ただし，ここではポイ・クーモー・タイは行なわれてはいない。村上の分析では，メーホンソーンの出家式は，第一義的には地域社会の必要性に基づいているのであって，シャンの民族的独自性というのは付随的なものである。むしろシャン語とシャン文字のもつ政治性を十分理解して，教育の現場で避けてきた経緯があると説明する。そし

て同県の事例と比較してチェンマイ市内のワット・パーパオやチェンマイ県で行なわれる出家式は，内容は同じでもシャン族の文化復興運動のひとつとしての性格が濃く，取り巻く社会的状況における差異化が指摘される[村上 2000: 175-176]。

　仏教信仰，シャン族としての民族意識，シャン文字の政治的脈絡における「文化」の外延が，本章でたどってきた"シャンのシャン化"の活動それぞれに投影されている。シャン文字は，カイズ（C. F. Keyes）の表現から引用すれば，原初的にはタイ系の言語を話す人々に接近しやすい形態で仏教の教義を運ぶ媒介物（vehicle）として使われてきた[Keyes 1995: 140]。その後，シャン文字は，仏教的脈絡を超えて，政治的脈絡の中において展開し，シャン族の民族意識の源泉として機能しつつある。「シャンであること」の意識は，舞踊・衣装・音楽・芸術などの文化的パフォーマンスを取り込みながら強化されつつある。ひとたび「シャンであること」を対内的にも，また「シャンではない人々」の差異化による否定的同一性を意識して対外的にも意識し始めた人々は，「文化」の外延を差異化のモーメントで解釈し始めている。シャン族による「シャン」の表象はさまざまな演出と仕掛けがなされつつある。その連邦国家全国規模の活動が，本書の冒頭で紹介したシャン伝統文化保存運動の動向である。次章でその案内に立ち返り，「シャン」の表象をめぐる考察を深化させようと思う。

第13章 「シャン」の表象をめぐる知の位相

　"シャンのシャン化"の過程を経てシャンの知識体系を構築する重要な基盤は，主体としての自民族意識と，それと密接に関係する民族表象による自文化観の形成にある。シャンの場合，「文化」の用語がビルマ起源であることに象徴されるように，ビルマ文化中心主義のポリティクスを背景に，ビルマ文化との差異化およびシャン文化の「再」発見と「再」構築という脈絡でそのポエティクスが編成されてきたのである。

　1974年憲法第152条では，共通語をビルマ語としながら，多民族国家を構成する少数民族の言語を教えることが許容されている。しかしながら，実際には学校教育の現場には，ビルマ語中心主義が浸透し，マイノリティの人々は，マジョリティの動向をうかがいながら，自文化「再」構築および発展への諸活動を続けてきた。シャン族は，その過程において，後述のように，1976年になって統一的なシャン文字普及への活動が動き出すのである。

　具体的な記述と分析に入る前に，「シャン」の表象をめぐる知の位相に関してバルト（F. Barth）による知識人類学的分析の手法からその概観的考察を進めることにしたい。バルトは，知識の三つの局面として，①（知識の主体としての）主張のための本質的な（実在を示す）集成（substantive corpus），②ことば，具象，身振り，ふるまいなどのコミュニケーションのメディア（communicative media）の範囲，③流通し，コミュニケートされ，借用され，普及される母体としての社会的な組織立てを重要視し，その相互連携として知識の輪郭を提示している［Barth 2002: 3］。

　シャン文化の保存運動は，新シャン文字の普及を具体的な活動とする文字文化を中心に，視覚的かつ聴覚的な仕掛けのパフォーマンスとして，ポイ・クーモー・タイ（pöy khu mö tay, 文芸功労者の日），新年節などを

組み込みながら実行されてきた。そしてその普及を図る社会団体として本書冒頭で言及したシャン文芸文化委員会（中央）が登場してきたと考えられるのである。しかしながら，前章まで詳述してきたように，多民族国家におけるマイノリティとしてのポリティクスの状況とその判断を変数として，アイデンティティの覚醒および高揚のためのポエティクスが具体化されてきた一方で，文字文化を中心とする知識体系を流通，普及させるための組織立ては，国内のポリティクスに従属しているのである。コミュニケーションのメディアもまた政府当局に監視される対象でもある。バルトが提示した知識をめぐる輪郭から考えれば，②③の従属性は，①の従属性と接合し，①の知識の集成そのものの存亡が問われ，マジョリティの方針と矛盾しない範囲の文化的な営みのみが，実質的には伝承できる機会を与えられるにすぎないのである。

　"シャンのビルマ化" とその流れにそうような，かつ抗うような "シャンのシャン化" の諸相をたどるために，以上のような状況を再確認しながら，本書冒頭のパンフレットに立ち戻って考察を始めたい。

1　シャン族文化の保存活動の現在

　1999年2月，北部シャン州の中心地ラシウ（ビルマ語でラショウ）でシャン文芸文化委員会（中央）の組織化が決議される。同組織は，ラシウ在住のサイマウカム（Dr. Sai Mauk Kham）が議長を務めることとなる。上述のパンフレットも，そこから各地に配布されているのである。

　現ミャンマーでこのような組織を構築しオープンに活動するためには，公的登録が必要である。ラシウ，シポー（ビルマ語でティボー），チョクメー（ビルマ語でチャウメー）などの各地ごとの組織作り，あるいは大学内での組織作りは，前章で紹介したヤンゴン大学・シャン文芸協会のようにすでに達成されていたが，全国規模としては初めてである。同年2月7日にその準備会が招集され，①全体組織と構成，②常置委員会組織と構成，③全体組織支援のため，各タウンシップより毎月1,000チャットの上納，④同事務局をラシウ文芸文化委員会に設置，⑤事務長には4,000チャット，

その他の事務員には1,000チャットの支給，の五議題が決定された。2月7日は，1947年のパンロン会議直前にシャン族が連邦制参加を決めた記念日であるシャン民族の日（現シャン州の日）にあたる。翌8日に，組織登録報告と活動方針を議論する最初の会合がなされた。組織構成員は，ラシウ以外に，ムセー，チョクメー，ナムカム，ナムトゥ各タウンシップから合計十六名。決議されたのは，未参加のタウンシップへ引き続き参加を呼びかけることと，シャン文芸文化委員会（中央）として活動を推進することの二点である。2003年3月の調査時点で，参画しているタウンシップおよび地区は下記の通りである。

《北部シャン州》 ナムカム，ムセー，センウィ（テインニー），ホーパン，ラシウ（ラショウ），モーミィ（モーメイ），ナムトゥ，チョクメー（チャウメー），ムアンヤイ（マインイェ），ナウンキョウ（ナウンチョウ），クッカイ（クッカイン）

《南部シャン州》 タウンジー，ムアンクン（マインカイン），ムアンナーイ（モーネー）

《東部シャン州》 ケントゥン（チャイントゥン），ターチレィ

《マンダレー管区》 モーゴック

《ヤンゴン管区》 ヤンゴン

《カチン州》 パーカン，ワインモー，バモー

上記21タウンシップの他に，シポー・タウンシップ内のナムラン，クッカイン・タウンシップ内のモンシー，カチン州内のルウェホーセ各地区が加わっている。他方，シャン州内では，有力なシポーとタンヤンがタウンシップ単位で参画していない。後者の理由は不明だが，前者については，1990年の総選挙で23議席を獲得した政治団体シャン民族民主連盟（Shan Nationalities League for Democrarcy〈SNLD〉）［伊野 1992:16］党員が含まれていること，新年節を独自に行なっているなどがその理由とされている。シポー側としては，SNLD党員は昔から関係していたからだと説明し

ている。現在，ラシウで実施している主な活動は，2003年の調査時点で七回目を数えた新年節祝賀会，五年が経過したシャン語学校（西暦４月から５月にかけての学校夏季休暇中に実施）で，シャン文芸功労者の日は開催していないという。インタビューでは，中央委員会議長は，交通手段の問題，資金源の問題および実質的な組織拡充などを今後の克服すべき課題であると現活動状況を掌握しており，各大学のシャン文芸文化団体も含め各行事に招待状を発送するという。本書冒頭で言及した国内全体に呼びかけたシャン語ビルマ語併記のパンフレットの目標は，次頁の通りである。

「文芸文化」というのは，シャン語でリックラーイ・フィンゲー（あるいは，ピンゲー，liklaay lë fingngë/phingngë），ビルマ語でサーペー・インチェーフム（sapei yinkyei-hmu）の訳語である。リックは文字や記述，ラーイは本をそれぞれ意味する。フィンゲーとインチェーフムのインチェーは同語源である。建物などのハードウエアの整備もあるが，議長は，シャン文字・シャン文芸啓蒙を優先課題として挙げた。そうすることでシャン系の諸民族が一系統だという一体感が生まれるからだと説明している。換言すれば，シャン文字およびそれによるシャン文芸こそが，シャンとしての民族意識の根幹であり，シャンの「文化」構築の核心でもある。そのためにこそ，シャン語学級の開設と充実，そして読本の編集，教師の養成が期待されているのである。また「仏教関係」が冒頭に位置づけられているのは，仏教信仰がシャン文芸文化の歴史的中心である「文字文化」とアイデンティティの基盤となっているという内的要因だけではなく，仏教徒がマジョリティを占める多民族国家内で伝統文化活動存続を認知されるための外的要因の両方に関係しているからだと思われる。

中央委員会の支部は，カチン州都ミッチーナー，シャン州のタウンジー，ケントゥンの三カ所に置かれている。同議長とのインタビューで印象に残っているのは，現政権への働きかけでシャン語学校開講が実現したことを自己評価していた点である。この点に関しては，博士として名声もあり富裕者であることに加えて，現政権とのパイプがあることが，彼が議長に推薦された理由として周囲は受け止めていることと符合する。中央の常置

シャン伝統文化保存運動への協力呼びかけ

> シャン文芸文化中央委員会は，次の文芸および文化活動を遂行致します。尊敬する皆様の誠実と篤信を賜り，適宜ご支援をいただくよう奮起を促すものです。
>
> ・仏教関係文献の探索と復興
> ・芸術関係文献の再探索と復興
> ・知的古文献の再探索と復興
> ・古歌謡の再探索と復興
> ・歌舞音曲関係の芸術の再探索と復興
> ・古代に関係する芸術の再探索と復興
> ・仏教文芸文化が発展繁栄するための実践
> ・シャン文芸学級の開設
> ・文芸文化団体の組織化
> ・歌舞音曲学級の開設
> ・文芸芸術関係コンテストの実施
> ・文芸芸術関係熟達者開発のための支援
> ・文芸芸術関係熟達者への褒賞
> ・段階(1)から段階(10)までの読本の編集出版
> ・高次元文芸の編集出版
> ・シャン文芸史の編集
> ・シャン文字，シャン文の成立史の調査研究
> ・シャン民族史編集のための調査研究
> ・ラシウ，タウンジー，ケントゥンなどに図書館や博物館の建設（最初はラシウ）
>
> 上記に提示した計画遂行目標は，シャン民族文芸文化を復興するための活動であるため，尊敬する皆様は，確実にご精読いただき，真に価値のある実際の活動が遂行できるように，浄財を誠実にご寄付いただきますよう謹んで請願致します。
>
> 　　　サイマウカム博士　議長
> 　　　シャン文芸文化委員会（中央）ラシウ市
> 　　　　（kŏ liklaay lë fingngë tay）

委員会は六カ月に一度招集される。支援金は増額され，2003年の調査時点では，大きな町で6,000チャット，中小の町で3,000チャット，ナムトゥやナムラン地区のように，小規模だが大きな町と近接しているところは2,000チャットとなっていると事務局で聞いた。中央政府との安定的関係のための調整は，活動の存続のための必須条件なのである。

2　1970年代以降の動向

　前章で，1955（あるいは1958）年のシャン州政府によるシャン新字体の正式決定，次いで1960年代末までの読本編纂および新字体をめぐるシャン州内での動向などを示し，他方，第Ⅳ部などで，1962年3月のネーウィン（Ne Win）による軍事クーデターが，民族文化に対する政策面で，即座に非ビルマ族に対する抑圧とはならなかったことを民族研究史の動向から論じた。

　では，その後，シャン族側は，シャン文化の行方をめぐりどのように1970年代以降を過ごしてきたかについて詳述し分析を加えたい。その主体は，シャン州人民評議会の活動である。1959年にツァオパー（*cawphaa*，伝統的首長，ビルマ化して sawbwa）の慣習的権限は廃絶，1962年の政変を経て地方分権的な要素を残していたシャン州政府も廃止され，1974年の憲法発布以降，シャン州の行政は，実質的には中央集権的な軍事政権の下に設置されたシャン人民評議会が掌握することになるのである。本章冒頭で示したように，同憲法では，共通語をビルマ語としながらも，少数民族の言語教育が可能であることを謳っている。だが，その前年1973年10月には，シャン州，カチン州，カヤー州，カレン（カイン）州それぞれの私立学校の廃止が法的に施行され，別の報告には，1973年から学校教育における少数民族の母語教育を廃止し，ビルマ語のみの授業体制としたとの指摘［牧野 2001: 139］もあり，ビルマ語を「国家語」の中心とする教育政策がビルマ化の一貫として推進されていく。憲法上はシャン語教育が認められても，現場においては，ビルマ化の脈絡において，推進派の人々は苦難の道を歩むことになるのである。

ヤンゴンの聖地シュエダゴン・パゴダの東側に，カンボーザ・タータナー・ベイマン（Kambawza Thathana Beikman）という会館がある。この会館は，シャン州各地からヤンゴンを訪れる人々のための宿泊所とするべく，1992年2月から建設が始まり1996年3月に完成した。安置されるご本尊は，北部シャン州シポー近在の一村落から招請したマン・パヤー（man phaya，乾漆像）である。ここに常駐するシャン族出自のツァオ・ニュンセイン（Sao Nyunt Sein）と，この会館建設に協力したサイアウントゥン（Sai Aung Tun）から資料提供を受けて，シャン文字とその普及への苦難の歩みに関する流れをたどる。ツァオ・ニュンセインは，シャン語名ツァオ・ルンツェイン（Caw Lun Cing），英領時代のシャン諸州のひとつであったナンコック（Nan Khwuk）首長の系譜に連なる人物で，後述するシャン語協会（シャン・サー・アプエ，Shan-sa Aphwe）のメンバーで，2002年調査時点では，人民評議会を退職して上記の会館を守っていた。

統一的なシャン文字普及を目ざすその後の動向については，1977年4月のシャン州第一期人民議会第七回会議記録にたどることができる。いわゆるシャン文芸（ビルマ語でシャン・サーペー）問題に関して，第一期人民議会第二回会議において同執行委員会から検討の必要性を示した報告がなされ，調査が実施された。その結果，各種シャン字体の存在が確認され，また新シャン字開発の経過と公式承認および読本の編集，そして旧シャン字体復活の歴史をたどり，前章で新旧シャン字体併存状態に関する記述で引用した1969年10月の『シャン綴字法委員会報告書』については，提出はあったものの，指導部の受領，承認，立法化などの公式文書は見当たらない，などの事実が判明したと報告されている。なお，この報告には，前章で記述した集会（シャン・ニーラカン，Shan Nyilakhan あるいはリック・タイ・フ・クー・クー，Lik Tay Hu Khü Khü）についての言及がなく，これらの会合が公的なものではなかったことを暗示している。

以上の報告を受けて，シャン字体の分裂状態を克服する統一的なシャン基本字体の選定とそれによる読本の編纂を期待し，同第三回会議では人民議会執行委員会にその対応が諮問され，1976年8月に，公的作業部会とし

シャン新字体統一への動向（1970-1980年代）

1976年8月	シャン文芸委員会（Shan sapei Commission）が公的に人民議会執行委員会のもとに組織される（全29名）
1977年1月	「シャン語綴字法原則」検討結果を人民議会に議題として上程
1977年4月	「シャン語綴字法原則」を人民議会で承認
1980年2月	シャン語協会（Shan-sa Aphwe）組織化（全11名）
1980年5月	国家評議会へシャン語協会活動資金申請
1980年6月	シャン語読本（幼児用）草案を提示，関係委員会から承認
1981年3月	首相へシャン語協会活動資金申請，省庁に問い合わせるも返事なし（1983年4月再申請） シャン語読本（幼児用）印刷のためヤンゴン市教育省教科書検定委員会へ許可申請（シャン語ビルマ語併用）
1983年2月	ヤンゴン市教育省教科書検定委員会から上記読本審査のための招聘あり，協会議長派遣（印刷が認められ，小学1年2年用編集継続）
1983年7月	シャン語綴字法原則本編集申請 国立学校と教師研修でのシャン語綴字法原則学習の許可申請
1985年5月	シャン語協会を拡大して再組織化申請（全17名）
1985年7月	シャン語綴字法原則により，国家関係機関および学校での使用と学習ができるとシャン州人民議会執行委員会で決定（母音・子音一覧表添付） 上記内容関係機関に上程および通達
1985年9月	ラシウ，タウンジー，ケントゥンでシャン語文教授法研修実施（人民議会の監督下）
1985年10月	タウンシップ単位でのシャン語協会の組織化を要請 国家評議会にシャン語辞書編纂用予算申請，対応なし
1987年8月	シャン語協会再組織化（全17名）

て，シャン文芸委員会（Shan sapei Commission）が組織されることになったのである。同委員会は，三人の顧問僧を含む二十九名で構成され，同委員会からの人民議会への検討結果の報告期限は1977年2月末と規定された。1976年8月の四日間にわたる同委員会第一回の議論では，時代を経てシャ

ン州内で使用されている三種類の字体が検討対象となり，それらを参考にシャン統一字体草案がまとめられた。その三種類の字体とは，①マイソン・リック・タイ (maŭsung lik tay) 字体，②シャン州指導部使用字体，③シポーで編纂された字体，である。そしてその草案について，シャン州内24タウンシップおよび単科大学，僧侶，シャン文芸知識人などのシャン族の人々が住む場所において，ビルマ社会主義計画党および人民議会の協力を得て，委員会委員が説明に廻り，希望や見解を収集して再検討することとなった。その再検討の結果，1977年1月末の同委員会第二回でシャン語綴字法原則（シャン・サーペー・サーイェートゥンム，Shan sapei sayeihtounmu）を決定し，シャン州人民議会第七回会議へ執行委員会から上程され，同原則の承認と学校での使用および読本の出版を求めたのである。同人民議会は，第一日目の4月26日にその基本原則を承認した。

上記基本原則の普及のために，シャン州人民議会の指示でシャン語協会が1980年2月に公的に組織され，1988年の政治動乱にいたるまで，断続的な努力を重ねていくのである。同協会は，元シャン州教育官のカンフライン（Kan Hlaing）を代表とする十一名で構成された組織であった。前身のシャン字体の分裂状態克服を課題としたシャン文芸委員会と異なり，僧侶は含まれていない。

シャン語協会に課された任務の内容は，①シャン州人民議会が承認した字体の普及，②1980-1981教育年度内の読本（幼児用）出版，③読本（幼児用）出版後，引き続き残りの学年用の読本出版に着手することの三点である。責務を履行するために，同協会は，同年5月，国家評議会へシャン語協会短期長期活動基金として45,700チャットを申請するなど，さまざまな働きかけを行なう（前頁年表参照）。だが十分な回答や実質的な財政援助が，国家評議会などの政府関係機関から得られなかったことは，再申請の記録などから明らかである。

1985年7月，シャン州人民議会公示第2号には，シャン語綴字法原則をシャン語文原則（シャン・サー・ム，Shan-sa mu）として，公的機関，学校で教え学ぶことができると規定し，国家評議会をトップとする関係諸

機関に上程通達される。その書類にシャン綴字法原則の全容が母音子音表記一覧という形態で添付されている。この形態の基本は新シャン字体である。こうして新シャン字体を基盤とした基本原則が，公式に認められ，学校で使う読本の出版が法的に許可される道が開かれたことになるのである。旧シャン字体復活による分裂状態は，こうして公式には収束へと動き出す。村上忠良が，1986年にシャン州の学校で課外授業として再開されたとタイ語資料を参照して述べている［村上 2002: 91］が，被参照資料は，上記公示および1985年9月に実施されたラシウ，タウンジー，ケントゥン三カ所での教師用研修の実施の流れとほぼ符合する。ただし，実際にどれほどの範囲で課外授業としてシャン語が教えられたかについて詳細にたどることはできない。逆に，チョクメー，シポーなどのシャン語を母語とする人々がマジョリティを占める地域で，いわば「シャン」の表象に関心の高い北部シャン州での夏季授業などの動向を伝聞すると，現実的にはかなり限られた地域での実施に留まっていたのではないかと推測される。また仮にもし実施されたとしても，時期的に考えて1988年民主化運動激化の直前であり，中央政府の統制が機能しなくなったという別の要因も考えられる。

　シャン語協会のメンバーであるツァオ・ニュンセインのところには，1980年代半ば以降の動向，具体的にはシャン語辞書編纂のための予算申請，シャン語協会の再組織化の経緯が，記録として保存されている。1985年10月には，タウンシップ単位でのシャン語協会の組織化を呼びかけていることも注目される。政府関係への働きかけについては，上記同様，回答自体がなかったと，ツァオ・ニュンセインと，最初のシャン語協会のメンバーであったサイシュエフラ（Sai Shwe Hla）が述べている。シャン語協会の組織の公的認知は1980年であるが，二人の記憶だと，教師用指導要領がシャン語協会によって1977年頃には編集され印刷されているという。シャン語綴字法原則は1977年にシャン州人民議会から承認され規定されたもので，指導要領の表紙に明記されており，そのように解釈したものと思われる。ビルマ語では，シャン・サーイェートゥンム（Shan sayeihtounmu）と記載されており，人民議会記録と比べて，「サーペー，sapei」という単語は

抜けているが，1977年承認のものと同一表現である。その前書きには，次のように記されている。

シャン語指導要領（前書き）

> この本は，シャン語を教える教師か，各地域在住のシャン語文に関心をもつ者かを問わず，民族（ルーミョウ）を問わず，教授の際に携帯できるように，教師用指導要領として出版したものである。
>
> この本で使用されている母音および子音字体は，シャン州人民議会から承認されたシャン語綴字法原則に従って記載されているので，誰でもシャン文を容易に教授することができるように作成されている。
>
> このシャン語教師用指導要領に記載されている文字の字体，発音，割合は，現代において十分適応できるものであると信じている。字体ひとつひとつの発音が難しくならないように文章が系統立てて示されている。
>
> (1)書き方，符号，声調をはじめとする表記法を習得できるように
> (2)字体ひとつひとつの発音が正確に発声できるように
> (3)幼児段階から小学2年生段階までの小学低学年の子供たちに，三年間の間に，シャン語文を確実に自分で書いて読めるように，制度的に有利に学習できるように
>
> 時間割
> 　ビルマ連邦社会主義共和国内の州と管区にある学校において，幼児段階から小学2年生段階まで，民族言語を学習するには，一週間に5時限と規定する。
>
> 　　　　　　　　　　　　　　　シャン語協会
> 　　　　　　　　　　　　　　　シャン州人民議会
> 　　　　　　　　　　　　　　　タウンジー市

二人の記憶では，目標とした一週間5時限（1時限40分）のシャン語の授業が，学校で実施できたかどうかについては，役所および学校長の気持ち次第だったと回想し，公的決定が必ずしも徹底していたわけではなかったようである。

前章では，新シャン字体開発の経緯および旧字体との併存によるその普

及への困難な道程と，1968年以降のヤンゴン大学，マンダレー大学などの学生によるマ・ハ・トゥ（Mä Haa Tu）活動（シャン語教室），現在北部シャン州で盛んなポイ・クーモー・タイなどの動向をたどり，本章では，1997年からのラシウでのシャン文芸文化委員会の全国組織化への動向，そして新シャン字体が基本原則の承認を経て，その後どのように普及への努力がなされてきたかについて，シャン州人民議会記録，シャン語協会記録などを参照しながら確認してきた。

　前章で提示した事例は，1960年代末までに起源のある「シャン」の表象をめぐるシャン族内の動向で，本章の事例はその後，特に1974年の民政移管以降の事例を中心としている。換言すれば，中央政府の民族政策がビルマ社会主義計画党（BSLP）の一党独裁制のもとでどのように具体化していたかという政治的脈絡にある。いずれもマジョリティとマイノリティの相克を背景としているが，前者はシャン州政府時代の政策を一部踏襲した時代であり，後者は，1988年に始まる民主化運動勃発までに位置するビルマ社会主義計画党という中央から地方までの上意下達の全国組織のみが認められた時代なのである。1970年代後半は，第Ⅳ部で示してきたように，ビルマ族中心の国民形成が本格化し始めた時期と考えられ，1974年憲法で，法的には非ビルマ語の教育が認められたが，民族表象を最終的に認容する主体があくまでも中央政府であるという現実の政治的社会的状況は，それを必ずしも許容しなかったのである。

　全体を俯瞰してみると，北部シャン州の各地，タウンジーのシャン語協会そして大学組織が，シャン文字文化を中心とする「シャン」の文化的表象の共有および普及に向けて努力を重ねて今日にいたっている点では共通していることが明らかになった。しかしながら，全国組織が始動したものの，実質的に横のつながりは十分機能していないのが現状と思われる。というのは，本書で言及したルン・タンケー（Lung Taang Kë）などのシャン文芸文化保存の功労者は，後述のように，それぞれの地域あるいは教育組織から，シャン新年節などの場に招待され顕彰されているが，各地域の活動はあくまで個別組織単位に留まっているからである。

1997年は，独立前夜，ビルマ側のアウンサン（Aung San）代表の呼びかけに応じてビルマ連邦にシャン州として参加することを決めてから五十周年にあたる。その年にタウンジー協会（ヤンゴン）は記念出版を行なっている。この協会は，シャン州から人々がヤンゴンに移り住むようになって，その吉凶事などの社会関係に対処できるような組織が必要とされ，シャン州に関係する新旧の人々が相談した結果，組織され，1985年に登録され合法化している。ビルマ語，英語，シャン語の三言語で編集された雑誌には，その結成の経緯が記され，カンボーザ会館長老，ケントゥン協会，ダヌ協会，シャン文芸文化協会（大学連合ヤンゴン）などと連携していることが示されている。

　これらの組織の活動の中心は，ピェー通り8マイルの道路沿いにあるビルマ語名アウンミェボンタ・シャン寺院である。ここにヤンゴン・シャン文芸文化協会が置かれている。周辺には多くのシャン族の人々が住んでいるといわれ，道路を隔てた反対側にはシャン語書籍の印刷所もある。ここで2001年12月シャン新年の祝賀会が開催された。この年が十回目と聞いた。

　またここではシャン文化に長年功労のあった人物への顕彰（ユックユン・クーモー・タイ，*yukyöng khu mö tay*）も行なわれている。1999年頃から準備を始めていた2000年12月の顕彰者は，人気歌手ツァイティーセン（*Caay Thi Sën*，ビルマ語名サインティサイン，Sain Hti Sain），歌人ツァイカムレック（*Caay Kham Lek*），作家ユワディ・チンポーペー（Yuwadi Jinphome），歴史家サイアウントゥン，ウー・ティ（U Ti），そしてルン・タンケーの6名であった。2001年12月の場での顕彰者は，ケントゥンから招待された弦楽器奏者で歌手のルン・サムターン（*Lung Saam Taan*）他計5名であった。彼はケントゥン・マハミャムニ・パゴダ管財人であるホンカムヌム（Hong Kham Noom）とともに名誉来賓とされていた。この顕彰者リストを提示してくれたのは，ツァイサンアイ（*Caay Saang Aay*）ことサイサンアイ（Dr. Sai San Aik）で，彼自身2000年，2001年の両方に対象者として名前が挙がっていたが辞退したという。2000年の受賞者は，いずれも各方面で活躍している，シャン族内に留まらない知名度の

高い人物である。

　上記の年表で提示したように，1985年10月にシャン語協会が，タウンシップごとに所轄するシャン語協会を組織するよう通達しているが，各タウンシップのシャン文芸文化委員会，特に北部シャン州の同委員会は，ポイ・クーモー・タイあるいは新年節をすでに実施しており，地域的に人数としてはマジョリティでも，それぞれの地区における政治的力関係の脈絡においては，マイノリティとして，中央政府と直結するビルマ人，軍隊，警察，政府関係機関と交渉せざるをえない現実と対処していたのである。さらにまたシャン語協会が，シャン語綴字法原則の普及を任務としているのに対して，北部シャン州で開催されている行事は，仏教知識を担う文字文化を尊重しているものの，前章で指摘したように，プログラムの内容と参加者の関心は，次第に文化的パフォーマンス——舞踊，歌謡，服装文化など——に移行しつつある。「伝統」的「シャン」として表象される内容が，文字文化を根幹としながらもその意味領域は拡大しつつあるのである。

　他方，各大学内に少数民族文芸文化委員会に類した組織は存続してはいるが，大学生が1988年以降の民主化運動の主役になっているということで，キャンパスは幾度も閉鎖され，また再開されるにしても大学生が集合することを警戒してキャンパスの分散計画が断行されるという現状では，管理された活動の域を出ていないのが実像である。

　新谷忠彦によれば，1960年代前半に編纂された新シャン字体による読本とその後の出版物との間に綴り方の若干の違いが認められ，書く人あるいは書かれた時代によって必ずしも一致しているわけではないという［新谷・Caw Caay Hān Maü 2000: 11］。シャン語綴字法原則が定められたことと，その綴字法を習得した人が増大することとは必ずしも同じではないことになる。また，ビルマ文化を中心とする国民文化形成政策とどのように交渉し，どのように共存するかという見通しが政治的に決着しないかぎり，シャン語の字体の普及は遅々としたものにならざるをえないのである。新旧シャン字体の論争は，シャン州人民議会の決定で政治的決着に達したが，新シャン字体を基盤とするシャン語の普及が浸透し，旧字体で記された「シャン」

の表象が新字体に翻訳されるまでには，まだ完全に決着していないといえるのかもしれない。あるいは旧字体を読むことができる世代が消えれば，旧シャン字体が伝える知識は失われ，新シャン字体が結果的に唯一の文字媒体として残ることになるのかもしれない。

3　中央委員会設立以前から以後へ

　筆者は，1997年に北部シャン州の調査可能地域であったラシウ，シポー，チョクメーを廻り，各地の文芸文化委員会および知識人と称される方々との面談を行なった。同地域で関係公的機関の了承を得て組織化が本格的に始まったのは1990年代に入ってからだという。それ以前から断続的に同種の団体は存在したが，より組織的に活動するようになったのは上記年代以降である。具体的な活動としては，シャン語学級が夏季休暇期間中に開設されたことがまず挙げられる。さらにシャン文化の「真正性」を追求する動きも現出するようになった。たとえばチョクメーにおいては，すべてがどの地域でも実施されているわけではないと断ったうえで，「標準的な」シャンの年中行事に関する勉強会を開いてその一覧表を編集している。

　以下で参照する資料は，ラシウ，シポー，チョクメーそれぞれの構成が異なり，ある地区で詳細な資料を入手できた内容が，別の地区ではまったく入手できなかった場合もある。後者の場合は，伝聞とインタビューで補いながら，北部シャン州におけるシャンの知識をめぐる中央委員会設立前後の動向について，分析を試みる。

　チョクメーの同委員会が掲げた目標は次の七つである。①諸信仰の継続，②古典文芸の保存，③シャンとその他の民族の文化遺産の育成，④各民族それぞれの文化遺産の保護，⑤民族間の友好関係の促進と文字文化と慣習の相互理解，⑥国民統合による仏教文化の普及，⑦仏教的知識と世俗的徳目を保持する国家の優等生の教育。

　ラシウの同委員会が掲げていた目的が五つ，①成員間の友情と親交関係，②文芸文化の継続と保護，③文字および文化遺産の育成，④祝儀不祝儀の相互支援，⑤非政治的活動，である。最後の目的の表現にうかがわれる「マ

イノリティ」としての立場は，きわめて象徴的である。

　チョクメーでは，仏教僧の支援を受けて，1997年4月に18日間の仏教文化とシャン文字文化を学ぶ夏季学級を初めて開校している。シポーでも1997年以降，年一回，シャン語は話せるがシャン文字を読めない子どもたちのために，45日間にわたる夜間授業が行なわれている。

　ラシウでは，2003年の調査時点で，4月から5月にかけて開講される夏季学級は九年を経過していた。またチョクメー，シポーいずれでもシャン文芸功労者の日が盛んに行なわれているのに比べ，ラシウでは開催されていないことは先述した通りである。他方，シャン新年（ピーマゥ・タイ，*pimaü tay*）は盛んで，この傾向は中緬国境に位置するムセーと共通している。また，ラシウでは，1996年から年一回，シャン伝統舞踊コンテストを開催しており，北部シャン州平和発展評議会と独自に連携している。

4　チョクメーの夏季学級

　チョクメーのシャン語学級の資料から，その詳細をたどってみることにする。

　チョクメーの文芸文化委員会が主導して実施した同学級の正式名は，「チョクメー・タウンシップ・シャン文芸文化委員会による仏教文化とシャン文芸とシャン語会話夏季研修」で，1997年夏季が最初である。研修は同年3月27日から5月20日までの休みを挟んだ18日間である。その計画報告書によれば同研修の目的は次の七項目である。なお，この計画報告書は，計画立案段階と経過報告の両方を含んでいる。

　　①宗教文化が衰退しないように
　　②古来の文芸文化の遺産を保存して堅固なものにするように
　　③民族文化のひとつであるシャン民族の伝統文化を発展させるように
　　④民族の文芸文化と慣習を交流し，敬意をもって保存ができるように
　　⑤民族間の友好と民族文化の言語文芸および慣習の相互理解のために
　　⑥文芸文化の一部を形成して仏教遺産となっているローコッタラ文芸

を基盤に国民が団結することで，国家全体で宗教文芸と思想が顕著に反映するように
⑦仏教文化，ローコッタラからローキの事情までの諸々の国民の文化を収集して学習することで，国家を構成する全民族が洗練され，国家の良き一員となるように

「ローコッタラ，lokottara」は仏教用語で超世俗的な知識を意味する表現であり，世俗を意味する「ローキ，loki」と対比的に用いられる。

上記の目的のために，チョクメー文芸文化委員会が準備した事柄は，(1)顧問（オーワダ・サリヤ，owada sariya）僧院長団の組織，(2)研修場所の選択，(3)指導する先生の確保，(4)開会式の期日と開会式を実施する場所，会場の選択である。その結果，三人の顧問僧が選出され，拠点会場として四カ所の寺院が選択された。その中心がカンボーザ・シャン寺院である。したがって，中心寺院を除いて，研修場所は他の三寺院を含め合計十カ所となった。

同年3月27日午前9時からカンボーザ・シャン寺院で行われた開会式の式次第は次の通りである。

①三帰依三回詠唱により式開始
②タウンシップ・サンガ総監長老会議構成員に礼拝，同議長から五戒を授戒
③僧侶による吉祥経パレッ（parei）などの読経
④タウンシップ・サンガ総監長老会議に服務する僧院長（カンボーザ・シャン寺院長）による教戒
⑤チョクメー市シャン文芸文化委員会議長によるスピーチ
⑥チョクメー・タウンシップ文芸文化委員会議長によるスピーチ
⑦チョクメー・タウンシップ文芸文化委員会書記による説明
⑧三宝に帰依して式終了

第13章 「シャン」の表象をめぐる知の位相　319

　研修に教師として参加登録したのは，下記の通りである。カンボーザ寺院の僧侶3人を別として，リスト上登録されていた教師数は63名（その内，48名の名前が記載），他にリスト外で28名，期待される受講対象者は，僧籍の108人を別として，男性914名，女性1,132名の合計2,046名，年齢層は七歳から三十歳までにわたっていた。また教師以外に運営側から役員が出向いて支援などを行なった。

1997年チョクメー夏季研修関係者勢力分布リスト

	研修会場	管理委員 男	管理委員 女	教師（僧籍）	生徒（僧籍）	教師 男	教師 女	生徒 男	生徒 女
1	カンボーザ寺院	30	10	3	81	3	5	113	149
	ピェインニン	5				1	3	21	35
	カウンエッ	5				1		35	41
	チェゴンチャウン	20				9	5	250	315
2	チャウタウン寺院	8				2	5	115	140
	ナンフーカウン	12				3	4	60	80
	ゾーティゴン	5				2	1	30	40
3	ウェトウン寺院	8			20	1	4	96	93
	カンメィン	4			2	2	4	105	121
	アウェヤワダ	7	4		5	1	2	20	28
4	カウンナウン寺院	24				3	2	69	90
	合計	128	14	3	108	28	35	914	1132
	予想受講者合計								2046

　教える側，教えられる側双方，さらに研修会場の管理委員会が遵守すべき規範として，次の諸点が計画報告書にまとめられている。

《教師側が遵守すべき規範》
①私事で研修およびシャン文芸文化委員会の名前を汚すようなことをしない
②各自，伝統文化と慣習を遵守し，個々の行為言動を洗練し優雅なもの

にする
③時間に厳格で，研修方針を遵守する
④教師一人一人が相互に補完し扶助する
⑤吉事凶事であれ，体調不良であれ，あるいは他の理由で研修に参加できないならば，研修会場の責任者の管理委員会に書面で連絡する
⑥伝統文化に適合しない形状の服装・装飾品は慎む
⑦シャン語のことばを正確に活用して教える
⑧研修に関して，研修会場で生じる困難については，研修会場の教師が相互に連絡し，管理委員会と協議する

《受講者側が遵守すべき規範》
①受講者は，研修会場の規範に従い，教師の指導のことばに従う
②研修会場への出入りは，教師の許可を得てからにする。出席できない研修日があるならば，書面で教師に許可を求める
③言動，立ちいふるまいを洗練し優雅なものとする
④受講者は相互に親睦と連帯を図り，一人一人争わない
⑤研修終了で，達成度が衰えたり損なわれたりしないように受講する
⑥受講者は相互に，教師と受講者，シャン語が熟達するように，シャン語で話しシャン語で連絡する
⑦受講者のうち，シャン族でなくてシャン語が不得意ならば，理解し納得がいくように，通訳などを介して説明する
⑧時間に厳格である
⑨私事で，研修場所と教師，近くの管理委員会委員，チョクメー・タウンシップ・シャン文芸文化委員会の名前を汚さない
⑩受講者は，研修場所に行くときであれ，終了したときであれ，誠実な態度で行き来する

《研修会場管理委員会が遵守すべき規範》
①個々の担当研修会場のため，周辺を清潔にして，照明も適当なものに

する
②研修会場に必要な火，箒，薪，熱水，冷水の準備をする
③個々の担当研修会場で，内政（ナインガンイェー，nainnganyei）に関することであれ，民族事情（ルーミョウイェー，lumyoyei）に関することであれ，抵触する言動や行為が，不注意でも発現しないように，そして関連することばが聞かれないように，研修に関する事柄のみ優先的に掌握し管理する
④チョクメー・タウンシップのオーワダ・サリヤ僧院長とシャン文芸文化委員会の許可がなければ，(a)誤った情報で研修会場を閉鎖しない，(b)チョクメー・タウンシップ・シャン文芸文化委員会が規定した規範に違反しない
⑤個々の担当研修会場への来客記録を一冊ずつ置く
⑥生じた困難をもとに，チョクメー・タウンシップ・シャン文芸文化委員会，カンボーザ・シャン寺院に連絡する
⑦本年の仏教文化とシャン文芸，シャン語会話夏季研修が滞りなく遂行されるよう支援実行する

　計画報告書は，困難が生じても適切に対応し，成功裏に研修が閉講したことを記載し，今後の検討課題として，近隣の村落で研修会場を開設できなかったことの力不足，翌年開催に向けての準備の必要性を付記している。具体的には，計画立案の明確化，夏季研修期間に受講する子どもたちの時間有効活用のため会場の広域化，教師の研修水準の維持，研修会場で必要な道具や夜間のあかりの前もっての確保，研修会場までの移動手段の確保が列記されている。後書きでは，「今回の研修が，民族を問わず，信教を問わず，知識の多寡を問わず」とその位置づけを示し，「地区のオーワダ・サリヤの指導を仰ぎ，シャン文芸文化委員会の願望が実現したと述べるだけでは十分ではない」として助力を賜った諸組織，金銭的支援をして下さった方々への感謝の意が表現され，さらなる研修の発展を期して計画報告書は閉じられている。

上記に詳述してきた計画報告書を子細に分析して重要と思われるのは，第一に，仏教信仰を前面に出していること，第二に，シャン族が中心とはいえ，シャン語を解さない受講者への配慮を明記していることに暗示され，また管理委員会遵守規範に明記されているように，内政問題，民族問題に今回の研修が発展しないように配慮しているという民族表象のポリティクスである。仏教信仰に関する研修を，管轄地区サンガ総監長の指導下で開催するなら問題は生じない。仏教信仰は，三宝に帰依するすべての人に開かれているという開放性をもち，ビルマ人との政治的心情的共感の基盤となっている。もしもシャン語研修のみを目的の前面に出し，シャン語を解する人のみに受講者を限定したならば（実質的に受講するほとんどすべてはシャン族出自の人々であるが……），管理委員会が危惧する内政問題に抵触しかねないことを承知していることは十分推測することができる。これらの点は，1997年に開設されたシポーのシャン語研修が，仏教文化を前面には出さず，夜間のみシャンの旗を教室の正面に掲げて，シャンおよびシャンと結びつく文化的営みへの意識をより鮮明にして実施されていたのとは，程度の差とはいえ，十分に対照的である。シポーが，全国組織に政治的支援団体との関係から参画せず，新年節を独自に開催していることとも関係していると推測される。実際，筆者が出席した2002年のシポーの新年節は，現政権と休戦協定を結んだシャン州軍（Shan State Army〈SSA〉）の一部，シャン州人民軍（Shan State Nationalities Army〈SSNA〉）と連携して開催されており，地区評議会代表のビルマ語の挨拶はあったものの，その他はすべてシャン語で運営されていた。また自動小銃を掲げた兵隊が随所でガードしていたのは，ビルマ人とシャン族との民族間関係に，さらに現政権と元反政府軍との軍事的緊張関係が重なっているというシャン族の政治的位置を想起させた。前年の2001年の新年節も同様で，現政府と休戦協定を結んだ関係（ビルマ語でニェインジャンイェー，ngyeingyanyeiと呼ぶ）からシポーで行なわれた。それ以前は，センウィで三年ほど行なわれていたという。招待状を配付したタウンシップのうち，北部シャン州のナウンキョウ，ムセー，クッカイ，ムアンヨー，ムアンマオ，ラシウ，タ

ンヤン，センウィ，ナムパッカ，チョクメーの各タウンシップと南部シャン州のタウンジーから招待客が参加したと前章で紹介したサイトゥンイン (Sai Htun Yin, シャン名, ツァイ・ゴムクゥン, Saay Ngom Kön) は語る。

シポー，チョクメーそれぞれのシャン族による「シャン」の表象が，いずれもそれぞれのシャン文芸文化委員会による「シャン」の知識に対する認識が基盤になっている点では共通している。だが，その表象の形態は，仏教文化に対する認識，民族文化に対する意識などの程度の相違，そしてシャン系軍事組織との連携の有無が関係して差異化している。このようにシャンの知識の発掘と保存というシャン族による「シャン」の民族表象のポエティクスの集成は，北部シャン州において，ビルマ人中心に運営されている現政権とのポリティクスの相克の中で実践されているのである。

5 シャンによる「シャン」の表象

「シャン」は，ビルマ世界の中で，その中心であるビルマ族の視座からは「他者」のカテゴリーに位置する対象であり，必然的に民族間の力関係の脈絡の中で表象化される。換言すれば，「シャン」をめぐるポエティクスは，ビルマ側による"シャンのビルマ化"と，"シャンによるシャン化"の脈絡の中に現出する表象であり，さまざまな相克の過程で，「シャン」として実体的に意識されるアイデンティティの源泉となっている。

前章で，ヤウンフエ（ビルマ語でニャウンシュエ）のツァオパー（ソーボワ）でビルマ連邦初代大統領であったツァオ・シュエ・タイ (Sao Shwe Thaike) の息子であるツァオ・ツァン・ヤウンフエ (Sao/Chao Tzang Yawnghwe) が，父が推進したビルマ語版パーリ語仏典からのシャン語訳を「シャン化（Shan-ized）」した仏教の登場と表現していることを指摘した。文献末に付記された父のプロフィールではさらに，「シャン文学，劇，そして民族意識（national consciousness）の復活に多大な貢献をした」とその偉業を評価している [Chao Tzang Yawnghwe 1987: 7, 239-241]。

彼は，反政府運動に身を投じた人物であり，民族意識への強い関心は1962年のネーウィンによる政権奪取以降の彼自身の行動の軌跡の中で醸成

されたことは想像にかたくない。だが，シャン文字への仏典の転記が，民族意識の復活と接合しているという認識は注目に値する。換言すれば，シャン語版パーリ語仏典の登場において重要なのは，「ビルマ語版ではない」という外部に対して誇示する差異化の認識なのであり，共通の文化的指標を拠り所としての「シャン」の表象に対する主体意識の発現なのである。またこの1950年代のプロジェクト推進までシャン出自の人々がシャン語版を有するにいたらなかったという事実は，逆説的に，シャン仏教の求心力が，三宝のうち「法——仏陀のことば」と「僧——仏陀のことばを継承すべきエージェント」としてのサンガの二点において，ビルマ仏教と比較して弱かったことを意味するのである。「シャン」という表象は，外部からも，そして内部からも，シャンというラベルを貼られたものが，シャンの民族としてのアイデンティティを主体化し，「シャンであること」と「非シャンでないこと」の両面で強化される。「シャン化」は，対ビルマという外部に対してと，内部に対しての境界の両側で生起したのである。

　シャンをめぐるエスニシティは，シャンの知識に接合するための媒介（メディア）を通じて，知識の体系的集成（コーパス）を表象化するのである。その体系的集成は，一方で仏教信仰というマジョリティであるビルマ人と共通する文化的基盤の存在を意識化させ，他方で歴史的には仏教信仰と不可分であったシャン固有の文字文化をシャンの知識の中核として「再」評価させてきたのである。

　旧字体のシャン語文は，宗教的表象性を帯び，家族が亡くなったときに寺院の供物として経典を喜捨するのが慣習であったことに代表されるように，かつてはいま以上に，文字で記されたものは信仰の対象でもあった。仏教信仰の儀礼の場面では，その信仰対象は，「シャン」を表象する有形表象として機能していたのである。旧シャン字体が，世俗的表現手段としてではなく，限定的あるいは知識人に限られたいわば秘儀的表現媒体であったという従来の位置づけを考慮すれば，1940年代から始まる音声と文字を一対一対応にする新シャン字体の開発は，シャン文字を日常的コミュニケーションの道具に変換し，アイデンティティを醸成する表象としての

機能性を高揚させる一方で，かつてなかったような拡大した仲間意識としてのシャン・ルーミョウ（多民族国家の脈絡ではシャン・タインインダー・ルーミョウ）を認識上に生起させるのに貢献することが期待されたのではないだろうか。

　ミッチーナーからのシャンの同胞を迎えたシポーの女性が，その回顧の中でビルマ風衣装をまとった彼らを当初認知できなかったように，周辺文化との交渉で多様な生活文化を有していたビルマ世界のタイ系言語を話す人々は，シャン族，特にタイ・ロン（Tai-Long）としてその外延を，アンダーソン（B. Anderson）のいう「想像の共同体」［Anderson 1991，アンダーソン 1997］の住人として自己認識するにいたるのである。さらに日常的コミュニケーションの道具としての文字の文化的再配置は，相対的にその宗教的象徴性を希薄化し，「シャン」の有形表象としては，衣装，歌謡・舞踊などの文化的パフォーマンスの方がよりポピュラーになっていくのである。その根拠として，シャン新年節，ポイ・クーモー・タイなどの「シャン」の儀礼表象の場面におけるプログラムの力点が，仏典読経からファッション・ショー，舞踊，武術などに移行していく状況を指摘したが，その傾向は，第Ⅳ部で提示したように，ビルマ人を中心に仏教界の整備が進行していく政治的背景では，今後も継続するように思われる。そのファッション・ショーにおいても，シャンにはこれほど多様な衣装文化があることが視覚的に誇示される。だがその提示は，シャン衣装文化のバリエーションというよりも，サブ民族集団間の多様性としてなされているが，それぞれのサブ民族集団はただ並列して豊かさを示すに留まり，かつてのシャン文化としての一体感は，まったく認められないか，あるいは想像上の域を出ないのである。

　「自分たちはビルマ人のような『くに』がない民なのだ」という序章と第Ⅱ部第6章で引用したあるシャン族のことばが想起されるのである。本書で扱う時代において「シャンのくに」は独立した政治単位ではなかった。とするならば，現在伝聞できるシャンによる「シャンのくに」という語りにおける「シャン」の表象は，過去の記憶あるいは周辺の人々との交渉の

過程で形成してきたある世界観からのイメージの産物なのである。同時代において，「ビルマのくに」を形成してきたビルマ人が醸成してきた文化的多様性が，地域的バリエーションとして語られているのとは対照的なのである。

他方，新シャン字体の開発が，ビルマ／ミャンマーという多民族国家の中で政治的運動として解釈可能なものとして展開してきたことを忘れるわけにはいかない。ビルマ人を中心とする国民国家形成のための諸政策の中で，シャン語文の学校および役所などの政府関係機関で使用することを活性化しようとする動きは，状況によっては反政府的活動として政府側に認知されかねない。各地区のシャン文芸文化委員会の政治的配慮の所作はそのことを明示している。2001年12月に，北部シャン州ナムカムから *Shan Dictionary* が出版された。管見によれば最初のシャン語・シャン語辞典だと思う。コンピュータ技術の発達によるシャン文字フォントのデジタル化がその登場を容易にしたが，出版自体は公権の認可を受けてはいない私家版である [Lung Kaan Kha Saang Saam 2001]。

1980年代半ば以降，政府の統制が緩和したようにみえるが，その背景として，現政権が，KNU（カレン民族同盟）を除き，反政府運動の武装集団との休戦協定を次々と結んでいる内政事情と，国外からの経済援助を獲得するために，国際政治および経済関係両面での規制緩和をせざるをえないという国際事情の両方が絡んでいる。相対的に少数民族側の自立的な文化政策が顕在化しているのではないだろうか。だが，その動向は，タインインダー・ルーミョウとしてのシャンという民族単位ではなく，シャン州という民族名を冠した行政単位でなされてきたことも留意が必要であろう。シャン文字を使用するにしても，対政府交渉という脈絡においては，シャンとしてのまとまりがあくまで「行政」単位であるということで，「民族」単位として自立することを過度に強調しない政治的判断のように思えるのである。その意味で1997年に発足したシャン文芸文化委員会（中央）の動きは，「行政」単位を必ずしも前提としておらず，ビルマ語で併記することは政府対策であると同時に，現実的にはビルマ語しか読めないシャン出

自も含めたシャン・エスニシティを有する人々への呼びかけともなっている点は注目に値する。

　本書第Ⅲ部では，ビルマによる「シャン」の表象として精霊信仰をテーマとして取り上げた。それは決して偶然ではない。なぜなら，精霊信仰は，仏教信仰の全体像の中で周辺に位置される構成要素であるからである。その配置は，民族間関係のポリティクスにおける中心／周辺関係ともパラレルなのである。またビルマ人にとってシャン仏教は，ほとんど関心の対象ではない。1980年の全宗派合同会議以降ならなおさらである。仮にシャン仏教として特筆しても，ビルマ側には，国内の仏教界とは別次元の事由として認識される。政治的に管理され新しい宗派の登場を認めないサンガの法的脈絡において，シャン仏教が公的に独立して認知されることは考えがたいのである。シャン族が，多民族国家における政治的弱者として，対峙せざるをえなかった，そして現在も対峙せざるをえない状況とも通底している。

　第Ⅴ部で扱ったシャンによる「シャン」の表象は，「伝統文化保存」「組織化」「ビルマ文化との差異化」などという脈絡で現出している。またそれらはビルマによる「シャン」の表象とは対照的に，周辺的なものではなく，中心的自立的なものとして構築あるいは「再」構築（歴史認識を前提にすれば「再」構築）されようとしている。「シャン」の実像と虚像のバリエーションは，その表裏一体である二つの表象の間に展開しているのである。シャン族であるというアイデンティティと，「シャン」の表象を操作できることとは必ずしも対応しない場合もある。シャン族出自と自己認識する人々でも，特にカチン州に住むビルマ化がより進行したシャン族の人々は，「シャン」の表象を自立的に操作する環境にはない。換言すれば，求心的なビルマ文化の洗礼をどれだけ長くそして深く受けたか，そして受容したかによって，「シャン」の表象への姿勢が，能動的か受動的かの度合いが異なってくるのである。他方，北部シャン州のシャン族は，ビルマによる「シャン」の表象と差異化し，「シャン」と連関する諸表象を操作することによって，多民族国家の政治的弱者としてのシャン族であるとい

うアイデンティティの維持を試みているのである。シャン・エスニシティの行方は，多民族国家ビルマ／ミャンマーのポリティクスの脈絡において，シャンの行方を自ら探す「民族」の時代から，シャン文化の行方を「再」発見することで「シャン」の民族表象を構築する「伝統」の時代に移行しつつあるともいえるのである。

最終章　結論

　ビルマの民族表象を文化人類学的に問う本書は二つの軸を設定してきた。"シャンによる「シャン」の表象"と，"ビルマによる「シャン」の表象"である。その意図は，多民族国家ビルマ／ミャンマーの周辺を含むビルマ世界に関して民族間関係の脈絡における民族表象とその文化動態を考察するためには，二つの軸を「合わせ鏡」としてその構図を明らかにすることが動態論的に有効であると考えたからである。

　ここでは，その結論あるいはエピローグとして，議論をより明晰化するために，主体としての"シャン"と，表象としての「シャン」を，意識的に区分して考察を始めたい。

　いうまでもなく，ビルマ世界における主体としての"シャン"と，表象としての「シャン」をめぐる問題は，「シャン」の表象の他にも，「カレン（カイン）」「カチン」など他のマイノリティに関わる表象についても問わなければならないだろう。ただし，シャンをめぐる問題は，ビルマ世界を成り立たせている構造を考察する意味では特に重要と思われる。なぜなら，第一に，ビルマ世界で生活する"シャン"の人々が，非ビルマ系として最大の人口を擁し，独自の文字文化を有するなど，周縁的ではあるが文化的影響力を，歴史的に周辺民族に対して及ぼしてきたことが挙げられる。第二に，隣国タイ王国のマジョリティとは言語的には近親関係にあり，その特異性が「カレン」「カチン」に比べ際立っていることである。第三に，"シャン"という民族的出自を背負う人々の全体を視野に入れた文芸文化保存運動が進行しつつあり，「シャン」という表象を集団的に共有したいという動向が認められることもその理由のひとつである。その動きは，「カレン」「カチン」などには顕著ではない。第四に，"シャン"の人々の間では仏教徒が多数を占め，キリスト教徒の割合が比較的多い"カレン"や"カチン"

の人々とは宗教的基盤が異なり，"シャン"であることのアイデンティティと，仏教徒としてのアイデンティティがほぼ重なっていて分けられないことである。そして第五に，ビルマ世界において，仏教信仰を共通する文化的基盤としてビルマ文化と連続しており，民族間関係のポリティクスとその脈絡における文化動態を考察しようとする場合，"シャン"のビルマ化と"シャン"のシャン化が別々の文化事象ではなく，相互に影響しあう表裏一体の関係にあることも，考察上，重要と考える根拠である。

またある"シャン"という民族的出自に起源のある呼称が付された「シャン」という表象は，民族的出自を帯びた人々だけのものではなくて，交渉をもつ周辺の人々との関係性の中で構築されるもの，という認識に，本書の論考は立脚している。冒頭の「……による」というのは，表象を発信する主体として本書では位置づけてきた。

「ビルマ（バマー）」は，多民族国家ビルマ／ミャンマーにおいて，政治的文化的マジョリティに対する付加的なラベルである。このマジョリティとしての政治的文化的優位性は，さまざまな場面で意識的無意識的に現出している。現政府による行政面の諸政策（市民権法，国家語教育，国民文化形成，少数民族政策など）が，その明示的な直接的事例だとすれば，そのような政策が日常化した生活のさまざまな場面で現出し，マイノリティ側にはより強烈に意識されるが，マジョリティ側には必ずしも意識されない優劣関係の状況が，その暗示的な間接的事例である。

たとえば，マイノリティ側を主体とする民族教育の組織作り，集会などの企画実行においては，その程度の差こそあれ，穏便に事を進めるため必ずマジョリティ側への一定の配慮がなされている。チョクメー（ビルマ語でチャウメー）の新年節における軍司令部への通知と来賓としての開会式への招待，組織登録のための行政関係への申請などの手続きは，この国家内で生きる，すなわち，合法的立場であり続けるための欠かすことのできない手続きなのである。シポー（ビルマ語でティボー）の新年節にはここ数年シャン州軍（Shan State Army〈SSA〉），シャン州人民軍（Shan State Nationalities Army〈SSNA〉）の元反政府軍の関与が認められるが，

その理由は，SSA，SSNAが（政府の表現を借りれば）「合法的領域に帰還した」存在であるからに他ならない。ただし，それは一時的なものかもしれない。シポーで伝統文化保存，民族語教育に携わっている人々の間には，インタビューによるかぎり，軍隊の関与についてその意味での当惑が認められる。

　本書で扱った内容における"シャン"による「シャン」の表象は，上記の意識的無意識的なマジョリティ側の姿勢や言動の脈絡の中で現出し，具体化し，そして多民族国家を構成するひとつの民族集団としてのアイデンティティを内在化する民族的基盤なのである。

　民族的出自に起源のある主体としての"シャン"と，表象としての「シャン」は，厳密に区別できるわけではない。また主体としての"シャン"に関しても，少数ながら国家権力との接点を保持する人々，民族エリートと呼ぶべき知識人，地方権力者，観光業に携わり「シャン」の民族表象を生業において活用している人々，日常生活がシャン族間でほとんど完結している人々など，その実態は多様である。本書でいう主体としての"シャン"は，表象としての「シャン」を意識している人々がその中心にある。彼らこそが，多民族国家における民族表象のポエティクスとポリティクスを語る主体としては重要な存在である。ただし，それゆえに部分的真実であることはいうまでもないが，シャンをめぐる知識の位相は，彼ら，自民族意識を基盤に語るあるいは表現する主体とその客体の中にこそ，分析可能な対象として立ち現れると予想されるのである。

　分析の過程では，「……化」という文化動態を想定した分析概念を用いた。ただし，その活用の意図は，他者による影響あるいは自文化への吸収などを前提としており，内発的な自己認識あるいは自己変革によるアイデンティティ形成を，必ずしも想定していない。むしろ他者との接触による他律的なアイデンティティ形成に着目している。ヤウンフエ(ビルマ語でニャウンシュエ)のツァオパー（ソーボワ）の語った「シャン化」は，仏典をシャン文化の中に輸入することを意味し，ビルマ文化からの離脱によるシャン文化の自立化を意識していた。これもまた"シャン"がシャン化す

るためのひとつの要素であることはいうまでもない。また民族的出自に起源のある"シャン"と，表象としての「シャン」との関係は，相互に影響しあう。表象としての「シャン」が，儀礼表象，視覚表象，聴覚表象として一定のまとまりと伝達可能な構造を有するようになれば，民族的出自に起源のある"シャン"の境界条件もまた変わりうるし，その充足状況でグラデーションのように「シャン」の表象を発信する知識のスケールに従って，"シャン"的要素が相互に判断されるようにもなるであろう。"シャン"という主体の多様性もその脈絡に位置する。本書で着目してきたのは，その「シャン」という民族表象を発信する際に，常にマジョリティのまなざし，あるいはそれによる影響が背景として存置してきたという文化動態なのである。別の表現をすれば，マジョリティであるビルマ人，マイノリティの代表としてのシャン族をめぐる民族表象の位相において，マジョリティ中心の国民文化形成の進行と並行して，マイノリティとしての自民族意識が，歴史的にもまた構造的にも，マジョリティという政治的中心に位置する"他者"との民族間関係とその相克を基盤として構築されてきたその動態なのである。

　筆者は，ビルマ人，ビルマ語，ビルマ文化の人類学的考察を出発点として，次いで，非ビルマ族，非ビルマ語，非ビルマ文化の同考察へと移行した。ビルマ／非ビルマの関係がマジョリティ／マイノリティの政治的文化的力関係として現象化している状況で，双方の考察が整合的に連携することが，ビルマ／非ビルマの対立のポエティクスに表象されるビルマ世界の構造を明らかにするためには必須な作業だと考えた。その代表例としてシャンを研究対象として，ビルマに注目することでシャンが，シャンに着目することでビルマが，より明晰になると仮説的に考えたのである。その一連の考察の結果，得られたものは，"シャンのビルマ化"と，"シャンのシャン化"が，実際に表裏一体に進行しているという文化事象としての直接証拠と状況判断である。そしてその「シャン」の表象は，ビルマ化がより浸透し，「シャン」の表象への帰属意識が希薄化しつつあるカチン州の"シャン"の人々の間よりも，主にシャン州において，あるいはシャン州

と出自関係のある人々の間で,優越して差異化され,構築されつつあるのである。

　ビルマ世界において,非ビルマ族という民族的出自を背負う人々は,そのアイデンティティを,ビルマ人に比べて,生活のさまざまな場面において,より強く意識せざるをえない状況にある。その状況認識が,「シャン」の表象の集成と保存運動に人々を駆り立てる重要な動機づけになっている直接証拠を,人々の語りそして具体的な文化復興運動の中から抽出してきたつもりである。そしてそれらの文化復興運動は,現在のマジョリティ／マイノリティの民族間関係のポリティクスが変化しないかぎりにおいて,マジョリティとしての言語,文化,宗教信仰の地位を脅かさない範囲においてさらに盛んになることが予想されるが,「脅かす」というようにマジョリティ側に判断された場合には,何らかの制限がいままで加えられてきたし,今後も加えられることは確かであろう。だがビルマ／ミャンマー政府が,ビルマ人を中心とする多民族国家堅持を今後とも最大の政治課題として標榜するなら,マジョリティによるマイノリティ側の諸活動への「黙認」と「弾圧あるいは制限」の間の振幅は,今後も繰り返されると思われ,その振り子が停止することはないのである。もしあるとすれば,政府主導の国民文化形成が進行して,民族差が地域差に変化した場合であるが,現時点のようにビルマ文化中心に国民文化形成が指導され,非ビルマ文化の営みが,その当事者にゆだねられるという状況では,ビルマ／非ビルマという対立の軸が消滅することはないと思われる。シャンのビルマ化は,今後も進行することが予想されるが,その対立の軸が消えることはなく,マイノリティとしての自己認識を,シャン化を介して肯定的に転換し,逆に,差異性を強化することにもなるであろう。ビルマのビルマ化も,非ビルマ的存在を周縁に位置づけることによって表象化されてきたのである。

　本書第Ⅲ部で扱った精霊信仰の事例は,ビルマが,「シャン―非ビルマ」の表象を活用することでビルマ化を進めてきたポエティクスなのである。他方,シャンが,「ビルマ―非シャン」の表象を活用することはほとんどなく,むしろその連続性あるいは共通性が強調される傾向にある。あるい

は「非ビルマ」ということを明示的に主張できない状況にあるといった方がより適切かもしれない。そうすることは，現政府が意識的無意識的に遂行するマジョリティ／マイノリティの関係性を否認して危機に陥れることになりかねず，上記の振り子が振り切れてしまうことにもなりかねない。「シャン」の表象は，"シャン"がビルマ世界の中で合法的に生活していこうとするかぎり，ビルマ化とシャン化の両方の脈絡の中で展開していくのである。

「シャン」という民族表象を内在するポエティクスは，かつては，周辺民族を文化的に同質化しながら「シャン文化圏」と呼ぶべき地域性を形成してきた。またその時代においては，生態的に，河谷平野に適応してきたシャン族を平地民として，カチン族などを山地民とする垂直的な棲み分けによる民族間関係のポリティクスと文化交流が成立していたと推測される。しかし，近代直前のビルマ王朝との接触は，ツァオパー (cawphaa) のソーボワ (sawbwa) 化に象徴されるように，"シャンのビルマ化"の脈絡に「シャン」の民族表象が展開する契機となっていったのである。すなわち，ビルマ側に"シャン"と呼ばれた人々は，ビルマ人の「求心性」に相対する「他者性」の付加価値を与えられて，ビルマ側のポエティクスにおいて表象化されたのである。

ビルマ王朝が廃絶され英領植民地となってからは，シャン諸州は本地ビルマと分割統治され，その伝統的首長制は安堵されたが，シャン諸州に居住する諸民族をめぐるポリティクスの構造は，その上蓋がビルマ王から英国政府に交代したにすぎなかった。ただし，この時代，後世の"シャンのシャン化"の動向につながる萌芽も認められる。1922年のシャン連合州の成立，そしてその支援を受けて戦後まで続く新シャン字体の開発である。だがその活動の契機が外部との接触にあったことはいうまでもない。クッシング (J. N. Cushing) 編集によるシャン語の辞書，スコット (J. G. Scott) 編集によるシャン諸州地誌などがその代表例であり，それらの集成は，後世のシャン研究の貴重な学術的基盤となっている。クッシングの辞書はいうまでもなく旧シャン字体に関するものであり，当時のシャン語のポエ

ティクスは仏典を中心として仏教信仰と結びついていた。ただし，旧シャン字体は，コミュニケーションの道具としてよりも宗教的象徴性を帯び，汎用性のあるものでは必ずしもなく，故人への供養として寺院に寄付されるように信仰の対象とされてきた歴史を有するのである。サイカムモン (Sai Kham Mong) の指摘のように [Sai Kham Mong 2001]，ユン派仏教の信仰圏およびユン文字の使用が，ビルマ王朝傘下に組み込まれて以降，退潮したことが歴史的事実だったとしても，当時の当該文字への文化的評価が信仰対象の域を出なかったことは推測可能であろう。またシャン仏教として，ツォティ（ゾーティ）派の存在が知られ，その開祖は17世紀に遡る。現ビルマ／ミャンマー政府の支配下において，公式に認められた宗派ではないが実質的に継承され現在にいたる。その政治的脈絡において，同派は「シャン」の民族表象を帯びているが，仏教文化におけるビルマ化の流れの中で，"シャン"の人々をまとめる求心力をもちえず，またもちえないからこそ，民族表象をめぐるポリティクスの脈絡で問題化していないと解釈しうるのではないだろうか。

ビルマ連邦独立前夜までの時代は，バルトによる知識の輪郭に関する区分 [Barth 2002] を援用すれば，①の知識の本質的集成は仏教信仰と不可分の状況にあり，②のコミュニケーションのメディアは旧字体の汎用性の範囲内に限定され，③の社会的組織立ては，仏教サンガあるいはそれを世俗の立場で支援する伝統的首長ツァオパーの領域内に留まっていたのである。換言すれば，古くから継承されてきたポエティクスを，そのままの形体で仏教信仰と不可分な旧シャン字体を表記法としたリックラーイ (liklaay, ビルマ語でサーペー, sapei) を中核に，"シャンのシャン化"を萌芽的に進めてきたと考えられ，民族的にはシャン族以外の人々をも，仏教信仰および文字文化を媒介として，その文化動態に取り込んでいたと推測されるのである。

ビルマにおける「シャン」の民族表象に関連して重要な外部との接触を契機とするもうひとつの側面は，「文化」概念に関してである。シャン語のフィンゲー (fingngë, あるいはピンゲー, phingngë) が，ビルマ語の

インチェーフム（yinkyei-hmu）を語源とするように，シャン文化に対する"シャン"の人々による認識上の外延には，ビルマ人との接触が介在していた。すなわち，シャン化の過程において，シャン文化の中心は，当初，シャン固有の文化の「再」発見として，仏教信仰と不可分であった旧字体の文字文化に置かれ，その意識こそが，文字文化の発展に貢献した「文化的英雄」をポイ・クーモー・タイ（pöy khu mö tay）として顕彰させてきたのである。その行事開催の契機もまた，ビルマの同種の行事にあったことはすでに指摘した通りである。

　新字体の開発と普及への模索は，第二次世界大戦をまたいで，シャン連合州からシャン州政府そしてシャン州人民政府の支援で行なわれたが，戦後そして独立して1970年代半ばまでは新旧字体の併存状態が続いていた。旧字体への固執は，年代記，仏典などが旧字体によって表記され，民族意識の基盤の構築は，旧字体でしか達成できないと判断する勢力が強かったからである。だが西洋世界との接触によって，民族間関係は横並びに「科学的」に発見され，"シャンのシャン化"主体はタイ系民族のみにならざるをえなかった。独立後に諸民族が多民族国家を構成するタインインダー・ルーミョウ（tainyindha-lumyo）として位置づけられたのも，その延長線にあると考えられる。そして独立後は，ビルマ文化中心主義のマジョリティとの相克の脈絡において，ビルマ人そしてビルマ語とのポリティクスの現実にシャン族は向かい合うことになるのである。また近代以前において文字文化を有していなかった民族も，その言語がローマ字表記され，かつて彼らの周辺でシャン語が共通語として機能していたという過去を有していても，その痕跡は，語彙などの借用関係の微細な分析を経なければたどれない状況になってしまい，シャン字体の活用者は，事実上タイ系民族に限定されていったのである。したがって，新シャン字体の開発と普及をめぐる"シャンのシャン化"は，一方で，多民族国家ビルマ／ミャンマーのポリティクスという外的要因に抑制され，他方で，シャン族内における「シャン」の民族表象をめぐる新旧シャン字体の対立という内的要因に抑制されてきたことになるのである。

さらにまた，統一的な綴字体に関して一定の合意に達した後は，北部シャン州におけるポイ・クーモー・タイあるいは新年節のプログラムに象徴されるように，文字文化以外のさまざまな文化的パフォーマンスが優越し始めている。シャン族の下位区分の民族単位の衣装をまとった若者の写真を使ったカレンダーも，ヤンゴンで印刷され頒布されつつある。あたかも「シャン」の民族表象の中心が，文字文化以外の領域に移行したかのようである。この事象に関しても，非ビルマ文字の有している政治性が，ビルマ語教育を推進する政府の教育方針と摩擦を生起する危険性を秘めている一方で，衣装，歌謡・舞踊など民族表象の視覚的あるいは身体的な表現は，多民族国家を国是とする民族政策とは比較的矛盾しないことがその背景になっていると考えられる。そしてその前者の危険性を回避するために，北部シャン州におけるシャン語教育が，ビルマ人との文化的共通基盤である仏教信仰をそのプログラムに組み込みながら実施されているのだとも解釈できよう。

　"シャンのシャン化"は，文字文化を基本に据えながらも，その他の民族表象を織り込みながら展開しつつある。すなわち，新字体の普及を期待して，仏教信仰に限らないポエティクスの発露を模索し，他方，ビルマ人との民族間関係のポリティクスに配慮しながら，シャン族「固有」と評価される文化の「再」発見を経て，文字文化以外の民族表象を，いままで以上に，シャン・エスニシティの基盤としていくのではないかと考えられるのである。バルトによる知識の輪郭のカテゴリーを改めて援用すれば，①の知識の集成が文字文化だけではなくその他の民族表象まで拡大しつつあり，②の関係する文化的パフォーマンスは，「部分的真実」であるが，その表象として流通しつつあり，③の組織的基盤として，まさにラシウ（ビルマ語でラショウ）を中心とする全国規模のシャン文芸文化保存委員会の活動が期待されているのである。その組織立ての行方に関しては，国内だけではなく国境をまたいだ先のタイ系言語を話す人々との学術交流もまた注目されるかもしれない。

　現政府が，国際的な政治的経済的な孤立状態を脱するために，限定的で

はあるが開放政策に踏み切ったのが1990年代以降の展開である。その結果，1997年にアセアン（東南アジア諸国連合）加盟を達成して交渉が深まり，ＥＵ（欧州連合）およびアメリカ合衆国との関係は，民主化運動の評価をめぐって冷却化する一方で，中国，インドとの国際関係は緊密になりつつある。本書で扱った研究対象に関していえば，特にタイ系言語を話す人々が居住する中緬国境の"シャン"の人々の動向が活発化しつつある。中国雲南省西双版納タイ族自治州，徳宏タイ族チンポー族自治州がその主な舞台である。2003年，2005年には，雲南四江（揚子江，メコン川，サルウィン川，紅河）流域のタイ文化の国際シンポジウムが計画され実行に移されつつある。このような情報の入手は，シャン州出身の研究協力者，サイアウントゥン（Sai Aung Tun）およびツァイサンアイ（Caay Saang Aay）などのシャンの行方とシャン文化の行方を担う知識人の支援による。このような国境の向こう側から伝えられる「シャン」の表象，そして国境のこちら側から伝えられる形態で構築されていく「シャン」の表象は，北部シャン州を中心として展開しつつあるシャン文化復興運動にどのような影響を与えるのであろうか。現時点で仮説的にいえることは，その運動が，1990年代以降になってそれ以前にも増して親近関係にある中国との国際関係の舞台での力関係から，現ミャンマー政府が黙認せざるをえない範囲で学術的になされる限りは進行し，"シャンのシャン化"へのある程度の影響を与えるひとつの要素になりうるだろうが，中国，ミャンマー両政府の民族政策，採用するシャン文字，信仰する仏教信仰などが異なり，ビルマ世界の"シャンのシャン化"は，これからも"シャンのビルマ化"と表裏一体になって活性化するのではないだろうか。今後も他の少数民族の文化伝統と文化変容に留意しながら，ビルマの民族表象のポエティクスとポリティクスの脈絡における文化動態に関する研究を継続する予定である。本書の執筆と今後継続するその作業は，フィールドで出逢いお世話になったすべての人々へのささやかな返礼になると信じている。

初出一覧　（ただし，各章は加筆修正している）

序章　フィールドのすべての人々へ（書き下ろし）

第Ⅰ部　儀礼論からみたビルマ文化とその周辺

第1章　プエの世界
1986「PWEの世界——ビルマ儀礼論」『鹿児島大学史学科報告』33号41-54頁。

第2章　ビルマ儀礼論の展開
1993「ビルマ儀礼論の展開——祭祀空間としてのパゴダをめぐって」田辺繁治（編）『実践宗教の人類学——上座部仏教の世界』京都大学学術出版会，102-131頁。

1997「仏塔・仏塔祭り・年中行事」フジタヴァンテ（編）『ミャンマー——慈しみの文化と伝統』東京美術，74-79頁。

第3章　シャンとビルマの間（はざま）で
1995「インレー湖のインダー族——シャン文化とビルマ文化のはざまで」『季刊民族学』73号，6-25頁。

第Ⅱ部　ビルマとシャンの民族間関係

第4章　民族の座標
1993「民族の「仲間」意識と「よそ者」意識——ビルマ世界におけるシャンの視角」飯島茂（編）『せめぎあう「民族」と国家——人類学的視座から』アカデミア出版会，59-82頁。

第5章　「シャン」をめぐるポエティクス
1996「「シャン」世界とその脈絡」林行夫（編）『東南アジア大陸部における民族間関係と「地域」の生成』文部省科学研究費補助金重点領域研究「総合的地域研究」成果報告書，No.26, 12-29頁。

第6章　シャンの行方——そのビルマ化とシャン化
1998「シャンの行方」『東南アジア研究』35巻4号，38-56頁。

第Ⅲ部　ビルマによる「シャン」の表象
第7章　精霊伝説と民族表象
1995「ビルマ精霊伝説考——コーミョウシン（Ko Myo Shin）の伝承から」*Monumenta Serindica*, No. 26, 293-310頁。

第8章　コーミョウシン精霊伝説の形成
1986「ビルマ精霊信仰考Ⅰ——Ko Myo Shin」『鹿児島大学南海研紀要』7巻1号，33-52頁。

1998 "An Anthropological Analysis of Burmanization of the Shan," Y. HAYASHI (ed.) *Inter-Ethnic Relations in the Making of Mainland Southeast Asia*, Kyoto University, 115-130.

2000 "On Narrative Formation of Spirit Legends in Burma (Myanmar)," HAYASHI and YANG (eds.) *Dynamics of Ethnic Cultures across National Boundaries in Southwestern China and Mainland Southeast Asia: Relations, Societies and Languages*, Ming Muang Printing House, Chiang Mai, THAILAND, 54-168.

第9章　北部シャン州の精霊信仰
1999 "Spirit Worship in Northern Shan State," T. SHINTANI (ed.) *Linguistic and Anthropological Study on the Shan Culture Area*, 平成8年度—平成10年度科学研究費補助金（国際学術研究）研究成果報告書，223-246.

第Ⅳ部　多民族国家の行方——国家のまなざし
第10章　多民族国家ビルマと市民権法
「多民族国家ビルマと市民権法」横山廣子（編）『少数民族と法体系』（仮称，未刊）。

第11章　ビルマの信仰体系と政治権力
1990「ビルマの信仰体系と政治権力」阿部年晴他（編）『民族文化の世界（下）——社会の統合と動態』小学館，395-415頁。

第Ⅴ部　シャンによる「シャン」の表象
　第12章　シャンの文字文化とそのアイデンティティ
　　2003 "Shan Construction of Knowledge," *Proceedings of the Texts and Contexts in Southeast Asis Conference*, 12-14 December 2001, Universities Historical Researah Centre, Yangon, MYANMAR, Part Ⅱ, 52-66.
　第13章　「シャン」の表象をめぐる知の位相（書き下ろし）

最終章　結論（書き下ろし）

参考文献

*和文

青木　保	1975	「タイ仏教儀礼の分類」『民族学研究』39-4: 298-316。
アンダーソン, B.（Anderson, B.）	1997	『増補 想像の共同体——ナショナリズムの起源と流行』（白石さや・白石隆訳），NTT出版。
飯島　茂	1977	「東南アジア社会の原像——その文化人類学的考察」『東南アジア研究』15-3: 334-346。
生野　善應	1975	『ビルマ佛教——その実態と修行』大蔵出版。
池田　一人	2000	「ビルマ独立期におけるカレン民族運動——"a separate state"をめぐる政治」『アジア・アフリカ言語文化研究』60: 37-111。
石井　米雄	1975	『上座部仏教の政治社会学——国教の構造』創文社。
石井　米雄・桜井　由躬雄	1985	『東南アジア世界の形成』講談社。
伊野　憲治	1992	「1990年ミャンマー総選挙の結果」『東京外国語大学アジア・アフリカ言語文化研究所通信』75: 14-41。
内堀　基光	1989	「民族論メモランダム」田辺繁治（編）『人類学的認識の冒険——イデオロギーとプラクティス』同文舘, 27-43。
エーチャン（Aye Chan）	1987	『中世ビルマ史における地方経済圏と民族関係』京都大学学位論文。（未刊）
大野　徹	1978	「人と湖——ビルマ・シャン州インレー湖の住民たち」『季刊民族学』4: 68-78。
	1987	「ビルマ語の年代記とは何か」『史録』19: 5-21。
	1991	「英領ビルマ」矢野暢（編）『講座東南アジア学　第九巻　東南アジアの国際関係』弘文堂, 32-54。
大野　徹・井上　隆雄（編）	1978	『パガンの仏教壁画』講談社。
大林　太良	1985	「カンボジア・ビルマの胡瓜王伝説」『シンガ・マンガラジャの構造』青土社, 213-236。
荻原　弘明	1976	「マンナン・ヤーザウィン——第十二部（II）」『鹿児島大学史学科報告』25: 1-46。

荻原　弘明・和田　久徳・生田　滋	1983	『東南アジア現代史Ⅳ　ビルマ・タイ』山川出版社。
奥平　龍二	1988	「ビルマにおける仏教浄化運動――シュエダゴンパゴダにみる具体的動き」『東南アジア――歴史と文化』17: 163-165。
奥村　文男	2000	「ミャンマーの人権問題と少数民族の反乱」土居靖美（編）『東南アジア諸国憲法における人権保障』嵯峨野書院、39-62。
加治　明	1980	「雲南徳宏における泰族の仏教儀礼について」『中国大陸古文化研究』第九・一〇合併集、107-118。
ギアーツ，C.（Geertz, C.）	1987	『文化の解釈学Ⅱ』（吉田禎吾他訳）岩波書店。
熊田　徹	2001	「ミャンマーの民主化と国民統合問題における外生要因――米国公式記録に見る史実を中心として」『アジア研究』47-3: 1-27。
クリフォード，J.・マーカス，G. E.（編）	1996	『文化を書く』（春日直樹他訳）、紀伊國屋書店。
酒井　敏明	1978	「ビルマルート覚え書」加藤泰安（編）『探検地理民族誌』中央公論社、59-73。
佐久間平喜	1984	『ビルマ現代政治史』勁草書房。
清水　昭俊	1998	「はじめに」「周辺民族と世界の構造」清水昭俊（編）『周辺民族の現在』世界思想社、1-63。
新谷　忠彦（編）	1998	『黄金の四角地帯――シャン文化圏の歴史・言語・民族』慶友社。
新谷　忠彦・Caw Caay Hän Maü	2000	『シャン(Tay)語音韻論と文字法』東京外国語大学アジア・アフリカ言語文化研究所、n. p.
関本　照夫	1994	「序論」関本照夫・船曳建夫（編）『国民文化が生れる時――アジア・太平洋の現代とその伝統』リブロポート、5-32。
髙谷　紀夫	1986a	「PWEの世界――ビルマ儀礼論」『鹿児島大学史学科報告』33: 41-54。
	1986b	「ビルマ精霊信仰考Ⅰ――Ko Myo Shin」『鹿児島大学南海研紀要』7-1: 33-52。

	1990	「ビルマの信仰体系と政治権力」阿部年晴他（編）『民族文化の世界（下）——社会の統合と動態』小学館, 395-415。
	1993	「民族の「仲間」意識と「よそ者」意識——ビルマ世界におけるシャンの視角」飯島茂（編）『せめぎあう「民族」と国家——人類学的視座から』アカデミア出版会, 59-82。
	1995	「ビルマ精霊伝説考——コーミョウシン（Ko Myo Shin）の伝承から」 *Monumenta Serindica*, No. 26, 293-310。
	1996	「「シャン」世界とその脈絡」林行夫（編）『東南アジア大陸部における民族間関係と「地域」の生成』文部省科学研究員補助金重点領域研究「総合的地域研究」成果報告書, No. 26, 12-29。
田村　克己	1980	「上ビルマの一農村における年中儀礼と二元性」『鹿児島大学南総研紀要』1-1: 93-141。
	1991	「基層文化とヒンドゥイズム——和会通釈の論理」前田成文（編）『講座東南アジア学　第五巻　東南アジアの文化』弘文堂, 21-48。
チット・プーミサック（Cit Phumisak）	1992	『タイ族の歴史——民族名の起源から』（坂本比奈子訳），勁草書房。（原題 Khwam Pen Ma Khong Kham Sayam Thai Lao Le Khom Le Laksana Thang Sangkom Khong Chu Chonchat）
坪内　良博	1986	『東南アジア人口民族誌』勁草書房。
長谷千代子	2000	「功徳儀礼と死——中国雲南省徳宏タイ族のポイ・パラ儀礼」『宗教研究』324: 69-92。
	2002	「中国における近代の表象と日常的実践——徳宏タイ族の葬送習俗改革をめぐって」『民族学研究』67-1: 1-20。
	2005	『中国における国民形成と少数民族——雲南省徳宏タイ族の日常的実践をめぐって』九州大学大学院提出博士論文。（未刊）

根本　敬	1990	「1930年代ビルマ・ナショナリズムにおける社会主義受容の性質——タキン党の思想形成を中心に」『東南アジア研究』27-4: 427-447。
ハーヴェイ (Harvey, G. E.)	1976	『ビルマ史』(東亜研究所訳)，原書房。(初版1944)
ハイネ＝ゲルデルン (Heine-Geldern, R.)	1972	「東南アジアにおける国家と王権の観念」(大林太良訳)，大林太良(編)『神話・社会・世界観』角川書店，263-290。
長谷川　清	1992	「徳宏タイ族の上座部仏教と精霊信仰」田辺繁治(編)『上座部仏教における宗教と社会　中間報告2』国立民族学博物館。(未刊)
	1996	「上座仏教圏における「地域」と「民族」の位相——雲南省，徳宏タイ族の事例から」林行夫(編)『東南アジア大陸部における民族間関係と「地域」の生成』文部省科学研究費補助金重点領域研究「総合的地域研究」成果報告書 No.26, 79-107。
牧野　勇人	2001	「ミャンマー——ビルマ化政策と少数民族教育」村田翼夫(編著)『東南アジア諸国の国民統合と教育——多民族社会における葛藤』東信堂，131-142。
村上　忠良	2000	「タイ国内に住むシャンの仏教実践に見る二つの適応形態」駒井洋(代表)『東南アジア上座部仏教社会における社会動態と宗教意識に関する研究』平成9年度-11年度科学研究費補助金研究成果報告書，163-180。
	2002	「シャンの文字文化と民族意識の形成——ミャンマーとタイにおけるシャン文字文化の比較研究」『歴史人類』30: 79-112。
安田　信之	2000	『東南アジア法』日本評論社。
藪　司郎	1994	「民族と言語」綾部恒雄・石井米雄(編)『もっと知りたいミャンマー』弘文堂，73-110。
	2001	「シャン文字」河野六郎他(編)『言語学大辞典　別巻　世界文字辞典』三省堂，488-494。
リーチ, E. R. (Leach, E. R.)	1987	『高地ビルマの政治体系』(関本照夫訳)，弘文堂。

渡邊　佳成　　　　　　　1987「ボードーパヤー王の對外政策について――ビルマ・コンバウン朝の王權をめぐる一考察」『東洋史研究』46-3: 129-163。

1997「英雄としての王たち」田村克己・根本敬（編）『アジア読本――ビルマ』弘文堂，92-99。

＊欧文

Anderson, Benedict　　　1991 *Imagined Communities: Reflections on the Origin and Spread of Nationalism*, Verso Editions.

Aung-Thwin, Michael　　1979 "The Role of *Sasana* Reform in Burmese History: Economic Dimensions of a Religious Purification," *Journal of Asian Studies*, 38-4: 671-688.

Authority (Rangoon)　　　1895 *The Burma Gazette*, part 1, 13 July 1895, Rangoon: Authority.

Barth, Fredrick　　　　　2002 "An Anthropology of Knowledge," *Current Anthropology* 43-1: 1-18.

Brown, R. Grant　　　　1916 "The Lady of the Weir," *Journal of the Royal Asiatic Society*, 491-496.

1921 "The Pre-Buddhist Religion of the Burmese," *Folklore* 32: 77-100.

Cady, John. F.　　　　　1958 *A History of Modern Burma*, Cornell University Press.

Central Census Committee, Ministry of Home and Religious Affairs　　1983 *1983 Population Census: Advance Release*, Ministry of Home and Religious Affairs, The Socialist Republic of the Union of Burma.

Chao Tzang Yawnghwe　　1987 *The Shan of Burma: Memoirs of a Shan Exile*, Singapore. ISEAS.

Cliford, James and George E. Marcus (eds.)　　1986 *Writing Culture: The Poetics and Politics of Ethnography*, University of California Press.

Cushing, Josian Nelson　　1914 *A Shan and English Dictionary*, Rangoon: American Baptist Mission Press. (orig. 1881)

Durrenberger, E. Paul and Nicola Tannenbaum　　1989 "Continuities in Highland and Lowland Religions of Thailand," *Journal of the Siam Society* 77-1: 83-90.

Eberhardt, Nancy　　　　　　1988 *Knowledge, Belief and Reasoning: Moral Development and Cultural Acquisition in a Shan Village of Northwest Thailand*, Ph. D. Thesis (University of Ilinois). (n.p.)

Elias, Ney　　　　　　　　　1876 *Introductory Sketch of the History of the Shans in Upper Burma and Western Yunnan*, Calucutta: The Foreign Department Press.

Frontier Areas Committee for Enquiry (FACE), Supdt., Govt., Burma　1947 *Frontier Areas Committee for Enquiry (FACE) 1947: Report presented to His Majesty's Government in the United Kingdom and the Government of Burma (Maymyo, 24th April 1947) PART I : Report, PART II : Appedices*, Supdt., Govt. Printing and Stationery, Burma.

Geerts, Clifford　　　　　　1973 *The Interpretation of Cultures*, Basic Books, New-York.

Harvey, G. E.　　　　　　　1967 *History of Burma: From the Earliest Times to 10 March 1824 The Beginning of the English Conquest*, Frank Cass & Co. Ltd. (orig. 1925),

Heine-Geldern, Robert　　　　1956 *Conceptions of State and Kingship in Southeast Asia*, Southeast Asia Program Date Paper: Number 18, Cornell University.

Htin Aung, Maung　　　　　　1962 *Folk Elements in Burmese Buddhism*, Oxford University Press.

Hudak, Thomas John　　　　　2000 *Cushing's Shan-English Dictionary: A Phonetic Version*, Arisona State University, Program for Southeast Asian Studies, Monograph Series Press.

Keyes, Charles F.　　　　　　1993 "Who are the Lue? Revisited Ethnic Identity in Laos, Thailand, and China," Paper presented at Seminar on the State of Knowledge and Directions of Research on Tai Culture, Bangkok.

　　　　　　　　　　　　　　1995 "Who are the Tai? Reflections on the Invention of Identities," *Lora Ramanucci-Ross and G. A. De Vos (eds.) Ethnic Identity: Creation, Conflict and*

		Accommodation, Third Edition, Altamira Press, 136-160.
Langham-Carter, R. R.	1934	"Lower Chindwin Nats," *Journal of the Burma Research Society* 24-2: 105-111.
Leach, Edmund R.	1961	*Rethinking Anthropology*, University of London, The Athlone Press.
	1977	*Political Systems of Highland Burma: A Study of Kachin Social Structure*, The Athlone Press, London. (orig. 1954)
Lebar Frank M. et al.	1964	*Ethnic Groups of Mainland Southeast Asia*, New Haven: HRAF Press.
Lewis, James Lee	1924	*The Burmanization of the Karen People: A Study in Racial Adaptability*, Ph. D. Thesis (The University of Chicago). (n.p.)
Lieberman, Victor B.	1984	*Burmese Administrative Cycles*, Princeton University Press.
Luce, Gordon H.	1958	"The Early Syam in Burma's History," *Journal of the Siam Society* 46-2: 123-214.
	1959	"Old Kyaukse and the Coming of the Burmans," *Journal of the Burma Research Society* 42-1: 75-109.
Ma Thanegi	2005	*Inle Lake: Blue Sea in the Shan Hills*, Asia Publishing House.
Maung Maung	1969	*Burma and General Ne Win*, Asia Publishing House.
Mendelson, E. Michael	1975	*Sangha and State in Burma: A Study of Monastic Sectarianism and Leadership*, edited by John P. Ferguson, Cornell University Press.
Mi Mi Khaing	n.d.	*Kambawza: A Modern Review*, n.p.
Milne, Leslie	1970	*Shans at Home*, Paragon Book Reprint Corp. (orig. 1910)

Min Naing, U	2000	*National Ethnic Groups of Myanmar*, (translated by Hpone Thant), Swiftwinds Services. (orig. 1960)
Ministry of Home and Religious Affairs	1986a	*Burma: 1983 Population Census*, Ministry of Home and Religious Affairs, The Socialist Republic of the Union of Burma.
	1986b	*Mandalay Division 1983 Population Census*, Ministry of Home and Religious Affairs, The Socialist Republic of the Union of Burma.
	1987a	*Shan State 1983 Population Census (SSPC)*, Ministry of Home and Religious Affairs, The Socialist Republic of the Union of Burma.
	1987b	*Kachin State 1983 Population Census (KSPC)*, Ministry of Home and Religious Affairs, The Socialist Republic of the Union of Burma.
Mitton, G. E. (Lady Scott) (ed.)	1936	*Scott of the Shan Hills*, London: John Murray.
Moerman, Michael	1965	"Ethnic Identification in a Complex Civilization: Who are the Lue?," *American Anthropologist* 67: 1215-1230.
Nash, June C.	1966	"Living with Nats: An Analysis of Animism in Burman Village Social Relations," in M. Nash (ed.) *Anthropological Studies in Theravada Buddhism*, Yale University.
Naw Mong	1997	"Looking Back at the Past," *Golden Jubilee Shan State Magazine (1947-1997)*: 168-174.
Office of the Supdt. (Rangoon),	1933	*Census of India (CI) 1931*. Vol. XI Burma Pt. 1, Rangoon: Office of the Supdt., Government Printing and Stationery, Burma.
Pu Loi Hom and Pu Loi Tun	1997	"The Foundation of Mong Kawng," *Shwe Yadu Shan Pyine Magazin* (50th Memorial Magazine of Shan State), Taunggyi Athin.
Renard, Ronald D.	1987	"Minorities in Burmese History," *Sojourn* 2-2: 255-271.

	1997 "For the Fair Name of Myanmar: They Are Being Blotted out of Burma's History," J. J. Brandon (ed.) *Burma/Myanmar in the Twenty-First Century: Dynamics of Continuity and Change*, Bangkok: TK Printing, 169-206.
Robinne, François	2000 *Fils et maîtres du Lac: Relations interethniques dans l'État Shan de Birmanie*, CNRS Editions.
	2001 "The Intha Construction of the World within the Inter-ethnic Networks of Nyaung-Shwe District (Southern Shan State)," *Post Colonial Society and Culture in Southeast Asia*, Universities Historical Research Centre, Yangon, Part 2: 47-57.
Rodrigue, Yves	1992 *Nat-Pwe: Burma's Supernatural Sub-Culture*, Scotland: Kiscadale.
Rothermund, Dietmar	1997 "Nationalism and the Reconstruction of Traditions in Asia," Sri Kuhnt-Saptodewo et al. *Nationalism and Cultural Revival in Southeast Asia*, Harrassowitz Verlag, 13-28.
Sadler, A.W.	1970 "Pagoda and Monastery: Reflections on the Social Morphology of Burmese Buddhism," *Journal of Asian and African Studies* 5-4: 282-293.
Sai Aung Tun, U	2001 "Shan-Myanmar Relations as Found in Hsipaw Chronicle," Paper presented at the Conference on Texts and Contexts in Southeast Asia, Universities Historical Research Centre, Yangon.
Sai Kham Mong	2001 "Buddhsim and the Shans," *Myanmar Historical Research Journal* 7: 27-39.
	2004 *The History and Development of the Shan Scripts*, Chiang Mai: Silkworm Books.
Saito, Teruko and Lee Kin Kiong (comp.)	1999 *Statistics on the Burmese Economy*, Singapore: ISEAS.

Sangermano, Father V.	1995 *Description of the Burmese Empire*, Westminster (reprinted as The Bumese Empire: A Hundred Years Ago, Bangkok: White Orchid Press). (orig. 1893)
Sao Saimong Mangrai	1965 *The Shan States and the British Annexation*, Southeast Asia Program Data Paper: Number 57, Cornell University.
	1980 "The Phaungtaw-U Festival," *The Journal of the Siam Society* 68-2: 70-81.
Sao Tern Moeng	1995 *Shan-English Dictionary*, Dunwoody Press.
Sarkisyanz, E.	1965 *Buddhist Backgrounds of the Burmese Revolution*, Martinus-Nijhoff.
Scott, James George	1906 *Burma: A Handobook of Practical Informaion*, London: Alexander Moring.
	1911 "Buddhism in the Shan States," *Journal of the Royal Asiatic Society* 24: 917-934.
	1932 *Burma and Beyond*, Grayson & Grayson.
Scott, James George and J. P. Hardiman (comp.)	1900 *Gazetteer of Upper Burma and the Shan States* -01 *(GUBSS)*, 5 vols, Government Printing, Burma.
Shway Yoe	1910 *The Burman: His Life and Notions*, London: Macmillan and Co. (orig. 1882)
Smith, Donald Eugene	1965 *Religion and Politics in Burma*, Princeton University Press.
Spiro, Melford E.	1974 *Burmese Supernaturalism*, Englewood Cliffs, N. J., Prentice-Hall. (orig. 1967)
	1970 *Buddhism and Society: A Great Tradition and its Burmese Vicissitudes*, George Allen & Unwin.
Stern, Theodore	1968 "*Ariya* and the Golden Book: A Millenarian Buddhist Sect among the Karen," *Journal of Asian Studies* 27-1: 297-328.
Superintendent, Burma	1892 *Report on the Settlement Operations in the Kyause District Season 1890-91 and Part of Season 1891-1892*, Rangoon: Government Printing.

Tambiah, Stanley Jeyaraja	1968	"The Magical Power of Words," *Man* (N. S.) 3-2: 175-208.
Tannenbaum, Nicola	1990	"The Heart of the Village: Constituent Structures of Shan Communities," *Crossroads* 5-1: 23-41.
	1995	*Who can Compete against the World?: Power-Protection and Buddhism in Shan Worldview*, Association for Asian Studies, Inc.
Temple, Richara Carnac	1991	*The Thirty-Seven Nats*, Scotland: Kiscadale. (orig. 1906)
Than Tun, Dr.	1980	"Lacquer Images of Buddha," *Shiroku* 13: 21-36.
	1983	*The Royal Orders of Burma, A.D. 1698-1885*, Part First, A.D. 1598-1648, CSEAS, Kyoto University.
	1986	*The Royal Orders of Burma, A.D. 1698-1885*, Part Four, A.D. 1782-1787, CSEAS, Kyoto University.
	1990	*The Royal Orders of Burma, A.D. 1698-1885*, Part Ten, Epilogue, Glossary and Index, CSEAS, Kyoto University.
Thaung, Dr.	1959	"Burmese Kingship in Theory and Practice under the Reign of Mindon," *Journal of the Burma Research Society*, 42-2: 171-185.
T'ien Ju-K'ang	1949	"Pai Cults and Social Age in the Tai of the Yunnan-Burma Frontier,"*American Anthropologist* 51: 46-57.
	1986	*Religious Cults of the Pai-I along the Burma-Yunnan Border*, Ithaca, Southeast Asian Program, Cornell University.
Tin Maung Maung Than	1988	"The *Sangha* and *Sasana* in Socialist Burma," *Sojourn* 3-1: 26-61.
Tin, Pe Maung and Gordon H. Luce	1923	*The Glass Palace Chronicle of the Kings of Burma*, Oxford University Press.
Trager, Frank N. and William J. Koenig	1979	*Burmese Sittans 1764-1826: Records of Rural Life and Administration*, The University of Arizona Press.

Union of Burma	1947 *The Constitution of the Union of Burma*, 1947.
	1948 *The Union Citizenship (Election) Act*, 1948.
	1948 *The Union Citizenshiop Act*, 1948.
Verma, S. L.	1961 *The Law Relating to Foreigners and Citizenship in Burma*, Mandalay: Rishi Raj Verma, 2nd. (orig. 1960)

＊ビルマ語文・シャン語文

Amyodha Yinkyei-hmu Athin (Association of National Culture) (ed.)	1962 *Amyodha Yinkyei-hmu Sazaun* （国民文化論集） No. 1. (in Bamar)
Aye Naing, U	1980 *Hsehnit Yadhi Myanma Youya Yadhi Pwedaw mya* （ビルマ12ヵ月の祭り）, Department of Religious Affairs. (in Bamar)
Chit Maung, U (ed.)	1987 *Ahtu Ubadei Mya (2), Myanmar Nainngandha Ubadei* （法律解題（2）, ビルマ市民権法）, Aung Kyaw Hpyou Press. (in Bamar)
Gawbaka Aphwe (Trustee Association), Mohnyin	1990 "Zawti gaing pohtunkhein （ツォティ派黎明期），" *Wuntho Sayadaw Agga Maha Pandi Tapusa*, 122-134, Yangon: Daw Mo Thita. (in Bamar)
Htwe Han, U and U Ba Nyunt	1981 *Myanma Miyouphara Dalei Nat Thamain* （ビルマ精霊伝説集）, Yangon: Sapei Meithswe Sapei. (in Bamar)
Khä Sën	1996 *Pun Khu Tai-Phu Mang Tai* （シャンの系譜, シャンの土地）. (in Shan)
Kyaw Thein, U	1990 "Shan Zawti gaing hnin Ninyutyei （シャン・ツォティ派の団結），" *Wuntho Sayadaw Agga Maha Pandi Tapusa*, 142-145, Yangon: Daw Mo Thita. (in Bamar)
Kyi Kyi Mya	1963 "Shan Shinbyu （シャン族の入仏門式），" *Yinkyei-hmu Sazaun* 4-2: 113-118. (in Bamar)
Lung Kaan Kha Saang Saam	2001 *Pap Put Ko Kaam Tay* (Shan Dictionary, シャン語シャン語辞典). (in Shan)

Lung Khun Mahaa	1996	*Pan Khu Mö Lik Tay Hok Kaaw*（シャンの六人の文芸功労者). (in Shan)
Luwinhmu Kyikyattyei hnin Pyithu Ina Wungyi Htana (Ministry of Immigration and Population)	1999	*Luwinhmu Kyikyattyei hnin Pyithu Ina Wungyi Htana hsainya Atubadei hnin Neiubadei Mya*（移民人口省関係諸法と指針). (orig. 1990) (in Bamar)
Maung Tin Hla	1967	"Pyidaunzu Myanmar Nainngan Tainyindha Lumyo dou i Abeidan Mya（ビルマ連邦民族辞書)," *Journal of the Burma Research Society* 50-1: 125-152. (in Bamar)
Mi Mi Lwin	1992	*Koloni Hkit Shanpyi Outchotyei Thamain 1923-1937*,（1923-1937 植民地期のシャン諸州行政史), M. A. Thesis, University of Yangon. (n.p.) (in Bamar)
Min Naing, U	1960	*Tou Tainyinbwa-Pyidaunzutha*（諸民族報告), Ministry of Culture. (in Bamar)
	1971	*Tainyindha Yinkhei-hmu Nidan*（諸民族文化紹介), Ministry of Culture. (in Bamar)
Mya Mya, Daw	1978	*Myanma Kougwe Younkyi-hmu Mya Thamain, Tahsei-shit hnin Tahsei-kou Yazu hnit Mya*（18-19世紀ビルマの宗教思想と信仰史), M. A. Thesis, Mandalay University. (n.p.) (in Bamar)
Myanma Sa Aphwe (Association of Burmese Literature)	1978-80	*Myanma Abeidan Akyin Gyout*（簡明ビルマ語辞典), 5 vols, Ministry of Education. (in Bamar)
Myanmar Socialist Lansin Party (BSLP) (ed.)	1964	*Tainyindha Lumyo Mya Ayei hnin Patthet ywe Tawhlanyei Kaunsi i Amyin hnin Khanyukhyet*（民族集団に関する革命評議会の見解), Myanmar Socialist Lanzin Party. (in Bamar)
	1968	*Tainyindha Yinkyei-hmu Youya Dalei Htonsan Mya, Shan*（ビルマ諸民族の文化と慣習，シャン), Myanma Socialist Lanzin Party. (in Bamar)

Pitakat	1957 *Hmannan Maha Yazawin Dawgyi*（玻璃王宮大王統史, *HMYD*), Vol. 2, Meiktila: Pitakat. (in Bamar)
Pyangyayei Wungyi Htana (Ministry of Information)	1993 *Hmannan Maha Yazawin Dawgyi*（玻璃王宮大王統史, *HMYD*), Vol. 1, Yangon: Kyeimon & Guardian Press. (in Bamar)
Pyidaunzu Socialist Thamada Myanmar Naingandaw (Socialist Republic of the Union of Burma)	1974 *Pyidaunzu Socialist Thamada Myanmar Nainngandaw Phwesipoun Akhyeikhan Ubadei*（ビルマ連邦社会主義共和国憲法, 1974). (in Bamar)
	1982 *Myanmar Nainngandha Ubadei*（ビルマ市民権法, 1982). (in Bamar)
Sai Aung Tun, U	1967 *Sheikhit Tain-Lumyo-mya mula-nehtainya ayatdetha mya hnin Ashea-asheitaung bet thou Hsinthet pyanpwa la gyin,* (n.p.)（古代タイ系民族の居住地と東南アジアへの移住の件). (in Bamar)
Sai Sai Sin	1973 *Shan Sahso Pinnyashin nya Nei: Phipolanpon hnin hsain ya Longan hnin Tawunmya*（シャン文芸功労者の伝記他), 89–90, 104. (in Bamar)
Sain San Mya, U	1991 "Shan Lumyo dou supaun Shibyu Bwe（シャン族の集団入仏門式)," *Kalya*. (in Bamar)
San Aung	1973 *Nyinyutyei Ayei tawpon,* Ministry of Information. (in Bamar)
San Shwe	1992 *Konbaung Hkit Hnaun Shan Myanmar Hsethsanyei, 1819–1885*（1819–1885 コンバウン時代の後期におけるシャンとビルマの関係), M. A. Thesis, University of Yangon. (n.p.) (in Bamar)
Sao King Tung	1954 *Khu Tai-Mong Tai*（シャンの系譜, シャンの土地). (in Shan)
Sapei Beikman (ed.)	1986 *Myanma Swezoun Kyan Hnitgyout*（ビルマ百科事典年鑑 1986), Sapei Beikman. (in Bamar)
Sati Aphwe	1966 *Pyidaunzu Tainyindha Lumyo Mya i Sapeiyeiya Atwei hnin Ayei*（連邦構成民族集団の文芸事情：その見解と現状), Yangon: Yamuna Sapei. (in Bamar)

Shan Pyine Yinkyei-hmu Sazaun (SPYS) (ed.).	1966	*Shan Pyine Yinkyei-hmu Sazaun*（シャン州文化雑誌, *SPYS*）. (in Bamar and Shan)
Shan Sayihtoun Comishin/ Commission (SSC) (ed.)	1969	*Shan Pyine Ushihtana Apwe thou Pyidaunzu Myanmar Nainngan Tainyin Shan Sayeihtoun hnin Patthet ywe Shan Sayeihtoun Comishin ka tinthwin tho Asiyinkhanza*（シャン綴字法委員会報告）. (n.p.) (in Bamar)
Shan Tainyindha Sapei hnin Yinkye-hmu Mitha-zu sin Comati/Committee (STSYMC) (ed.)	n.d.	*Shan Pyine dwin Shan sa Muthit hnin Muhaun Pyatthana*（シャン州における旧シャン文字と新シャン文字問題）. (n.p.) (in Bamar)
Teippan Maung Wa	1965	"Anya Phaya Bwe（上ビルマのパゴダ祭り）," *Wuhttu Hsaun Pa Mya*, Sapei Beikman, 174-182. (in Bamar)
Tha U, U	1972	"Intha Lumyo i Lephwe khyehmyin Swut pwe（インダー族の綿糸腕輪の儀礼）," *Hanthawaddy* No.165. (in Bamar)
Thant Sin (ed.)	1935	*Tatiya-Thathana Pyu Sadan*（第三回大仏教喜捨儀礼）, Yadana Thiha Journal Press. (in Bamar)
Thathana Usi Htana (Department of Religious Affairs) (ed.)	1980	*Thathana-daw Thantshin Titan Pyantpwayei Pahtama-kyein Gaing Baunzon Thanga Asiawei Pwegyi Hmattan*, Ministry of Home and Religious Affairs.（サーサナ〈仏法〉の清浄化，恒久化および発展のための第一回全宗派合同会議記録） (in Bamar)
Toe Hla	1981	"Hnit 200 kyaw ga Lashio Myo Hnin Hnit 80 Pyi Lashio（ラショウの二百余年と八十年），" *Shan Pyine Deiktha Koleit Lashio 1980-81 Magazine*, 13-16, Lashio College. (in Bamar)
Yinkyei-hmu Wungyi Htana (Ministry ot Culture) (ed.)	2000	*Yinkyei-hmu Beikman Akyaun Thikaunsaya*（文化館局事情詳解）, Yinkyei-hmu Wungyi Htana（文化省）. (in Bamar)

Zani Hein (Hsipaw) 1998 "Shan Sahsodaw Nei: Hnithikku Kaukthit Hlu Pwe (シャンの文芸功労者の日)," *Ngwetayi* 460: 83-90. (in Bamar)

あとがき

　本書では，以上のように，人類学者としての研究意識に支えられ，多民族国家ビルマ（現ミャンマー）連邦とその周辺で展開する文化事象にアプローチしてきた。

　東南アジアをフィールドとして選んだ契機は，学部生時代以来の恩師，故大林太良教授ゼミでの，スターン（T. Stern）の論文，"*Ariya and the Golden Book: A Millenarian Buddhist Sect among the Karen*"（1968）を担当したことである。この論文は，回顧すれば，マイノリティとマジョリティの「民族」としての相克，儀礼論，文字の伝承に関わる口頭伝承，アイデンティティという自己証明の構築の動態，土着主義運動，文化変容を含む文化動態論などが盛り込まれたもので，私の人類学的関心の総体にほぼ重なっている。また飯島茂教授ゼミで，リーチ（E. R. Leach）の代表作である *Political Systems of Highland Burma*（1954）を原書で読破した経験も問題意識の成熟に大きな役割を果たした。そして大学院時代以来，指導を仰いでいるもう一人の師である中根千枝教授ゼミでの先輩諸氏との議論も，大切な知的財産となっている。また中根教授からのご指導がなければ，ビルマでのフィールドワークも実現しなかったに違いない。

　ビルマ（現ミャンマー）連邦，北部シャン州，中国雲南省など，各地のフィールドでお世話になった方々は数限りない。そのすべての人々のお名前をここで挙げることは控えたいが，その幾人かを代表して挙げたい。シャン研究の支援者であるウー・サイアウントゥン，ドクター・サイサンアイ。ビルマ研究の支援者である元大学歴史研究センター長ドー・ニニミィン，上級研究員ウー・チョウニェイン。現地での歴史学，民族学，文学的研究の助言者である故ドクター・タントゥン，故ウー・ミンナイン，ドー・タンタン。そして長年の畏友である故ウー・ケージー，ドー・ポーポーおよ

びウー・トゥンサン。現場での助言者である佐々木英憲氏，池谷修氏。その他，臨地研究の実現にご支援いただいた日本国外務省，在ビルマ（ミャンマー）日本大使館スタッフ，筆者の所属機関である鹿児島大学教養部，広島大学総合科学部，大学院総合科学研究科教職員の皆様に多大なご支援を賜った。

　また本書の出版を受け入れて下さった法藏館の上別府茂前編集長，岩田直子氏には編集の過程でお世話になった。なお本書刊行に関しては，独立行政法人日本学術振興会平成19年度科学研究費補助金（研究成果公開促進費）の交付を受けた。関係諸氏に御礼を申し上げたい。さらに多民族世界ビルマの民族表象にふさわしい表紙カバー写真をご提供いただいた兵頭千夏氏にも謝意を表したい。子どもたちの屈託のない表情に，多民族世界の未来を感じる思いである。

　最後に，この場を借りて，恩師，先輩後輩諸氏などすべての支援者の方々，そしてフィールドのすべての人々に，心からの謝意を表したい。また，過去二十余年にわたって，精神的支柱であった妻，裕美子と，二人の息子，涼と怜，そして両親にもありがとうを伝えたい。

索　引

あ　行

アウンサン Aung San　37, 92, 104, 216, 217, 246, 314

アウンサン・スーチー Aung San Suu Kyi　37, 103, 104

アノーヤター Anawrahta　130, 137, 166, 182, 184〜187, 189, 191, 196, 250, 256, 262

アミョウダー amyodha　135, 242, 246, 288, 290, 293, 295, 297

アラウンパヤー Alaungpaya　167, 247, 260

生野善應　61

ウー・ヌ U Nu　252, 264, 269

エーチャン Aye Chan　126

エーナイン Aye Naing　58

エーヤワディー（川）　38, 43, 48, 61, 72, 94, 96, 138, 150, 152, 160, 164, 181〜184, 202, 211, 215

エスニシティ ethnicity　147, 324, 327, 328, 337

大野徹　72, 216

荻原弘明　279

か　行

カチン（族）Kachin　91〜95, 100, 108, 113, 114, 130, 132, 135, 140, 147, 150, 153, 211, 216, 236, 243, 277, 329, 334

カムティ（シャン）Hkamti Shan　111, 120, 121, 129, 130, 133, 145, 150, 151, 293

カレン（ビルマ語でカイン）Karen/Kayin　89, 96, 97, 99, 101, 102, 132, 134, 135, 147, 148, 166, 177, 178, 216, 217, 236, 282, 329

カンボーザ　137, 151, 152, 167〜169, 171, 180, 188, 207, 275, 300, 308, 314, 318, 319, 321

クッシング J. N. Cushing　57, 202, 283, 285, 286, 334

ケントゥン（ビルマ語でチャイントゥン）　10, 95, 98, 112, 122, 140, 270, 280, 281, 295, 304, 306, 309, 311, 314

ゴウン（シャン）Gon Shan　121, 122, 133, 150, 151, 153

コーカン Kokang　133, 136, 142, 218, 244, 247, 270

国民文化　4, 6, 8, 39, 216, 242, 246〜248, 315, 330, 332, 333

さ　行

サイアウントゥン Sai Aung Tun　142, 148, 149, 205, 289, 293, 308, 314, 338

サイカムモン Sai Kham Mong　162, 280, 281, 335

サイサンアイ Dr. Sai San Aik　289, 292, 314

サイマウカム Dr. Sai Mauk Kham　303, 306

サルウィン（川）　110, 111, 137, 143, 146, 150〜152, 154, 168, 171, 180, 181, 338

サンジェルマーノ Father V. Sangermano　106, 112, 113

三十七柱の神々　22, 35, 76, 158, 159, 162, 163, 165, 168, 176〜178, 182〜184, 256, 259, 262

西双版納（シプソンパンナ）　38, 41, 58～
　　60, 63, 65, 85, 122, 123, 151, 153, 282, 288,
　　338
シポー（ビルマ語でティボー）　279, 281,
　　288, 292～294, 298, 299, 303, 304, 308, 310,
　　311, 316, 317, 322, 325, 330, 331
シャン・ジー Shan-Gyi　121～123, 132,
　　133, 142, 144, 148, 150, 152, 203
シャン化　6, 11, 12, 84, 127, 128, 137, 142,
　　147, 149～153, 209, 284, 285, 287, 288, 301
　　～303, 323, 324, 330～338
シャンのくに Shan Pyi　8, 126, 128, 149,
　　183, 188～191, 197, 198, 206, 207, 210, 325
シャン仏教　279～281, 300, 324, 327, 335
シャン文化　3, 4, 6～8, 10～12, 69, 76, 83,
　　92, 94, 116, 124, 152, 153, 174, 193～195,
　　210, 212, 277, 278, 285, 289, 291, 292, 296～
　　298, 302, 307, 314, 316, 325, 328, 331, 335,
　　336, 338
シャン文字　193, 196, 275, 278, 282, 285,
　　288, 291, 294, 295, 300～302, 305, 306, 308,
　　313, 317, 324, 326, 338
シュエーヨー Shway Yoe　89
シュエダゴン（パゴダ）　25, 27, 29, 37, 38,
　　41, 64, 88, 104, 159, 266, 308
シュエリー（川）　138, 144, 150
新谷忠彦　123, 277, 281, 283, 315
スコット J. G. Scott　12, 89, 95, 96, 98, 110,
　　111, 113, 137, 154, 275, 276, 280, 334
スパイロ M. E. Spiro　26, 51, 60, 158, 262
センウィ（ビルマ語でテインニー）　280,
　　294, 299, 304, 323
全宗派合同会議　45, 61, 242, 247, 254, 258,
　　264～266, 269, 271, 272, 327
ゾーティ（派）（シャン語ではツォティ）
　　269～271, 281, 300, 335

ソーボワ sawbwa　9, 53, 54, 73, 74, 79, 82
　　～85, 92, 95～99, 107～113, 123～125, 128,
　　130, 131, 137, 139, 140, 142, 144, 145, 151,
　　165, 167, 168, 171, 179, 180, 182, 188～191,
　　195, 196, 198, 202, 204, 205～207, 209, 277,
　　279, 280, 281, 285, 293, 295, 299, 323, 331,
　　334
ソーモンフラ Saw Mon Hla　82, 83, 137,
　　187, 189, 208

　　た　行

ターネンバーム N. Tannenbaum　55, 56,
　　115, 201
タールン Thalun　52, 257
タイ・カムティ Tai-Hkamti　130, 144
タイ・クゥン Tai-Khün　121, 281, 282
タイ・ヌー Tai-Nüa　54, 85, 130, 143, 144,
　　150, 281, 282, 289, 294
タイ・マオ Tai-Maw/*Maaw*　151, 282,
　　289, 293
タイ・ヤイ Tai-Yai　9, 54～57, 92, 93,
　　106, 115, 122, 123, 126, 149, 174, 202
タイ・ロン Tai-Long　9, 93, 121, 122, 132,
　　133, 143, 148, 149, 152, 203, 281, 282, 285,
　　287, 289, 325
タインインダー tainyindha　3, 67, 92,
　　103, 120, 135～137, 142, 147, 150, 230, 238,
　　244, 247, 248, 278, 295, 325, 326, 336
タウンジー　67, 71, 72, 76, 84, 159, 164, 168,
　　169, 171, 172, 180, 207, 210, 284, 290, 293,
　　294, 296～298, 304, 306, 309, 311～314, 323
タウンビョン　42, 43, 58, 158, 160, 170,
　　177, 183, 184, 190, 196, 198, 201
タントゥン Dr. Than Tun　52, 58, 168,
　　212
ダンマゼーディ Dammazedi　257, 268
チット・プーミサック Cit Phumisak

索　引　363

126, 140
チャイントゥン　82, 83, 143, 150, 168, 191, 207
チャウメー（シャン語でチョクメー）57, 170, 195, 198, 199, 200, 208
チョクメー（ビルマ語でチャウメー）275, 287, 290, 292, 293, 298～300, 303, 304, 311, 316～321, 323, 330
チンドウィン（川）　130, 138, 150, 164, 167, 174, 181, 212
ツァイサンアイ Caay Saang Aay　314, 338
ツァオ・サイモン・マンライ Sao Saimong Mangrai　83, 140, 280, 284, 287, 295
ツァオ・シュエ・タイ Sao Shwe Thaike　323
ツァオ・ツァン・ヤウンフエ Sao/Chao Tzang Yawnghwe　284, 323
ツァオパー cawphaa/saopha　9, 54, 73, 95, 109, 113, 125, 131, 137, 152, 179, 202, 210, 276～279, 284, 285, 294, 295, 299, 307, 323, 331, 334, 335
ツーダンマ（派）　254, 258, 270～272, 280, 281
ツォティ（派）（ビルマ語ではゾーティ）269～271, 281, 300, 335
ティボー Thibaw（人名）　7, 41
ティボー（シャン語でシポー、地名）82, 83, 138, 139, 151, 188, 189, 202, 204～206
ティンアウン Htin Aung　26, 158, 178, 184
田汝康（ティン・ジュ・カン）T'ien Ju-K'ang　54, 55, 212
テインニー（シャン語でセンウィ）　82, 83, 138, 139, 142, 152, 188, 197
徳宏（デホーン）　54, 55, 57, 85, 123, 212,

269～271, 282, 289, 338
テンプル R. C. Temple　110, 158, 161, 165, 177
トーハンボワ Tho Han Bwa　189

な　行

ナインガンダー nainngandha　135, 136, 223, 229, 230, 235, 238, 240
長谷千代子　54, 271
ナッ・プエ（ビルマ文化の脈絡の精霊儀礼）nat pwe　20, 21, 42, 43, 58, 159, 170, 198
ナムカム　82, 83, 91, 182, 212, 270, 287, 289, 294, 304, 326
ナラパティシットゥ Narapatisithu　256
ニャウンシュエ（シャン語でヤウンフエ）71～73, 75～81, 83, 84, 138, 139, 166, 191
入仏門式　19, 22, 23, 25, 27, 28, 30, 31, 34, 41, 52, 56, 73, 172, 206, 272, 300
ネーウィン Ne Win　92, 105, 160, 189, 217, 218, 244, 263, 264, 268, 269, 272, 276, 290, 291, 294, 295, 307, 323

は　行

ハーヴェイ G. E. Harvey　167, 185, 280
ハイネ＝ゲルデルン R. Heine-Geldern　260, 261
バインナウン Bayinnaung　247, 279, 280
パゴダ祭り（パヤー・プエ）phaya bwe　20, 21, 26, 36～38, 42, 44, 49, 50, 56, 57, 59, 60, 64, 65, 82, 85, 189
長谷川清　54, 143, 269, 288
パラウン Palaung　54, 58, 91～93, 95, 96, 108, 133, 199, 216, 218, 243
玻璃王宮大王統史　83, 90, 137, 184, 187, 192, 251, 279
バルト F. Barth　302, 335, 337

パンテー Panthei 136, 244, 248
ビルマ化 5, 11, 57, 83, 84, 96, 97, 127〜131, 137, 142, 145〜147, 149〜153, 179, 191, 192, 194, 195, 200, 202, 206〜208, 209, 211, 212, 217, 236, 278, 281, 287, 303, 307, 323, 327, 330, 332〜335, 338
ビルマ文化 4, 6, 7, 10, 11, 17, 18, 24, 34, 37, 38, 54, 55, 66, 68, 69, 73, 76, 83〜85, 111, 124, 142, 152, 153, 168, 171, 174, 176, 178, 179, 193, 194, 209, 216, 245, 247, 250, 253, 255, 277, 289, 302, 315, 327, 330〜333, 336
ビルマ文字 282, 283
辺境地域調査委員会 7, 10, 278, 282
ボードーパヤー Bodawpaya 39, 108, 158, 257〜259, 260, 281

ま 行

マオ 183
マオ王国 192, 210
マオ(モー)のくに 187〜189
マオの九つのくに 182, 187, 190
マハーギリ 43, 58, 162, 164, 183, 184, 190, 191, 257, 258, 262
マンダレー 26, 37, 38, 39, 41〜46, 48〜51, 64, 66, 70, 73, 83, 105, 144, 151, 159, 169, 170, 177, 195, 199, 205, 246, 251, 271, 289, 290, 292, 293, 297, 304, 313
ミィッゲ(川) 43, 150, 151, 165, 182, 185, 202
ミャミャ Mya Mya 158, 262
ミルン L. Milne 91
ミンドン Mindon 38, 39, 41, 48, 251, 261
ミンナイン Min Naing, (B. A.) 105, 133, 152
ムアン・ハム 59, 66
ムアンコーン(ビルマ語でモーガウン) 210
ムセー 138, 182, 270, 289, 304, 317, 322
村上忠良 282, 284, 300, 311
メーホンソーン 9, 38, 55, 57, 60, 66, 85, 93, 106, 115, 117〜119, 149, 151, 164, 174, 175, 201, 202, 300
メーミョウ(ピィンウールウィン) 7, 159, 161, 164, 168〜170, 172, 180, 204, 207, 290, 292
メンデルソン E. M. Mendelson 258
モー(マオ)・シャン Maw Shan 121, 122, 133, 137, 138, 144, 150, 151
モーガウン(シャン語でムアンコーン) 125, 127〜130, 138, 139, 144, 192, 210, 211
モーニンタドー Mohnyinthado 256

や 行

ヤウンフエ(ビルマ語でニャウンシュエ) 284, 323, 331
藪司郎 123, 144, 282
ヤンゴン 24, 25, 28, 29, 37, 41, 44, 61, 62, 88, 90, 134, 159, 219, 245, 246, 254, 280, 283, 289, 290, 296, 297, 304, 308, 309, 313, 314, 337

ら 行

ラシウ(ビルマ語でラショウ) 290, 303〜306, 309, 311, 316, 317, 322, 337
ラショウ(シャン語でラシウ) 170, 172, 195, 197, 198, 210
リーチ E. R. Leach 7, 31, 94, 113, 114, 116, 120, 124, 128, 131, 150, 153, 277
ルース G. H. Luce 126, 174
ルン・タンケー Lung Taang Kë 149, 286〜288, 294, 295, 313, 314
レナード R. D. Renard 148, 275
ロビン F. Robinne 79, 84

髙谷紀夫（たかたに　みちお）

1955年富山県生まれ。
東京大学大学院社会学研究科博士課程中途退学。鹿児島大学教養部を経て，現在，広島大学大学院総合科学研究科教授。文化人類学・東南アジア民族学・知識人類学専攻。
1983-1984年文部省アジア諸国等派遣留学生として，ビルマ連邦社会主義共和国（当時）留学，1996-1997年文部省在外研究員として，現ミャンマー連邦大学歴史研究センター客員研究員。

主な著書・論文に，「ビルマの仏教と社会――仏教の比較考察からの試論」(1982年)，「ニセ考」(1988年)，「祭祀と地域性――ビルマ・ラングーン研究から」(1988年)，「薩南諸島の社会史――九州南端よりトカラ列島まで」(1990年)，「シャンの行方」(1998年)，『ミャンマーの観光人類学的研究』(1999年)，「人と学問　民族学者　大林太良」(2003年)，"Shan Construction of Knowledge" (2003年)，"Ethnic Identity and Knowledge of the Shan" (2004年)，"Who are the Shan? An Ethnological Perspective" (2007年)，『ライヴ　人類学講義――文化の「見方」と「見せ方」』(2008年) など。

ビルマの民族表象
　　―文化人類学の視座から―

2008年2月25日　初版第1刷発行

著　者　髙谷紀夫
発行者　西村七兵衛
発行所　株式会社　法藏館

〒600-8153
京都市下京区正面通烏丸東
電　話　075(343)0030（編集）
　　　　075(343)5656（営業）

装　幀　山崎　登

印刷・製本　亜細亜印刷株式会社

©2008　Michio Takatani

ISBN978-4-8318-7434-4 C3039　　Printed in Japan

供犠世界の変貌　南アジアの歴史人類学	田中雅一 著	15,000円
ビルマ仏教　その歴史と儀礼・信仰	池田正隆 著	2,427円
スリランカの仏教　R・ゴンブリッチ, G・オベーセーカラ 著 島　岩 訳		18,000円
モンゴル仏教の研究	嘉木揚凱朝(ジャムヤンカイチョウ) 著	13,000円
ミャンマー上座仏教史伝 『タータナー・リンガーヤ・サーダン』を読む	池田正隆 訳	9,500円
ブータンと幸福論　宗教文化と儀礼	本林靖久 著	1,800円
スリランカ巨大仏の不思議 誰が・いつ・何のために	楠元香代子 著	2,300円

法藏館

価格税別